# 글로벌마케팅

방 용 태 저

청목출판사

# 머리말

2005년 8월 무더운 여름방학에 글로벌 매니지먼트라고 하는 교재를 발간하면서 머리말에 글로벌 마케팅 부분을 따로 떼어 내서 교재로 출간하겠다고 인사를 하였는데, 드디어 햇수로 3년이 지난 금년 초에 이렇듯 글로벌 마케팅 교재를 신간으로 출판하게 되어 지면으로 한 독자와의 약속을 지키게 되어 다행입니다.

신흥 시장들이 떠오르면서 글로벌 마케팅에 대한 관심도 이전보다 훨씬 증폭되었다고 여겨져서 그에 맞게 교재를 준비하였는데, 막상 내용을 열어보니 목차 면에서는 기존의 다른 교재들과 별로 차별화가 보이지 않습니다. 단지 목차 속에 담은 알맹이는 그래도 나름대로 입수한 자료의 성격상 다른 책들을 읽고 난 뒤에 보더라도 도움이 될 것 같다는 자평은 해봅니다.

글로벌 마케팅은 로컬 마케팅의 기본적 개념과 도구를 원용하면서도 상이한 문화의 시장을 다룬다는 점에서 본 교재에는 마케팅의 전략적 개념과 분석틀을 기본으로 깔고 여기에 글로벌 시장에 요구되는 마케팅 컨셉트와 사고방식을 곁들여 보았습니다. 한가지 끝까지 고민한 점은 글로벌 인적자원관리 부분을 삽입할 것인지의 여부이었는데, 결국 이 부분을 제외한 채 간결한 글로벌 마케팅의 에센스를 담는 것으로 마무리지었습니다.

금년이 무자년 바로 저의 쥐띠 해입니다. 제게 들어올 엄청난 복덩어리를 독자 여러분들과 나누어 가지면서 정말이지 행복한 한 해가 되기를 절실히 기원해 봅니다.

2008년 음력설을 보내면서

방 용 태

# 차 례

머리말/3

## 제 1 장 글로벌 시장과 소비자 / 11

1. 글로벌 환경과 글로벌 마케팅 ··· 11
   1) 글로벌 마케팅과 사업의 포트폴리오 관리 ··· 16
   2) 글로벌 마케팅의 배치와 조정 ··· 18
2. 마케팅과 소비자 ··· 19
   1) 소비자의 선호와 시장 세분화 ··· 20
   2) 글로벌 시장 세분화 ··· 25
   3) 자리매김 ··· 30
   4) 소비자 행동 ··· 36
   5) 고객 관리 ··· 40
   6) 글로벌 브랜드 관리 ··· 52

## 제 2 장 경쟁 전략 / 81

1. 시장 지위와 경쟁 전략 ··· 81
2. 글로벌 시장의 진입 전략 ··· 87
   1) 수출 및 판매 대리 ··· 88
   2) 기술 라이센싱 ··· 90
   3) 인수, 합병 ··· 92
   4) 프랜차이징 ··· 97
   5) 전략적 제휴 ··· 97

3. 세계 지역별 마케팅 협상 ······103

1) IBM의 멕시코 PC 시장 진출의 협상 ······103
2) 중·동유럽 시장 진출의 협상 ······108
3) 일본 시장 진출의 사업 협상 ······117
4) 중국 시장 진출의 사업 협상 ······124

4. 글로벌 마케팅과 문화 ······130

5. 글로벌 마케팅 협상 ······136

제 3 장 글로벌 마케팅 믹스전략 / 151

1. 제품 전략 ······151

1) 신제품 개발 전략 ······151
2) 마케팅 전략의 다이내믹스 ······166
3) 제품 정책 ······173
4) 글로벌 제품 정책 ······175

2. 글로벌 가격 전략 ······205

3. 촉진 전략 ······220

4. 글로벌 유통, 물류 전략 ······236

제 4 장 특수 마케팅 / 253

1. 서비스 마케팅 ······253

1) 서비스의 특질 ······254
2) 서비스 마케팅 전략 ······256
3) 고객 만족 ······259

2. 비즈니스 마케팅 ······ 268

1) 산업재 시장의 특징 ······ 268
2) 비즈니스재의 구매 과정 ······ 270

3. 유통업 마케팅 ······ 271

1) 고객 구조의 분석 ······ 271
2) 상품 구색 ······ 273
3) POS 데이터 관리 ······ 275
4) 온라인 소매업 ······ 278
5) 멀티 유통망 관리 ······ 281

4. 인터넷 마케팅 ······ 289

1) 인터넷 마케팅의 특징 ······ 289
2) 인터넷 마케팅의 신 법칙 ······ 306

5. 모바일 마케팅 ······ 310

1) 모바일 이용자의 프로필 ······ 312
2) 모바일 마케팅의 시의성 ······ 313
3) 구파스 서비스의 등장 ······ 314
4) 모바일의 지역 마케팅 ······ 315
5) 모바일 광고 ······ 318

6. 마케팅 잡언(Job Earn; 雜言) ······ 322

◆참고문헌 ······ 335
◆찾아보기 ······ 337

제1장

# 글로벌 시장과 소비자

1. 글로벌 환경과 글로벌 마케팅
2. 마케팅과 소비자

1 chapter

# 글로벌 시장과 소비자

## 1. 글로벌 환경과 글로벌 마케팅

근대적 기업에 의한 글로벌 마케팅의 시작은 1800년대 후반에 싱거(재봉틀)사와 콜트(철포 제조)사가 선구일 것이다. 본격적으로 다국적 기업 시대가 된 것은 1960년대에 미국계 다국적기업이 전성기를 맞이하면서부터이다. 유럽경제공동체 EEC가 1958년에 결성되기 전만하더라도 미국기업은 만들면 팔리는 국제시장에서 수출 위주의 판매 활동을 하였다. 그만큼 세계대전 이후 아직 유럽과 일본 기업의 경쟁력 회복이 이루어지지 않아서 무역마케팅 위주로도 충분히 해외시장 공략이 가능했다는 점을 말해 준다. EEC 결성에 미국기업은 민감한 반응을 보여 해외직접투자(FDI)를 시작한 것이다. 한 기업이 유럽으로 FDI를 하면 미국 시장내에서 과점적 구조를 보이는 업종에 속한 다른 경쟁기업들도 따라서 나가는 소위 부화뇌동의 효과(band wagon effect)가 발생했다. 이 때 미국기업들이 택한 진출 방식은 자사의 독점적 우위에 있는 기술이 누출되지 않고 모기업의 관리, 제어가 용이한 완전 소유의 자회사 설립이었다. 1970년대에 접어들자 일본기업이 국제시장에서 두각을 나타내기 시작하여, 구미 지역의 원조 제품을 품질 개량과 공정 개량을 통해 원가 우위를 달성하여 이들 지역에 수출하기 시작했다. 1980년대에 와서는 가격 경쟁이 한층 격화하고 선진국 시장이 성숙기로 접어들고 고객의 니즈가 다양화하면서 이에 대응하기 위해 글로벌(마케팅) 전략이 필요하게 되었다. 이 전략의 핵심은 비용 우위(cost leadership)와 차별화(differentiation)이다. 이 두 가지 경쟁 우위의 획득이 가능해진 것은 로봇 기술과 컴퓨터 기술의 접목에 의한 유연생산체제(Flexible Manufacturing System: FMS)와 컴퓨터 통합 제조(Computer Integrated Manufacturing: CIM)로 신축성 있는 혼류(混流)생산이 이루어지고, 이에 따라 다품종 소량 생산, 변종 변량 생산이 실현되었기 때문이다. 이런 신 방식의 성공적 도입이 일본 기업에서 앞설 수 있었던 것은 원만한 노사관계, 현장주의(이를 영어식으로 표현하면 Management by Walking Around: MWA라고도 함), 기존에 이미 실시하고 있던 적기 생산 시스템(Just In Time system: JIT), 린(lean: 낭비가 적음) 생산 시스템과의 통합 등의 덕분이다. 따라서 가격 위주의 국제경쟁은 시스템 통합의 효율 위주의 글로벌 경쟁으로 질적 변환을 이루게 되었다. 일본 기업도 1980년대 후반 이후에는 엔고, 무역마찰 등의 요인으로 인해 무역 마케팅에서 현지투자에 의한 글로벌 마케팅으로 바뀌기 시작했다. 현재는 사회주의 진영의 시장경제 도입으로 원료 조달에서 생산, 완제품 판매에 이르기까지 모든 기업활동의 단계가 글로벌 경쟁의 양상을 띠면서 네트워크 시대로 내닫고 있다.

### 〈사례 1-1〉 밴드왜건효과

서양 서커스 행렬의 맨 앞에는 악대가 탄 역마차 '밴드왜건(Bandwagon)'이 있었다. 분위기를 띄워 사람을 모으기 위해서다. 미국 서부개척 시대에는 요란한 밴드왜건 소리를 듣고 모여든 사람들 사이에 금광 발견 소문이 퍼지면 너도 나도 금광으로 몰려가곤 했다. 친구 따라 강남 가는 식의 집단심리가 작용해 사람들이 시류를 따르는 현상을 밴드왜건

효과 또는 편승(便乘)효과라고 한다. 농악대가 풍악을 울리며 길놀이로 사람들을 모으는 것도 밴드왜건효과를 노린 것이다.

• 밴드왜건효과라는 말을 처음 사용한 사람은 미국 경제학자 하비 라이벤슈타인이다. 그는 1950년 소비자 수요이론에 관한 논문에서 특정 상품의 수요가 다른 사람들의 수요에 영향을 받는 것을 밴드왜건효과라고 했다. 남보다 돋보이고 싶어서 비싼 물건일수록, 더 사려는 경향을 베블런효과로, 희귀성이 높을수록 소비를 자극하는 현상을 스놉효과로 부른 것도 그다. 기업들이 유명 연예인이나 운동선수를 CF모델로 기용하는 것도 밴드왜건효과를 활용한 전략이다.

• 스포츠 세계에서는 밴드왜건 스포츠팬이란 말이 있다. 특별한 연고도 없는 프로팀인데도 승승장구한다고 응원하거나, 우승팀을 응원하면 다른 사람들이 자신을 좋아할 것이라는 이유로 이기는 팀을 응원하는 사람을 가리키는 말이다. 정치 분야에서는 여론조사에서 앞선 후보에게 지지자가 몰리는 현상을 '여론조사의 밴드왜건효과'라고 한다. 밴드왜건효과의 함정은 실체도 모르고 시류에 영합했다가 집단오류에 빠질 수 있다는 점이다.

〈donga.com〉
(2007. 1. 3)

글로벌 사업을 전개하려는 기업은 해당 시장의 환경에 맞게 자사의 전략과 관리 스타일을 적응시켜야 하며, 이런 적응은 직접 할 수도 있고, 제휴를 통해 할 수도 있다. 글로벌 경영이란, 전략, 시스템, 인력의 결합을 통한 지속적 경쟁 우위의 확보라고 말할 수 있다. 그리고 이러한 결합은 이제 더 이상 한 개 기업의 독자적 힘으로는 이룰 수 없게 되었다. 그래서 상호 의존의 국제 경제에서 국가, 기관, 인간을 엮는 네트워크 경쟁이 글로벌리즘의 특징이라고 하겠다. WTO는 2005년의 세계 상품, 서비스의 수출 규모가 11조 달러에 달할 것으로 추산하였는데, 이는 전세계 GDP의 28%에 달하는 크기이다.

기업의 마케팅 활동이 글로벌화하는 데는 반응적(방어적) 동기와 전향적(공격적) 동기가 있다. 반응적(reactive) 동기로는 경쟁의 글로벌화, 무역장벽, 규제, 소비자 요구 등이 있고, 전향적(proactive) 동기로는 규모경제, 성장 기회, 자원접근 및 원가 절감, 인센티브 등이 있다. 미국의 제약회사인 SmithKline과 영국의 제약회사인 Beecham이 합병을 한 것은, 서유럽과 미국이라고 하는 대형 시장에서 라이센싱과 규제를 둘러싼 분란을 피하기 위해서였다. 육류 공급업체인 OSI Industries는 고객인 맥도널드의 요구에 따라 맥도널드와 동반 해외진출을 하여 17개국에서 합작투자를 하고 있다. 규모경제를 통한 세계규모의 생산량 확보는 자본집약적인 제조 장비를 100% 가동하고, 제품수명주기의 단축 속에서 천정부지의 연구개발비를 상각하는데 도움이 된다. 고정비는 생산량이 많을수록 단가가 낮아지게 마련이다. 국내 시장에서 성숙기의 단계에 있는 제품은 해외 시장에 진출함으로써 새로운 성장의 기회를 맞을 수 있다. Avon Products Inc.는 미국에서 여성의 사회 진출이 급증하면서 주부들이 가정에 없게 되어 Avon calling이라고 하는 가정방문 판매방식이 난관에 부닥치고 매출의 감소를 겪게 되자, 이를 만회하기 위해 멕시코, 폴란드, 중국, 인도, 남아프리카, 베트남 등 26개국의 신흥국가에 진출하였다. 중국시장에서는 소비자들이 방문판매원에 대해 불신을 갖고 있다는 문화적 요인을 고려하여 마케팅 전략을 적응하는 자세를 보였다. 그리하여 중국의 대도시에 있는 지사에 쇼룸을 설치하여 여성들이 화장품전문가들과 상의하고 샘플 제품을 써 볼 수 있도록 하고 있다. 생산 기지의 해외 이전 사실 자체만으로도 국내 시장에서의 경쟁력 향상에 도움이 되기도 한다. 제록스가 복사기 공장을 멕시코로 이전하기 시작하자, 노조는 일자리를 보전하기 위해 작업 스타일과 생산성의 변화를 꾀하는데 사측과 합의를 하게 되었다. 자본, 기술, 노하우의 국내 유입을 원하는 현지국 정부들은 면세, 보조금, 융자, 부동산 등의 각종 인센티브를 제공하고 있다.

세계 시장에는 7가지의 커다란 동향이 나타나고 있다.

첫째, 시장 경계선의 분리이다. 신기술의 출현으로 이전에는 알지 못했거나 접근할 수 없었던 시장에 기업의 진입이 가능하게 되었다. 또한 각국 정부의 규제 완화 및 WTO, ASEAN FTA 등의 국제/지역 기구의 발족 등으로 경계선의 붕괴는 가속되고 있다. 아울러 기업간 국제 제휴의 증가도 여기에 한 몫하고 있다.

둘째, 글로벌화, 글로벌 브랜드의 발전이다. 세계 주요 도시를 돌아다니다 보면 패션 잡화, 패스트 푸드, 자동차, 하이파이 시스템, 금융 서비스 등에서 낯익은 제품, 기관들을 발견하게 된다. 이는 곧 글로벌 브랜드의 발달을 촉진시켜주는 기능을 한다. 글로벌화의 또 다른 요인으로는 이전에 제한되어 있던 시장, 가령 동구권 시장의 개방을 들 수 있다.

셋째, 시장 분할의 가중이다. 세계 소비자들의 구매 패턴이 표준화하는 한편으로 세계 시장은 분할(fragmentation)을 가속화하고 있다. 즉 시장 규모는 커지고 있지만, 그 속에서 자신만의 욕구를 확인하려는 고객 집단이 증가하고 있는 것이다. 이에 따라 기업은 대량 판매 방식(mass marketing)에서 대량 주문 방식(mass customization)으로 선회하고 있다.

넷째, 제품 다양성, 제품 수명주기의 단축이다. 경쟁이 치열해지고 주문제품에 대한 수요가 늘어나면서 제품 공급이 홍수를 이루어 때로는 고객들이 제품 선택에 애를 먹기도 한다. 그 결과 지속적인 차별성을 갖춘 제품의 생산이 갈수록 어려워지고 있다. 기술 진보가 혁신을 가속화시키고 누구에게나 쉽게 획득할 수 있는 대상이 되면서 제품 혁신의 리더가 되기는 더욱 어려워지고 혁신의 모방은 용이해지면서 제품 수명의 주기는 짧아지고 있다. 현재 PC의 경우에는 수명주기가 6개월에 불과하다.

다섯째, 고객 세련도의 고양이다. 사람들의 교육 수준, 구매력, 라이프 스타일이 예전보다 개선되면서 제품 선택의 권리를 강하게 요구하게 되었고, 그 결과 고객의 충성도는 취약해지고, 평범한 제품에서 강력한 브랜드로 구매를 전환하고 있다.

여섯째, 디지털 비즈니스이다. 디지털 시대로 급속히 진입하면서 기업들은 인터넷이나 기타 전자 미디어를 통한 마케팅과 같은 새로운 사업 방식에 적응해야 한다. 따라서 구식 마케팅 채널을 통해 구축한 고객과의 관계 결합을 재창출해야 하는 문제가 발생하고 있다.

일곱째, 경제 불안정, 시장 요동이다. 최근 아시아 경제의 위기를 비롯하여 지역 경제의 불안정성이 가중되고 있다. 따라서 기업들은 더 이상 이전에 경험했던 장기간의 시장 안정의 혜택을 누릴 수 없게 되었다.

## 1) 글로벌 마케팅과 사업의 포트폴리오 관리

글로벌 마케팅은 외국 시장을 본사에서 관리하는 단순한 국제 마케팅이 아니라, 한 시장에서의 경쟁 상황이 다른 시장에서의 경쟁 상황에 영향을 미치는 지역간 연동의 경쟁이라는 특징을 갖는다. 따라서 개별 시장이 단절된 것이 아니라 연계되어 있는 만큼, 특정 시장에서 우위에 서지 못하면 다른 시장에서의 우위 확보도 보장하기 어려운 상황에 놓인 셈이다. Douglas, Craig(Global marketing strategy, McGraw-Hill, 1995: 21)는 글로벌 마케팅을 다수의 자회사를 보유하고, 글로벌 규모의 잠재적 시너지를 획득하기 위해 국경을 넘어서 경영을 조정, 통합하는 것이라고 했다. 따라서 국내 시장과 국외 시장의 구분없이 시장 기회를 상대적으로 평가하는 시장 포트폴리오 관리(market portfolio management)를 하게 된다.

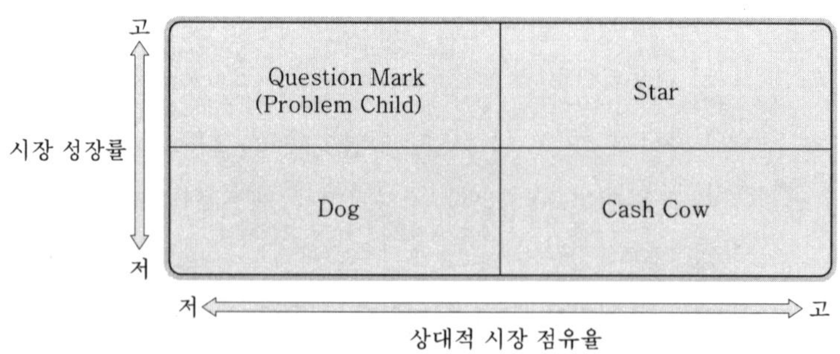


〈그림 1-1〉 글로벌 시장의 포트폴리오 관리

위의 포트폴리오는 원래 Boston Consulting Group이 작성한 Product Portfolio Management(PPM, 또는 Business Matrix라고도 함) 모델인데, 이를 글로벌 마케팅에 적용해 보았다. 장기적 이익의 증대를 위해 기업이 거느린 제품(또는 사업)이 아직 육성해야 할 단계에 있는 건지, 현재의 관여 정도를 그대로 유지할 단계에 있는 건지, 투자를 자제하고 수익을 회수할 단계에 있는 건지, 시장에서 철수할 단계에 있는 건지를 파악하여, 제품 간의 균형을 취하면서 기업의 한정된 경영자원을 각 제품에 전략적으로 배분하기 위한 의사결정 시스템인 셈이다. 종축의 시장성장률은 제품의 수명주기에 따라 달라지는 것이고, 횡축의 상대적 시장점유율은 리더 기업의 점유율에 대한 자사 점유율의 비율(중간치 =1.0)을 의미한다.

여기에서는 제품을 각국 시장으로 대치시켜 이해하기로 한다. 글로벌 마케팅에서 Star에 해당하는 현지국(본국 포함) 시장은 성장기에 있으면서 높은 점유율을 확보하고 있기 때문에, 지속적인 투자가 필요하다. 그렇지 않으면 시장이 성숙기, 쇠퇴기로 접어들었을 때 Cash Cow로 전환되지 못하여 기업에게 든든한 자금줄의 역할을 할 수 없게 된다. Cash Cow는 경쟁사가 현재의 자사의 시장 지위에 위협을 가하지 않는 한 추가 투자가 필요 없으므로 높은 이익을 실현할 수 있는 시장이다. 기업은 되도록이면 많은 Cash Cow 시장을 확보하여 Star 또는 Question Mark 시장에 투자 자금원으로 활용할 수 있도록 해야 한다. Question Mark는 주로 신규로 진입한 시장에 해당하는데, 시장의 성장률이 높으면서 경쟁자가 많기 때문에 빠른 시간내에 Star로 이동시켜야 한다. 끝으로 Dog은 향후 시장의 성장률이 다시 높아질 것으로 예상된다면 Question Mark로 이동시켜야겠지만, 그렇지 못하다면 시장에서 철수하고 다른 시장에 역량을 집중할 필요가 있다.

## 2) 글로벌 마케팅의 배치와 조정

마케팅 믹스, 즉 신제품 개발과 유통 채널의 구축, 촉진 활동, 가격 책정 등을 본사나 지역본부에서 집중적으로 행할 것인가 아니면 각국의 자회사에 분산시킬 것인가 하는 문제가 글로벌 마케팅의 배치(configuration)이다. 조정(coordination)의 문제는 마케팅 믹스를 세계 시장에 공통된 방식으로 표준화할 것인가, 아니면 각국 시장의 여건에 맞게 현지화할 것인가의 문제이다. 현지화 방식으로 나가더라도 전체적인 조정을 제대로 하지 못하면 글로벌 상승효과가 아니라 준최적(sub-optimal)의 상태가 발생할 수 있다.

상승효과(synergy)를 보기 위해서는 지렛대 역할을 할 자산과 지위의 확보, 전략적 유연성의 발휘 등 2가지 여건이 갖추어져 있어야 한다(諸上, 藤澤, 2004: 24-25). 지렛대 역할을 해줄 수 있는 자산이나 지위로는 규모의 경제, 조정과 통합, 경험과 노하우의 이전 등이 있다. 마케팅의 규모경제는 주로 표준화에 의해 얻어질 수 있는 것이고, 조정과 통합은 중복되는 활동을 배제하는 것이다. 전략적 유연성은 마케팅 자산, 자원을 여러 시장에 이동시킬 수 있는 능력을 말한다. 다수의 거점 간에 네트워크를 형성하여 리스크를 분산시키고, 시장 변동에 적응하면서 헷징을 하는 것이 필요하다.

마케팅 활동의 배치와 조정을 기준으로 4가지 유형을 도식화하면 다음 그림과 같다.

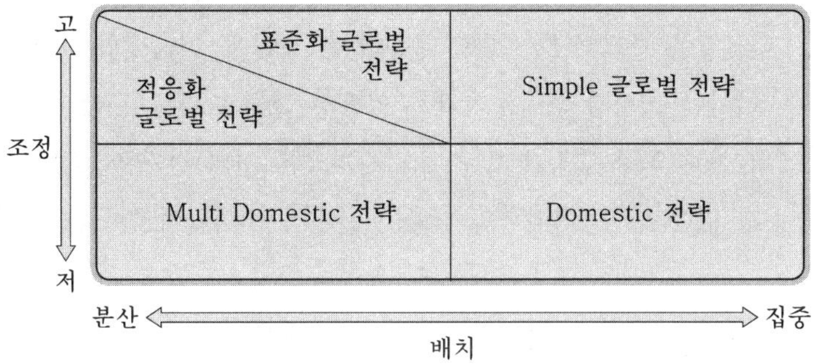


자료: 諸上, 藤澤(2004: 31)

〈그림 1-2〉 글로벌 마케팅 전략의 유형

## 2. 마케팅과 소비자

미국의 케네디 대통령은 1960년대에 소비자의 4대 주권을 제안했는데, 소비자가 자유로이 선택할 수 있는 권리(to choose freely), 소비자가 알 권리(to know), 소비자가 안전할 권리(to be safe), 소비자가 기업에게 들을 수 있는 권리(to be heard) 등이다(嶋口외, 2004: 8). 자유로이 선택할 수 있는 권리는 독점금지법의 취지와 상통한다. 시장이 과점에서 독점 구조로 이동해가면서 소비자는 상품 선택의 자유를 상실하고, 독점 기업이 강요하는 상품을 도리없이 구매하게 되는 현상을 막자는 것이다. 알 권리는 적정한 정보의 제공과 정보의 공개에 관련된 권리이다. 기업은 상품 포장에 상품의 내용과 효과에 대한 정확한 이해를 소비자가 얻을 수 있는 정보를 제시해야 하며, 거짓 정보와 혼동된 정보를 광고에서 소구(appeal)해서도 안 되며, 표현의 정확성과 제시 데이터의 근거를 대야 한다. 최근에는 정보의 표시가 포장의 디자인을 훼손할 정도인 경우에는 회사의 웹 사이트에 추가 정보를 제시하는 경우도 많다. 안전할 권리는 기업이 소비자에게 지고 있는 가장 커다란 의무이자 책임이다. 들을 수 있는 권리는 이전에 기업들이 고객상담실과 같은 조직구조를 통해 대응해 온 것인데, 인터넷의 발전으로 소비자 한사람 한사람의 목소리가 수백만명 앞에 그대로 드러나게 되면서, 지금까지 약자 입장에 있던 소비자가 미디어의 강자로 될 가능성이 커지고 있는 만큼, 기업측의 대응이 갈수록 어려워지고 있다.

## 1) 소비자의 선호와 시장 세분화

소비자의 선호(preference)[1]가 다양해지고 경쟁 압력이 높아지면서 마케팅 믹스의 다양화도 필요해지고 있다. 시장의 세분화는 제품, 가격, 촉진, 유통 등과 같은 마케팅 믹스에 대한 반응이 비교적 유사한 소비자들을 집단화하여 이들 집단별로 마케팅 믹스를 적합하게 전개하기 위한 소비자 군집화(clustering) 작업이라고 보면 된다. 문제는 시장을 어느 정도로까지 세분화할 것인가, 세분한 시장 중에서 어느 세그먼트(segment: 부분)를 표적으로 삼을 것인가 하는 점이다. 시장 세분화를 결정하는 데는 사전적 방법과 사후적 방법이 있다(樺山, 2004: 85). 사전적 방법은 마케팅 계획 담당자가 사용하려는 기준을 마케팅 조사 이전에 결정하는 것이다. 대체적인 기준으로는 행동적 프로필(heavy user, medium user, light user, non-user 등의 사용 패턴, 저가 or 품질의 이익 추구의 패턴), 인구통계적 특성(연령, 성별, 소득, 교육, 직업, 종교, 인종, 가족 등), 심리적 프로필(인격 등), 지리적 특성 등이 있다. 행동적 프로필을 사용할 경우에는 소비자의 가치관, 브랜드 인지 등을 측정하는 일부터 시작해야 한다. 행동적 프로필 가운데 사용 패턴을 활용한 예로는 미국의 담배회사들이 20년간의 흡연 습관의 변화를 추적하여 젊은 여성이라고 하는 세그먼트가 잠재적 성장을 지닌 것으로 파

1) 소비자의 선호, 욕구를 매슬로는 인간욕구 5단계설에서 물질적 욕구(공복, 갈증 등의 생리적 욕구) - 안전의 욕구(보호와 안전) - 사회적 욕구(귀속의 표현) - 인격적 욕구(타인으로부터의 인정, 지위, 자기존중) - 자기실현의 욕구(자기개발, 자기실현) 등으로 계층화하고 있다.

악하여 이들에 맞는 니코틴 함량이 적은 다양한 브랜드의 순한 담배를 개발한 것을 들 수 있다. 이익 추구의 패턴을 사용한 예로는 AMD사가 CPU 시장에 진입했을 때 저가 컴퓨터용 세그먼트를 설정하여 동일 처리속도를 가지면서도 값싼 기종을 선호하는 고객 세그먼트를 주된 표적으로 삼은 경우가 있다. 인구통계적 특성을 이용한 예로는, Fisher Price사가 어린이 장난감을 아동의 연령을 기준으로 세그먼트화했는데, 그 덕분에 부모나 친구들은 장난감 선택이 용이해졌다. General Foods사는 애완견 가운데 비만한 개와 나이든 개라고 하는 세그먼트를 설정하여 이에 맞는 식료품을 개발하였다. 이런 기준을 정하여 시장을 세그먼트하고 나면 각 세그먼트의 규모, 위치, 잠재력 등을 알아내기 위한 조사를 계획한다. 반면에 사후적 방법은 조사로 발견된 사항들에 입각하여 시장을 세그먼트하는 것이다. 1960년대 미국의 치약 시장에서는 Haley사의 시장 조사에 의해 충치 예방 기능을 갖는 치약이라고 하는 세그먼트가 부각되었다. 이 양자의 방법 가운데 어느 것을 채택할 것인가 하는 점은, 이전에 수행했던 조사나 경험이 시장 세분화의 차원을 인식시켜주는데 도움이 된다면 사전적 방법을 택하고, 시장이 새로이 형성되고 변화의 와중에 있으면서 계획 담당자의 경험과 무관하다면 사후적 방법이 적절할 것이다.

Kotler(Marketing management, analysis, planning and control. 1976)는 시장 세그먼트가 유효성을 지니려면, 구매자 집단의 특성에 대한 정보의 존재 및 입수가 가능한 측정가능성(measurability), 선택한 세그먼트에 대해 기업이 노력을 집중할 수 있는 접근가능성(accessibility), 세그먼트가 마케팅 노력을 기울이기에 충분한 규모와 수익성을 갖고 있는가 하는 실질성(substantiality)의 조건을 충족해야 한다고 말했다.

시장을 세분화하여 자사의 표적 시장을 선정하는 일(market targeting)은 자사의 자리매김(positioning) 전략을 전개할 시장이 어떤 것인지를 인지하는 일이다. 자리매김이란, 표적 시장내의 소비자의 니즈로부터 도출된 제품 내지 브랜드를 뜻한다. 따라서 기업이 자리매김 전략을 책정할 때는 소비자의 니즈와 경쟁 브랜드에 대한 이해를 해야 한다. 그러한 이해를 바탕으로 4P로 대변되는 마케팅 믹스를 사용하여 자리매김 전략이 전개되는 것이다. 어떤 자리를 매김할 것인가는 경영자의 판단과 경험, 시행착오, 실험(테스트 마케팅), 조사 등을 혼합하여 내린다. 시장 세분화의 정도와 표적 범위의 정도에 따라 기업이 선택할 수 있는 자리매김 전략에는 크게 무차별적 마케팅전략, 차별적 마케팅전략, 초점 마케팅전략 등의 3가지가 있다.

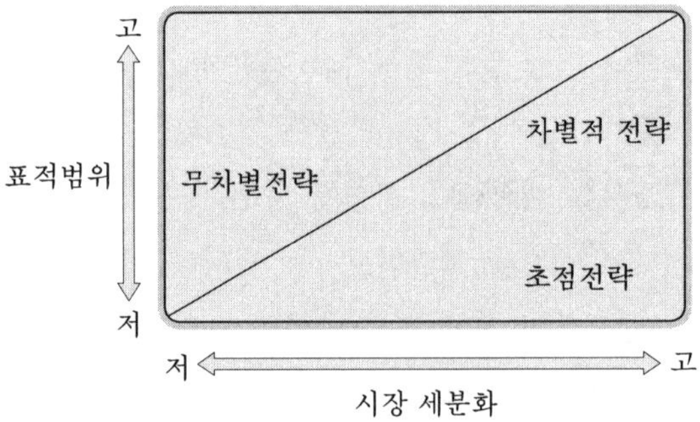


자료: 嶋口(2004: 33)

〈그림 1-3〉 자리매김 전략의 유형

무차별 마케팅전략은 소비자 집단 간의 차이보다는 공통부분에 주목하여 적은 종류의  마케팅 믹스를 통해 최대 공약수의 소비자에 대응하는 전략을 말한다. 대응의 수단으로는 마케팅 믹스의 표준화에 의한 비용 절감이다. 이런 수단을 통해 이룩한 저가격을 무기로 삼아 시장 점유율의 확대를 꾀하고, 확대된 점유율에 의한 규모경제 효과 및 경험곡선 효과로 한층 비용을 절감하여 가격인하와 시장지배를 강화하는 선순환의 결과를 가져오는 것을 의도로 삼고 있다. 이 전략이 안고 있는 리스크는, 제품 시장의 수명이 성숙 단계로 이행하면서 소비자의 선호가 바뀐다든가 다양해지고, 지금까지 기업이 보유하고 있는 경험과 투자를 무용지물로 만드는 신기술이 등장할 경우, 기능을 상실하고 만다는 점이다.

차별적 마케팅전략은 개개의 표적 세그먼트에 대해 상이한 마케팅 믹스를 설계하는 전략을 의미한다. 세분화된 소비자 집단별로 갖고 있는 선호에 보다 세밀한 대응을 함으로써 경쟁사에 비해 차별적 우위를 확보하려는데 그 목적을 갖고 있다. 이 전략의 문제점은, 마케팅 믹스의 여러 측면에서 비용이 상승하고, 경영 자원의 분산으로 효율적 활용이 어렵다는 점이다.

초점 마케팅전략은 세분화된 시장 중에서 한개 내지 소수의 세그먼트에 표적의 초점을 맞추어 마케팅 믹스를 각각에 맞게 적합시키는 전략이다. 넓은 시장에서 두루 낮은 점유율을 갖는 것에 안주하는 것이 아니라, 좁은 시장에서 높은 점유율을 확보하려는 목적을 갖고 있는데, 그런 점에 비추어 보면 상대적으로 경영자원이 제한된 기업에게 특히 유효하다고 여겨진다. 그러나 이 전략도 약점을 지니고 있는데, 소비자의 선호가 변화하거나 또는 초점을 맞춘 틈새 시장에 강력한 경쟁사가 진입한다면 우위를 상실할 수 있다는 점이다.

### 〈사례 1-2〉 초점 마케팅전략

• '유비컴' 동구-동남아 틈새시장의 '성공신화'…수출로만 매출 500억원

2002년 초 현대정보통신에서 휴대전화 영업을 하던 김은종 부장은 미국 퀄컴사(社)의 루마니아 사업 정보를 입수했다. 퀄컴이 이곳에서 저주파수(450MHz)용 부호분할다중접속(CDMA)방식 휴대전화 서비스를 세계 최초로 시작하기로 한 것.

당시 휴대전화 시장은 유럽통화(GSM) 방식과 고주파수(800MHz이상) CDMA 방식으로 양분돼 있었다. 저주파수 CDMA 방식은 고층 빌딩이 밀집한 도심에서 통화 품질이 떨어진다는 이유로 어떤 나라에서도 상용화되지 않고 있었다.

• 대기업 진출꺼려 창업 대박

그는 저주파수 대역 CDMA 휴대전화 시장의 규모가 작아 노키아나 삼성전자 같은 대기업이 진출하기 힘든 '틈새시장'이라고 판단하고 창업을 결심했다.

2002년 4월 그는 직원 18명으로 유비컴을 출범했다. 창업 초기 생산은

하지 않고 미국과 일본 기업에서 개발비를 받고 휴대전화 개발만 했다.

저주파수 방식은 적은 수의 기지국으로도 넓은 통화 지역을 커버할 수 있는 장점을 갖추고 있어 통신 기반이 취약한 나라를 중심으로 급속히 전파됐다.

유비컴은 독자적인 기술을 앞세워 창업 4년 만에 저주파수 CDMA 휴대전화 세계 1위 업체로 성장했다.

베트남 러시아 루마니아 체코 인도네시아 등 7개국에 '유비컴'이라는 브랜드로 휴대전화를 수출하고 있다. 베트남과 러시아에서는 저주파수 CDMA 휴대전화 시장 점유율이 50%를 넘어서 '450MHz 애니콜'로 불린다.

유비컴은 8월 베트남 국영기업인 베트남 전력, 퀄컴과 함께 저주파수 대역 휴대전화를 생산할 합작법인 아이큐링크스를 설립했다. 기술력을 인정받은 결과다.

● 매출 쑥쑥…불황은 없다

2004년 142억 원에 불과했던 매출액은 지난해 296억 원으로 늘었고 32억 원의 순이익을 올렸다. 올해는 매출이 500억 원을 돌파할 전망이다.

저주파수 대역이 국내에서는 군용으로 묶여 있는 까닭에 내수시장이 없다. 유비컴 매출은 모두 수출로 벌어들인 것이다.

중견 휴대전화 제조업체 VK가 부도를 낸 데 이어 팬택 계열이 대규모 구조조정 계획을 발표하는 등 국내 휴대전화 업계가 전반적으로 어려움을 겪고 있지만 유비컴은 틈새시장을 개척한 덕분에 불황의 사각지대에 있다.

김은종 유비컴 사장은 중소기업청과 중소기업중앙회가 주관하는 10월의 자랑스런 중소기업인으로 선정됐다. 김 사장은 "틈새시장을 먼저 진입해 기술력을 키운 게 빠른 성장의 비결이었다"며 "이동통신 사업자에게 새로운 솔루션을 제공하는 회사로 성장시키겠다"고 말했다.

〈donga.com〉

(2006. 10.27)

1960년대 미국의 3대 자동차업체들은 인식을 못한 건지 무시한 건지는 모르겠지만, 독일의 폭스바겐과 일본의 도요다는 연비 효율성에 관심을 갖는 소비자 세그먼트의 성장 가능성을 간파하였고, 70년대 초의 석유 위기가 소비자의 에너지 절감 의식을 강화시키면서 연비가 우수한 소형차 세그먼트의 급성장이 이루어진 것은 초점 마케팅 전략의 성공 사례로 꼽을 수 있다. 이는 소비자의 구매 결정에 고려되는 요인을 철저히 검토함으로써 새로운 세그먼트가 형성될 수 있다는 사실을 보여주기도 한다. Dell Computer는 업무용 PC 시장에 뛰어들면서 표적 고객을 포춘지 상위 대기업 500사, 포춘지의 다국적 기업 501-2000사, 200-2000명의 종업원을 거느린 중견기업으로 설정하였다. 유통 전략으로는 인터넷, 카탈로그, 판매원 등의 Direct Saling을 동원하였다. 델의 총 매출액 가운데 70%가 이들 3대 표적 시장에서 창출되고 있다. 특히 중견기업 세그먼트는 급성장을 보이는 고객군이다.

그런데 소비자의 필요와 욕구가 다양하고, 기호가 혼재하여 확실한 시장 세분화가 여의치 않는 경우도 있다. 이럴 때는 여러 가지 제품을 소비자에게 제공하는 다양화 전략을 채택하기도 한다. Kellogg의 시리얼 제품은 여러 종류의 맛을 담은 제품을 소비자에게 제공하는 다양화 전략의 예라고 본다.

## 2) 글로벌 시장 세분화

글로벌 시장을 세분화하는데 사용되는 기준에는 인구 특성(demographics), 심리 특성(psychographics), 행동 특성, 편익 특성 등이 있다(Keegan, Green, 2003: 228-240).

### (1) 인구 특성

글로벌 시장 세그먼트가 형성된 배경에는 결혼 가정의 감소, 가족 인원의 축소, 여성 역할의 변화, 소득 및 생활수준의 향상 등과 같은 요인이 있다.

소득이라고 하는 하위 요인을 기준으로 보면, 가장 부유한 소비 계층은 북미와 EU, 일본 등 20개국 미만의 시장에 존재하고 있다. 그러나 소득을 놓고 세계 시장을 세분화할 때는 명목 소득이 아니라 구매력 지수를 반영한 소득의 크기를 감안해야 한다.

그러나 소득만으로 파악할 경우 함정에 빠질 수 있는 점은 절대 인구 규모를 고려하지 않는 것이다. 스웨덴의 경우 1인당 국민소득은 26,000달러를 웃돌지만 인구 규모가 900만명에 불과하다는 점을 세분화된 시장 중의 특정 세그먼트를 선정할 때 심각히 고려해야 할 것이다. 스웨덴 국적의 Ericsson, IKEA, Saab 등의 기업이 자국을 넘어서 글로벌 시장으로 확장함으로써 성장 기회를 잡을 수 있었던 점이 이를 시사하고 있다. 이와 반대로 아프리카 탄자니아의 1인당 국민소득이 275달러라고 하는 사실에는 우리가 미처 생각지 못한 점들이 포함되어 있다. 즉 우물과 자연 태양을 이용함으로써 광열비가 들지 않고, 노인 요양시설이 아니라 집에서 노인을 돌보며, 병의원의 서비스를 이용하지 않고 무당에 의존하므로 문명인들이 대가를 지불하고 향유하는 상품, 서비스를 무료로 이용하기 때문에 지출 항목이 적고, 그에 따라 생각보다는 가처분 소득이 많다는 점이다. 또한 개도국일수록 구매력지수를 반영한 국민소득이 의미를 지니는데, 가령 중국의 1인당 국민소득은 970달러이지만 구매력지수를 반영하면 4,500달러가 된다. 탄자니아의 수도 Dar Es Salaam에 가면 점포에 TV와 CD 플레이어가 쌓여 있으며 사업가들은 휴대폰을 들고 협상에 임한다.

절대 인구 규모로 보면 세계 10대 인구 보유국인 중국(13억 800만 명), 인도(10억 7천만 명), 미국(2억 8,800만 명), 인도네시아(2억 2천만 명), 브라질(1억 7,800만 명), 파키스탄(1억 5천만 명), 러시아(1억 4,700천만 명), 방글라데시(1억 3,800만 명), 나이지리아(1억 3,700만 명), 일본(1억 2,800만 명)이 전세계 인구의 60%, 전세계 소득의 52%를 차지하고 있다는 점에 주목할 필요가 있다. 이는 기업 활동의 분산보다는 집중의 필요성을 시사한다. 실제로 맥도널드의 점포는 세계 120개 국가를 웃도는 시장에 존재하지만, 이들 중 80%의 점포는 미국(10조 5,800억 달러), 일본(5조 2,600억 달러), 독일(1조 9,900억 달러), 영국(1조 5,300억 달러), 프랑스(1조 4,000억 달러), 중국(1조 2,700억 달러), 캐나다(7,300억 달러), 브라질(6,200억 달러) 등의 상위 10위권의 총 국민소득 국가군에 속하는 나라 및 호주 등 9개국에 집중되어 있다.

인구 규모와 소득이라고 하는 인구동태의 하위 특성에서 주의할 점은 평균치에 눈을 팔지 말라는 말이다. 평균치에 의한 동질성을 가정할 경우에는 기업 활동은 참패할 수밖에 없다.

연령 변수에서는 글로벌 10대를 하나의 세그먼트로 잡고 이에 접근하는 일을 고려할 수 있다. 13억 명에 달하는 절대 규모와 수십억 달러의 구매력을 감안하면 글로벌 10대 세그먼트는 매력적임에 틀림없다.

### (2) 심리 특성

태도, 가치관, 라이프스타일에 따라 소비자를 군집으로 분류하는 심리 특성 기준의 세분화에 크게 의존하는 기업으로는 핀란드의 휴대폰 제조업체 노키아를 꼽을 수 있다. 'poseurs(허풍쟁이, 젠 체하는 인간)', 'trendsetters(추세 설정자)', 'social contact seekers(사교쟁이)', 'highfliers (야심가)'의 각 세그먼트별로 맞춤식 제품을 제공하여 세계 시장의 40%를 점유하는데 성공할 수 있었다.

독일의 스포츠카 제조업체인 Porche는 1986-1993년의 기간 중에 판매량이 50,000대에서 14,000대로 급감한 점을 계기삼아 심리 특성의 세분화에 의존하게 되었다. 그 이전에는 40대 남성으로서 대졸자이고 연봉이 20만 달러 이상이라고 하는 인구 특성의 세분화를 설정하고 있었지만, 새로 채택한 심리 특성의 세분화에서는 5개 집단으로 구분하고 있다[2]. Top Guns(1인자; 27%)는 야망을 지는 자로서 권력과 통제에 관심을 두며 남의 이목을 받고 싶어 한다. Elitists(엘리트주의자; 24%)는 부모로부터 물려받은 자산이 있는 자로서, 자동차는 아무리 고가라도 자동차일 뿐이며 개성의 연장이 아니라고 본다. 자랑스런 후견인(proud patrons; 23%)은 소유권을 중시하는 자로서, 자동차는 열심히

2) Fortune, Jan. 16, 1995, 24면.

일한 데에 대한 보상이며, 남들의 주목을 받는 것을 중시하지 않는다. 미식가(bon vivants: 17%)는 스릴을 추구하는 제트족으로서, 자동차를 통해 흥분의 고조를 맛본다. 몽상가(fantasists: 9%)는 자동차를 도피의 형태로 보며, 심지어 자동차를 소유하는 것에 대해 죄의식을 가진다. 다른 사람들에게 감동을 준다는 점에 개의치 않는다. 가령 엘리트주의자들에게 자동차를 모는 모습이 멋져 보인다든가 자동차로 가면 굉장히 빨리 갈 수 있다고 말하는 것은 의미가 없다. 이들 세분화 집단에 맞추어 새로이 광고를 내고 나서 포르쉐의 미국 시장 판매액이 약 50% 증가했다.

이러한 심리 특성에 따른 세분화는 나이를 초월하기도 한다. 혼다자동차가 1990년대 후반에 SUV 차량으로서 HR-V를 출시하면서 유럽 시장을 대상으로 한 광고 캠페인 'Joy Machine'을 작성하였을 때 염두에 둔 세그먼트는 25-35세의 연령(인구동태 특성)에 속하는 젊은 소비자 계층이었다. 그러나 놀랍게도 HR-V 브랜드는 전 연령의 유럽인들에게 인기를 얻었으며, 6명 중 1명의 구매자는 노인층이었다는 사실이다. 광고 결정에서 중요한 것은 연령이 아니라 태도라는 점을 시사하는 사례이다.

### (3) 행동 특성

행동 특성에 따른 시장 세분화는 소비자가 특정 상품, 서비스를 구매하는지의 여부, 구매한다면 구매 빈도와 구매량 등이 어느 정도인지에 초점을 두는 일이다. 사용 정도(usage rates)에 따라 heavy, medium, light, non-user 등으로 군집할 수 있다. 사용자의 지위에 따라서는 potential user, non-user, ex-user, regular, first-timer, user of competitors' products 등으로 구분된다.

행동 특성에 의거한 세분화의 사례로 탐폰(tampons)을 들 수 있다. 세분화의 기준은 탐폰 사용에 대한 거부감의 정도로 하였다. 군집 1(cluster 1)은 미국, 영국, 호주의 여성 소비자들로서 탐폰을 사용하고 있으며 탐폰에 대한 정보를 잘 알고 있다고 생각한다. 군집 2는 프랑스, 이스라엘, 남아프리카의 여성 소비자들로서 이들 중 50%만이 탐폰을 사용하고 있다. 이 군집의 여성들 중에는 탐폰을 사용하면 처녀성을 상실할 것이라고 걱정하는 자들도 있어서 이들에 대한 광고의 초점은 산부인과 의사의 추천에 두고 있다. 군집 3은 브라질, 중국, 러시아와 같은 대형 신흥시장의 여성 소비자들을 포함하는데, 군집 가운데 가장 마케팅 도전을 해볼 만한다. 이 군집을 대상으로 풀어야 할 과제는 처녀성의 문제와 사용 경험이 거의 없거나 전무하다는 점이다. 질에 삽입하는 것이 문화에 의해 근본적으로 금기시되는 종교적, 문화적 규범을 어떻게 다룰 것인가에 따라 탐폰의 글로벌 시장 확대 여부가  판가름 난다.

### (4) 편익에 의한 세분화

편익에 의한 세분화는 고객 가치(customer value=benefit/price)의 분자인 편익에 초점을 둔다. 미국의 수프제조업체 캠벨(Campbell)이 시장 규모 5억 달러의 일본 시장에 성공적으로 진입할 수 있었던 것도 제품의 해결 능력, 가치 제안 능력에 대한 탁월한 이해력 덕분이다. 시간에 쫓기는 주부들이 편의성을 제일로 여긴다는 점을 간파한 것이다. 건강, 미용 관련 제품의 제조업체들도 편익 기준의 세분화를 활용하는데, 치약의 경우 초기에는 충치 예방이라는 편익을 천편일률적으로 강조하다가, 최근에는 미백, 민감성 치아, 잇몸 질환(gum disease) 등의 다양한 편익을 소비자들이 추구하면서 각각의 편익을 만족시키려는 치약 브랜드들이 등장하고 있다.

### (5) 인종 세분화

글로벌 마케팅이 로컬 마케팅과 다른 점 중의 한 가지는 세분화 작업에서 인종(ethnic)이라고 하는 새로운 기준이 있다는 점일 것이다. 우리나라도 언젠가는 다문화 가정의 수가 늘면서 이런 세분화의 기준이 적용되리라고 기대된다. 미국에서는 Corona Extra 맥주의 판매량이 최근에 급증하였는데, 이는 히스패닉 인종을 상대로 세련된 마케팅 활동을 전개한 덕분이다. 저소득 계층의 거주지역에서 수입 프리미엄 맥주 브랜드는 감당할 만한 럭셔리(affordable luxuries)인 것이다. 6병 한 세트의 가격이 버드와이저보다는 1달러 이상 비싸지만 하이네켄보다는 낮은 가격으로 설정된다. 기업의 마케팅 담당자들은 히스패닉계 미국인들이 미국과의 동질성을 강하게 표명하면서도 한편으로는 자기 인종의 유산과 연계된 브랜드에 대해 자긍심을 가지고 있다는 점도 아울러 새겨두어야 한다.

### 3) 자리매김

자리매김(positioning)은 브랜드가 제공하는 속성과 편익, 제공하지 않는 속성과 편익의 측면에서 소비자의 마음속에 자사의 브랜드를 경쟁사의 브랜드에 대해 차별화하는 마케팅 행위를 말한다.[3)]

차별화의 요소로는 속성 내지 편익, 품질 및 가격, 사용 내지 사용자, 경쟁자 등이 있다. 속성 내지 편익의 예로는 경제성, 신뢰성, 내구성 등이 자주 거론된다. 볼보 자동차의 차별화는 충돌 사고에서 안전성을 제공하는 견고한 설계인 반면, BMW는 성능을 강조하는 궁극적인 운전기계로 차별화하고 있다. 비자카드의 광고 주제는 전세계적으로 상인들이 자사 카드를 받아준다고 하는 편익을 강조하는 "당신이 원하는 곳이면 어디든지 있습니다(It's Everywhere You Want to Be)"이다.

품질, 가격의 차별화는 높은 패션성, 품질 및 가격에서부터 적정 가격의 준수한 가치에 이르기까지의 연속선상에 위치할 수 있다.

사용, 사용자의 차별화는 제품이 어떤 식으로 사용되는가 내지는 사용자와 어떤 식으로 연계되는가를 대변한다. 가령 전세계적인 성공을

3) 포지셔닝의 개념은 Ries와 Trout가 Industrial Marketing, 1969년의 논문에서 처음 소개하였는데, 그들의 후속 저서에서 참고하기 바란다. Ries, A., Trout, J.(1982), Positioning: The Battle for Your Mind. N.Y.: Warner Books, p.44

거두면서 가시성을 드높인 3부작 반지의 제왕(Lord of the Rings trilogy)을 이용하여 질레트의 듀라셀 전지 사업부는 TV와 잡지 광고를 통해, 뉴질랜드의 외진 지역의 촬영지에서 반지의 제왕의 감독 피터 잭슨과 동료들이 전적으로 듀라셀을 사용했다고 강조했다. Max Factor 화장품 브랜드는 메이크업 아티스트들이 사용하는 메이크업이라고 자리매김하고 있다.

경쟁자 기준의 차별화는 경쟁자와 명시적 내지 암시적으로 비교, 언급하는 전략이다. Body Shop International의 창업자 애니타 로딕 여사가 초기에 성공을 거둘 수 있었던 것은, 기존의 주류 화장품 제조회사 및 소매업체의 철학과 자사의 철학 간의 차이점을 극명하게 대조시킨 점에 있다. 극명한 대조란 천연 성분을 사용한다는 점, 동물 실험을 하지 않는 점, 재생 용기를 활용하는 점, 기적 같은 피부 변화의 보장을 단절한 점 등이다. 그러나 이후 미국에서는 Bath & Body Works와 같은 후발업체가 보디샵의 자리매김과 상품판매 전략을 모방하여 공격적 확장을 전개한 결과, 보디샵이라는 브랜드의 인지도는 여전히 높은데도 불구하고 이전만큼 독창적이지 못하게 되었다.[4]

글로벌 마케팅에서의 자리매김은 국내 마케팅에서 볼 수 없는 글로벌 소비자 문화, 외국 소비자 문화, 현지 소비자 문화를 각기 자리매김으로 삼는 독특한 특징을 갖고 있다.

글로벌 소비자 문화의 자리매김(global consumer culture positioning: GCCP)이란, 브랜드를 특정한 글로벌 문화 내지 세그먼트의 상징으로 자리매김하는 전략이다. 이런 자리매김전략은 글로벌 10대, 코스모폴리탄과 같은 엘리트, 지구를 돌아다니는 노트북의 전사들처럼 자신을 초국적 상거래 문화의 구성원이라고 여기는 소비자 계층과 커뮤니케이션을 전개하는데 효과적임이 판명되었다. 베네통의 'United Colors of

4) Anita Roddick은 1998년에 CEO에서 물러났고, 회사는 자체 생산을 중단하고 소매와 마케팅에 전념하고 있다.

Benetton'과 같은 슬로건은 인류의 단결과 관련된 브랜드로서 자리매김하기 위한 것이다. 하이테크 제품, 하이터치 제품 등이 GCCP에 해당하는데, 하이테크 제품에 대해 소비자들은 특별한 필요나 관심, 합리적 구매 동기를 갖고 있다. MPS 플레이어, 휴대폰, PC, 홈 씨어터, 고급 승용차, 금융 서비스 등이 하이테크 제품에 속하는데, 이들 제품의 구매자들은 상당한 정도의 기술적 정보를 보유하고 있거나 획득하기를 갈망한다. 즉 동일한 언어로 말하고 동일한 생각을 갖고 있다는 점에서 마케팅 커뮤니케이션은 정보적 성격을 지니며, 성과 관련 속성을 강조한다. 하이터치 제품에 대해서는 소비자는 합리적 동기보다는 감성적 동기에 유발되며, 하이터치 제품의 성능은 객관적, 기술적 조건보다는 주관적, 미적 조건에 의해 평가받는다. 하이터치 제품의 소비를 통해 소비자는 개인적 탐닉, 실제 또는 이상적 자아의 반영, 대인 관계의 강화 등을 추구하기 때문에 사용 설명서가 동반하지 않는다. 따라서 하이테크 제품의 광고 주제가 전문성과 경험이라면 하이터치 제품의 광고 주제는 레져, 로망스, 물질주의이다. 체이스 맨하탄 은행은 '경험으로부터의 이익'이라는 광고 주제를 알리기 위해 7,500만 달러의 광고 캠페인을 론칭했었다. 덴마크의 Bang & Olufsen사가 만드는 오디오-비디오 부품은 엔지니어링 및 음향의 탁월성으로 하이테크 제품이면서 동시에 세련된 디자인으로 하이터치 제품이라는 두 가지가 평가를 동시에 받고 있다.

외국 소비자 문화의 자리매김(foreign consumer culture positioning: FCCP)은 브랜드의 사용자, 사용 상황, 제품의 원산지를 외국, 외국 문화와 결부시키는 전략이다. Foster's Brewing Group은 미국 시장에 광고를 하면서 인쇄 광고에는 'Foster's. Australian for beer'를, TV와 라디오 광고에는 '호주어를 말하는 방법'이라는 주제를 담고 있다. 리바이의 진, 말보로의 담배, 할리 데이빗슨의 모토사이클 등은 때로는 은유하게 때로는 직설적으로 미국스러움(American-ness)을 통해 전세계에 있는 코스모폴리탄에게 소구하고 있다. 때로는 제품 자체가 로컬인데도 불구하고 브랜드 명칭이 FCCP를 연상시키는 경우도 있다. 하겐다스는 미국 회사가 론칭한 제품임에도 브랜드명을 보면 스칸디나비아가 원산지인 것처럼 보인다. 삼성물산의 의류 브랜드 '빈폴'은 한국산임에도 왠지 미국 브랜드인양 이미지를 풍긴다.

현지 소비자 문화의 자리매김(local consumer culture positioning: LCCP)은 브랜드를 현지 문화의 의미와 결부시켜 현지 문화의 규범을 반영하고, 현지인들이 자국의 문화 내에서 소비하는 것으로 비추며, 현지 소비자를 위해 현지에서 생산된 제품으로 묘사한다. LCCP는 식료품, 비내구성 개인용품, 비내구성 가정용품 등에서 압도적으로 활용되고 있다. 클라이즈데일(Clydesdale) 말들이 나오는 버드와이저의 미국 광고는 브랜드를 작은 읍의 미국 문화와 결부시키고 있다.

멀티 도메스틱 형의 국제 마케팅 전략에서는 각국 시장 간의 연계성이 지극히 적으므로, 국내에서 활용하던 시장 세분화의 개념과 기법을 그대로 국제 마케팅에 적용하면 되겠지만, 특정 시장에서 세분화 작업이 다른 현지 시장에서의 기업 활동에도 영향을 미치는 글로벌 마케팅에서는 국가 횡단적인(cross-national) 유사성 높은 세그먼트를 공통의 표적시장으로 삼아야 한다. 각국 시장간의 유사성을 확인하려면 복수의 국가에서 사용할 수 있는 구성개념이나 측정도구를 개발해야 하며, 시장 조사의 실시와 데이터 해석에 대해서도 문화 횡단적인(cross cultural) 배려가 필요하다. 가령, 맥주는 한국, 일본, 영국, 독일, 스칸다나비아 제국 등에서는 알코올 음료로 분류되지만, 지중해 제국에서는 소프트 드링크로 분류된다는 차이에 유념해야 한다(Toyne, Walters, Peter, Global marketing management: A strategic perspective, 1989: 201). 이를 두고 Frijda, Jahoda(On the scope and methods of cross cultural research. International Journal of Psychology, 1, 2, 1966)는 기능적 등가성(functional equivalence)라고 하는데, 또 다른 예를 들면, 자전거가 어느 국가 시장에서는 기본적인 운송 수단인 반면, 다른 국가

시장에서는 여가용으로 사용되기도 한다.

국내 시장에서 성공을 거둔 마케팅 전략이 해외 시장에서도 효과적으로 기능할 것이라고 생각해서는 곤란하다. 국내와 해외의 시장 환경이 다르기 때문인데, 해외 시장 공략 작업에서는 우선 시장 세분화(market segmentation)를 해야 한다. 시장 세분화란, 일정한 기준에 의해 전체 시장을 동질적 니즈를 갖고 있는 몇 개의 그룹으로 분할하는 것이다. 이러한 시장 세분화를 통해 얻을 수 있는 혜택은, 특정 시장에 보다 적합한 제품개발 및 마케팅 믹스가 가능하다는 것이다. 여기서 시장 세분화의 기준은 기업과 제품에 따라 상이한데, 이미 경험한 기존 시장에서 자사 제품의 판매에 영향을 미친 변수를 갖고 시작하는 일이 흔하다.

시장 세분화를 하고 난 다음에는, 복수의 세분화된 시장 가운데 자신이 노릴 표적 시장(target market)을 선택하게 된다. 표적 시장의 선택에는 시장의 매력도를 측정해야 하는데, 대표적인 척도로는 수요의 소득 탄력성(income elasticity of demand)을 이용한 수요 예측이 있다. 단지 이 척도는 소득과 수요의 과거 관계가 미래에도 적용된다는 전제하에 이루어진다는 점에 유념해야 한다. 표적시장 선정의 또 다른 기준으로 수출 잠재력[5](export potential)이란 개념이 있다. 가령 다음의 중국, 러시아, 멕시코 시장에 대한 미국 기업의 표적시장 선정의 예를 보기로 하자.

〈표 1-1〉 표적 시장 선정의 예제

| 대상국가 | 인 구 | 시장규모 | 경쟁우위 | 시장잠재력 | 접근조건 | 수출잠재력 |
|---|---|---|---|---|---|---|
| 중 국 | 12억만명 | 100 | 0.07 | 7 | 0.2 | 1.4 |
| 러시아 | 1억5천만명 | 50 | 0.10 | 5 | 0.6 | 3.0 |
| 멕시코 | 9,400만명 | 20 | 0.20 | 4 | 0.9 | 3.6 |

얼핏보기에는 중국 시장이 규모 100으로 가장 잠재력이 큰 것 같지

5) Keegan & Green(2000), p. 260.

만, 진출 주체 기업이 해당국 시장에서 누릴 수 있는 경쟁 우위는 0.07로 가장 낮다. 시장규모에 경쟁우위를 곱하여 나온 시장잠재력의 크기에서는 아직도 중국 시장이 가장 유력하지만, 해당 기업이 각각의 해외 시장에 접근하는 용이성 측면에서 중국은 0.2로 가장 낮다. 결국 시장잠재력에 접근조건을 곱한 수출잠재력을 보면 최종적으로 미국기업 입장에서 표적 시장으로 삼기에 가장 유력한 시장은 멕시코라는 결과가 나온다. 멕시코는 절대적 시장 규모의 열세에도 불구하고 북미자유무역협정(NAFTA; North America Free Trade Agreement)에 따른 혜택이 크다는 점이 수출잠재력에 적지 않은 영향을 미친 것으로 해석할 수 있다.

표적 시장의 선택을 하고 나면 해당 시장에서 자신을 어떤 위치에 설정시킬 것인가 하는 자리매김을 해야 한다. 자리매김의 분류 기준은 소비자들이 선호하는 제품, 서비스의 특징(features)을 가로축과 세로축으로 하여 4사분면에 자사의 자리를 정하는 것이 흔한 방법이다.

그 다음으로, 해당 시장에 적합한 마케팅 믹스를 구축해야 한다. 마케팅 믹스란, 기업이 표적 시장에 속한 구매자들의 반응에 영향을 미쳐, 마케팅 목표를 달성하기 위해 사용하는 통제가능 변수의 세트라고 보면 된다.

마케팅 믹스와 관련지어 지적할 만한 점은, 제 조건의 변화에 따라 최적의 믹스가 항시 변한다는 것이며, 통제 불가능한 요인에 대해서는 차원을 달리하는 마케팅 믹스를 구성해야 한다는 점이다. 글로벌 경쟁시대에 마케팅의 핵심 성공 요인(key success factor)은, 표적 시장의 환경 변화에 대한 이해와 인식에 유연성과 선견성을 갖추어야 한다는 점이다.

### 4) 소비자 행동

소비자의 구매 행동과 관련하여 구매 관여도와 제품 판단력이라는 두 개념이 있다. 구매 관여란, 소비자의 가치 체계에서 차지하는 해당 구매 행동의 중요성을 가리킨다. 구체적으로는 구매 결정, 선택에 대해 소비자가 느끼는 우려, 관심의 정도 등을 의미한다. 구매 관여의 정도가 높으면 구매를 하기 전에 정보를 탐색하려는 의욕이 강해지고, 제품 간의 우선순위가 정해지고 나면 보다 우선순위가 높은 제품의 구매에 집착하는 정도가 크다. 한편, 제품 판단력은, 정보의 내용이 어느 수준까지 요약되면 소비자가 자신의 니즈와 관련하여 구매 여부를 결정지을 수 있는가를 나타낸다. 제품 판단력이 높은 소비자는 요약도가 낮은 날 것 상태의 정보를 스스로 처리할 수 있지만, 제품 판단력이 낮은 소비자는 다른 사람이 일목요연하게 정리, 요약해놓은 정보만을 처리할 수 있을 뿐이다. 결국, 제품 판단력은 소비자가 브랜드를 선택할 때, 탐색하는 정보원의 유형과 관련되어 있다.

따라서 기업은 구매 관여도와 제품 판단력을 축으로 한 소비자 행동에 맞는 마케팅 전략을 구사해야 할 것인데, 다음 그림에 이 점이 나타나 있다. 제 1 형의 고 관여, 고 판단의 소비자 집단은 요약도가 낮은 상세한 정보를 적극적으로 탐색, 처리하며, 이에 기초한 선호도의 순위에 집착하여 구매를 한다. 이들은 정보원으로서 다소의 탐색 노력이 들더라도 상세한 정보를 전달해 줄 수 있는 인쇄 매체 등을 중시한다. 이 유형의 구매 행동을 보이는 소비자 집단에 대해 기업은 광범한 제품의 유통이나 정보의 제시 보다는 제품 자체의 비용 대비 가치의 추구라고 하는 마케팅 전략을 구사하는 것이 중요하다고 본다.

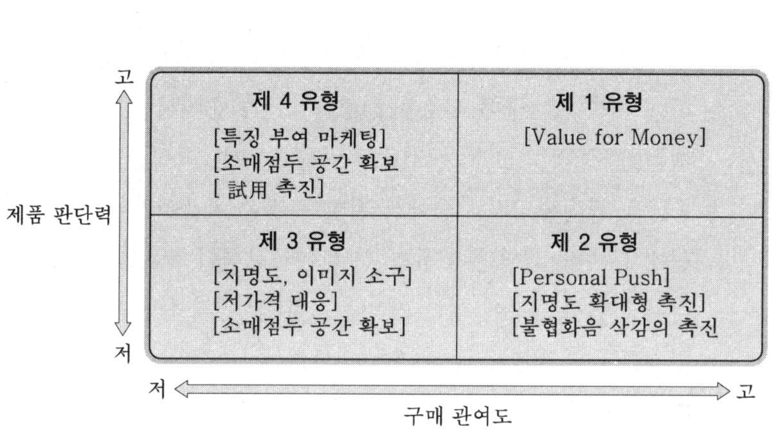


자료: 嶋口(2004: 35)

〈그림 1-4〉 소비자 행동의 유형과 마케팅 전략

제2유형의 고 관여, 저 판단의 소비자 집단은 정보 탐색의 의욕은 왕성한 반면, 처리할 수 있는 정보원은 요약이 잘 되어 있는 것에 국한된다. 따라서 이들의 구매 행동은 소매 점두에서 점원이나 판매원과의 대화, 가족/친구/지인 등이 전해주는 입소문(word of mouth) 등에 영향을 받는다. 쌍방형 커뮤니케이션의 형태를 띠는 이러한 인적 커뮤니케이션은 정보 탐색에 소요되는 비용은 많지만, 농밀한 대화를 통해 소비자의 니즈와 제품 판단력에 부응한 정보의 입수를 가능케 해준다. 한 가지 염두에 둘 것은, 이들 소비자 집단은 제품 판단력이 낮기 때문에 리스크를 회피하려는 성향을 보이고, 이런 성향은 브랜드의 지배를 크게 받는다. 따라서 유명 브랜드의 제품에 구매 행동이 한정되는 특징이 나타난다. 그렇다고 하면 기업의 마케팅 전략은, 브랜드의 지명도를 높이는 중장기 전략과 함께, 소매 점원이나 판매원에 의한 인적 Push 전략을 구사하여 자사 제품의 구입을 권장하는 것이 바람직하다.

이에 비해 구매 관여도가 낮은 제3, 제4유형의 소비자 집단은 구매를 의식한 적극적인 정보 탐색은 그다지 하지 않고, 과거의 경험이라든가 일상 속에서 무심코 접하는 TV 광고 등이 구매 행동에 영향을 미친다. 따라서 과거에 사용한 제품, 이름을 알고 있는 브랜드의 제품, 특징있는 제품 등과 같이 간략한 선택 기준이 채택된다. 일정한 조건을 충족하는 제품들을 구매 후보로 선정한 뒤 그 중에서 가장 가격이 저렴한 제품을 구매한다고 하는 기준이 있는가 하면, 특정 가격대에 속하는 제품군을 형성한 뒤 그 중에서 가장 유명한 제품이거나 또는 어떤 특성면에서 가장 뛰어난 제품을 선택하기도 한다. 가령, 필자의 경우에는 나이 들면서 건강에 대한 의식이 각별해지면서부터, 조깅을 2달 전부터 시작했는데, 건강에 보다 도움되라고 새 조깅화를 구입하기로 결정했다. 구매 행동은 우선 희망가격대를 5만원 이상 10만원 이하로 책정한 뒤, 가격 비교 사이트에 가서 해당 가격대에 속하는 제품군을 검색하였다. 그런 뒤에 가장 지명도가 높은 나이키 제품으로 압축한 뒤, 특정 기능(충격 흡수)이 뛰어나면서 특정 용도(선수용이 아닌 초급 조깅자용)에 적합한 제품을 가장 저렴한 가격으로 제공하는 제공자로부터 최종 구매하였다.

구매 관여도가 낮은 소비자들은 설령 어떤 기준에 의해 우선순위를 매겼다 하더라도 집착하는 정도가 낮아서, 점포를 방문하여 해당 제품이 없는 경우에는 다른 제품을 구매할 가능성이 크다. 따라서 기업의 마케팅 전략은 폭넓은 소매 노출의 유통 전략과 점두에서 유리한 진열 공간의 확보라고 하는 촉진 전략을 중시해야 한다. 아울러 반복 구매가 이루어지는 비내구재의 경우에는, 試用에 의해 소비자는 대체 제품간의 우선순위를 알게 되므로 화제를 뿌리는 광고, 샘플 배포 등의 촉진 활동도 첨가해야 한다.

제3유형은 관여도뿐 아니라 판단력도 낮기 때문에 제4유형보다 소비자의 구매 결정 규칙이 보다 간략한 형태로 채택된다. 따라서 촉진 전략도 매스 미디어, 특히 전파 매체인 TV 광고를 활용하여 지명도를 확대하고 이미지를 소구하는 방향이 효과적이다. 아울러 단순히 저가격으로 소비자 행동에 대응할 필요가 있는 경우도 많다.

소비자의 행동을 살펴보면서 흔히 말하는 고객 충성도(customer loyalty)를 간단히 곁들여 본다. 기업에 충성스런 고객의 유형에는 hard core loyal, soft core loyal, loyal mover, switcher 등이 있다. 하드 코어는 동일 브랜드의 구입, 동일 점포의 이용이라는 특징을 갖는데, 구매 패턴을 기호로 표시하면 xxxxxx이다. 소프트 코어는 복수의 브랜드에서 선택하는 것을 즐기는데, 이를 표시하면 xxxyyy로서 x와 y브랜드간 충성도가 분할된다. 로얄 이동은 하나의 브랜드에서 다른 브랜드로 충성을 바꾸는 것인데 xxyyzz의 양상을 보인다. 전환자는 어떤 브랜드에도 충성을 보이지 않고, 특정한 제공물이나 탐색 방법 등에 의해 구매를 결정하는데, xyxzyx 등의 불규칙성을 보인다.

### 〈사례 1-3〉 고객 충성도

● 충성! 한번 고객은 영원한 고객

주부 이지혜(33 · 서울 송파구 잠실5동)씨는 3일 '특별한 수업'을 받았다. 집에서 요리강사에게 2시간 동안 크루아상과 피자, 쿠키 만드는 법을 공짜로 배웠다. 9월 LG전자의 디오스 광파오븐을 구입한 덕분이다.

이 회사는 광파오븐을 산 고객을 대상으로 요리를 가르쳐 주는 방문서비스를 실시하고 있다. 50명의 요리전문가가 고객 집을 직접 찾아가 오븐을 이용한 요리법을 가르쳐 주고 있다. 이 씨는 "전문가에게 오븐 사용법은 물론 오븐을 활용한 요리법까지 배우고 나니 구입한 제품을 더 쉽고 다양하게 사용할 수 있을 것 같다"고 말했다.

● '구관이 명관'…고객 만족도를 높여라

신규 고객을 잡기 위해 다양한 이벤트와 서비스를 내놓던 기업들이 최근 자사(自社)제품을 구매한 기존 고객을 대상으로 서비스를 부쩍 강화하고 있다. 가전회사에서부터 패션, 통신회사까지 기존 고객을 겨냥해 차별화된 서비스를 속속 선보이고 있다.

스포츠캐주얼 브랜드 컨버스는 기존 고객들을 찾아 거리로 나섰다. 리폼(reform) 전문가들이 빨간 미니트럭을 타고 서울 명동, 신촌, 압구정동을 찾아가 컨버스화를 신은 고객을 대상으로 신발을 튜닝(신발에 그림을 그리거나 각종 장식품을 덧대 신발을 꾸미는 것)해 준다. 자기만의 독특한 신발을 갖고 싶어 하는 기존 고객을 타깃으로 한 차별화된 마케팅의 일환이다.

(2006. 11. 7)

## 5) 고객 관리

고객에 대한 정보는 기업에게 어떤 의미가 있는 것일까? 고객 정보에 의해 기업은 자사가 제공하는 것을 고객의 개별적 니즈에 맞출 수 있고, 고객 만족과 고객 충성을 개선할 수도 있고, 신제품/서비스의 기회를 확인할 수도 있다. 지금까지는 구매자인 개인 고객보다는 판매자인 기업측의 협상력이 강했기 때문에 고객은 자신에 대한 정보를 기업에게 제공하면서도 별다른 반대 급부를 받지 못했지만, world wide web, 스마트 카드(전자현금 결제 카드 ; 덴마크와 일부 독일지역에서 사용중) 등과 같은 신기술의 등장은 고객을 대신하여 고객의 이익을 위해 고객 정보의 제공을 놓고 기업과 협상을 벌일 중개업자인 infomediary의 탄생을 가져왔다.[6)]

대량 주문 생산(mass customization)은 개별 고객의 다양한 취향과 욕구에 맞는 제품/서비스를 대량으로 저가에 공급하는 방식이다. 여기에는 크게 협동적 방식(collaborative customization)과 적응적 방식(adaptive customization)이 있다. 협동적 주문생산은 개별고객과 대화를 통해 그들의 욕구가 무엇인지를 명확히 그려내어, 그런 욕구를 충족시킬 수 있는 정확한 제안을 확인하여 주문 상품을 만들어내는 것이다. 이런 방식은 자신의 욕구가 무엇인지 정확하게 끄집어내지 못하는 고객, 나열된 선택안으로부터 한 가지를 고르는 일에 난감해하는 고객들을 대상으로 전개하기에 적합하다. 일본의 안경소매업체 파리미키(Paris Miki)는 협동적 주문생산업체로서 유명한데, 이 회사는 5년간의 개발 끝에 Mikissimes Design System을 완성하였다. 테 없는 안경을 고를 때 고객들은 먼저 안면을 디지털 사진으로 받아 얼굴 특성에 대한 조언을 받고 자신이 원하는 모습을 이야기한다. 그리고 나면 안경점은

---

6) Hagel, J., Rayport, J. F., *The coming battle for customer information*, HBR, Jan-Feb. 1997, 53-65.

눈에 띄는 렌즈 크기와 모양을 권하며 고객의 디지털 안면에 렌즈를 끼워 보여준다. 여기서 고객과 안경점간의 협동이 전개되어 양자 모두 모양에 만족할 때까지 렌즈 크기와 형태를 조정한다. 이후 안경테에 대해서도 마찬가지 작업이 이루어지고 최종 완성된 얼굴 모양을 사진으로 받아본 뒤 1시간 이내에 점내에서 기술자가 렌즈를 갈고 안경 조립을 완성한다.

적응적 주문 생산은 주문가능한 표준화 제품을 제공하여 고객 자신이 이를 변경할 수 있도록 해주는 것이다. 이는 고객이 여러 상황에 따라 상이한 방식으로 제품이 기능을 발휘할 수 있기를 원하는 경우에 적합한 방식이다. 미국 펜실바니아의 전구생산업체인 Lutron Electronics의 경우에는 사무실의 업무 생산성 극대화 내지 가정에서 적절한 분위기 조성을 위해 고객들이 매번 일일이 스위치를 조작하지 않고서도 효과를 볼 수 있는 전등 시스템을 활용하고 있다. Grafik Eye System 이라고 불리는 이 시스템은 방안에 있는 여러 전구를 연결하여 파티 분위기, 로맨틱 분위기, 조용한 독서 분위기 등 다양한 효과를 프로그램화할 수 있게 되어 있다. 따라서 고객은 알맞는 결합이 완성될 때까지 전등 스위치를 반복해서 조정할 필요없이 세팅된 프로그램을 펀치하기만 하면 된다.

협동적 주문업체는 완성품의 재고를 갖지 않으며, 그 대신 원자재, 부품을 재고로 갖고 있으면서 개별 고객의 요구가 실제로 일어날 때 비로소 완제품을 만듦으로써 비용의 극소화를 꾀한다. 적응적 주문업체는 디자인, 생산, 인도의 권한을 고객에게 넘긴다. 가령 전자 키오스크에서는 고객들이 자신만의 음악, 명함 등을 그 자리에서 만들 수 있다.[7)]

7) Gilmore, J. H., Pine, B. J., *The four faces of mass customization*, HBR, Jan-Feb 1997, 91-101.

〈표 1-2〉 고객 이탈과 이동의 영향력 (단위: %)

| | 예금 잔고 | 고객 비율 |
|---|---|---|
| 소매 금융업 | 1년차 100<br>이탈 손실 -3<br>예금 감소 -24<br>예금 증대 +25<br>2년차 98 | 100<br>5<br>35<br>35 |
| 항공 운수업 | 1년차 100<br>이탈 손실 -3<br>여행 감소 -19<br>여행 증가 +24<br>2년차 102 | 100<br>3<br>35<br>25 |

자료: Coyles, S., Gokey, T., Customer retention is not enough, The McKinsey Quartery, 2002 No. 2.

1970년대 초에 일어난 현상이 고객 만족의 측정과 관리이었다면, 80년대에는 고객 이탈률 및 원인 파악에 신경을 썼으며, 이제는 소비규모를 줄여나가는 고객에 대한 관리가 중요성을 더해가고 있다. 소비자들은 구매 이탈보다는 소비변화의 행동을 두드러지게 보여주고 있으며, 이 점이 기업의 가치 창출에 지대한 영향을 미치고 있다.

〈표 1-2〉에서와 같이 소매금융업을 하는 은행의 경우, 매년 전체 예금주의 5%가 당행에서 이탈하여 빠져나감으로써 은행 총수신의 3% 감소를 가져왔다. 그러나 이보다 더 큰 손실은 전체 예금주의 35%가 매년 예금 잔고를 줄임으로써 총수신고의 24% 감소를 초래한 점이다. 다행히도 또 다른 35%의 예금주가 저축 규모를 늘림으로써 은행 수신의 25% 증가를 가져오게 되어 2년차의 은행 예금 규모는 전년도에 비해 2% 감소하는 데 그칠 수 있었다.

미국의 다이렉트 마케팅 협회가 조사한 고객 이탈률을 보면, 1000명의 구입자 중에서 45%가 6개월 후에 이탈하고, 그 후 이들 이탈자 가운데 25%가 반복 구매자로 복귀한다고 한다(鈴木 외, 2004: 30). 이처럼 이탈과 복귀를 반복하다가 3년 후에는 당초의 1000명 중에 반복 구매자가 되는 고객은 17.5%(175명)이며, 당초 구매하지 않던 소비자 가운데 반복 구매자로 자리잡은 고객을 포함해도 계속적으로 구매하는 소비자는 47.7%라고 한다. 한편, 셀프 서비스 체인점의 경우에 적용되는 팔레트 법칙은 20:80이 아니라 20:70을 보이고 있다. 즉 골드 고객이라 불리우는 전체 고객의 20%가 전체 매출의 70%를 차지하고, 실버 고객까지 포함하면 전체 고객의 40%가 총 매출의 80%를 차지하는 것으로 나와 있다.

고객의 소비에 기업이 영향력을 행사하고 싶다면, 그들이 기업 제공의 제품/서비스를 좋아하는지 여부를 알아내는데 그칠 것이 아니라 고객이 이탈할 것인지의 여부를 말해주는 조사를 해야 한다. 고객의 만족도를 조사하는 것만으로는 고객 충성도를 확보할 수 없으며, 고객의 소비 패턴 변화 여부도 알 수 없다. 고객별로 상이한 충성도를 보이고 있는 이유와 현재의 소비 패턴에 대한 자료를 결합해야만 충성도 프로파일이 작성가능하다. 아래의 〈표 1-3〉에 그러한 충성도 프로파일이 제시되어 있는데, 6개의 세그먼트 중 3개는 충성형 고객, 나머지 3개는 이탈형 고객으로 분류할 수 있다.

〈표 1-3〉 고객 충성도의 차원

| 고객 유형 | 고객 세분화 | 고객의 태도, 욕구, 만족도 |
|---|---|---|
| Loyalists | Emotive loyalists | 구매결정에 대한 재평가를 좀체 안함. 선택한 브랜드가 자신에게 최선이라고 강하게 느낌. |
| | Inertial loyalists | 구매결정에 대한 재평가를 드물게 함. 구매변경을 생각치 않거나 의미없다고 느낌. |
| | Deliberative loyalists | 구매결정에 대한 재평가를 자주함. 선택한 브랜드를 합리적 기준에 의해 재확인함. |
| Downward Migrators | Life style downward migrators | 욕구변화로 인해 구매결정을 재평가함. |
| | Deliberative downward migrators | 구매결정을 자주 재평가함. 합리적 기준에 의해 신브랜드를 선택함. |
| | Dissatisfied downward migrators | 적극적으로 불만족을 보임. 특별한 경험으로 인해 재평가하려는 충동을 가짐. |

자료 : Coyles & Gokey(2002).

충성형 고객(loyalists)은 지출 수준을 유지 내지 확대하며, 현재의 제품/서비스 공급자에게 감정적으로 결착되어 있고, 합리적으로 최선의 선택을 한다. 다른 기업의 제품/서비스로 구매전환하는 것에 대해서는 그럴 가치를 느끼지 못한다. 이에 비해 이탈형 고객(downward migrators)은 라이프 스타일의 변화(가령, 이사, 출산 등)로 인해 공급기업이 충족시킬 수 없는 새로운 욕구를 가지게 되었거나, 자신의 선택을 지속적으로 재평가하여 보다 나은 구매대상을 발견하였거나 또는 적극적으로 불만을 느껴서(단 한번의 불쾌한 경험에 의한 경우가 빈번함) 지출을 줄이게 된다.

이들 충성형/이탈형 고객은 감정적 태도, 나태한 태도, 숙고하는 태도 등을 기본으로 갖고 있다. 감정적(emotive) 고객은 기업에 대한 충성도가 가장 높다. 자신들이 선택한 제품이 최상이라고 느끼는 데는 해당 제품이 오랜 기간동안 우수한 성능을 보여온 기록도 작용하겠지만, 그에 못지않게 무형의 요소에 의한 영향도 크다. 음료수의 경우가 대표적인 예이다. 감정적 고객은 숙고하는 고객보다 지출 규모가 크고, 구매 전환율도 훨씬 낮다. 나태한(inertial) 고객 역시 좀처럼 구매 결정을 재평가하지 않기는 마찬가지지만, 이들의 나태함은 구매 전환 비용이 높거나 또는 제품에 대한 애착이 결여되어 있기 때문이다. 유틸리티와 생명보험이 여기에 해당한다. 나태한 고객은 현상보다 지출 수준을 늘리거나 줄이지는 않기 때문에 이들이 이탈형 고객으로 바뀌지 않도록 주의해야 한다. 숙고하는(deliberative) 고객은 현재의 소비 수준을 유지하거나 또는 줄이는 고객들인데, 전체 고객중의 40%를 점함으로써 다른 고객 유형보다 규모가 크다. 따라서 다른 고객보다 이들의 구매에 영향을 미치게 되면 그 결과로 기업측이 얻게 되는 이익은 2배 정도가 된다. 숙고하는 고객은 가격, 성능, 거래의 편리성 등을 기준으로 구매 결정의 재평가를 행한다. 따라서 감정적 요소는 이들에게 먹혀들지 않으며, 주유소, 식품점 등이 이에 해당한다.

〈표 1-4〉에서 알 수 있듯이 충성형 고객의 비율은 업종별로 다르다. 가령 감정적 충성 고객의 비율을 보면 식료품업(15%)은 장거리전화사

업(32%)의 절반에 불과하다는 것을 알 수 있다. 이는 고객 이탈의 원인 또한 업종별로 다르다는 것을 시사한다. 따라서 특정 업종에서 숙고형 고객에게 먹혀드는 보상 수단이 다른 업종의 숙고형 고객에게는 효과를 발휘하지 못할 수 있다.

이러한 고객 충성도는 구매 빈도, 다른 종류의 상호작용의 빈도(가령, A/S연락 건수), 구매의 감정적/재정적 중요성, 경쟁자간 차별화 정도, 구매 전환의 용이성 등 5가지 요인에 의해 좌우된다. 브랜드의 차별화가 덜하고, 업체간 비교가 용이하며, 경쟁의 초점이 가격과 같은 기능적 속성에 있는 업종에서는 특히 숙고형 고객의 관리가 중요하다. 이들 숙고형 고객이 가치를 부여하는 것이 무엇인가를 이해하기 위해서는 기능적 혜택(경쟁 제품에 대한 가격, 성능상의 우월성), 프로세스 혜택(고객의 제품 인도 과정에서의 개선의 정도), 관계 혜택(우대 고객 제도) 등이 고객에게 미치는 중요성을 시장조사 방법을 이용하여 알아볼 필요가 있다. 혜택에 대한 조사를 끝마치고 나면 기업은 자사의 약점을 치유하여 고객 이탈을 방지하고 지출 확대를 통한 고객 이동을 이룰 수 있도록 해야 한다. 그런 방법의 하나로 가령 가격에 한정된 숙고형 고객의 관심을 다른 요소로까지 확대시키는 일을 꼽을 수 있다. 가령, 렌트카 업체인 미국의 Hertz는 #1클럽 골드 프로그램의 가입 고객에 대한 일체의 정보를 중앙에서 저장, 관리하여 고객들이 차량을 빌릴 때마다 서류 양식에 기재해야 하는 번거로움을 없앰으로써, 렌탈 빈도가 높은 고객들에게 가격뿐 아니라 시간 절약에 기초하여 렌트카 업체를 선택하도록 장려하고 있다.

숙고형 고객에게 호소할 수 있는 프로세스 혜택의 상당 부분은 나태형 고객에게도 적용할 수 있다. 나태형 고객에게 제품 사용의 용이성을 부각시켜 구매 전환을 더욱 불편한 것으로 여기게끔 만드는 것이 요점이다. 고객과의 상호작용(청구서 지불, 구독 갱신 등)의 자동화, 반복적으로 필요한 정보의 저장(주소, 신용카드 번호 등), 번들 서비스(휴대폰과 서류에 의한 서비스 팩키지)의 제공 등이 주요 전술로 꼽힌다.

〈표 1-4〉 업종별 고객 계층의 구성비 (단위: %)

| | 이탈형 고객 | | | 충성형 고객 | | |
|---|---|---|---|---|---|---|
| | 불만족형 | 숙고형 | 생활변화형 | 숙고형 | 나태형 | 감정형 |
| 인터넷서비스업 | 10 | 9 | 6 | 35 | 26 | 14 |
| 신용카드업 | 3 | 12 | 8 | 34 | 21 | 22 |
| 소매금융업 | 1 | 8 | 13 | 38 | 16 | 24 |
| 장거리전화사업 | 6 | 8 | 5 | 24 | 25 | 32 |
| 휴대폰사업 | 8 | 5 | 2 | 43 | 28 | 14 |
| 식료품업 | 2 | 12 | 1 | 58 | 12 | 15 |
| 의류 | 1 | 10 | 3 | 69 | 10 | 7 |
| 주택융자업 | 4 | 7 | 2 | 46 | 13 | 28 |
| 세제 | 0 | 7 | 4 | 37 | 22 | 30 |
| 음료 | 1 | 5 | 4 | 29 | 21 | 40 |
| 자동차보험 | 3 | 4 | 1 | 53 | 16 | 23 |
| 생명보험 | 0 | 0 | 0 | 41 | 31 | 28 |

자료 : Coyles & Gokey(2002).

고객 관리를 위해 최근에 두드러진 것이 바로 IT마케팅이다. 이는 네트워크, 데이터베이스, 고객정보를 활용하여 개별 고객의 니즈에 대응하기 위해 제품을 주문형으로 제공하는 것으로서, 경쟁 우위의 확보와 유지를 목적으로 한다. 즉 기업은 대량생산과 대량판매를 전제로 제조한 제품을 시장에 출하시킨다고 하는 Product Out 방식이라든가, 시장을 틀에 박힌 라이프스타일로 세분화하여 마케팅 믹스를 구사하는 방식과 같은 재래적인 접근법으로는 경쟁우위와 이익의 지속적 확보가 더 이상 곤란해지는 환경에 노출되어 있다. IT 마케팅은 이의 대안으로 출현한 방식으로서 One to One 마케팅, Permission 마케팅, Viral 마케팅 등이 이에 속한다.

1 대 1 마케팅은 고객 한사람 한사람의 니즈를 정확하게 파악하는 것에서 시작한다. 이는 신규고객의 확보보다는 기존고객과의 관계를 돈독히 하는 방식이므로, Relationship 마케팅, Retention 마케팅, 고객 정보의 유기적 활용을 위한 Database 마케팅 등이 작용해야 한다. 1 대 1 마케팅을 제창한 미국의 기업가 Don Peppers와 Martha Rogers[8]는 6

8) Making the transition to one-to-one marketing, *Inc*, v.19, no. 1, 1997, 63-67.

개 항목에 걸쳐 그 특징을 언급하였다. 첫째는 고객 점유율이다. 이는 동일 제품, 서비스를 되도록 많은 고객이 구입하도록 유도하는 매스 마케팅의 시장 점유율이 아니라, 고객 1인당 구매금액과 시장점유율을 동시에 확대하려는 사고 방식을 모태로 한다. 둘째는 학습 관계이다. 단순한 고객관계가 아니라 지속적, 장기적인 관계 속에서 고객이 지니고 있는 needs, wants를 학습해나가는 관계 속에서 얻어낸 정보를 경쟁우위의 원천으로 삼는 것이다. 셋째는 주문형(customization)이다. 대량생산과 동일한 수준의 비용으로 주문형 제품, 서비스를 제공하여 고객의 충성도 제고와 학습관계의 강화를 꾀하는 것이다. 넷째는 고객 차별화이다. 이는 1 대 1 마케팅이 시장점유율이 아니라 고객점유율의 제고를 목적으로 삼고 있는 만큼, 개별 고객의 욕구 범위(needs scope)에 대응하는 것을 말한다. 가령, 여행대리점에서 어느 신혼부부에게 신혼여행 팩키지를 판매했다고 하면 동일한 신혼여행 팩키지를 그 신혼부부에게 또다시 판매할 수는 없다. 그렇다면 이들 부부가 다음에는 어떤 여행을 하고 싶은지를 조속히 파악하여 그런 욕구에 대응한 별개의 팩키지를 제공함으로써 여행경비를 해당 여행대리점에 모두 지출토록 유도해야 한다. 다섯째는 한계효용체증의 법칙이다. 매스 마케팅에서는 규모경제를 추구하지만 경쟁사들의 시장진입이 늘어날수록 경쟁의 격화로 인해 한계효용은 체감한다. 즉, 시장점유율의 확대를 위해 제품가격을 인하한다든가, 브랜드의 인지도를 높이기 위해 광고나 판촉 활동을 강화한다든가, 유통망에 인센티브 지급을 늘리는 등의 마케팅 활동을 펼칠 경우, 지금까지보다 더 많은 비용의 지출을 수반하는데, 그런 비용의 증가분만큼 시장점유율이 늘어나는 것은 아니므로 한계효용이 체감한다는 것이다. 이에 반해 1 대 1 마케팅에서는 고객과의 학습관계를 활용하여 차기 비즈니스를 창출하므로, 고객 점유율의 확대를 위해 지출되는 비용은 점차 줄어든다. 앞서 예로 든 여행대리점을 보면, 오랜 기간에 걸쳐 고객과 학습관계를 구축함으로써, 매년 연휴에 가족이 해외여행을 간다는 점, 행선지와 숙박시설에 대한 기호 등의 고객정보가 축적되어 있다. 그러기 때문에 고객의 욕구를 정확히 파악한 상태에서 여행 제안서를 제시할 수 있는 것이다. 이는 매스 마케팅의 규모경제(scale economy)가 아니라 범위경제(scope economy)를 추구한 결과로 탄생한 한계효용의 체증인 것이다. 여섯째는 생애가치이다. 이는 한 사람의 고객이 일생동안 구입하게 될 특정 제품, 서비스의 합계 금액이다. 1회의 구매가 아니라 생애가치를 전제로 한 비즈니스이기 때문에 경우에 따라서는 매스 마케팅의 관점에서 볼 때 합리성이 결여되어 있다고 여겨질 정도의 비용을 신규고객의 확보에 투입하는 일도 있다.

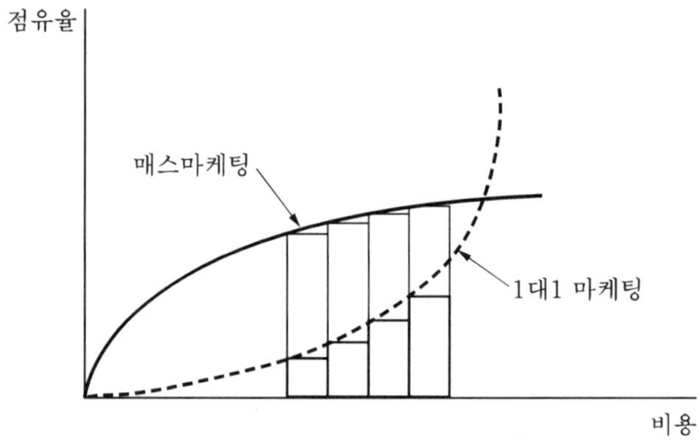


〈그림 1-5〉 1대1마케팅의 한계 효용체증의 법칙

이러한 1 대 1 마케팅을 수요사슬관리(demand chain management)라고도 부른다. 이는 downstream의 소비자에서 upstream의 생산자로 새로운 가치사슬의 틀을 짜는 것이다(鈴木 외, 2004: 57). 'American Shipper'라는 잡지의 1994년 12월호에 실린 글이 최초의 표현으로 생각되는데, 일본의 캐주얼의류 전문점인 '유니클로'는 고객이 구매하고 싶은 가격, 품질의 상품을 개발, 공급하기 위해 중국에서 생산 관리를 결정하였다. 또한 100엔 숍을 운영하는 다이소는 고객이 물건을 선택할 수 있는 즐거움을 제공하기 위해 새로운 메이커를 개발하고 새로운 물류를 개발하고 있다. SCM이 상품 물류를 중심으로 한 개념이라면

DCM은 정보물류를 염두에 둔 점이 발상의 차이라고 하겠다. 따라서 고객정보를 정확히 파악할 수 있는 시스템의 확보가 관건이다.

Permission 마케팅은 고객의 허락을 얻어 행하는 마케팅을 말한다. 처음부터 승낙한 고객에 대해서만 제품 정보, 설문 배포 등을 하므로 고객의 반응률(response rate)이 높고, 강요받는 느낌을 갖지 않는다는 장점이 있어서, 고객과의 장기적인 학습 관계의 구축에 효과적이다. 야후의 부사장을 역임한 S. Godin[9] 이 제창한 이 개념은 개별 고객의 기호와 욕구에 맞추어 전개되는 1 대 1 마케팅을 더욱 진일보시킨 형태라고 볼 수 있다. 유념할 점은, 등록자 수가 일정 규모에 이르지 못하면 비효율적이고, 반대로 과다하면 고객 욕구를 압축할 수 없다는 문제점이 있다는 것이다. 가장 일반적인 형태의 허락 마케팅은 고객이 처음부터 자신의 취미나 기호를 등록해두고 나서 관련 기업으로부터 메시지를 수취하는 것을 허락한 상태에서 배송되는 DM광고, 이른바 Opt-In Mail이다.

바이러스(Viral) 마케팅은 바이러스의 감염, 증식에 비유한 표현으로서, 기업이 제공하는 제품, 서비스에 대한 정보가 고객의 입소문에 의해 전달되어 이용 고객을 더욱 늘려가는 마케팅 기법이다. 매스 마케팅에서는 광고 미디어 등을 이용하여 기업이 직접 고객에게 자사의 제품, 서비스의 선전을 행하는데 비해, 바이러스 마케팅에서는 기업의 제품, 서비스를 고객이 IT 기술을 이용하여 주위의 지인들에게 소개해주도록 유도하는 간접적인 촉진 방식이다. 이러한 바이러스 마케팅에는 인스턴트 메시지 서비스, 메일링 리스트의 호스팅 서비스, 전자연하장 서비스 등과 같이 복수의 지인 간의 커뮤니케이션을 지원하는 1차적 바이러스 마케팅과, 지인을 끌어들이지 않고 인센티브를 제공하여 지인 소개를 유도하는 캠페인 성격의 2차 바이러스 마케팅이 있다. 1차 마케팅이 고객간의 자발적인 소개를 특징으로 하는 반면, 2차 마케팅은 기업이 정

9) Permission marketing: When members agree to receive your marketing messages, they pay more attention to your products and services. *Credit union executive journal*, v. 41, no. 1, 2001, 42-43.

보 전달에 보다 깊숙이 개입하는 형태이다. 일반적으로 바이러스 마케팅에서 기업이 할 역할은 입소문의 발생을 촉진할 환경을 정비하는 일이므로 비교적 비용이 들지 않지만, 인센티브를 제공하는 2차 마케팅의 경우에는 관련 비용이 많이 들 수도 있으며, 무엇보다 바이러스 마케팅은 기업의 통제력이 작용하기 어렵다는 점에서 실제 효과를 측정하는데 애로가 있다.

이상의 IT마케팅은 홈페이지라고 하는 가상공간을 이용한다는 점에서 Virtual 마케팅이라고도 한다.

〈표 1-5〉 RPM분석의 예제

| 고객명 | 최근 구매일 | 구매 빈도 | 구매 금액 | 점수 | 순위 |
|---|---|---|---|---|---|
| A | 5 | 5 | 5 | 15 | S |
| B | 4 | 5 | 4 | 13 | S |
| C | 5 | 4 | 4 | 13 | S |
| D | 3 | 4 | 4 | 11 | A |
| E | 3 | 3 | 3 | 9 | B |
| F | 3 | 1 | 1 | 5 | C |

주) 3가지 평가기준별로 회사가 독자적으로 정한 1-5단계의 분류를 값으로 매긴 뒤, 합산 점수의 크기에 따라 고객 순위를 S, A, B, C, D로 정하기로 한 것임.

기존고객의 유지를 위한 마케팅 기법 중에 RFM 분석이라는 것이 있다. 이는 Recency(최근 구매일 또는 최종 구매일), Frequency(구매빈도, 횟수), Monetary(구입금액)의 머리글자를 딴 것인데, 세 가지 척도에 대해 기업마다 독자적인 점수 측정 방법을 부여하여 합산 점수의 크기에 따라 표적 고객을 추출, 우선순위를 부여한다. 가령, 어느 온라인 서적판매점이 꾸준한 판매 증가를 보여오다가 온라인숍의 포화와 치열한 경쟁으로 매출의 둔화를 겪게 되면서 신규고객의 창출에 의한 매출 증대가 어렵다고 판단하여 구입 이력이 있는 기존 고객과의 관계를 견고히 구축하여 매출 증대를 꾀하기로 방향 전환을 하였다고 하자. 고객관리 데이터베이스에 축적된 정보를 분석한 결과가 〈표 1-5〉와 같이 나왔다고 하자.

가령, 구매 금액을 기준으로 한 경우에는 1만원 미만= 1점, 1만원-3만원 미만= 2점, 3만원-5만원 미만= 3점, 5만원-8만원 미만= 4점, 8만원 이상= 5점으로 매길 수도 있다. 고객의 우선순위별 대응전략은 다음과 같이 책정할 수 있다. S는 초우량고객으로서 구입횟수와 구입금액 모두 수치가 높으므로 이들 계층에서 얻어낼 수 있는 기업의 이익 규모가 크다. 상품, 가격, 서비스, 쿠폰 등에서 최우량의 최적 결합을 만들어내어 관계를 유지해나가는 전략을 펼친다. A와 B 순위의 고객은 우량고객으로서 이들도 고정 고객이긴 하지만 S 순위의 고객으로 육성하기 위한 서비스, 프로그램의 제공이 필요할 것이다. C 순위의 고객은 계속 고객으로서 정기적인 거래는 있지만 구매빈도나 구매금액 면에서 우량고객에 처지므로, 이들 중 우량고객으로 순위를 끌어올릴 수 있는 자들을 여과해내기 위한 마케팅 커뮤니케이션, 프로그램이 제공되어야 할 것이다. D 순위의 고객은 위의 기업에서는 발견되지 않았지만 유동고객에 해당하며, 거래는 단발적으로 이루어질 뿐이다. 이 소비자 계층에서 얻어낼 이익은 적기 때문에 비용이 들지 않는 프로그램을 실시해야 할 것이다.

고객관리를 유효하게 하기 위해 미국과 유럽의 첨단기술, 항공, 소매, 유틸리티 업종의 기업들의 40% 정도가 관리 소프트웨어 프로그램을 도입, 활용하고 있다. 전세계의 기업들이 고객관리 소프트웨어의 구입에 연간 지출하는 비용은 35억달러에 달하고 있다(Ebner et al., 2003). 이뿐 아니라 소프트웨어의 실행, 교육, 통합에 들어가는 비용은 구입비의 3-5배에 달한다. 고도의 복잡한 프로그램은 1억달러 이상의 투자비와 3년에 걸친 완성기간을 요한다. 그럼에도 고객관리의 기능에 대한 만족도에서는 응답자의 35%만이 기대에 부응했다고 보고 있다. 미국의 소매은행 가운데 고객관리 프로그램의 실행 후에 수익성의 개선을 가져온 업체는 20%에 머물고 있다. 이는 프로그램의 투자비가 당초 예상보다 2-3배를 웃도는 경우가 드물지 않으며, 사용하는 종업원 입장에서

별로 쓸모가 없는 경우도 비일비재하다는 점에 기인한다. 이런 문제의 근본적인 해결을 위해서는 시스템이 갖는 사업상의 목적이 무엇이고, 시스템이 요하는 조직상, 기술상의 지원이 무엇인가를 재평가해야 한다.

### 6) 글로벌 브랜드 관리

브랜드의 어원은 '소인(燒印)을 새긴다'는 의미의 고대 놀드어 'brandr'에서 파생한 것이라고 한다(小尾, 2004: 182). 가축 소유자가 자신이 기르는 가축을 다른 집 가축과 구분하기 위해 사용한 소인의 의미에서, 브랜드는 생산자가 자사 제품을 경쟁사 제품과 구분하기 위해 붙인 표시라고 본다. 미국마케팅협회(American Marketing Association: AMA)는 브랜드가 명칭, 언어, 사인, 심볼, 디자인 내지 이들의 조합이라고 정의하고 있다.

기업의 시장 지위(market position)를 개선하기 위해서 제품수명주기의 각 단계별로 브랜드 전략을 펼치게 된다. 구매자에게 브랜드가 주는 편리한 점은 제품의 구매 결정을 단순화시킨다는 점이다. 제품의 탐색 비용을 감소시키고 구매자가 원하는 품질을 보증해 줌으로써 구매자의 제품 인지에 도움을 제공한다. 더욱 중요한 것은 구매자에게 심리적 만족을 준다는 점이다. 브랜드는 판매자에게도 유리한 점을 부여하는데, 반복 구매를 촉진하고 신제품의 도입을 용이하게 하고, 고가 판매를 가능케 한다.

그렇다면 제품과 브랜드 간의 관계는 어떻게 설정되는 것인가? 이에 대해서는 4가지 유형을 생각해볼 수 있다. 라인 확장은 기존제품의 범주를 대표하는 브랜드에 다른 명칭을 추가 삽입하는 경우를 말한다. 가령, P&G는 Crest 브랜드의 가루치약 제품에 베이킹 소다 제품을 추가 확장하면서 Crest with Baking Soda라는 브랜드를 사용할 때를 말한다. 이는 고객이 Crest 브랜드에 대해 갖고 있는 친근감을 베이킹 소다 제품이라고 하는 세그먼트에 소구함으로써 제품 부문을 확대하기 위함이다. 브랜드 확장은 신제품의 범주에 진입하면서 기존의 브랜드를 사용하는 경우를 말한다. 풀무원은 두부 제품에 사용하고 있는 풀무원 브랜드를 화장품 사업에 신규 진출하면서 사용하고 있다. 브랜드 확장 전략은 기존 고객이 갖고 있는 호의를 신제품에 이용함으로써 광고비를 절감할 수 있다. 가령, P&G는 기존 브랜드인 Liquid Tide를 냅킨에 도입하였을 때는 3-4천만 달러 정도를 광고비로 투입하였으나, 전혀 새로운 브랜드인 Always를 도입하였을 때는 1억 달러를 지출했다고 한다. 공격 브랜드는 기존제품의 범주에 새로운 브랜드를 도입하여 시장 지위를 지키는 경우를 말한다. 높은 시장점유율을 확보하고 있는 경우에는 가격 인하보다는 공격 브랜드의 도입이 바람직하다. 신제품 브랜드는 가장 리스크가 높고 비용이 많이 드는 경우로서, 신제품의 범주에 새로운 브랜드를 도입하는 것이다. 이는 신제품 구입에 대한 고객의 주저를 완화시킬 만한 母 브랜드가 없기 때문이다.

마케팅 믹스 중 제품 전략의 한 구성 요소로 여겨지던 브랜드 관리는 'brand equity'라는 용어의 등장과 더불어 무형 자산으로서의 가치가 주목을 받고, 기업의 장래를 결정짓는 중요한 요소로 자리잡게 되었다. Aaker는 브랜드 가치(brand equity)를 브랜드의 명칭, 심볼 등과 결부된 자산의 집합으로서, 기업과 고객에게 제공되는 가치를 증대시킨다고 하였다. 브랜드 가치는 브랜드 인지, 지각된 품질, 브랜드 충성, 브랜드 연상이라고 하는 4가지로 분류된다.

브랜드 인지는 특정 브랜드를 어느 정도 알고 있는가, 낯익은가, 가장 먼저 떠오르는가, 독점적으로 떠오르는가 등을 기준으로 측정되는 브랜드 가치이다. 브랜드 인지는 브랜드의 재확인, 재생 등으로 측정하는데, 재확인이란 이전에 특정 브랜드를 본 적이 있는가를 말하며, 재생은 특정 제품 클래스에서 어느 브랜드가 상기되는가를 말한다. 소비자가 브랜드를 인지하는 최대의 요인은 친근감과 호감이다.

지각된 품질은 소비자가 특정 제품, 서비스에서 연상하는 품질의 정도를 말하는데, 브랜드 가치의 4가지 종류 중에서 유일하게 기업의 재무성과(이익)에 공헌하는 것으로 알려져 있다. 특정 제품이 소비자의 실제 이익과 무관하거나 소비자가 추구하는 품질과 다를 경우, 지각된 품질은 떨어진다. 따라서 기업은 소비자가 어떤 품질을 추구하는지, 무엇을 기준으로 품질을 판단하는지, 정확하게 품질을 이해하고 있는지를 조사하여 마케팅 커뮤니케이션을 행해야 할 것이다.

〈표 1-6〉 충성도 배당의 예

| 업 종 | 1위 브랜드 | 시장 점유율[1] | 충성고객 비율[2] | 충성배당 점유율[3] | 상대 충성 점유율[4] |
|---|---|---|---|---|---|
| 은 행 | 우편저금 | 37.4 | 11.5 | 5.8 | 15.5 |
| 맥 주 | 아사히 수퍼드라이 | 23.8 | 34.5 | 11.0 | 46.2 |
| 승용차 | 도요다 | 38.4 | 48.0 | 22.2 | 57.8 |
| 편의점 | 세븐일레븐 | 31.0 | 38.3 | 14.4 | 45.4 |
| 종합수퍼 | 이토요카도 | 19.3 | 19.6 | 7.9 | 40.8 |
| 홈엔터테인먼트 | 소니 | 21.2 | 46.3 | 10.7 | 50.4 |
| 포털사이트 | 야후 | 59.8 | 69.8 | 41.0 | 70.1 |
| 주유소 | 에네오스 | 22.0 | 23.5 | 8.5 | 38.6 |
| 정보단말기 | NEC | 25.2 | 19.5 | 8.9 | 35.4 |
| 일반의약품 | 이브A錠(해열진통제) | 13.8 | 3.3 | 6.9 | 49.9 |
| 화장품 | 시세이도 | 22.0 | 13.0 | 4.9 | 22.4 |
| 담배 | 마일드세븐 | 33.9 | 26.5 | 18.9 | 55.9 |
| 이동통신서비스 | NTT도코모 | 58.1 | 40.5 | 24.4 | 42.0 |

작성: 오글리비 원 재팬社

자료: 주간동양경제, 2003. 8. 2. 동양경제신보사

인용: 小尾(2004: 193)

주) 1) 해당기업의 브랜드가 갖는 시장점유율(%)

2) 해당기업의 고객 중 충성고객의 비율인데, 업계 수위의 브랜드보다 하위 브랜드의 비율이 높을수도 있음. 참고로 정보단말기(휴대전화) 분야에서 점유율 2위인 파나소닉의 충성고객 비율은 22.8%, 일반의약품(해열진통제)의 2위 브랜드인 '바파린'은 31.0%의 충성고객비율을 확보하여 1위 업체보다 높은 수치를 보이고 있음.

3) 충성고객의 확보에 의해 업계 평균치를 웃도는 점유율의 크기로서, 충성도 배당점수(loyalty dividend score)를 가리킴. 조사대상고객의 구매의욕에서 도출된 예측시장점유율이므로 실제점유율과는 다를 수 있음. 업계평균치는 크기가 1이므로, 하위기업 중 마이너스 수치가 나온 것은, 브랜드가 보유한 고객충성도의 종합력이 업계평균치를 밑돈다는 뜻이지, 충성고객이 없다는 것은 아님.

승용차 부문의 미츠비시자동차와 메르세데스(현. 다임러크라이슬러), 편의점 부문의 써클K와 데일리야마자키, 종합수퍼점 부문의 마이카루와 세이부, 홈엔터테인먼트 부문의 히타치(日立)와 샤프, 포털 사이트의 2-4위인 goo, MSN, BIGLOBE, OCN, 정보단말기 부문의 미츠비시전기, 일반의약품의 노노신과 나론에이스, 화장품 부문의 코세와 판켈, 이동통신서비스 부문의 2-4위인 J폰, au, 츠카, DDI포켓 등이 마이너스임.

4) 충성배당점유율÷시장점유율. 충성고객의 기여도를 말해 준.

브랜드 충성은 브랜드에 대한 소비자의 태도, 충성심을 말한다. 고객의 충성을 제고시키려면, 회원할인이나 정보제공 등으로 고객 가치를 높이는 것뿐 아니라, 개별 소비자의 연령, 소득, 구매 행태 등에 맞추어 차별화를 꾀하여야 한다. 이러한 브랜드 충성은 기업의 시장점유율 확보에 커다란 영향을 미치는데, 이를 측정하는 도구에 '충성도 배당(loyalty dividend)'이 있다. 이는 기업이 높은 충성도를 보이는 고객(자산)으로부터 얻는 이익(배당금)의 크기를 말한다. 크기의 산출은 충성고객 지수(업계 평균과 대비한 충성고객의 수)에 충성고객 1인당 고객가치(업계 평균치와의 비교)를 곱하여 산출된다.

위의 충성배당순위표에서 알 수 있는 것은, 승용차 부문을 예로 들면, 도요다, 닛산, 혼다의 각사의 시장점유율(38.4%, 19.6%, 14.9%)에서 각각의 충성배당점유율(22.2%, 3.0%, 1.0%)을 차감한 값이 도요다 16.2%, 닛산 16.6%, 혼다 13.9%로서 커다란 차이가 없음을 알 수 있다. 즉 비충성형 고객 집단이 구매하는 비중은 자동차 3사간에 두드러진 차이점을 보이지 않고 있다. 이는 한 명이라도 많은 고객을 확보할 목적으로 대중 고객을 상대로 마케팅 커뮤니케이션을 전개하는 것보다는 충성도가 높은 고객을 확보, 유지하는 브랜드 전략이 시장에서 경쟁우위를 획득하는데 중요한 관건임을 말해준다.

브랜드 연상(聯想)은 브랜드로부터 연상되는 것, 제품의 속성, 사람, 심볼 등을 포함하는데, 기업이 브랜드를 통해 고객에게 표현하고 싶은 것, 즉 브랜드 정체성에 기초하여 개발, 실행된다. 브랜드 정체성의 의미는 기업이 창조하고자 하는 브랜드 연상의 집합체이며, 조직 구성원이 고객에게 행하는 약속이기도 하다. 브랜드 정체성을 수립하는 목적은 가치 제안(기능적 편익, 정서적 편익, 자기표현적 편익)을 통해 브랜드와 고객 간의 관계를 구축하는데 있다. 브랜드 정체성을 구성하는 요소는 제품으로서의 브랜드(제품분야, 제품속성, 품질, 가치, 용도, 사용자, 원산지), 조직으로서의 브랜드(조직 속성, 로컬 또는 글로벌의 특징), 사람으로서의 브랜드(브랜드 인격, 브랜드와 고객 간의 관계), 심볼로서의 브랜드(시각적 이미지와 비유, 브랜드 전통) 등 4가지이다.

이러한 브랜드를 제대로 관리하기 위해서는 문화의 다양성을 존중하여 각국 소비자 니즈에 맞는 세밀한 대응을 해야 한다. 물론 브랜드 파워가 막강할수록 문화의 이질성에 대한 면역력이 강해진다. 단, 자국중심주의, 애국심이 만연한 현지국 시장에서는 글로벌 브랜드의 파워를 전면에 내세우기 보다는 가격 대비 성능의 우수성, 경쟁품을 앞서는 품질 등을 강조한 제품 전략이 주효할 것이다. 또한 본국과의 문화적 거리가 먼 현지국들에 대해서는 국별로 브랜드의 자리매김을 달리하는 것이 적합하다. 2002년에 우리나라에 생산공장을 지은 다국적 담배회사인 British American Tobacco와 Rothmans International BV의 합병으로 탄생한 BAT는 6억 7천만 달러의 가치를 잉태하고 있음에도 불구하고, ROA 등의 수익 면에서 Marlboro 브랜드를 갖고 있는 Philip Morris에 근접하지 못하고 있다. 그만큼 글로벌 브랜드로서의 파워가 밀린다는 것을 말해주고 있다. 1998년 네슬레는 Rowntree를 인수하는데 순자산 가치 3억 달러의 회사에게 25억 달러를 지불해야 했고, 필립 모리스는 Kraft의 인수에 순자산 가치의 4배에 달하는 금액을 치러야 했다는 것은, 기업 브랜드의 경제적 가치의 엄청난 크기를 보여준 사례라고 본다.

강력한 파워를 지닌 브랜드는 다음과 같은 강점을 발휘할 수 있다.[10] 첫째는, 역경을 극복할 수 있다는 것이다. 70년대 말 2차 오일 쇼크로 80년대 초 많은 자동차 업체가 도산했지만, 유일하게 메르세데스 벤츠만이 판매 증가를 기록한 점은 브랜드 파워를 여실히 보여준 예이다. 둘째는, 장수(longevity)할 수 있다는 것이다. 베트남에서는 미국과의 20년간에 걸친 전쟁으로 미국과 관련된 일체의 광고가 금지되었다. 그러나 지금 베트남 가정의 일요일 나들이는 번화가의 미국 패스트 푸드

10) P. Temporal, *Branding in Asia*, John Wiley & Sons, 2000.

점에 가서 식사하는 일이다. 미국 브랜드가 적대감에 의한 편견을 극복해낸 것이다. 셋째는, 국가문화간을 이동할 수 있다는 것이다. 외국 브랜드가 현지 시장의 상황, 문화, 취향에 맞게 적응해야 할 필요성은 인정하지만, 세련미와 우아함, 현대적 진보를 상징하는 강력한 브랜드는 전세계의 대도시에서 명성을 떨칠 수밖에 없다. 넷째는, 유통망을 강력히 지배할 수 있다는 것이다. 세계적 브랜드는 글로벌 시장에 접근하면서 강력한 유통망을 확보할 수 있다. 그렇게 되면 동일 기업이 보유한 다른 브랜드(세계적 브랜드만큼의 지위에 이르지 못한)의 유통도 효과적으로 할 수 있다. 다섯째는, 사업 영역을 횡단할 수 있다는 것이다. 강력한 브랜드가 있으면 다른 사업영역으로 신규 진입하는 것도 수월해진다. Dunhill은 담배 사업에서 고품격 패션사업으로 이행을 성공적으로 할 수 있었다. 우리나라에서도 패션 의류의 대명사 앙드레 김이 의류에서 화장품으로 사업 영역을 무난하게 확장하고 있다. 여섯째는, 직원의 동기부여와 조직 충성을 높일 수 있다는 것이다. 세계적 브랜드 사업에 종사하고 있다는 생각이 기존 직원의 사기를 고양시키고, 우수한 신규 직원의 채용을 용이하게 해준다. 일곱째는, 범용 상품에서 탈피할 수 있다는 것이다. 제품/서비스 간의 구분이 갈수록 힘들어지고 있는 상황에서 범용 상품(commodity)의 이미지를 벗을 수 있는 유일한 방법은 제품/서비스에 대한 고객의 인식 속에 가치를 주입하는 일이다.

브랜드 구축을 위한 초석은 대부분 대중 매체를 통한 광고에 의한 것이다. 그러나 가령 TV 광고의 경우, 시청자 층의 분열(fragmentation)로 인해 자사 제품이 어필할 수 있는 잠재 고객에 집중할 수 없다는 점, 광고비의 지속적 상승 등으로 인해 마케팅 전략으로 채택하기에 벅찬 경우가 많다. 특히 유럽의 경우는 미국과는 달리 상업 방송국의 수가 제한되어 있고, 프로그램 중간 광고 삽입이 안 된다는 점, 신규 브랜드의 증가 등으로 인해 케이블 TV와 위성방송의 개설에도 불구하고 여전히 광고비가 줄지 않고 있다. 따라서 많은 유럽기업들은 대안적 커뮤니케이션 채널에 의존하는 경우가 많다.[11] 대안적 브랜드 구축 전략에 성공한 유럽기업들을 보면, 상위 경영진에서 브랜드 구축 전략을 진두지휘한 특징이 있다. Body Shop의 창업자 겸 CEO인 Anita Roddick, Nestle의 CEO인 Peter Brabeck 등이 그 예라고 할 수 있다. 이와는 대조적으로 많은 미국기업들은 브랜드 전략의 개발을 전략적 사고와 정치적 영향력이 부족한 조직 구성원에게 위임하거나 또는 광고대행사에게 일임한다. 이렇게 되면 상위 경영진과 기업자산인 브랜드 사이에 거리감이 야기되며, 특히 광고대행사는 미디어 광고에 의존하기 때문에 문제점으로 지적될 수 있다.

로고, 색상, 사명을 바꾼다고 새로운 IC가 기업에 웅장한 이미지와 함께 활력을 불어넣을 것이라고 생각하는 것은 오판이다. 즉 피상적인 CI의 변화만으로는 브랜드 전략이라고 말할 수 없는 것이다. 브랜드 전략에서는 브랜드의 정체성(identity)과 브랜드의 이미지를 구분해야 한다. 브랜드의 정체성(identity), 즉 브랜드 소유 기업의 시각에서 본 브랜드 개념을 명확히 해야 브랜드 구축이 제대로 될 수 있다. 그래야만 상충되고 혼란스런 메시지를 고객에게 전하는 우를 범하지 않을 수 있다. 브랜드의 정체성은 사람의 인격에 비유할 수 있는데, 이는 브랜드에 일관성과 장수를 부여한다. 반면에 브랜드 이미지는 시장이 바라보는 브랜드의 모습이다. 바꿔 말하면 브랜드 정체성은 기업이 자사 및 제품의 모습으로 내놓은 것이고, 브랜드 이미지는 시장/고객에게 받아들여진 모습이다. 따라서 브랜드의 정체성과 이미지 사이에 틈이 생기면 이를 인식 격차(perception gap)라고 하는데, 이는 반드시 시정되어야 한다. 브랜드의 정체성에는 브랜드의 비전과 목적, 타사와의 차별화의 알맹이, 충족시킬 니즈의 대상 등이 담겨져 있다.

브랜드의 인격이자 문화라고 할 수 있는 정체성 및 그 정체성을 표현한 코드, 심볼은 비교적 안정적이어서 이들을 바꾼다는 것은 곧 브랜드를 바꾸는 일을 의미한다. 그런데 제품 라인이 확장하게 되면 정체성

11) E. Joachimsthaler, Aaker D. A. *Building brands without mass media*, HBR, Jan-Feb. 1997, 39-50.

이 제품에 제대로 반영되어 있는지 의심스러울 수가 있다. 기업은 브랜드를 통해 상품에 의미를 부여하며(encoding), 소비자는 브랜드의 해독(decoding)을 통해 의미를 읽고 상품/브랜드에 대한 이미지를 형성하게 된다. 가령 프랑스의 자동차 메이커인 PSA 그룹은 란치아에는 명성, 피아트에는 가격과 기능, 시트로엥에는 신뢰성과 상상, 푸죠에는 성능과 신뢰성이라는 의미를 각각 부여하려고 애쓰고 있다.

80년대에 들어오면서부터 소비자들은 어떤 상품을 구입하여 소비하는 것만으로는 사회적 지위를 획득하지 못한다는 것을 인식하게 되었다. 그전에는 사회적 지위의 심볼이었던 자동차, 유행 의상, 가구, 보석과 같은 상품을 소유하는 것만으로 사회적 지위를 과시하는 것이었지만, 다수의 인간이 이를 소유하게 되면서부터는 상품 자체의 지위 표시 기능은 저하되고, 개별 상품 브랜드가 지닌 상대적 지위의 표시 가치에 관심을 두게 되었다. 전통적 사회 규범에 의한 속박이 느슨해지면서 이를 대신하여 라이프 스타일이 집단 구성원을 가리키는 지표로서 중요성을 띄게 되었다. 즉 집단의 정체성은 사회적 계급, 동일 지위의 집단에 의해 부과된 재래의 규범이 아니라 일정한 소비 스타일을 채택함으로써 확인될 수 있게 되었다. 소비자는 자신의 정체성을 소비에 투영시킴으로써 사회적 지위를 확보하려고 하는 것이다.

그런데 개인의 정체성 확인 행위인 소비는 개성화, 차별화의 형태를 띄면서 아울러 어떤 지위에 끼고 싶어하는 동조화 현상이 진행되어 브랜드의 유행 현상이 일고 있다. 소비자는 기능보다 시각적 심볼을 중시한다. 자동차의 본네트 속에 있는 엔진의 기구를 나타내는 DOHC, VTEC과 같은 것을 차체에 붙이기도 하고, 그 지역에서는 기능적으로 필요치 않는 4륜구동 표시 로고를 붙인다든가 하여 브랜드를 밖에서 보이게끔 한다. 볼보 자동차의 측면 충돌 흡수 시스템은 안전을 판매하려는 회사측의 입장을 시각적으로 호소하는 것이고, 스타일이 별로 인듯한 외관은 디자인에 구애받지 않는다고 하는 고객의 정체성을 반영하고 있다. 그런데 소비자는 기업이 제공하는 심볼의 의미를 수동적으로 받아들이는 것에 그치지 않고 자신의 라이프 스타일에 맞게 바꾸어 사용하려 한다. 이 점이 바로 기업의 브랜드 관리를 갈수록 어렵게 만들고 있다.

브랜드 구축 전략의 중심과제는 브랜드가 나타내는 약속에 대해 소비자가 신뢰할 수 있도록 하는 것이다. 소비자가 신뢰하기 위해서는 브랜드 모조에 코스트가 들도록 해야 한다. 제품 차원에서는 기술뿐 아니라 제품 디자인과 포장을 경쟁사가 모조하는데 코스트가 들도록 해야 한다. 또 한가지 신뢰의 원천은 완전 공개주의이다. 특정 기업이 자사가 지닌 바람직한 특질을 명확히 함으로써 이익을 얻으려 한다면 경쟁기업은 자신들의 특질이 바람직스럽지 못하다는 것을 공개하지 않을 수 없게 된다. 가령 자사의 상품이 최고라고 생각하는 기업은 상품 보증을 대폭적으로 하게 될 것이다. 품질이 이에 처지는 다른 기업은 해당 기업과 같은 수준의 보증을 하기에는 비용이 과다하게 든다. 즉 모방에 코스트가 든다는 것이다. 따라서 소비자들은 어떤 기업이 상대기업보다 상품의 품질이 떨어진다는 것을 알게 된다.

결국 브랜드란 소비자의 머리 속에 기억, 저장되어 있는 기업, 상품에 대한 지식, 정보 체계를 말하며, 브랜드 관리는 소비자의 브랜드 지각구조에 관여하여 그 내용을 변혁시키는 활동이라고 볼 수 있다.[12] 여기서 말하는 소비자의 지각구조에 대한 관여라는 것은 실제로는 지식과 정보의 발신, 제공, 소비자와의 상호 대화, 교류 등에 의해 소비자의 이해를 높이고 이미지를 향상시키는 것을 가리킨다. 대중적 지명도, 호감도를 갖고 있는 브랜드라 하더라도 어떤 사회적 사건이 발생하게 되면 브랜드의 이미지는 일순 무너지고 만다는 점은 2000년 여름 일본의 유키지루시(雪印: 눈표) 유업 사건에서 여실히 알 수 있다.

12) 平林 千春, 일본형 브랜드 매니지먼트, JAMAGAZINE, 2002.2., 일본능률협회.

제품의 시장지위 내지 자리매김(positioning)에 따라 도출되는 브랜드의 정체성을 확립하기 위해서는 메시지의 효과와 전달비용의 효율성 간의 상승효과를 통해 모든 커뮤니케이션 수단을 일관되게 운영하는 것이 필요하다. 이를 가리켜 통합적 마케팅 커뮤니케이션(Integrated Marketing Communication: IMC)이라고 한다. IMC를 다룬 선구적 연구자의 한 사람인 노스웨스턴 대학의 Schultz 교수는 IMC를 '소비자의 입장에서 커뮤니케이션을 재구축하는 것'이라고 정의하였다.[13] IMC는 커뮤니케이션 요소의 확장과 커뮤니케이션의 일관성이라고 하는 2가지에 중점을 두고 있다. 커뮤니케이션 요소의 확장이란, 지금까지 주된 커뮤니케이션 수단이었던 광고, 퍼블리시티, 인적판매, 판매촉진뿐 아니라 이메일, 웹사이트 등의 새로운 고객과의 접점으로까지 수단을 확장하는 것이며, 커뮤니케이션의 일관성이란, 커뮤니케이션의 발신 메시지가 통일성을 유지할 수 있도록 매체간 관리를 행하는 일이다. 여기서 매체라 함은 제품, 패키지, 고객까지도 포함하는 것이다. 이러한 일관된 메시지의 발신이 적절히 이루어지고 있는지도 점검해야 한다. 이러한 IMC가 최근 중시되는 이유는, 첫째, 광고 이외의 커뮤니케이션 도구의 효과가 중시되면서 다수의 커뮤니케이션 수단을 동일 차원에서 다루어 이들 간의 결합을 통해 브랜드의 정체성을 구축할 필요가 생겼다. 둘째, 커뮤니케이션의 효과를 정확하게 분석할 수 있게 되면서 다수의 커뮤니케이션 수단 중에 가장 효과적인 결합을 이룰 수 있게 되었다. 셋째, 1대1 마케팅이 IT의 발달 덕분에 가능해진 점이다. 디지털 기술, 통신기술의 진보로 지금까지 대중 소비자들 대상으로 해온 마케팅 커뮤니케이션에서 탈피하여 고객의 프로필에 보다 적합한 커뮤니케이션을 신, 구 커뮤니케이션 수단의 결합으로 이룰 수 있게 되었다.

IMC의 대표적인 예로는 우리나라의 SK정유사가 실행하고 있는 OK 캐시백 서비스를 꼽을 수 있다. 마일리지의 공유가 가능한 점포를 오프

13) Integrated marketing communications in U.S. advertising agencies. *Journal of advertising research*, v. 37, no. 5, 1997, 7-18.

라인의 TGI프라이데이, KFC, 신세계백화점, 금호렌터카에서 온라인의 e현대백화점, 한솔CSN, 코스메틱랜드 등 총 5만개의 점포로 확장하였다. 지금까지 각자 따로 운영해오던 마일리지 포인트를 통합함으로써 포인트 적립에 걸리는 시간을 줄이고, 방대한 가맹점포에서 포인트를 이용할 수 있게 함으로써 기존고객을 포위하여 이탈을 방지하는데도 효과를 보고 있다.

브랜드의 자산 가치(equity)가 높으면 마케팅 프로그램의 효과, 효율을 개선할 수 있고, 브랜드 충성도를 높이며, 가격과 이윤의 증대 등으로 기업의 가치가 상승하며, 소비자로서는 정보처리가 용이해지고, 구매 의사결정 과정에서 망설이지 않게 되며, 사용 후 만족감이 커지는 면에서 가치를 느낄 수 있다.

많은 미국 기업들은 제품 관리자나 시장 관리자의 변화하는 전술적 커뮤니케이션 목적에 따라 브랜드가 표류하는 경우가 많다. 이런 일이 생기지 않기 위해서는 브랜드 정체성이 기업의 비전, 조직 문화, 가치관 등에 연계되어야 한다. 그리하여 어떤 프로그램과 커뮤니케이션이 브랜드를 지지, 강화시키고, 어떤 것들이 손상, 혼동시킬지에 관한 지침을 제공할 수 있어야 한다. 애매하고 너무 일반적인 브랜드 정체성은 어떤 종류의 대(對)고객 커뮤니케이션도 합당하다고 보기 때문에 도움이 안 된다. Body Shop의 핵심적인 브랜드 정체성은 원칙있는 이윤추구의 철학(profits-witha-principle philosophy)이다. 보디숍은 제품의 동물실험을 반대하고, 제3세계를 지원(aid)이 아닌 교역(trade)을 통해 경제적 도움을 주며, 우림보호 운동에 기여하고, 여성문제에 적극적이며, 재생의 본보기를 보여주고 있고, 멸종 위기의 종을 보호하며, 대체에너지의 개발을 지원하고 있다.

Grand Met사는 1989년에 유럽에 Haagen-Dazs 브랜드의 아이스크림을 출시했다. 당시는 경제적으로 불황이었고, 아이스크림이 정체기의 품목이었으며, 기존업체들이 확고한 기반을 갖춘 상황이었다. Unilever,

Nestle, Mars 등의 주도기업들은 물론이거니와 중소규모의 강력한 현지 제조업체들(가령, 독일의 Scholler, 스위스의 Movenpick, 이태리의 Sagit등)은 광범한 광고, 높은 수준의 지명도 등으로 유럽 슈퍼마켓의 한정된 냉동 공간을 지배하고 있었다. 게다가 하겐다스는 강력한 경쟁 상대의 제품에 비해 30-40% 가격이 비쌌고, 저가 제품보다는 수배의 높은 가격을 지향하였다. 하겐다스의 성공비결은 세련되고 풍요로운 성인소비자를 목표시장으로 삼은 프리미엄 아이스크림이라는 브랜드 전략을 구사한 데 있다. 전통적인 방법은 대규모 광고를 통하는 것이겠지만, Grand Met사는 우선 인파 통행이 많고 소비성향이 높은 지역에 고급스런 아이스크림 점포를 개설하였다. 또한 유명호텔과 레스토랑에 아이스크림을 납품하되 메뉴에 하겐다스를 눈에 띄게 표기하는 조건으로 하였다. 구전 효과(word-of-mouth)를 가속화하기 위해 식품소매점에 하겐다스 브랜드의 냉동기를 제공하고, 문화 행사(특히 미술)를 후원하고, 비교적 저예산의 인쇄미디어를 통한 캠페인(The Ultimate Experience in Personal Pleasure)을 전개하였다. 그 결과, 유럽시장에서의 매출이 1천만달러(1990년)에서 1억 3천만달러(1994년)로 경이적인 폭발세를 보이게 되었다.

SMH사의 Swatch는 가시성(visibility)을 확보하여 제품의 카테고리를 재정의하고 스위스 시계산업의 부흥을 위해 건물 옥상, 콘서트 홀, 스키 슬로프 등에 내걸었다. 시간 기능을 알리는 저가 제품과 가보, 투자의 상징으로서 고가제품 밖에 없던 시장에 1983년 Swatch를 출시하면서 브랜드의 핵심을 뛰어난 스위스 기술의 저가 제품으로서 스타일과 재미, 젊음, 자극적 특성을 강조하는데 두었다.

브랜드 광고와 관련된 몇 가지 사례를 간단히 소개하면, 폭스바겐이 신형 소형 모델로 내놓은 골프(Golf)를 프랑스 시장에 진입시켰을 때, 회사는 예수의 최후의 성찬을 패러디한 캠페인을 실시하였는데, 이에 대해 가톨릭 측에서 소송을 제기하자 캠페인을 중단하고 가톨릭의 자선활동에 기부금을 낸 적이 있다. Cosmopolitan이라는 잡지는 헝가리에 진출하면서 광고판에 알몸 여인의 토르소를 내걸고 여인의 뒤에서 남자가 손을 브래지어 모양으로 쥐면서 여인의 가슴에 갖다 대는 모습이었다. 표어는 '코스모폴리탄 독자가 선호하는 브라'라고 쓰여 있었다. 부다페스트 시내의 대부분의 거리 광고판은 검정 페인트로 도배되고 말았다. 소비자 보호원은 광고판 소유주와 광고대행사에 대해 벌금을 부과하였다. 코카콜라 인도법인은 광고를 중단하는 일을 겪었는데, 그 이유는 광고 내용이 이동중인 트럭에서 콜라 병을 훔치기 위해 젊은이가 절벽에서 번지 점프를 하는 장면을 보고 캘커타시의 한 10세 아동이 이를 흉내내다 사망한 사고가 있었기 때문이다. 버드와이저는 영국에서 광고를 하면서 회사의 미국적 전통을 강조하기 위해 바를 가득 메운 인디언들이 버드와이저를 마시는 장면을 제작하였다. 그런데 이 광고가 영국에서는 상당한 반응을 불러일으킨 반면, 미국의 인디언 후원단체로부터 비판을 받았는데, 그 이유는 아메리칸 인디언들의 알코올 중독에 대해 회사가 무신경했다는 점이다. 끝으로 한 태국의 포테이토 칩 메이커의 광고가 히틀러(bad guy로 분장)를 묘사하는 내용을 보냈다가 이스라엘 외교관들로부터 항의를 받자 광고대행사가 사과한 일이 있다. 이러한 소비자들로부터의 비판을 오히려 역으로 이용한 사례로는 태국에서의 맥도널드 건을 들 수 있다. 우리나라, 태국 모두 마찬가지였지만 1997년의 IMF 사태를 맞이하여 태국은 자국화폐 바트화(baht)의 가치가 급락하자 정부는 태국 물건을 사고 태국 음식을 사먹자는 공공 캠페인을 전개하였다. 태국의 TV 뉴스에서는 맥도널드의 상호를 배경으로 삼았다. 이에 맥도널드는 정면 승부를 하지 않고, 맥도널드가 태국의 외환보유고에 기여를 한다는 촉진활동을 전개하였다. 즉 맥도널드는 1달러 어치를 수입해 올 때마다 7달러 어치의 상품을 수출한다는 주장이다. 치킨 너겟, 애플 파이, 로널드 맥도널드의 조각상 등을 다른 아시아 국가들에게 수출하고 있으며, 새우 너겟은 멀리 독일로까지 수출한다는 것이다. 태국 맥도널드의 메뉴에 쓰이는 재료의 90%가 국산이라는 점을 소지자들은 몰랐다. 후렌치 프라이만이 유일한 수입품목이었다. 이런 사실의 홍보 덕분에 매출은 눈에 띄게 회복되었고, 맥도널드는 태국풍의 돼지고기 버거도 출시하였다.

강력한 브랜드를 구축하는 일이 갈수록 어려워지고 있다. 브랜드의 수가 폭발적으로 늘어나고 있을 뿐 아니라, 커뮤니케이션의 방법도 케이블 방송, 인터넷, 영화에서 제품설정(product placement), 휴대폰의 스크린 등으로 다양해져서 메시지의 전달이 힘들어지고 있다. 게다가 제품 성능과 서비스 수준이 업체간에 수렴되면서 기존 브랜드의 지속이 어려워지고 있다. 가뜩이나 침체된 경제는 마케팅 예산의 삭감으로 관계자들을 위축시키고 있다. Advertising Age의 보도에 따르면, 미국의 식료품점 선반에 놓인 브랜드의 수가 1991년 1만 5천개에서 2001년에는 4만 5천개로 늘어났고, 미국인에게 노출되는 1일 광고 메시지 수는 1990년 3천건에서 2000년 5천건으로 늘어났다. 반면 미국의 광고비는 2000년 1,690억달러에서, 2001년 1,490억달러, 2002년 1,470억달러로 계속 줄고 있다(Aufreiter et al., 2003).

무차별적인 촉진활동을 벌여서 고객의 구매 패턴을 유발하지 않는 브랜드의 측면에 초점을 맞추기도 했고, 고객 기호의 변화와 신규 출현하는 시장 세그먼트를 감지하지 못하기도 했다. 가령 볼보는 SUV의 출현에 주시하지 못하고 2003년이 되어서야 겨우 관련 차량을 시장에 출시하였다. 이는 마케팅 담당자들이 사실에 입각한 논리적 분석보다는 직관에 지나치게 의존한데서 기인한 문제이다.

마케팅 담당자들은 시장 세분화를 표적 고객의 규모, 소득, 연령, 인종, 소비량, 충성도, 위치, 생활양식, 욕구, 태도 등에 관한 현재의 조건에 입각하여 왔다. 이럴 경우에는 장기적 잠재력이 취약한 소비자 집단의 뒤를 좇는 꼴이 되기 쉽다. 많은 의류업체들이 유행에 민감한 10대 시장을 표적으로 삼고 있지만, 유럽에서는 10대의 인구비율이 저하하고 있다는 점에서 변덕스런 이들 10대의 뒤를 좇는 것이 그다지 커다란 결실을 거두지 못할 수 있다. 마케팅 작업에서 요구되는 일은 다음과 같다.

첫째, 소비의 전개 동향을 집어내는 일(trend spotting)이다. 이동중 식사의 빈도가 늘어나고 있고, 고단백/저탄수화물의 식이요법의 인기가 더해가고 있다는 동향이 켈로그나 퀘이커 오츠와 같은 조식 시리얼 제조업체에 미칠 영향을 헤아려 보아야 할 것이다. 시리얼 고객은 오랫동안 성인 세그먼트와 아동 세그먼트로 분류되어 왔다. 전자에 대해 브랜드는 콜레스톨을 낮추는 섬유질 등의 내용물과 같은 건강문제를 강조하였고, 후자에 대해서는 아동들에게 맛과 재미를, 엄마 아빠에게는 영양을 확신시키는 전략을 사용하였다. 시리얼에 초점을 둔 시장 조사는 이런 접근법을 수정해야 할 필요성을 제시하지 않을 것이다. 그러나 이동중 식사의 증가는 NutriGrain bar와 같은 제품이 양 세그먼트에 소구력을 행사하면서 조식 시리얼을 잠식하면서 성공할 수 있게 해주었다. 미국에서 1500만명 이상이 고단백/저탄수화물의 앳킨즈 식이요법을 시도했다는 것은, 조식 시리얼에 들어있는 탄수화물을 피하려는 단백질 추구 세그먼트가 지닌 미래의 경제적 잠재력을 평가하는 것이 중요하다는 점을 인식시켜 준다. 이를 위해서는 비만율, 다이어트 책자의 판매량, 과거 다이어트 열풍의 궤도 등에 대한 분석이 이루어져야 할 것이다. 이를 통해 도출된 추정치가 설령 20%의 오차범위를 갖더라도 동향의 잠재적 영향력을 파악하고, 어느 동향에 반응을 보일 가치가 있는지를 결정하고, 용두사미로 끝날 제품(가령 자몽 다이어트)을 확인하는 것이 가능해진다.

둘째, 출현하는 세그먼트가 가져올 경제적 수익성을 환산하는 일이다. 급속한 성장세를 보이는 세그먼트가 반드시 고수익을 가져다준다고 보장할 수는 없다. 호텔 사업을 보면, 수십년간 이 부문은 서비스 지향적인 비즈니스 여행자와 가격중시형의 레저 여행자의 두 세그먼트로 분류되어 왔다. 그런데 최근에는 고수익의 비즈니스 여행자 세그먼트가 분열되면서 이들의 욕구와 깊은 연관을 맺어온 힐튼, 매리어트, 쉐라톤 호텔 등에 위협을 가하고 있다. 분열되고 있는 한쪽에는 회사 비용의 절감 압박의 고조로 새로운 유형의 가치지향적 비즈니스 여행자가 나오고 있고, 반대편에는 표준적인 비즈니스 호텔을 피하여 일과 놀이를 하나로 합병하려는 호화 추구형 비즈니스 여행자들이 출현하고 있다. 유행의 추구와 도피의 추구라고 말할 수 있는 별개의 두 집단의 출현이다. 이들 두 집단에 반응하기 위해서는 각 세그먼트의 미래의 경제적 잠재력을 이해해야 한다. 급증하고 있는 가치지향적 비즈니스에 가담하려면 고객의 저가격 기대에 부응할 수 있을 만큼 투숙료를 낮출 수 있어야 하면서 동시에 브랜드의 차별화를 위해 투자해야 한다. 호화추구형 세그먼트는 스타일과 지위에 걸맞는 투자를 호텔내의 여러 시설에 투입해야 하는데, 불황일 때는 투숙객들이 이런 호사스런 시설들을 이용하지 않는다는 점이 리스크로 작용한다.

셋째, 브랜드를 구축하는 일이다. 가장 유망한 미래의 세그먼트를 표적으로 설정하였으면, 그 다음 할 일은 브랜드에 대한 생각을 다시 가다듬는 일이다. 브랜드의 범람과 모방은 광고, 참신 아이디어의 수익률을 감소시키고 있다. 세제의 성분을 새로이 했다든가 스포츠 스타를 운동화 광고에 등장시키는 일은 금방 모방된다. 자신의 브랜드는 어떤 것이고, 그것을 고객에게 전달하기 위해 고객과 대면하는 접점(touch points)을 확인해야 할 것이다. 자사의 브랜드에 대한 정의는 곧 고객에게 제공하는 편익, 속성의 강조라고 하겠다. 그런 편익에는 가시적인 것 뿐 아니라 비가시적인 것까지 포함되어 있다. 가령 코카콜라가 강력한 글로벌 브랜드인 것은 붉은 색 캔과 맛뿐 아니라 낙관적인 미국상품이라고 하는 이미지를 갖고 있기 때문이다. 중요한 것은, 브랜드가 갖는 속성(attributes) 하나하나가 고객에 유의미한 것이라는 점, 그런 속성들이 자사 브랜드를 타사와 차별화시킨다는 점을 목표로 촉진활동을 전개해야 한다는 것이다. 아래 그림은 브랜드의 속성을 고객에 대한 관련성(relevance)과 타사에 대한 차별성(differentiation)을 기준으로 분류한 것이다.

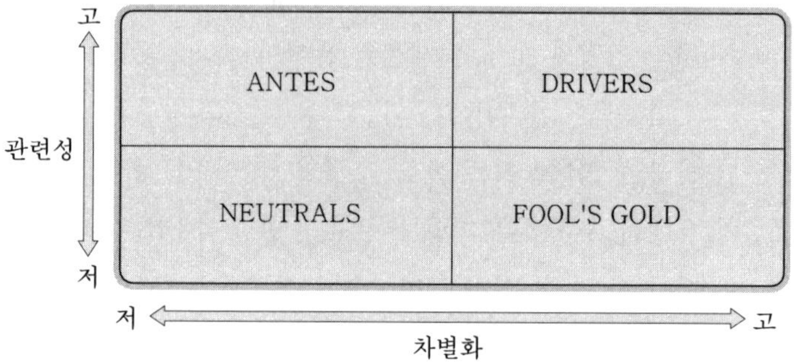


자료 : Aufreiter(2003).

〈그림 1-6〉 브랜드 속성

경쟁사와 차별화를 보이지만 고객에게는 의미없는 브랜드의 속성을 '바보의 황금'이라고 부른다. 고객이 어떤 브랜드에서건 요구하는 것이라서 차별화는 안 되지만 중요한 브랜드의 속성은 '안테스'라고 한다. 이는 포커의 플레이어들이 딜러한테서 카드를 받기 위해 지불하는 소액의 금액에서 따온 표현이다. 이들은 기본적인 편익이므로 가령, 침대가 청결하지 않거나 불편하다든가, 팩스, 인터넷 등을 사용할 수 없다면 호텔의 호사스런 가치는 지속될 수 없다. 고객에게 중요하면서 아울러 차별화되는 브랜드의 속성을 '구동력'이라고 한다. Holiday Inn Express는 투숙객이 보다 멋진 비즈니스 여행객이라는 느낌을 갖도록 감정적 편익을 제공함으로써 차별화를 꾀하고 있으면서 동시에, 재미있고 다소 괴짜라는 브랜드의 속성을 전달하려고 한다. 비용이 한계에 달한 여행객들에게 보다 멋지면서도 재미있는 기회를 맛볼 수 있다는 것은 매력적인 의미를 지닌다.

브랜드의 속성을 어떻게 고객에게 비용 대비 효과를 고려하여 전달하는가가 남은 과제이다. 호텔의 경우 고객과의 접촉면은 예약, 입/퇴실, 다빈도 이용 프로그램, 룸 서비스, 비즈니스 서비스, 운동 시설, 세탁 서비스, 레스토랑, 바 등이다. Holiday Inn Express는 보다 멋지고 재미있는(smarter and fun) 브랜드를 양질의 아침식사, 가장 저렴한 인터넷 사용료, 익살스런 광고 등과 같은 접촉면을 통해 고객들에게 전달한다. Four Seasons는 인적 접촉에 의존하여 손님을 이름을 불러 응접하고, 세련된 비즈니스 여행객의 필요를 이해하고, 최소한 해당 지역에서 가장 뛰어난 시설(특급 레스토랑이나 스파)로서 하나 이상을 확보하고 있다. 보다 내구력이 있는 브랜드의 전달 메커니즘은 비용이 많이 든다. British Airways는 다른 항공사들이 좌석의 폭, 경사 등을 개선하는데 그친데 비해서 비즈니스 클래스의 좌석을 완전 평면(180도) 가능한 것으로 재설계하였다.

브랜드와 관련된 용어로 럭셔리(luxury)가 있다. 앞서 브랜드의 어원을 말하였는데, 럭셔리의 어원은 농업이다. luxus는 따로따로 재배한다는 의미로서, 곧 일상적 관례와는 한발 물러선 차이라고 말할 수 있다(Schroeder, Sazer-Morling, 2006: 68). 역사를 살펴보면 럭셔리는 수십년간 귀족의 부속품이었다. 왕실에 살거나 초대받으려면 자신의 지위에 걸맞어야 하는데 이는 최상의 품질을 갖춘 물건에 다대한 돈을 지출함으로써 이루어진다. 귀족은 노동을 하지 않는 지배계층이었기에 그들에게 물건은 기능이 아니라 주는 즐거움의 크기와 희소성에 의해 판별받는다. 의상 디자이너는 왕실 전속이 되어 가장 세련된 천과 가장 희귀한 소재로 맞춤복을 디자인하였다. 럭셔리는 제품 자체에 있었고, 핵심어는 희소성이었다. 후에 디자이너와 재단사들은 가게를 열었고 그 이름을 통해 알려지기 시작했다. 예전에는 이들이 왕실에 불려갔지만 이제는 역전되어 귀족과 신흥 브루주아들이 가게를 방문하게 되었고, 의상실은 단골들이 애호하는 유행의 장소가 되어 누구나 얼굴을 들이밀어야 하는 상황이 되었다. 우리말로는 명품이라고 하는데, 과연 어떤 브랜드가 명품에 속하는 걸까? 비교가 되는 유형의 특성을 지닌 다른 제품의 가격보다 상당히 높은 가격을 지속적으로 정당화할 수 있는 브랜드를 명품 브랜드라고 정의하기도 한다(Kapferer, J.N.(1997). Journal of Brand Management, 4, 4, 252). 여기서 말하는 상당한 가격 차이가 명성, 이미지 등과 같은 무형의 것까지 측정한다면 이 정의는 유용할 수 있겠지만, 그렇다고 해도 상대적 정의라는 점에 한계가 있다. 절대적 가격 수준이 있어야 하는 것은 아닌가 하는 의문이 제기될 수 있다. 나이키 브랜드를 하청 생산하는 기업의 자체 브랜드보다 나이키 브랜드의 신발이 훨씬 비싼 것은 사실이지만 그렇다고 나이키를 명품 브랜드라고 하지는 않는다.

럭셔리의 개념이 지닌 속성에 대해 명품 구매의 경험이 있는 유럽인, 미국인, 일본인들을 대상으로 조사한 결과, 공통점과 상이점이 발견되었다(Kapferer, J. N.(2004). *The new strategic brand management*. London: Kogan Page, p.264). 공통적으로 지적한 명품의 속성은 고가(expensive), 고품질(high quality), 품격(prestige)의 세 가지이고, 상이점은 유럽, 미국인들이 희소성(rare, exceptional)을 꼽은 반면 일본인은 예술성(artful)을 기대하였다. 이런 차이가 바로 일본의 직장여성 대부분이 뷔통(Vuitton) 핸드백을 들고 다니고 뷔통의 매출 중 40%가 일본에서 창출되는 점을 설명해 준다. 이렇게 상품이 폭넓은 소비자에게 확산되면 서양에서는 브랜드 자산이 급속히 희석될 텐데 일본에서는 전혀 그렇지 않다. 서양 기업들은 경외의 대상으로 브랜드를 제작하는 것이 아니라 이윤과 지속적 성장을 위해 브랜드를 사용한다. 투자자들이 LVMH 그룹의 주식을 매입하는 것은 바로 이 때문이다. 그룹은 투자자의 기대에 부응하기 위해 브랜드의 글로벌화를 꾀하여 아시아 시장을 표적으로 삼는다. 그러나 유럽과 미국 시장에서는 확장 전략을 전개하게 되면 희소성의 퇴색으로 성장을 지속하기 힘들다. 희소성과 성장의 유지라고 하는 모순을 관리할 방법은 없을까? 방법의 하나로 실제 희소성(actual rarity)과 가상 희소성(virtual rarity)을 구분하는 일이 있다. 실제 희소성은 원료, 공정, 직인의 솜씨 등에 기초한다. 18년산 시바스(Chivas) 양주, 타조나 상어가죽 핸드백 등은 원료에 기초한 희소성을 갖는다. 그러나 이처럼 제품에 근거한 희소성은 기업의 입장에서는 만족스럽지 못하다. 이유는 매출 증가에 내재적인 한계가 있기 때문이다. 따라서 희소성의 인상을 창출하는 일, 즉 가상의 희소성이 필요하다. 가상 희소성을 창출하는 방법의 예로는 i) 루이뷔통이나 에르메스의 100% 소유의 점포와 같은 선별적, 독점적 유통망의 선택, ii) 특정 아이템에 대해 지속적인 재고 바닥을 조장하는 일, iii) 물량 공급이 부족할 것이라는 점을 구전을 통해 전달하는 일, iv) 1 대 1 주문생산처럼 느껴지도록 주문 후 제작을 하여 배타성을 강조하는 일, v) 제품군을 희소성 제품과 대중성 제품으로 이원화하는 일(대중성 제품은 희소성 제품의 후광=hale effect을 받아 mass-stige를 누림) 등이 있다.

럭셔리 브랜드를 구축하는 접근법에는 브랜드의 이면에 역사(history)를 담는 방법과 이야기(story)를 담는 방법의 두 가지가 있다(Kapferer, 2004: 69). 전자는 유럽 기업들이 애용하는 방법으로서 실제 상품에 강조점을 두고, 후자는 미국 기업들이 즐겨 쓰는 방법으로서 머천다이징, 매장의 분위기와 이미지 등 고객과의 접촉이 이루어지는 유통에 강조점을 둔다. Ralph Lauren, Armani, Boss 등은 철저히 마케팅 노력으로 구축된 후자에 속하는 브랜드의 예이고, Lacoste(데이비스컵 테니스 대회에서 우승한 Rene Lacoste를 본따서 1933년에 소개된 브랜드), Channel, Dior, Yves Saint Laurent 등은 유명한 디자이너나 테니스 선수의 명예 덕에 성장한 전자의 예가 된다. 이야기를 통한 명품 브랜드의 구축은 사실은 역사가 결여된 점을 보완하기 위해 고안해낸 방법이다. 제품이 아니라 점포에 이야기를 만들어 냄으로써, 역사가 더 이상 명품의 구동 요인이 아닐 수 있다는 점, 적어도 역사에 개의치 않는 젊은 층의 신규 고객에게는 그렇다는 점을 과시하고 있다. 이 두 가지 중 어느 것이 보다 장수할지는 시간을 누고 지켜볼 수밖에 없다.

### 〈사례 1-4〉 스토리 텔링의 브랜드 전략

● 베트남서 총알 막아준 지포 라이터

지난 12월 4일 흰 눈을 이불처럼 소복이 덮어 쓴 미국 워싱턴주의 작은 마을 밴쿠버. 작가와 소설가들로만 구성된 경영 컨설팅회사 '아하!(Aha!)'를 찾았다. 사무실 안은 동화에 나올 법한 가정집 풍경이다. 머핀이 가득 담긴 상자나 나무 식탁, 흔들의자 등은 모두 수십년씩 된 것들이다. 직원들 옷차림도 다 캐주얼 차림이다. 이 회사 설립자 베지 헤닝(Henning)과 브렌다 에일링(Alling)이 내민 명함에는 이름만 달랑 적혀 있다. 이 회사엔 직원들 직함이 없다. 베지는 "스토리텔링(storytelling)은 기업 내의 직원뿐 아니라 소비자와의 의사 소통에 아주 효과적인 도구"라며 "우리는 이를 전문적으로 돕는 컨설팅회사"라고 소개했다.

두 설립자는 모두 기자 출신이다. 1990년대 초반 어린이를 대상으로 한 축제 사업체를 차렸는데, "이야기가 어른의 마음까지도 사로잡는 것을 보고 이야기 컨설팅사업에 뛰어들었다"고 말했다. 1994년 두 사람이 자택 거실에서 설립한 회사가 지금 직원이 40여 명으로 불었고, 내년엔 사업 확장을 위해 복층(複層)을 쓰는 건물로 옮길 예정이다.

● 스토리텔링은 의사 소통의 마법

2002년 이들은 고객사인 휴렛 팩커드(HP) 직원들에게 5년 후 있을 법한 가상(假想)의 잡지를 만들어 돌렸다. 2008년 비즈니스 위크 신년호에 HP의 성공사례가 큼직한 커버 스토리로 실린 것이다.

제목은 'HP, 잉크젯 프린터 최강에 오르다'. 이 회사 직원들이 케이크에 촛불을 붙이고 자축하는 사진과 함께 어떻게 HP가 성공했는지를 설명하는 3쪽짜리 기사도 첨부했다. 이 회사 임직원들이 원하는 가치를 정확히 집어 가상의 스토리로 표현했던 것이다.

이 가상의 잡지를 본 HP 직원들은 사기 충천했을 뿐 아니라 각자 어떤 역할을 해야 할지를 확실히 이해했다. 베지는 "복잡한 그래픽과 숫자로 수백 번 회의를 해봤자 직원들 머릿속에 붕붕 떠다니기만 한다"며 "이런 스토리텔링기법을 활용해 봤더니 마법처럼 성공했다"고 말했다.

스토리의 힘을 깨달은 최고경영자(CEO) 중에는 이메일이나 블로그 등을 통한 이야기 커뮤니케이션으로 직원들과 일체감을 높이려는 시도도 일고 있다.

썬마이크로시스템즈의 CEO 조너선 슈워츠(Schwartz)는 블로그를 한국어 등 11개 언어로 운영 중이다. 이곳에 경영전략은 물론 개인적인 이야기도 털어놓는다. 자신이 한때 박물관 경비원이었고 인도 · 웨일스 · 헝가리 · 러시아의 혼혈이라는 것 등을 일기 형식으로 올렸다. 슈워츠는 "내 이야기를 털어놓자 직원들과의 대화가 봇물 터지듯 터졌다"며 "결과적으로 내 의사 결정에 대해 직원들이 더 신뢰하게 됐다"고 말했다.

• 기업도 '이야기꾼'이 돼야

스토리로 소비자 마음을 끌기 위해 기업이 광고나 마케팅에 자주 활용하는 소재다. 생활용품업체 도브(Dove)는 2004년부터 '진실한 아름다움(real beauty)'이라는 이야기 마케팅캠페인을 가동하고 있다. 전 세계의 평범한 여성들이 출연해 자신의 외모에 대해 이야기하는 시리즈다.

최근 에피소드엔 빨간 머리에 주근깨투성이 여성이 등장한다. "어느 날 버스를 탔는데, 한 아주머니가 걱정스러운 얼굴로 다가와 이러는 거예요. '얼굴에 레몬을 발라봐요. 주근깨가 좀 옅어질지도 몰라'. 그래서 저는 대답했죠. '괜찮아요. 저는 제 주근깨가 너무 마음에 드는 걸요…' 라고."

도브는 코가 튀어나온 여성, 주름이 가득한 70대 할머니 등 다양한 외모의 여성들을 등장시켜 자신의 몸에 대한 사연을 말하게 한다. 이 캠페인으로 도브는 전 세계 여성들 사이에서 '자연 미인' 열풍을 일으켰을 뿐 아니라 엄청난 홍보효과를 얻었다.

미래학자 롤프 옌센(Rolf Jensen)은 "이제 기업은 상품이 아닌 이야기를 판다"고 말했다. 나이키가 운동화보다 마이클 조던의 도전정신을 강조하고, 할리 데이비슨이 오토바이보다는 '자유'를, 애플이 컴퓨터보다는 '세련됨'을 파는 것과 마찬가지다.

같은 이유로 명품 브랜드 페라가모는 영화 '7년 만의 외출'에서 마릴린 먼로가 지하철 통풍구에서 스커트 자락을 날리는 명장면을 찍기 위해 페라가모 신발을 고집했다는 이야기를 반복한다. 지포(Zippo)라이터는 베트남전쟁에서 총알을 막아준 이야기를 끊임없이 광고에 우려먹고 있다.

스타벅스는 다양한 종류의 커피콩이 어떤 지역에서 어떤 사람들에 의해 재배되고, 어떤 경로를 거쳐 지금 커피로 만들어 지는지를 매장에 귀여운 캐리커처를 이용해 설명해 놓는 방식으로 소비자들을 '커피문화'로 끌어들인다.

LG경제연구원 박정현 연구원은 "스토리텔링 마케팅은 이야기를 좋아하는 인간 본성에 바탕을 두고 있다"며 "이제 기업들도 상품 판매자가 아니라 훌륭한 '이야기꾼'이 돼야 한다"고 말했다.

**▸ 이야기로 뜬 제품들**

빨간 모자와 옷, 흰 턱수염. 우리가 알고 있는 산타클로스는 코카콜라가 광고를 위해 만들어낸 모습이란 사실을 아시는가. 코카콜라는 1931년 자사의 빨간 로고와 흰 거품을 상징하기 위해 이런 이미지의 산타클로스를 창조해냈다. 기업들은 이미 오래전부터 이야기 경제를 우리의 생활 깊숙이 침투시켜 놓고 있다.

• 페어 플레이 정신 대통령을 기리는 테디베어

1902년 11월 미국 26대 대통령 시어도어 루스벨트(Roosevelt)는 미시시피로 곰 사냥을 나갔다. 대통령이 한 마리도 잡지 못하자, 보좌관이 새끼곰을 생포해 대통령 앞에 풀어 놓게 했다. 그러나 대통령은 정당하지 못한 일이라며 곰을 풀어주도록 했다. 이 일화가 알려지자, 뉴욕에서 잡화점을 운영하던 모리스 미첨(Michtom)은 대통령의 애칭인 '테디(Teddy)'라 이름을 붙인 곰인형을 팔아 대성공을 거둔다.

• 실연당한 여동생을 위한 메이블린 마스카라

평범한 화학자 윌리엄스는 1913년 여동생이 실연을 당해 시름에 잠기자, 동생을 기쁘게 할 방법을 연구하기 시작했다. 여동생을 더 예쁘게 보이게 하기 위해, 바셀린 젤리와 분탄을 혼합해 속눈썹을 진하게 하는 제품을 만들었는데, 이것이 최초의 마스카라다. 그는 동생 이름인 '메이블'과 바셀린을 합친 합성어 '메이블린'이라는 회사를 차려, 마스카라를 대중에게 선보였다.

동생의 아픈 마음을 달래주려는 오빠의 마음, 메이블린은 이 실제 스토리를 브랜드 이미지 전략에 활용 중이다.

• 물이 아닌 치료약 에비앙 생수

프랑스 혁명 중인 1789년, 알프스의 작은 마을 에비앙에 신장 결석을 앓던 한 후작이 요양하고 있었다. 몸에 좋다는 주민들의 권유에 따라 후작은 이 마을의 물을 연구하기 시작했고, 이 물이 알프스 산맥의 눈과 비가 약 15년에 걸쳐 내려오며 정화됐을 뿐 아니라 미네랄 성분이 포함됐다는 것을 알게 됐다. 1878년 마침내 에비앙 생수는 프랑스 정부에서 공식 허가를 받아 상품으로 판매된 세계 최초의 물로 기록됐다.

〈chosun.com〉
(2008. 1. 10)

치열한 경쟁으로 차별화가 불가피해진 소비재의 경우에는 브랜드 관리가 제품 중심에서 광고 중심으로 옮겨가고 있다. 차별화를 위해서는 제품 자체보다는 커뮤니케이션 도구의 창의적 개발에 최우선의 관심을 기울이게 된다. 커뮤니케이션 관점에서 볼 때 브랜드는 무형의 개념적 자산(immaterial, conceptual asset)으로서 전사적 가치와 관련을 맺는다.[14] 이는 실제 제품과 더욱 분리되어 기업의 자산으로서의 개념을 갖는다는 점을 의미한다. 제품 생산의 아웃소싱은 이런 경향을 가속화 시켰다.

브랜드의 윤리 내지 윤리적 브랜드 관리(branding ethics)라는 주제도 브랜드 문제의 하나로 거론되고 있다. 이 문제에 불을 지핀 것이 베네통(Benetton)이다. 베네통은 회사의 사업을 윤리적 행동과 결부시키려 하였다. 베네통은 회사의 정체성(identity)을 인식가능하고 호소력 있는 이미지로 전환시키려 의도하였으나, 그 과정에서 일관되지 못하고 충격적이기까지 한 광고를 만들어냈다. 베네통이 전달한 윤리적 메시지와 United Colors of Benetton 브랜드 간의 관계는 무엇인지, 브랜드의 정체성과 이미지, 즉 기업의 의도와 소비자의 반응 간의 간극을 어떻게 이해해야 하는지가 문제의 핵심에 놓여 있다. 사업과 윤리의 공존공영을 가능케 하기 위한 작업이 윤리적 브랜드 관리의 궁극적 도착점이다.

소비자들은 기업이 하는 모든 일에 윤리적 가치를 전달해야 한다고 믿으면서도 이율배반적으로 설령 베네통이 마케팅 캠페인에서 윤리적 가치의 촉진을 중단하더라도 개의치 않는다고 답변하였다(Schroeder, Salzer-Morling, 2006: 171). 이런 모순된 소비자 태도에 대해서는 첫째, 소비자들이 말은 그렇게 하지만 기업의 윤리를 신경쓰지 않는다는 점, 둘째, 베네통과 같은 강력하고 인기높은 브랜드의 경우 기업의 이미지와 정체성을 바꾸는 일이 브랜드의 인기에 영향을 미치지 않는다는 해석이 가능하다.

기업의 이미지는 기업이 자신을 제시하는 방식에 대해 이해관계자가

14) 반면에 디자인 관리는 제품 자체와 강력하고 밀접한 관련을 맺는다. 여기에는 디자이너의 작업과 초점이 제품에 놓여 있는 점도 이유 중의 하나이다(Schroeder, Salzer-Morling, 2006: 144).

갖는 인지의 총체성(totality of a stakehoder's perceptions)으로 이해될 수 있다. 그런데 소비자는 동일한 대상, 이미지를 저마다 달리 해석하므로 기업은 기업 이미지를 통해 소비자 가치를 창출하고자 한다면 이미지의 복합성 내지 다양성이 불가피하다는 점을 고려해야 한다. 가령 사회적 이슈에 대해 윤리적 관점을 표명하려는 기업은 그런 행동이 기업의 정체성과 소비자의 기대에 미치는 영향을 고려해야 할 것이다. 기업의 윤리적 관점 표명은 매장의 배치, 제품 디자인, 광고, 이벤트 등의 다양한 커뮤니케이션 경로를 통해 전달되는데 이들 복수의 경로를 조정하여 일관되고 응집력있는 윤리적 가치와 견해를 노출하는 일은 결코 용이한 작업이 아니다.

전세계 120개 국가에서 의류 사업을 전개하고 있는 베네통 그룹은 United Colors of Benetton과 Sisley라고 하는 두 개의 주축 브랜드를 갖고 있고, 스포츠 의류와 용품 분야에서 Playlife, Nordica, Prince, Rollerblade, Killer Loop 등의 브랜드를 보유하고 있다. 5천개의 글로벌 소매 점포망은 연간 20억 유로를 웃도는 매출을 거두고 있는데, 의류의 90%를 유럽에서 생산하고 나머지 10%는 인도와 터키 시장에서 라이센싱 계약으로 생산되어 전적으로 현지 판매용으로 국한하고 있다. 베네통의 전략적 커뮤니케이션 업무를 담당하는 회사는 이탈리아에 위치한 Fabrica인데 이 회사가 맡은 바는 베네통이 누구이며 무엇을 대변하는지를 전달하는 이미지 캠페인과 베네통이 무엇을 만드는가, 즉 제품의 속성과 품질을 전달하는 제품 캠페인의 두 가지 일이다. 이러한 캠페인 중에는 에이즈 환자, 감방에 수용된 사형수, 전쟁과 폭동 등과 같은 논란의 대상이 된 것들도 있었다. 1990년대의 이런 논란거리 광고 캠페인을 주도한 사진작가 Oliviero Toscani는 베네통의 윤리적 연상을 창출하면서 기업의 정체성과 의도를 참고하지 않았다. 이러한 베네통의 윤리적 가치의 커뮤니케이션에 관해 소매유통업의 실상은 달리하고 있다. 점포 관리자들은 베네통이 내세우는 윤리적 가치에 대해 자긍심과 공감을 갖는다고 말하고 있지만, 점포의 시각적, 문자적, 행동적 가공품

(artifact)에서 이를 표시하고 있다는 점은 드러나지 않고 있다. 가령 점포가 스폰서로 참가한 패션쇼가 행동적 가공품의 한 예가 될 수 있는데, 점포 관리자들은 지하 동굴에서 펼치는 베네통의 패션쇼에 대해 정보도 전해 듣지 못했고 초대받지도 못했다는 사실에 혼란을 느꼈다. 소매점포는 커뮤니케이션의 발산지로서 소비자들은 기업의 이미지를 여기에서 접하게 된다는 점에 비추어 볼 때 이런 상황이 발생했다는 사실은 기이하다고 볼 수 있다. 이미지와 명성은 광고와 웹사이트에 표현되는 것에만 전적으로 의존하는 것은 아니다. 점포의 디자인(점원이 기업의 윤리적 가치를 표현하는 방식까지 포함하여)이 갖는 커뮤니케이션 도구를 베네통은 활용하지 않았다. 점포는 기본적으로 제품 지향적 정보를 제공하고 있는데, 이런 소매점의 환경은 이미지와 제품을 분리한다는 회사의 전략을 재확인해 주고 있다. 베네통의 윤리적 가치와 견해는 전문 모델 대신 다양한 인종의 보통 사람들을 모델로 삼는 점에서 드러나고 있다. 모델의 다문화적 배경이 베네통의 윤리적 가치를 전달하는 방식이다. 결론적으로 기업의 이미지와 정체성 간의 간극으로 인해 베네통은 기업, 제품, 브랜드의 촉진을 자사의 윤리적 정체성에 연계시키고 커뮤니케이션 경로를 통해 부가가치를 획득하려는 노력에 금이 가는 사태를 초래하였다.

제2장

# 경쟁 전략

1. 시장 지위와 경쟁 전략
2. 글로벌 시장의 진입전략
3. 세계 지역별 마케팅 협상
4. 글로벌 마케팅과 문화
5. 글로벌 마케팅 협상

2 chapter

# 경쟁 전략

## 1. 시장 지위와 경쟁 전략

기업이 시장 환경에 적응하면서 소정의 목표를 달성하기 위해서는 경합관계에 있는 다른 기업들과 어떤 식으로 대결할 것인가 하는 경쟁 전략을 작성, 실행하게 된다. 이러한 경쟁 전략은 자사가 시장에서 어떠한 경쟁적 지위에 놓여 있는가에 따라 달라진다. Kotler는 기업의 시장 지위를, 경영자원의 상대적 보유 크기와 기업능력의 상대적 축적 정도를 기준으로 하여 4가지 유형으로 구분하고 있다.

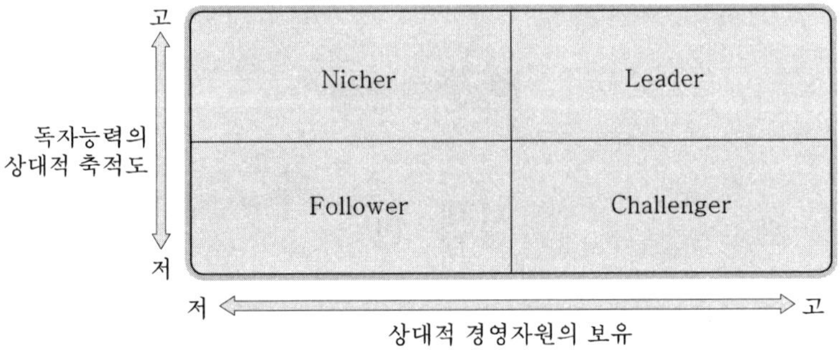


자료: 嶋口(2004: 47)

〈그림 2-1〉 기업의 경쟁 지위의 유형

리더는 해당 시장에서 상대적 경영자원의 보유 정도가 최대인 기업이고, 도전자는 리더와 시장 점유율의 쟁탈전을 펼치는 지위와 의욕을 갖고 있는 기업을 말한다. 후미자(後尾者)는 업계의 하위 기업이며, 틈새자는 상대적 경영자원의 보유 정도 면에서는 리더와 직접 승부할 수 있는 위치에 있지 않지만, 나름대로의 독특한 능력을 갖춘 기업이다. 기업은 후미자에서 도전자 - 리더의 경로를 밟던가 아니면 틈새자 - 도전자 - 리더의 경로를 선택할 수 있다. 이들 4가지 유형의 기업이 펼치게 될 경쟁 전략을 몇 가지 측면에서 언급하기로 한다.

첫째, 시장목표 측면을 보기로 한다. 리더에 비해 시장 지위가 낮은 도전자 기업들은 상대적 독자 능력의 축적이 낮기 때문에 당장은 시장 점유율의 확대에 노력하고 후에 이윤을 추구하는 우회적, 간접적 전략을 구사하게 된다. 가장 시장 지위가 열악한 후미자 기업은 기본적인 생존에 필요한 이윤의 확보부터 시작하여 경영자원을 축적하고 나면, 시장확대를 통한 도전자형 경쟁전략을 펼치고, 그 뒤에는 최대의 시장 점유율을 획득하는데 성공함으로써 이윤극대화와 명성, 이미지의 구축이라고 하는 리더의 경쟁전략의 목표를 달성할 수 있을 것이다. 후미자 기업이 택할 수 있는 또 다른 시장목표의 대안으로는 생존에 필요한 이윤을 확보하고 나서 독자능력을 기초삼아 특정의 틈새시장에서 이윤과 명성을 추구하는 틈새자의 전략이 있을 수 있다. 틈새자 기업의 시장목표는 자신의 틈새시장에서 만족할 수준의 이윤을 확보하든가 아니면 리더의 지위를 노려 도전자로 이행할 수 있다.

둘째, 전략 방침 측면에서 살펴본다. 리더는 모든 시장 세그먼트에 대해 전방위형의 정통파적인 전략을 채택한다. 도전자는 시장점유율 획득에 가장 유리한 매력적인 세그먼트를 노린다는 점에서는 리더 기업과 일치하지만, 리더와 동질적 경쟁을 펼치기는 무리이므로 차별화 전략을 전개한다. 후미자 기업은 생존과 체질 강화를 목표로 삼는 만큼, 철저한 모방이 필요하다. 특히 리더나 도전자가 신경을 덜 쓰는 2차 시장을 표적삼아 리더와 도전자가 활용하여 유용성이 입증된 전략을 모방하여 전개한다. 신속한 모방 전략을 통해 어느 정도의 이윤 확보가 가능해진다. 틈새자 기업은 다른 경합 기업과의 경쟁을 피하여 독자적인 틈새를 설정하여 그에 걸맞는 이윤과 명성을 얻으려는 목표를 갖고 있는 만큼, 전략 방침으로서는 제품이나 대상 시장을 좁혀 초점을 맞춘다. 이러한 틈새자의 출현은 시장의 성숙화가 진행되면서 특색있는 기업군들이 다양한 가능성에 각기 초점을 맞추는 상황에서 빈번해진다.

셋째, 전략 영역(domain)의 측면에서 설명하기로 한다. 경쟁이 치열해지면서 각사의 전략 내용이 유사해지면, 기업은 외부에 대해서는 정체성을 높이고 내부에 대해서는 구성원의 가치를 통합하기 위해 전략 영역을 명확히 해야 한다. 전략 영역이란, 고객의 니즈와 고객층, 독자적 능력이라고 하는 3개의 요소를 특정화하는 것으로서, 경쟁 우위를 도출하게 된다. 리더는 다른 유형의 기업에 비해 경영자원과 기업규모, 기타 면에서 앞서기 때문에 동질적 경쟁을 할 경우 유리하다. 그런 면에서는 전략 영역을 특정화하는 것이 큰 의미는 없다. 그렇기는 하지만, 조직의 정체성을 명확히 하고, 조직내의 가치를 통일해야 한다는 필요성에 비추어 보면, 경영이념의 정립이 가장 도움이 된다. 그런 점에서 리더 기업의 전략 영역은 경영이념으로 대변된다고 말할 수 있다. 도전자 기업은 장기적 시장점유율 확대를 시장목표로 추구하는 만큼, 전략영역은 고객 니즈와 독자능력 차원에서는 차별적인 것으로 하되, 고객층은 한정하지 않는다. 후미자 기업은 모방을 경영방침으로 삼는 만큼, 괜찮은 품질의 제품을 저렴한 가격에 제공하는 것을 무기로 삼는 통속적인 이념에 머물게 된다. 틈새자는 자신의 독특성을 살릴 수 있는 정도로까지 고객의 니즈, 고객층, 독자능력을 좁혀 전략영역을 설정한다.

넷째, 시장 정책 측면을 바라보면, 리더 기업의 정책의 정석은 주변수요를 확대하는 것이다. 다른 기업에 비해 최대의 경영자원을 축적하고 있는 이상, 스스로 주변수요를 창출하게 되고, 이렇게 신규 창출된 수요 중에 현재의 상대적 시장점유율 만큼을 획득할 가능성이 높다. 이러한 주변수요의 확대에 수반되는 투자 규모와 소요시간을 고려하면 독자적으로 하는 것보다는 경쟁사와 협력하여 행하는 것이 효율적인 경우가 많다. 또한 리더는 경합사가 특정 제품이나 판매 전략으로 성공을 거두는 것을 간과하면 자사의 시장점유율이 하락하고 시장지위가 약해질 위험이 있으므로, 규모의 힘을 이용하여 동질적 경쟁을 벌이는 것이 경쟁우위 강화에 이바지한다. 리더 기업이 취하는 세 번째 정책 기조는 비가격 대응이다. 리더가 가격경쟁에 빠져들어 손쉽게 가격 인하에 나서면 다른 기업들도 따라하지 않을 수가 없다. 리더는 시장점유율이 가장 높은 만큼 업계의 이윤 저하의 손실 중에서 가장 큰 몫을 입는다. 그러나 시장이 성숙 단계에 접어들면서 가장 손쉬운 정책으로서 가격이 눈에 띄는 만큼 우를 범할 수 있다. 비가격 정책 대응의 예외로서는 집적회로, 탁상계산기 등의 시장에서 보듯, 초기 가격의 절반 이상으로 가격을 인하한 것이 효과를 보아 인하 폭 이상의 신규 수요를 창출하는 높은 수요탄력성이 존재하는 경우이다.

〈표 2-1〉 기업의 시장지위 유형별 경쟁우위 전략의 특징

| 경쟁 지위 | 시장 목표 | 전략 방침 | 전략 영역 | 시장 정책 |
|---|---|---|---|---|
| leader | 시장점유율, 이윤, 명성 | 전방위화(정통) | 경영이념 (고객니즈 중심 | 주변수요확대, 동질화, 비가격 |
| challenger | 시장점유율 | 차별화(비정통) | 고객니즈와 독자능력의 초점 | 리더와의 차별화 |
| follower | 이윤 | 모방화 | 통속적 이념 (값싸고 질좋은 것을 사회제공 | 리더, 도전자의 정책관찰과 신속한 모방 |
| nicher | 이윤, 명성 | 초점화 | 고객니즈, 고객층, 독자능력의 압축, 초점 | 특정 세그먼트내의 미니 리더 전략 |

자료: 嶋口(2004: 48)

기업의 시장 지위와 경쟁 전략의 관계를 다룰 사례로서 시장 리더인 Kmart와 도전자인 Wal-Mart의 역전 상황을 소개하기로 한다.

샘 월튼은 1940년에 J. C. Penny Co.의 간부후보자로서 아이오와주의 Des Moines점에서 소매업 경험을 쌓았다. 페니사의 경영방침[1]에 감명받아 이를 후에 월마트 운영의 지침으로 삼았다. 샘은 1950년대 후반에 할인점이 소매업의 중심이 될 것이라는 확신을 갖고 미국 전역의 할인점을 방문하였는데, 고객이 할인된 가격으로 여러 종류의 상품을 살 수 있는 최초의 원스톱 쇼핑점으로서 Kmart가 미시건주의 Garden시에서 영업을 시작하고 있었다. 월튼은 할인점을 소규모 지역에서 영업하되 저가에 브랜드 제품을 제공하고 친절하게 손님을 대한다는 생각을 갖고, 1962년 Arkansas주의 Rogers에서 첫 영업을 개시하였다. 신용판매, 빈품보징, 우대권 제공, 고객 주차장까지 쇼핑 카트 빌어주기, 노어맨의 안내 등의 영업 전략을 전개하면서 1979년 말에는 11개주에 276점,

1) 우리가 할 수 있는 최대한의 만족을 달성하기 위해 대중에게 모든 걸 바친다. 거래에서 발생하는 이익이 아니라 적정한 보답을 얻는 서비스를 제공한다. 고객의 가치, 품질, 만족을 전체적으로 충족시키는 일에 힘을 쏟는다. 우리가 제공하는 서비스를 보다 지적으로 수행하기 위해 자신을 훈련시킨다. 우리 사업에서 항상 인적 요인을 개선한다. 사업이 기대치를 웃돌 때는 종업원에게 보상한다. 올바르고 공정한 일을 하였는지 모든 정책과 방법, 행동을 검토한다.

1995년에는 2,684개 Wal-Mart Store를 운영하여 Kmart의 2,161개를 압도하였고, 매출 규모 면에서는 1992년에 약 439억 달러 대 377억 달러로 역전을 이루었다. 점포 전개 방식은 1978년에 최초로 배송 센터를 설립하고 그 주변의 6시간 이내 배송 가능한 지역에 점포를 여는 것이었다.

미시건주의 Troy에 본부를 둔 Kmart Corporation은 월마트와 같은 해인 1962년에 창업하여 1990년대만 해도 Sears, Roebuck & Co.에 이은 대형 소매업체로서 할인점 업태로는 미국 제1을 자랑하였다. 1998년 초에는 2,136점포에 약 322억 달러의 매출을 달성하였다. 대도시에 점포 진출을 원칙으로 하였고, 전국 TV망을 통한 광고 활동을 하였다. 반면 월마트는 1980년대 후반까지만 해도 광고를 하지 않았다. 뿐만 아니라 퍼블리시티조차 회피하였고, 마케팅 활동보다는 점포 운영에 전념하였다. 본사와 현장의 현금등록기를 연결하는 컴퓨터 시스템 구축에 1천만 달러를 투자하였다. 점포 주변의 유통센터와 트럭 확보에도 투자를 아끼지 않으면서 품절 상품의 신속한 조달이 가능해졌다. Kmart와 Wal-mart의 매출 증대 전략을 대비시키면, 전자는 다점포 전개라고 하는 다양화 전략을 구사한 반면, 후자는 점포 운영의 효율성 추구에 의한 원가 절감이라고 하는 집중화 전략을 구사하였다. 1990년대에 들어와서, 양자간의 경쟁이 K마트의 본거지인 대도시에서 전개되기 시작하였다. 제품 구색과 저가격이라고 하는 고객 중심의 월마트 경영은 대도시의 고객들로부터 환영받았다. 이에 K마트의 Antonini는 오래된 점포의 개수, 확장, 재배치 등으로 응수하였으나, K마트의 종업원은 재고관리와 계획에 대한 교육을 받지 못하여 월마트에 뒤쳐졌다. 현금등록기에는 최신 정보가 입력되지 않아서 가격 계산이 오류를 범하기도 하였는데, 캘리포니아주의 72개 점포에서 과잉청구를 범하여 1994년 5월에 98만 5천달러를 환불해주는 사태로 이어졌다. Antonini가 회장 겸 CEO를 겸직한 1987년 이후 K마트의 시장점유율은 34.5%에서 22.7%로 줄어든 반면, 월마트는 20.1%에서 41.6%로 배증하였다. 산업분석가 및 소비자에게 Kmart는 느리적대는 존재로 인식되기 시작했다. 편리한 장소에서 할인가격으로 여러 종류의 고품질 제품을 구입할 수 있는 원스톱 쇼핑점이라고 하는 당초의 K마트의 사고방식은 변화하는 시장 환경 속에서 경쟁력을 상실하였다.

월마트의 사업 전략은 고객이 원하는 물건을 원하는 시간에 제공하기, 팀 스피릿의 강조 등이다. 월마트는 또한 1980년대에 들어와서 새로운 형태의 소매업을 전개하였는데, 1983년 오클라호마주의 오클라호마시에 개점한 SAM's Club은 도매클럽 형태로서 한정된 브랜드와 모델의 상품을 다량 입하하고 영업시간을 한정하고 현금거래를 하며 저렴한 도매가격과 최소한의 판촉비로 영업을 하였다. 또한 할인점과 편의점, 주유소, 레스토랑, 은행, 비디오 대여점 등을 입점시킨 대형 수퍼센터를 개설하였는데, 이들의 수는 1998년에 502개로 늘어났다. 샘 월튼의 4가지 경영 방침은 매일 저가 판매, 고객 서비스, 리더십, 변화이다. 반면에 Antonini는 사업에 대한 구상을 타인의 도움없이 독자적으로 하였고, 남의 비판에 화를 내고 변화를 제안하면 무시하기 일쑤였다. 외부 인사를 스카웃하면 자신의 자리를 넘볼 것이라는 생각에 경영 제안을 담당할 컨설턴트를 고용하였다. 2002년 마침내 Kmart는 회사정리의 절차를 밟게 되었다.

## 2. 글로벌 시장의 진입 전략

현지국 시장의 규모가 작다면 손익분기점이 낮은 진입방식인 간접수출, 현지대리점이나 유통업자를 이용한 직접수출, 기술공여 등이 유리하며, 시장 규모가 크거나 성장 가능성이 높다면 손익분기점이 높은 진입방식인 현지 지점이나 자회사를 통한 수출, 현지생산의 직접투자 등을 택하는 것이 효과적이다. 수출 - 기술 공여 - 현지직접투자 방식으로 옮아갈수록 사업 리스크는 높아진다. 이들 여러 가지 시장 진입 전략별로 현지의 잠재적 사업 파트너와의 협상은 상이한 형태의 중요성을 갖는다.

## 1) 수출 및 판매 대리

수출 전략에서 수출업자가 수입업자와 부닥치는 가장 기본적이고도 중요한 문제는 가격일 것이다. 수출업자는 그 이하로는 판매할 수 없는 최저 판매가를 설정할 것이고, 수입업자는 그 이상으로는 구매할 수 없는 최고 구매가를 설정할 것이다. 이들 최저 판매가와 최고 구매가가 만나는 접선 영역이 바로 수출 협상의 대상이 된다. 따라서 당사자들은 상대방의 최저 판매가와 최고 구매가에 대한 정보를 수집하여 협상에 영향력을 행사할 수 있는가가 관건이다. 수출업자가 수출품의 어떤 특징을 수입업자에게 호소할 것인가에 관해서는 지역별로 다른데, 미국이나 프랑스에서는 기술적 진보가 환영받으므로 제품의 혁신성을 강조하는 것이 좋고, 독일에서는 판매자에 대한 의존가능성이 높이 평가받으므로 성능에 대한 지원을 강조해야 할 것이며, 영국에서는 개인의 파워 기반 구축에 이미지가 중요한 역할을 하므로 수입업자의 사회적 입지에 수출업자가 기여할 수 있는 바가 무엇인지를 제시해야 할 것이다(McCall, 2003: 225).

수출 협상에서 상대방의 공세에 대한 방어 수단으로 사용할 만한 것으로 수출업체 측의 협상 대표가 갖고 있는 권한의 한계를 언급하는 방법이 있다. 그런 면에서는 고위 경영자가 협상 대표로 참여할 경우에는 권한의 한계를 핑계삼을 수 없다는 약점이 있다. 이 방법은 특히 책임을 분산시켜야 하는 관료제적 필요성에 따라 중국의 관료들이 협상에서 널리 쓰고 있다. 수출 협상에서 조건의 합의가 난관에 봉착할 때는 반대급부(trade-off)를 고려해야 할 것이다. 가령 현지국 화폐로 대금 지급을 하겠다는 수입업자의 요구를 받아들여야 한다면, 제품 인도의 지연에 따른 배상금의 수준을 낮추어 달라고 반대로 요청한다. 이슬람 문화권의 수입업자들은 분쟁 해결의 관할권을 자국으로 하겠다고 고집하는 경우가 많은데, 그 대신 이들은 판매후 보증(warranty)에 대해서는 덜 까다롭다는 점을 이용한다. 서양 문화에서는 협상에서 상대방의 눈을 응시하고 확고한 목소리와 비언어적 표현(가령, 팔장끼고 뒤로 젖혀 앉기, 서류 가지런히 놓기 등)으로써 결말을 지으려는 행동을 보인다고 하면, 동양 문화에서는 그런 자세의 표명이 명확치가 않다. 가령 중국인들은 협상이 타결 국면으로 이어지든 결렬 상황으로 전개되는지 관계없이 친근함이나 비개인적 모습(impersonality)에는 변함이 없다. 정보를 탐색하려는 끊임없는 작업 중에 돌연 중국인이 합의에 나오는 상황은 서양인들에게는 상당한 충격으로 비추어진다. 때로는 최종 양보가 있어야만 합의에 도달하게 되는 경우도 있다. 이럴 때 양보의 크기는 상대방이 쩨쩨하다고 여기지 않을 만큼 커야 하면서도 더 이상의 추가 양보는 없다는 점을 인식시킬 만큼 작아야 한다.

협상의 핵심은, 수출업자와 수입업자 모두가 자신의 이익을 얼마만큼 극대화할 수 있을지 모르기 때문에, 상대방의 선호, 기대, 목표 등에 대한 가정을 세울 뿐이라는 점, 그래서 협상을 통해서 이런 가정을 검증하는데 있다. 검증 결과에 대한 해석은 당사자의 경험에 따라 상이할 것이다.

수출이 한번의 거래로 끝날 수 있는데 비해 판매 대리(agency, distributorship)는 양자 간의 관계가 보다 지속성을 띤다. 따라서 시간의 경과에 따라 양자 간의 관계가 성숙 단계로 접어들면, 협상의 안건은 대부분 마케팅 믹스에 관한 것이 된다. 제품, 포장, 서비스, 유통 채널 등을 변형하여 딜러의 요구에 부응해야 할 것이다. 반대로 판매 대리 관계를 종료하기 위한 협상에서는 대리인이 갖고 있는 재고를 처리하는 문제를 다루어야 한다. 따라서 처음에 판매 대리 계약을 체결할 때부터 미리 이런 상황에 대비한 조항을 삽입해야 한다. 수출업자에 의해 판매 대리 계약이 종료될 때는 수입 대리인의 재고를 구매가격에 운반

비용까지 얹어서 되사는 일이 필요하겠다. 그러나 수입 대리인 입장에서는 구형 제품을 사용하고 있는 소비자에게 애프터 서비스를 위해 낡았지만 재고로 갖고 있어야 하는 물건들이 있을 것이다. 이 점도 수입 판매 대리인은 고려해 주길 원할 것이다.

미국에서는 Sherman Act에 기초한 많은 독점 제한법들이 제정되어 있어서, 경쟁을 제한하는 합의는 무효로 간주된다. 따라서 특정 지역이나 제품에 대한 독점 판매권을 부여하는 계약은 법률 위반으로 간주되는 경향이 늘어나고 있다. EU의 법은 병행 수입(parallel import)에 입각하여, 판매 대리인에게 수입 상품을 다른 EU 국가 시장에 재판매하는 것을 금하는 합의를 계약에 포함시킬 수 없도록 규제를 가하고 있다. 유럽 각국별로 보면 영국은 판매대리 관계법에서 대리인의 지위가 취약한 반면 프랑스, 독일, 네덜란드는 대리인의 서비스 활동이 수출업자에 의해 박탈당하게 되면 보상을 제공하고 있다. 따라서 영국 대리인이 프랑스 수출업자와 판매대리 계약을 맺을 때는 프랑스 법률의 적용을 받는 것으로 규정하면 유리하다. 판매 대리 계약은 상품 수출 계약보다 당사자 관계의 지속성을 요한다는 점에서 보다 협력적 협상 모델이 갖추어질 것으로 여겨진다.

### 2) 기술 라이센싱

우리가 흔히 알고 있는 라이센스에는 지적재산권(Intellectual Property Rights)으로서의 특허 라이센스, 노하우의 라이센스, 양자를 결합한 라이센스의 3가지가 있다(Parker, in Ghauri, Usunier, 2003: Ch. 11).

첫째, 특허 라이센스에서는 각국별로 특허의 효력 범위가 다르기 때문에 이를 확인해두어야 한다. 특허를 보유한 기업(patentee)이 현지국 기업에게 특허를 라이센스할 때는 독점권의 여부를 서로가 정해야 한다. 즉 하나의 기업에 특허 사용을 허락하고도 또 다른 기업에게 동일 특허의 사용을 허락할 수 있는지 여부를 합의해야 한다. 후진국 기업에게 특허 사용을 허락할 때는 현지국 정부의 승인을 요하는 경우도 있는데, 이 때는 특허 협정서에 정부 승인 취득의 소요 시일에 한계를 설정해 둘 필요가 있다.

둘째, 노하우 라이센스는 제품안, 공장안, 종업원의 머릿속, 회사 기록 등에 저장된 노하우를 타기업에게 이용토록 하는 것이다. 노하우가 뛰어난지 여부는 제품의 질 또는 경쟁력을 통해 알 수 있다. 노하우의 라이센싱 협상에서는 제공받은 노하우의 내용을 공개하지 않겠다는 사전 약속을 받아두어야 하고, 제공 기업은 노하우의 평가 단계에서 되도록이면 노하우의 노출 범위를 극소화하면서 노하우가 인수 기업에게 막대한 혜택을 보장할 것이라는 점을 강조한다. 아울러 노하우를 제공받을 기업이 이를 소화, 흡수하는데 적합한 설비, 자원, 스킬을 보유하고 있는지도 확인해두어야 한다. 문제는 노하우를 제공받을 기업이 이미 유사한 노하우를 보유하고 있어서 노하우의 평가 단계에서 더 이상 협상을 계속할 필요가 없는 상황이 전개되는 경우이다. 제공기업 입장에서는 자신의 노하우를 공개해주었는데, 사용료의 지불없이 슬쩍 도용당하는 피해를 막아야 하고, 제공받는 기업 입장에서는 이런 오해로 배상금을 지불하지 않으려면, 협상 개시 전에 미리 자사의 보유 지식을 서류화하여 외부의 신뢰높은 기관(은행, 법률사무소 등)에 보관해두는 일이 필요하다. 제공기업은 라이센싱 협상을 개시할 때, 차후에 노하우의 라이센스가 체결되지 않더라도 상대 기업이 협상 대상의 노하우를 제3자에게 노출하지 않을 것이며, 협상을 했다는 사실 자체도 누설하지 않을 것을 명기토록 하는 것이 바람직하다. 라이센스의 협약 내용에는 노하우를 인수 기업의 컨설턴트, 하도급업자, 정부 기관 등에 공개하는 것은 허용하는 규정이 포함될 수 있다. 공개 금지에는 시간적 한계를 설정하는데, 보통은 10년이며 예외적으로 15년으로 하기도 한다. 간혹 노하우의 수입국 정부가 승인을 요하는 경우도 있으므로, 이런 규정에 관한 전문가의 도움을 받아 불필요한 협의를 받지 않도록 해야 한다. 인수 기업이 자국의 이런 규정에 대해 다 알고 있을 것이라고 섣부른 판단을 하여 생각지도 않은 피해를 입지 않도록 한다.

셋째, 특허와 노하우가 결합된 라이센스는 공개된 보호 대상의 특허와 비공개의 보호 대상이 아닌 노하우 모두를 제공하는 형태이다. 이때는 결합 라이센스를 통한 제품의 생산 공장 설계를 라이센서가 수행하는 것이 기술의 원래 의도대로의 활용 여부를 통제할 수 있다는 점에서 적절하다. 또한 제공된 기술을 활용하여 생산한 제품의 수출 지역의 범위를 정하는 일도 이루어져야 한다. 기술 사용료는 일정 기간 동안 일정액을 지불한다고 하는 확정금액형(license fees)과 사용 정도에 따라 기간별로 지불되는 변동형(royalties)이 있다. 라이센서에게 관심의 대상은 기술 사용료뿐 아니라 사용료 수입에 대한 원천과세(withholding taxes)도 있다. 이중과세 방지협정(Double Taxation Treaty)의 존재가 그런 면에서 고려 요인 중의 하나가 된다.

기술 협상에 개입하는 문화 측면을 보면, 미국 기업은 라이센스 협정을 총체적인 것으로 간주하기 때문에, 모든 협의 사항이 합의되기 전에는 이루어진 것이 하나도 없다고 본다. 이전 협상에서 해결된 것으로 여겨지는 사항에 대해서 다시 검토하려 하기도 한다. 반면에 영국 기업은 그럴 필요가 있다는 확실한 이유가 없는 상황에서 재검토한다는 것에 당황한다.

### 3) 인수, 합병

다른 국가, 문화권의 기업을 인수, 합병하려면 우선 글로벌 마음가짐(mindset)이 필요하다. 나 자신의 마음의 문을 남에게 개방하는 글로벌 마음가짐은 가정을 의심으로, 의심을 탐사로, 탐사를 점검된 정보로, 정보를 전략으로, 전략을 행동으로, 행동을 좋은 결과로 전환시키는데 도움을 준다(Beaufort, Lempereur, in Ghauri, Usunier eds. 2003: Ch. 13).

인수, 합병 대상이 유럽 기업인 경우, 이들 중에는 영국이나 프랑스처럼 이사회만이 기업을 지배하는 일원론자(monist)의 구조를 갖고 있기도 하고, 독일이나 스웨덴처럼 이사회가 감독위원회나 노동조합과 권한을 공유하는 이원론자(dualist)의 구조를 갖고 있기도 하다.

독일에서는 자본의 높은 안정성과 경영자의 장기 임용이 경제 성장의 조건으로 여겨지므로 매수 기업이 신속한 자본철수(disinvestment)를 할 수 있는 적대적 매수를 비생산적인 것으로 보고 있다. 반면에 영미 모델은 적대적 인수를 인수자의 입장에서 보는 경향이 있어서, 인수는 신속한 경쟁과 구조조정을 촉진하고, 보호무역주의와 비효율성, 노동자의 장벽을 타파하는 것으로 바라본다. 따라서 적대적 인수에 부정적 자세를 보이는 문화권의 기업을 인수할 때는 호의적 인수를 행하는 것이 권장된다.

인수 전략의 초기 단계에서는 잠재적 인수대상 기업에 대해 여러 가지 질문을 작성하여 정부기관의 자료, 컨설턴트의 보고서, 자체 조사 등으로 답을 구하는데, 이 단계는 아직 사적인 준비로서 대상 기업과의 접촉은 이루어지지 않는다. 그러나 이 정도의 정보로는 효과적인 인수 계획을 수립할 수가 없다. 그러면 다음으로는 대상 기업과 예비 접촉을 조심스럽게 할 수밖에 없다. 조심스럽다는 것은 이 쪽의 목표를 모두 노출하지 않는다는 점을 의미한다. 물론 기밀의 이유로 해서 원하는 정보를 대상 기업측에서 제공하기가 쉽지 않다. 독일 기업의 경우에는 대상 기업의 경영자나 소유주는 잠재적 인수 기업측에서 의향서(Letter of Intent)에 서명하기 전까지는 어떤 정보도 공개하지 않는다.

인수 대상 기업의 정보 중 회계, 재무 정보는 평가 방법이 다양하다는 점에서 결과의 불일치가 현실적으로 벌어진다. 가령, EU 5개국과 미국 등 총 6개 국가의 회계 규칙을 가상 기업에 적용해보았더니, 프랑스 규정으로는 흑자, 네덜란드와 벨기에의 규정으로는 약간의 흑자, 영국의 규정으로는 약간의 적자, 미국 규정으로는 적자폭 확대, 독일 규정으로는 가장 적자가 컸다. 이런 각양각색의 회계 결과는 각국 규정별로 적용의 여지(leeway)를 제공하기 때문이다. 예를 들어 프랑스와 네덜란드에서는 연구개발비가 고정자산으로 잡히는데 비해, 영국과 독일에서는 비용으로 처리된다. 이런 회계 적용의 차이를 인수 작업의 초기 단계에서 간파하는 일이 중요하다.

인수 대상 기업의 상거래 정보는 과거에 대상 기업이 상거래 계약을 어떻게 실행, 준수하였는가, 거래처는 어떤 기업들이고 어느 정도의 성장을 예상할 수 있는가, 채권자와 채무자는 어떤 자들인지, 재고 수준은 어느 정도인지 등에 관한 내용이다. 특히 재고를 떠맡는다는 것은 10년간에 걸쳐 제품의 하자에 대해 책임을 진다는 것을 의미한다. 이처럼 상거래 정보를 광범하게 감사함으로써, 대상기업과 생산이나 스킬 면에서 보완성을 발견하는 객관적인 기회를 포착하여 인수, 합병에 상거래 차원을 더할 수 있다면, 자칫 투기적 인수, 합병으로 비추어질 수 있는 거래에 호의적 의미를 부여할 수 있다.

법률 정보는 좁게는 회사법에 관한 내용이다. 사회적 정보는 인적 자원과 노사관계에 관한 것을 말한다. 특히 노조의 요구, 연금, 내부 부패 등의 문제를 깊이 살펴볼 필요가 있다. 노동자가 회사 경영에 관여하는 방식, 노조의 역할, 노사 갈등의 양상 및 그 해결 방식, 파업의 빈도 등에 대한 면밀한 조사가 이루어져야 한다. 이런 조사의 결과에 따라서 노동력이 기업 성장의 자산이 될 수도 있고, 값비싼 장애물이 될 수도 있다. 단, 결과를 판단할 때는 인수기업의 자국 문화의 잣대만으로 판단해서는 곤란하다는 점을 염두에 두어야 한다.

이상의 예비 조사(preliminary audit)로부터 얻어진 다면적 정보의 평가를 통해, 인수기업은 인수 가격의 범위를 보다 정확히 결정할 수 있을 것이다.

인수, 합병을 꾀하려는 데는 여러 가지 목적이 있다. 현금 흐름의 투자를 보다 생산적으로 하기 위해서, 시장에서 자사의 지위를 강화하기 위해서, 신시장에 대한 접근을 확보하기 위해서, 보완적 스킬을 통한 편익을 누리기 위해서, 사업 활동의 구조조정과 다각화를 위해서, 상류 내지 하류 활동(upstream or downstream)의 통합을 통해 생산비 내지 유통가격을 통제하기 위해서 등의 다양한 것들이 있을 수 있다.

예비 조사의 결과, 인수가 자사에게 득이 된다고 판단되면 예비 접촉을 실제 거래로 전환해야 할 때가 온 것이다. 법적으로는 대상 기업의 소유주만 접촉하면 되지만, 실제로는 대상 기업의 향후 경영을 위해 경영자들도 포함된다. 양자는 접촉을 통해 목적과 이해관계가 상충될 수도 있는데, 이럴 때는 창조적 해결책의 도출을 위해 브레인스토밍을 할 필요가 있다. 인수 시에는 과세 규정도 살펴볼 필요가 있는데, 프랑스에서는 사업 전체를 인수하면 11.4%의 등록세를 내야 하지만, 다수 자산 소유자의 소유권을 이전받으면 4.8%의 등록세만 납입하면 된다. 국제 합병은 용이하지 않지만, 합병은 면세라는 점에서 인수보다 과세상 유리하다. 예비 조사 단계에서 신뢰재(capital of trust)를 구축하게 되면 통합 작업은 훨씬 수월하게 진척된다는 점에 유념할 필요가 있다.

유럽에서는 지난 15년간 독자적 자회사의 설립에 비해 인수, 합병이 2배의 증가를 보였다. 이는 유럽 통합으로 인해 유럽 각국의 칸막이가 급속히 제거됨으로써 조장된 기업 환경의 위기이자 기회를 성장의 발판으로 삼으려는 기업의 선택의 결과라고 볼 수 있다. 자회사를 설치하려면 시간이 많이 걸리고 외국 환경에서 사업하는데 따른 리스크가 크다는 점에서 인수, 합병은 비싼 대가를 치르더라도 보다 신속한 활동을 가능케 한다. 그 중 적대적 인수는 인수 기업측이 마음대로 인수대상 기업을 운영할 수 있다는 장점을 제공한다. 인수의 최종 시점까지 인수 의도를 공개하지 않음으로써, 대상 기업뿐 아니라 시장과 경쟁사들에게 기습 공격을 감행할 수 있다는 점도 매력적이다. 이에 비해 적대적 인수는 대상 기업과 인수 작업 전, 작업 도중, 작업 후에 커뮤니케이션과 정보 교환의 결여로 인해 대상 기업에 대한 평가에서 재무적 리스크를 질 수 있고, 대상 기업의 방어 전략으로 인수 작업의 실패 가능성이 커질 수 있으며, 인수에 성공하더라도 대상 기업의 사내에 적대적 분위기를 조성하는 등의 3가지 리스크를 안고 있다.

다임러 크라이슬러의 의장이자 CEO인 독일인 슈렘프(Schrempp)는 다임러벤츠와 크라이슬러 간의 합병을 통해 수십억 달러의 원가 절감과 시너지를 기대하였다. 그러나 크라이슬러는 2001년에 27억 4천만 달러의 손실을 입었고, 판매의 취약과 원가 상승으로 인한 수익성 악화를 해결하기 위해 극약 처방을 취하고 있는데, 2-4년 정도의 시간이 경과해야 효과를 볼 것으로 예상하고 있는 실정이다. 이처럼 전혀 빗나간 결과가 나온 이유의 상당 부분은 문화적 충돌(culture clashes)에 기인하는 것으로 해석된다(www.charlotte.com/ observer January 30, 2001; www. businessweek.com January 15, 2001). 특히 슈렘프가 합병, 크라이슬러, 미국인에 대해 갖고 있는 태도가 문제점으로 지적된다. 슈렘프는 합병이 동등한 자격의 합병이라고 1998년 언급했지만, 2000년에는 자신이 크라이슬러와 동등한 파트너가 되려고 생각한 적이 없다고 밝혔다. 현재 다임러크라이슬러의 본사는 독일의 Stuttgart에 있고, 지주회사로서 공통 제품을 갖고 있지 않은 별개의 사업들을 관장하고 있다. 크라이슬러를 동등한 상대로 보지 않았다는 것은, 스튜트가르트의 본사에서 미국인 경영자들은 남성용 화장실 말고는 특권을 누린 것이 없다는 우스갯소리로 방증된다. 합병 시작부터 미국인 관리자들의 사기는 형편없었고, 독일인 관리자들은 합병(merger)이 아니라 적대적 인수(takeover)라는 점을 분명히 했다. 미국인 경영자들은 독일어를 알아듣지 못한다는 점을 뻔히 알면서도 회의를 독일어로만 진행하였다. 애당초 양사가 합병을 하게 된 거시경제적 요인은 경쟁의 심화, 자동차 산업의 세계적 과잉 생산능력, 절실한 자본 필요성 등이었다. 미국인 경영자들이 크라이슬러 독자의 성공 전략을 본사가 허용하지 않는다고 불평하자, 슈렘프 회장은 보다 많은 자율권을 크라이슬러에게 위양하였다. 그러나 크라이슬러는 예상보다 높은 경쟁에 노출되면서 재고 처리를 위해 방대한 인센티브를 딜러나 고객에게 제공하게 되었고, 이는 수익의 악화로 이어졌다. 새로이 크라이슬러의 사장으로 임명된 독일인 Zetsche는 향후 2년간 6개 공장을 놀림으로써 크라이슬러 노동력의 1/5에 해당하는 26,000개의 일자리를 줄일 계획을 세웠다. 그는 COO에 독일인 Bernhard를 임명하고, 회사회생팀의 7인 위원 중 나머지 5명을 미국인 관리자들로 채웠다. 이처럼 필연적으로 탄생한 최초의 독일-미국간 협력 팀인 Rescue Team은 전화위복의 계기를 마련할 것으로 기대된다. 두 독일인 CEO와 COO는 문화적 통합을 위해 임원 식당 대신 종업원 식당에서 식사하고, 신제품에 대해 배우기 위해 설계진들과 어울리는 노력을 하고 있다. 슈렘프는 다임러와 크라이슬러간의 공동 생산이 실현될 때까지는 합병의 진정한 가치는 실현되지 못할 것이라는 점을 시인하고 있다. 다임러크라이슬러의 사례는 세계적인 메가 합병에 대해 많은 사람들의 주의를 환기시켰다.

### 4) 프랜차이징

라이센싱과 마찬가지로 프랜차이징은 비교적 리스크가 거의 없는 편이다. 프랜차이저는 상호와 제품, 서비스 및 활동 원칙을 프랜차이지에게 라이센스를 주고, 그 대가로 초기 사용료(initial fee)와 수익의 일정 비율을 로열티로 지속적으로 받는다. 맥도널드와 같은 패스트푸드업계, 홀리데이인과 같은 호텔업계에서 널리 활용되고 있는 해외시장 진출 방식인데, 프랜차이저는 해외 진출의 지역 시장이 확대될수록 품질관리에 어려움이 가중되는 만큼 이를 제대로 관리하는 것이 지속적 경쟁우위의 유지에 필수적이다. 중소기업에게 특히 프랜차이징은 해외 진출의 주된 수단으로 활용될 수 있는 것이, 자본과 인력에 대한 초기 투자가 거의 들지 않고, 프랜차이지가 보유한 자원을 지렛대로 삼아 시장 확대를 이룰 수가 있다.

### 5) 전략적 제휴

전략적 제휴에는 합작투자(joint ventures), 자본 제휴(equity strategic alliance), 비자본제휴(nonequity alliances) 등의 세 가지가 있다. 합작투자는 별도 법인을 세우는 것으로서 가령 GM과 도요다간의 NUMMI

Corporation이 있다. 지엠에게는 도요다의 제조기술 터득, 도요다에게는 미국내 생산 기지의 구축이라는 편익을 가져다주었다. 자본 제휴는 양자간 신사업에서 차지하는 지분의 비율을 정하는 것이고, 비자본 제휴는 소유권 공유(ownership sharing)보다는 계약을 통한 협력을 추구하는데, 세계 항공사간 제휴가 이에 해당한다. Delta 항공은 Swissair, Sabena, Austrian 항공과 연계되어 있고, American 항공은 British Airways, U.S. Airways, JAL, Qantas 항공과, Northwest 항공은 Continental, KLM, Alitalia 항공과, United 항공은 SAS, Lufthansa, Air Canada, Thai, South African Airways, Varig, Singapore, Air New Zealand, Ansett Austria 항공과 각각 제휴를 맺고 있다. 항공기 제작업체간의 전략적 제휴로는 유럽의 Airbus Industrie Consortium이 프랑스의 Aerospatiale(37.9%), 독일의 Daimler-Benz Aerospace(37.9%), 영국의 British Aerospace(20%), 스페인의 Construcciones Aeronauticas(4.2%)의 제휴로 이루어진 예를 들 수 있다. 자동차업계의 전자상거래 제휴로는 DaimlerChrysler AG, Ford, General Motors, Nissan, Renault 등이 Commerce One, Orcle 등과 맺은 Covisint가 있다(후에 PSA Peugeot도 가입). Covisint는 자동차 완성업체와 공급업체에게 원가절감과 활동의 효율성을 보장한다. 코비신트는 암스테르담, 도쿄, Southfield, 미시건에 본사를 두고 있다. 현재 이 조직이 제공하고 있는 제품, 서비스로는 구매, 공급망, 제품개발 솔루션 등이 있다. Covisint의 설립 목적은 인터넷 기술의 강점을 활용하여 회사의 공급망 내에 가시성(visibility)을 창출하려는데 있다. 즉 선형적 공급망을 보다 생산적이고 효율적인 네트워크 공급망으로 변환시키는 것이다. 이를 통해 2005년까지 3천억 달러의 자동차 판매액을 실현하고, 대당 263달러의 비용 절감을 이루며, 인도 기일을 불과 며칠로 줄이고, 구매자에게는 주문형 자동차 구매의 기회를 제공하게 된다.

국제 차원의 전략적 제휴는 첫째, 보호무역주의의 조치를 회피할 목적을 갖고 있다. 앞서 언급한 GM-Toyota 간의 합작법인 설립은 일본

자동차업체에게 수입 쿼터의 제약을 면할 수 있게 해준다. 둘째, 신제품과 신공정의 연구개발에 소요되는 비용과 리스크를 공유하려는 목적을 갖고 있다. 반도체산업에서는 메모리칩의 세대 교체에 10억 달러 이상의 개발비가 소요된다고 한다. 그래서 인텔은 디램 기술 개발에 삼성반도체, NMB Semiconductor 등과 제휴를 맺었고, 선마이크로시스템즈는 RISC 기술 개발을 위해 N.V. Philips, Fujitsu, Texas Instruments와 제휴를 체결했으며, Toshiba는 유럽의 Olivetti, Rhone-Poulenc, GEC Alstholm, 캐나다의 LSI Logic, 한국의 삼성과 전략적 제휴를 형성하였다. 셋째, 특정 시장에 접근할 목적을 갖고 있다. 국내 기업에 유리한 규정을 지닌 EU 시장에 접근하기 위해 크라이슬러는 다임러벤츠와 합병의 제휴에 유혹을 느꼈다. 넷째, 신흥 시장의 정치적 위험을 경감시킬 목적을 갖고 있다. Maytag사는 식기세척기와 냉장고 제품의 중국 시장 접근을 위해 제약을 가하는 중국 정부에 대처하기 위해 현지의 RSD사와 합작을 맺었다. 다섯째, 신흥 사업에 신속히 진출하고 시너지를 이용할 목적을 갖고 있다. MCI와 WorldCom이 1998년 8월 합병을 한 것은, 전문 능력도 제조 능력도 갖고 있지 않은 신 사업분야에 신속히 진입하려는 목적을 갖고 있었다. AT&T가 NEC와 제휴를 맺은 것은, 자신에게는 새로운 분야인 반도체와 칩 제조 기술에 대한 접근을 통해 컴퓨터와 통신의 보다 나은 결합 방법을 학습하려는 의도를 갖고 있었다. AT&T는 또한 Zenith Electronics와의 제휴를 통해 차세대 HD(High Definition)TV의 공동개발을 노리고 있다.

그러나, 국제 전략적 제휴에는 함정도 있다. 전략적 목적과 목표에 대해 당사자간에 충돌이 있을 수 있고, 문화적 갈등, 경영관리 및 통제 시스템에 대한 논쟁 등이 발생할 수 있다. KLM Royal Dutch Airlines와 Northwest Airlines 간의 암스테르담과 디트로이트 허브를 연계하는 제휴는 항공여객 사업의 운영 방식(유럽식이냐 미국식이냐)에 대한 반목 및 문화적 차이, 지배권을 둘러싼 최고위직 간의 권력 투쟁 등을 초래하였다. 따라서 국제 전략적 제휴가 기대했던 성과를 거두기 위해서는 다음과 같은 점에 유념해야 할 것이다. 첫째, 양립 가능한 전략적 목적과 목표를 지닌 파트너를 선택할 것, 둘째, 최종 제품과 시장에서 직접적인 경쟁을 줄일 수 있도록 보완적 스킬, 제품, 시장을 가져올 제휴를 물색할 것, 셋째, 함께 공유할 것과 그렇지 않은 것, 공유 기술의 처리 방식 등에 대해 파트너와 작업을 해야 하는데 여기에는 신뢰가 근간을 이룬다는 점을 명심할 것, 넷째, 제휴는 단지 몇 년 정도 지속할 따름이고, 어느 한쪽이 필요로 했던 스킬과 정보를 내재화했다고 느낄 때 청산된다는 점을 깨달을 것 등이다.

맥도널드가 러시아에 합작 법인을 설립하게 된 것은 순전히 맥도널드 캐나다의 창업자이나 사장인 George Cohon과 1976년 몬트리얼 올림픽의 소련 대표단 간의 우연한 만남의 결과이다. 14년간의 협상이 이어졌고 마침내 러시아에 맥도널드 레스토랑의 개업으로 이어졌다. 맥도널드가 49%, 모스코바시 위원회의 식품서비스국이 51%의 지분을 갖는 합작 계약이다. 맥도널드 캐나다는 가공 공장 및 레스토랑의 건축과 인력 훈련에 5천만 달러를 투자하였고, 모든 수익금은 20개의 레스토랑 체인점에 재투자하기로 합의했다. 그런데 다른 서방 국가에 진출할 때와는 달리, 모스코바 진출에서는 원재료의 조달을 위해 수직적 통합(vertical integration) 전략을 채택해야 했다. 원재료의 품질, 유통, 신뢰성을 통제하기 위해 모스코바 변두리에 쇠고기, 우유, 롤빵, 야채, 소스, 감자를 가공처리할 11만 평방피트의 공장 건설에 4천만 달러를 투자하였다. 이 시설에는 검사 연구소까지 포함되었다. 모스코바의 사업 활동을 통제하는데 가장 커다란 문제는 현지 종업원의 채용과 훈련이었다. 종업원의 시간을 통제하기 위해 레스토랑 근처에 거주하는 자들을 우선 고려하였고, 러시아의 노동법은 학생이 학업과 일의 충돌을 겪을 때 그들을 보호해주고 있기 때문에, 10대의 근무가 아주 드물다는 점에 비추어 18-27세의 연령으로 잡았다. 맡은 일이 바뀔 때의 유연성을 살리기 위해 모든 신참은 레스토랑 기능의 모든 면에 대해 1만 5천 시간 이상의 훈련을 받았다. 종업원의 용모 단정을 위해 레스토랑 내에 세탁실을 갖추었다. 러시아의 암시장(black market) 문제에 맞서기 위해 출입문을 하나로 하는 정책을 펼쳤다. 이를 통해 뒷문을 통해 벌어지는 대량의 좀도둑(pilferage)을 제거할 수 있었다. 아울러 고객 1인당 햄버거 구매를 10개로 제한하여 밖에서 줄서고 있는 고객들에게 되파는 암거래도 중단시켰다. 10년이 지난 2001년에도 맥도널드 러시아는 여전히 프랑스에서 닭고기를, 폴란드에서 치즈, 생선, 사과를, 네덜란드에서 감자(잘개 썬 것과 냉동)를 수입하고 있지만 원료의 75%를 러시아내에서 조달하고 있다. 이들 현지 조달의 품질 통제를 위해 58개 레스토랑에 원재료를 납품할 자체의 McComplex 농장을 개설하였다(www.McDonalds.com, February 20, 2001).

이러한 해외시장 진출의 전략적 선택에는 문화적 요인들이 영향을 미친다. 장기지향과 단기지향의 문화적 차원을 보면, 미국인들은 단기적 이익에 대한 강조를 통해 진출 대안을 선택하는 반면, 일본인은 단기적 이익을 희생하더라도 투자, 연구개발, 시장점유율 등을 통해 장기적 입지 구축을 노린다. 리스크 지향성은 자본참여와 비자본참여의 방식 선택에 작용한다. 리스크 지향성은 홉스테드의 불확실성 회피(uncertainty avoidance)를 측정할 수 있는데, 라틴아메리카, 아프리카 등과 같은 불확실성 회피가 높은 국가의 사람들은 리스크에 대한 노출을 극소화하기 위해 비자본(nonequity) 참여 방식으로 해외시장에 진입하려고 한다. 또한 권력 간격(power distance)도 자본-비자본의 선택에 영향을 미치는데, 아랍권이나 일본처럼 권력 간격이 큰 나라에서는 대인간 비평등성과 계층성이 존재하므로, 자본참여 방식으로 해외시장에 진입하기를 선호한다.

시장 진입을 성공리에 마무리하게 위해서 고려해야 할 요소 및 금기사항들을 간단히 표로 정리하면 다음과 같다.

〈표 2-2〉 시장 진입의 진단 요소

| 진단 요소 | 진단 내용 |
| --- | --- |
| 최소 효율성의 크기[1) | 산업의 최소효율성의 크기에 가까울수록 기업의 성공가능성은 높음. 점진적 성장보다 신시장 테스트를 목적으로 한다면, 최소효율성 크기 미만으로 시장 진입하여 신속히 규모 증대시키는 것이 보다 생명력을 지님. |
| 시장 관련성 | 기업의 현재 제품, 서비스 포트폴리오와 진입예정 시장의 관련성이 클수록 성공 가능성 높음. 관련성의 적절한 측정이 관건임. 90년대 Dell의 비즈니스 서버 시장 진입은 관련성 높지만, 70년대 DEC의 PC시장 진입은 사업모델과 경제성에 많은 변화를 요하는 것이어서 관련성이 훨씬 낮은 것임. |
| 보완 자산 | 기술력과 같은 핵심자산보다 마케팅, 유통과 같은 보완자산이 성공의 요소로 보다 중요한 경우가 있음. |
| 진입 순서 | 선발진입이 후발진입보다 유리한 경우도 있지만, 신생기업의 선발진입이 노련한 대기업의 후발진입으로 퇴출을 맛보는 경우도 있음. |
| 산업수명주기 | 산업수명주기의 초기 진입은 말기 진입보다 성공 가능성이 높음. |
| 기술혁신도 | 혁신적 진입자는 기존의 지배적 기업과 정면승부보다는 틈새를 노리는 것이 성공 가능성이 높음. |

자료: Horn et al.(2005).
주) 1) size of entry relative to minimum efficient scale

〈표 2-3〉 시장 진입 의사결정의 편견과 개선책

| 결정 사항 | 결정 내용 | 일반적 편견 | 개선 방향 |
| --- | --- | --- | --- |
| 가치명제와 역량 | 가치명제, 사업모델, 역량의 구비 | 기존 보유역량이 결정적이라는 자기중심적 해석 | 신시장의 요구역량과 기업 보유 역량의 차이 분석 |
| 시장의 잠재적크기 | 공급할 시장의 지리적 범위와 그곳의 수요크기 | 평균이상의 낙관적 예상. 초기치의 불충분한 수정 | 현재 시장성장률에 기대지 말 것. 산업주기를 고려 |
| 경쟁 | 현재의 경쟁자와 잠재적 경쟁자의 확인 | 신규경쟁자 진입을 예상하지 못하는 경쟁의 맹점1) | 표적시장과 인접시장의 잠재진입을 브레인스토밍 |
| 점유율과 매출수입 | 매출액의 기대치 | 기존업체의 경쟁 반응을 고려하지 못하는 점2) | 게임 실습의 전개 |
| 비용 추정 | 제비용, 규모/범위 경제 | 사업완성까지 소요되는 시간과 비용의 과소 추정3) | 악역의 자처 또는 외부 평가자의 도입 |

자료: Horn et al.(2005).
주) 1) competitive blind spots 2) brick wall effect 3) planning fallacy

## 3. 세계 지역별 마케팅 협상

### 1) IBM의 멕시코 PC 시장 진출의 협상

1981년 8월 IBM은 첫 개인용 컴퓨터(PC)를 도입하였고, 그해 9월 멕시코 정부는 컴퓨터 강령이라 불리는 규제 및 촉진책을 발표하였다.

1970-80년의 기간 중 세계 컴퓨터 시장은 5배의 증가를 보였고, 특히 마이크로 컴퓨터(중앙처리단위가 단일 마이크로프로세서로 구성된 스탠드얼론형 컴퓨터) 부문은 애플 컴퓨터가 1978년에 최초로 시장을 개척하였는데, 그 장래성이 유망하였다. IBM은 오랫동안 컴퓨터 산업을 지배해왔음에도 불구하고 마이크로 컴퓨터 부문의 진입은 늦었다. 그러나 마이크로 컴퓨터의 생산 2년째인 1983년 말에는 출하 기준으로 미국 시장의 8.2%와 세계 시장의 5.1%를 차지하는 기염을 토하였다.

1981년의 멕시코 컴퓨터 시장은 6억 달러로 추산되어 남미에서는 브라질 다음이고, 전세계에서는 12번째의 시장을 차지하였다. 1980년에는 수입이 전년대비 3배 증가하였고, 이 중 70%는 미국으로부터의 수입이었다. 멕시코의 현지 기업 가운데 컴퓨터 및 주변기기를 생산하는 업체는 없었다. 마이크로 컴퓨터 부문에서 IBM의 최대 경쟁자인 애플사는 1983년 6월에 IIe 모델의 현지 조립 계획을 멕시코 정부에 제출하였고, 6개월 뒤에는 소수 지분의 합작회사 Apple de Mexico의 설립을 발표하였다.

1983년의 멕시코 경제는 참담한 상황이었다. 석유 수출에 대한 과다한 의존을 지닌 경제는 1981년에 유가가 급락하면서 1982년 말에는 외채 상환을 할 수 없게 되었고, 이어 IMF의 긴축운용 프로그램의 적용을 받으면서 GDP는 5.4% 감소하였는데, 이런 국내총생산의 전년대비 감소는 1929년 이래 처음 있는 일이었다. 물가상승은 1980년에 비해 4배 증가하였고, 930억 달러의 외채에 대한 원리금 상환액이 130억 달러에 달했으며, 신규 해외직접투자 유입은 72% 감소하였다.

1983년 후반기에 마이크로 컴퓨터 시장에서 경쟁은 치열해져서 표준형 PC의 호환성을 설정한 IBM조차도 가격 인하가 불가피한 실정이었다. 1983년 3월의 PC 가격은 초기 1981년 가격에 비해 39% 하락하였고(업그레이드 제외), 미국 출하 규모에서 점하는 애플사의 비중은 1981년 28%에서 1983년 9.4%로 감소하였다. 1983년 9월에 급기야 Osborne Computer사가 파산하였고, 10월에는 텍사스 인스트르먼트사가 시장에서 철수하였다.

IBM이 멕시코의 마이크로 컴퓨터 시장에 진입하려는 것은, 현지 시장이 증가일로에 있다는 점, 멕시코 정부의 컴퓨터 강령이 새로운 기회를 제공한다는 점 등에 있다. 1927년에 멕시코 시장에 진출하여 메인프레임과 미니컴퓨터(정부 및 공기업의 구매가 상당부분을 차지) 부문에서 지배적인 세력을 구축한 IBM은 구아달라자라 공장에서 이미 미니컴퓨터와 타자기의 조립 생산을 하고 있었다. 100% 출자의 자회사에서는 30개 국가에 수출까지 하고 있었다. 메인프레임을 브라질에서, 프린터를 아르헨티나에서, 미니컴퓨터를 멕시코에서 각각 생산하고 있는 IBM으로서는 PC 생산공장을 멕시코에 세우게 되면, 모든 제품 라인을 라틴 아메리카에서 현지 생산하게 되는 셈이다.

한편 멕시코 정부는 컴퓨터 강령을 통해 내수의 70%를 5년 이내에 충족하는 시설을 개발한다는 목표를 갖고 있었다. 컴퓨터 산업에서 기술적으로 처지게 되면 다른 모든 부문에서도 취약해질 수밖에 없다는 것이 멕시코 정부의 생각이었다.

협상 개시 이전 단계에서 IBM은 1982년 1월에 멕시코 정부의 컴퓨터 강령을 연구하기 시작했고, 시스템 34의 미니컴퓨터를 현지에서 생산하겠다는 제안을 하였고, 이 제안은 멕시코 정부의 승인을 받아 1982년 후반기에 생산에 돌입하였다. 1984년 초에는 멕시코 정부의 '외국인

투자심의회(CNIE)'에 마이크로 컴퓨터에 대한 공식 제안 준비를 위해 멕시코 변호사들을 채용하고, 멕시코 주재 미상공회의소, 미대사관, CNIE 대표들과 상의를 했다. 한편, 멕시코 정부의 관리들은 자국내의 마이크로 컴퓨터에 대한 니즈와 역량에 주의를 기울였고, IBM이 제출하게 될 제안서를 멕시코의 전반적인 무역 및 외국인투자의 맥락에서 바라보았다.

1984년 3월에 IBM의 사장 John Akers는 대통령 비서실장겸 CNIE의 멤버인 바틀렛에게 IBM의 구아달라자라 공장을 확장하여 100% 단독출자의 PC 조립 생산을 하겠다는 제안서를 제출하였다. 이렇게 해서 시작된 협상은 23개월에 걸쳐 진행되었는데, 크게 4단계로 나누어 볼 수 있다. 협상은 회의실에서 공식 모임의 형태로 진행된 것이 아니라, 편지와 전화 및 수시 모임을 통해 전개되었다.

〈Round 1: 1984. 3 - 1984. 7. 19〉

1라운드 협상은 최고위층인 IBM의 에이커스 사장과 바틀렛 비서실장 간의 만남에서 시작하여 CNIE가 공식적으로 IBM의 제안을 거절하는 것으로 끝났다. 멕시코 정부에서는 대통령이 내각 수반이자 집권당 당수로서 막강한 권력을 행사해 왔으며, 멕시코의 컴퓨터 산업계는 낮은 수준의 기술을 갖춘 부품업체의 반대 의견과 신기술에 접근을 갈망하는 외국에서 교육받은 신진 기업인들의 찬성 의견으로 나뉘었다. 제안서를 제출한 지 석달이 지난 늦은 봄에 IBM 대표단은 협상이 완결되었다고 생각했지만, 아무런 결정도 발표되지 않았다. 아이비엠은 멕시코 산자부에게 답신의 마감일로 6월 30일을 통지했다. 미국측은 멕시코측보다 시간의 압박을 더 많이 느꼈던 것이다. 7월 19일에 CNIE는 아이비엠의 제안을 거절했는데, 정부 관료들은 보다 광범한 계획을 세워줄 것을 의사전달했다.

〈Round 2: 1984. 7. 20 – 1985. 1. 19〉

새로운 제안을 하면 관심을 가지겠다는 멕시코 정부의 의사표명으로 시작된 2라운드 협상에서는 의제의 범위가 수출 수준뿐 아니라 현지부품/원자재 조달 비율, 구체적인 PC 모델, 기술이전, 아이비엠의 멕시코 마이크로컴퓨터 시장 점유율의 제한, PC의 최고가격 수준, 일자리 창출 등으로 확대되었다. 멕시코 정부측에서는 경제부처가 협상에 보다 적극적으로 가담하였다. 아이비엠측에서는 멕시코 자회사와 라틴아메리카 지역사업부가 계속 대표역을 맡았고, 고위층 만남에서는 아메리카/극동아시아 지역본부장이 대표로 나왔다. 여기에 덧붙여 멕시코주재 미대사관에 소속된 상무부 및 국무부 관리들과 대사도 가담하였다. 이 시기에 멕시코 대통령은 GATT 가입을 오랫동안 갈망해오던 터라 무역 자유화에 큰 걸음을 내디뎠다. 미대사관은 멕시코 정부에게 아이비엠의 의견에 귀기울이도록 압박을 가한 반면, 아이비엠 자신은 적극적 가담에서 후퇴하여 조용한 전략을 전개하며 멕시코 정부 관리들로부터 단서를 잡기로 했다. 1984년 가을이 되자 양국의 언론들도 협상에 끼어들게 되었다. 협상 과정을 보도할 뿐 아니라, 당사자들은 자신의 열성과 새로운 견해를 띄우기 위해 언론을 이용하였다. 여기에 언론들은 잘못된 정보를 보도하면서 당사자와 주변을 혼란스럽게 만들었다. 8월에 아이비엠 대표들은 멕시코 산자부 장관에게 시간이 소진되어 아르헨티나를 대체지로 고려해야 할 것 같다고 말했다. 이는 멕시코에게는 협박으로 들렸다. 다른 국가들의 대통령들로부터 아이비엠은 자국에 투자해달라는 초대를 받고 있었다. 10월 하순에 아이비엠은 제안 내용을 한층 보완하였지만, 멕시코 측의 상당수 인사들은 아이비엠이 아르헨티나로 옮기겠다는 협박을 하고, 미행정부에 호소하는 등의 술수를 쓰고 있다고 비난했다. 양측의 작용-반작용이 얽히고 섥히면서 언론의 보도마저 사태를 복잡하게 만들었다. 1985년 1월 19일에 멕시코의 외국인투자심의회(CNIE)는 아이비엠의 최종 제안을 거절하였는데, 그 이유로 아이비엠의 제안이 멕시코 정부의 경제 목표와 불일치를 보인 점, 국가 자본이 외국 자본에 대체되는 점에 대한 우려를 내세웠다.

〈Round 3: 1985. 1. 20 – 1985. 7. 23〉

CNIE의 거절 발효 후 대변인은 아직 문이 닫힌 것은 아니라는 성명을 발표했다. 이와 동시에 아이비엠은 멕시코 정부와 대화를 계속할 것이라는 발표를 하였다. CNIE의 의장은 언론 발표를 통해, 아이비엠이 연구개발, 국산부품 사용, 수출 등에서 보다 많은 제안을 갖고 내일이라도 돌아온다면 환영할 것이라고 했다. 멕시코 측에서는 대통령이 재차 협상에 직접 참가하여 의사결정의 지침을 내렸다. 이 기간 중 멕시코는 58%의 물가상승률, 25%의 재정적자 증가, 경상수지 적자의 200% 증가를 보였고, 전 종류의 컴퓨터의 대미 수출은 10배 이상 증가하였다. 아이비엠 문제에 대한 멕시코 내의 공적 논의와 언론의 역할은 시들었다. 3차 협상에서는 최고위층의 만남이 이루어져서 아이비엠의 아메리카/극동아시아 지역본부장이 멕시코 대통령을 접견하였다. 아이비엠은 수출 문제가 멕시코에게는 뜨거운 경제문제이긴 하지만, 뜨거운 정치문제는 일자리 창출이라는 점을 깨달았다. 1985년 7월 23일에 CNIE가 승인한 아이비엠의 투자 계획은 다음과 같다. 5년간 60만 3천대의 PC를 생산할 완전소유 공장의 설립, 240개의 직접 일자리 및 1,460개의 간접 일자리 창출, 1년차에 현지부품 조달 비율 51%, 4년차에는 82%, 생산량의 92% 수출, 2억 8천만 달러의 국제수지 흑자, 미국에서 출하한 신제품을 6개월 이내에 멕시코에 도입, 미-멕시코 간 컴퓨터 판매가격의 격차를 10-15% 범위로 제한, 9,110만 달러의 총투자 등이다.

〈Round 4: 1985. 8 – 1986. 1〉

거래를 최종 마무리 짓는 데는 다시 몇 달이 소요되었다. 이전 협상보다 훨씬 조용한 상태에서 일정에 한계를 설정하여 1985년 7월 계획의 내용들에 대해 논의를 하였다. 1986년 1월에 최종 합의된 내용 중

변경된 사항은, 현지부품 조달 비율을 51%에서 71%로 상향조정하고, 2억 달러의 국제수지 흑자, 총투자의 세부 항목 중 일부 조정 등이다.

4차까지의 협상이 종료되고 나서 아이비엠 멕시코 자회사는 1986년 5월에 PC XT의 생산을 개시하였고, 1988년 중반에는 PS/2의 조립생산으로 전환하여 아이비엠의 전세계 PC생산의 10%를 차지하고 있다.

아이비엠과 멕시코 정부는 협상 과정에서 내부 협상에 상당한 힘을 쏟아야 했으며, 양자간 협상에서는 협상 단계별로 주도적인 역할을 담당한 대표단들의 면모가 상이하였다. 양자는 서로가 컴퓨터 기술과 현지 여건에 대해 각각 한수 지도하였고, 협박과 불굴의 자세와 같은 완강한 전술을 보이기도 했다. 미국내 산업 전문가들은 아이비엠이 원래의 투자액 660만 달러의 14배에 달하는 총투자액을 약속한 것에 놀라움을 금치 못했고, 멕시코 측에서는 일자리 창출과 인력개발, 반도체 센터의 설립, 기술의 신기성, 가격 상한선 등의 항목에서 정부 내외 집단들의 이해관계에 명확한 일치를 보였다는 점에서 만족했다. 물론 아이비엠도 전략적으로 라틴 아메리카 시장에서 중요한 부분을 점하는 멕시코 시장에 마이크로 컴퓨터 부문의 진입을 성공한 점에 비추어 목표를 달성한 셈이다. 본 사례에서 보면, 대규모 조직 간의 협상에서는 조직내의 응집력을 보이는 것의 어려움, 그런 응집력의 성격과 정도가 당사자간 협상에 미치는 영향을 눈여겨보아야 한다. 멕시코 정부내의 단결의 결여가 아이비엠에 대해 경쟁적인 요구를 하고, 강약의 전술을 구사하게 했다는 점에 주목할 필요가 있다. 거국적인 협상이 언론에 보도되면서 양자간 협상이 6개월간 지연된 점에 비추어 보면, 언론 공개의 극소화를 언제 해야 하는지도 고민해보아야 한다.

### 2) 중 · 동유럽 시장 진출의 협상

기존의 EU 15개국에 추가하여 10개국이 2004년도에, 2개국이 2007년도에 신규로 EU에 가입된다. 중·동유럽은 풍부한 원자재의 생산과 비축을 갖고 있고 서유럽은 기술력을 확보하고 있으므로 양자가 하나가 된다는 것은 상승효과를 가져오기 쉽다. 동유럽은 Visegrad 그룹으로 일컬어지는 헝가리, 체코, 슬로바키아, 폴란드로 구성된 북부지역과 발달이 더딘 남부 발칸 지역의 국가들로 나눌 수 있다. 대부분의 동구권 국가들은 외국 기업의 유치를 위해 혈안이 되어 있지만, 이들 국가의 상황은 불확실하고 복잡하고 예측하기 어렵다. 무역장벽, 은행과 융자 시스템의 발달, 가격 기구, 소유권과 계약법 등이 부실하다. 사유 시장 경제를 성취하는 데는 10-20년 정도 기다려야 한다는 점이 국민들 사이에 인식되고 있다. 이들 동구권의 경제 재건을 향후 20년 내에 완수하려면 매년 167억 달러의 투자 팩키지를 서방 선진국들이 제공해야 한다는 계산도 나온다. 동구권 기업들과 협상할 때는 상대가 국영기업인지 아닌지가 중요하다. 국영기업을 인수한다는 것은 국가 기관과 협상한다는 것인데, 조만간 국영기업이 민영화되면 소유주가 바뀌게 되어 이해관계의 상충이 야기될 수 있다. 동구권이 면적이 넓고 인구가 많다는 점은 상업 기회에 긍정적으로 작용할 수 있지만, 인구가 소도시와 읍단위 지역에 분산되어 있고, 커뮤니케이션과 유통 채널, 하부구조가 미비하다는 점은 마케팅 활동에 장벽이 된다. 더군다나 안정적인 가격 기구가 없기 때문에 서구에서 활용하던 것과 동일한 마케팅 계획과 전략을 적용하기가 힘들다. 과도한 수요 초과와 상품 공급의 희귀성이 해소되고 하부구조가 정비되면 동구권의 암시장은 자동적으로 사라질 것이다.

구 공산권 지역이 갖고 있는 커다란 비교 우위는 보통 교육 수준이 높아서 대학 졸업자의 비율이 높고, 가치관이 서구와 근사하다는 점이다. 이는 서구식 교육, 훈련 프로그램이 신속히 실행되고 있고, 현지 소비자의 행동이 서구 스타일에 빠르게 적응한다는 점에서 엿볼 수 있다. 또 다른 비교우위로는 노동비 대비 노동 생산성이 양호하다는 점이다. 숙련 인력의 급료는 서구 기업의 16% 수준인데 비해 평균 노동생산성은 72% 수준이다(EBRD 1997; Ghauri in Ghauri, Usunier eds., 2003: Ch. 15에서 재인용). 독일의 폭스바겐이 체코의 스코다 자동차를 인수하여 성공한 점이 바로 여기에 있다.

동구권에 진출한다는 것은 표적 시장을 선정하여 시장진입 전략을 적용하는 간단한 문제가 아니다. 이들 지역의 사람들은 계약이니 가격이니 상품 인도니 하는 개념이 도통 서있지 않다. 규칙이 결여되어 있다는 점은 비록 과도기이긴 하지만, 특히 구 소련체제에 있던 국가들에게서 부패한 거래 행위를 조장하고 있다. 현재 동구권은 민주적으로 선출된 정권이 들어서 있고, 민영화의 진척도 높다고는 하지만 여전히 사업활동에 정부의 역할이 크며, 외국기업이 관련된 경우에는 더욱 그러하다. 동구권에 진출하여 성공을 거두려면 외국기업은 장기적 헌신과 진지함을 보여야 한다. 오랜 기간 이 지역에 체재하여 문화와 시장을 이해해야 한다. 또한 모든 동구권 국가들을 동일한 잣대로 상대해서는 안 되고, 국별로 혁신적인 접근법을 택해야 한다.

동구권에 진출하는 목적은 상품의 판매와 저임의 노동력 및 원자재의 활용이라는 두 가지 측면으로 대변할 수 있다. 상품 판매가 목적이라면, 자국에서 생산하여 직접 수출, 대리인, 유통업자를 통한 판매 등의 전통적 진입 전략을 채택할 수 있고, 현지국의 시장이 매력적이라면 합작투자나 단독투자를 통해 현지생산, 판매를 전개할 수도 있다. 아울러 EU 가입국인 동구 국가에 진출한다면 EU 시장에 보다 값싸고 용이하게 접근하는 대안으로서도 기능을 발휘할 수 있다. 단독이나 합작 형태의 직접투자는 신설 법인을 세우는 방식, 현지 기업을 인수하는 방식, 현지 기업의 대주주가 되는 방식 등을 활용할 수 있다. 특히 합작투자는 동구권 시장 진입의 가장 선호되는 전략인데, 이 경우 현지 파트너를 평가하는 일이 가장 힘들다. 현지국 정부가 사업 파트너인 경우에는 상호 목표간 충돌이 생기기 쉽다. 합작은 현지 시장과 관료적 환경을 다루는데 현지 파트너를 이용할 수 있다는 점이 커다란 이점이다. 합작 사업에 누가 더 영향력을 발휘할 것인가는 양자가 내놓은 중요한 자원 간의 균형이 어느 쪽으로 기울어지는가에 달려있다.

동구권 진입 결정에 고려해야 할 점으로, 장기적으로 수급 불균형이 해소되면 시장 가격은 자동적으로 기능을 발휘할 것이며, 이는 제품뿐 아니라 원자재, 부품, 인력에 대해서도 동일하게 적용된다는 점이다. 즉 저렴한 생산비는 장기적으로 상승곡선을 긋는다는 점에 유념해야 한다. 이는 우리 기업들이 초기 중국 투자를 저렴한 노동비를 염두에 둔 결정에 기초하는 바람에 지금은 중국 현지기업들에게 비용과 기술 면에서 처짐으로써 퇴출의 위기를 맞이하고 있다는 점에서 그 교훈을 얻을 수 있다고 본다. 서구 시장에 진출할 때는 진입 초기에 애를 먹어 정부 관료와 부처를 상대하는데 중개인을 활용하게 되지만, 동구권에서는 최고위의 정부 관료들과 접촉하는 것도 용이하다. 장관의 사무실 문은 활짝 열려 있다. 그런데 이런 접근의 용이함으로 인해 서구 기업들은 문제 해결에 대해 과도한 기대를 하게 된다. 초기 타당성 분석 단계에서는 관료와의 접촉이 용이하다는 점에서 별다른 어려움을 못 느끼다가 프로젝트 준비 및 구축 단계로 이행하게 되면 하부구조, 서구와의 격차 등의 원인으로 인한 많은 문제에 직면하게 된다.

동구권은 상황이 변덕스럽고 규정, 규칙이 바뀌기 때문에 이들과 협상하는데 필요한 표준적인 조건과 지침을 제시하기는 불가능하지만, 협상 과정과 그에 영향을 미치는 요소에 대한 약간의 일관성을 언급할 수는 있을 것이다. 우선, 인플레로 인한 가격 조정을 고려하라는 말을 할 수 있다. 폴란드나 헝가리처럼 동구권에서는 상대적으로 가장 진보된 국가에서도 30%의 물가상승률을 보였고, 겨우 약간 제어할 수 있는 범위에 들어있는 상태이다. 최대 규모의 시장인 러시아는 한때 월평균 15%의 물가상승을 기록한 뒤, 2001년에는 연 21.9%를 보였다. 환율 변동도 고려해야 할 또 다른 요소로 지적할 수 있다. 그나마 EU에 가입한 국가들은 유로 통화(European Currency: EURO)를 사용하게 되어 물가상승이나 통화 문제를 안정시킬 것으로 보인다. 동구권에서 합작투자 협상은 유연성이 붙박이로 구비되어 있어야 하며(inbuilt flexibility),

양자간 관계를 벗어난 외부 상황의 변화에 의해 재협상을 할 준비를 하고 있어야 한다.

러시아는 정부, 군부, 지역 정치인, 업계 인물들이 권력을 쥐기 위해 공개적으로 투쟁을 벌이고 있다. 1993년 12월 신헌법이 채택되면서 가격의 자유화, 중대형 기업의 민영화, 비효율적 생산자에 대한 방만한 정부 지원금의 감축, 기업의 물가상승률을 웃도는 정상 이자율 지급 등이 이루어졌다. 러시아에서 사업이 성공하려면 러시아 파트너 기업측의 문화를 이해하는 것이 핵심이다. 특히 합작 사업에서는 전직 소비엣 유니온의 경영자들은 제도적 환경에 뿌리박은 규범에 입각하여 기대치를 형성한다. 소기업의 90%, 서비스 기업의 80%, 전 기업체의 70%, 일자리의 2/3가 민간 기업으로 채워져 있다. 러시아 소비자들은 서구 제품, 특히 미국 제품을 동경하고 있다.

러시아 시장에서 유념해둘 점은, 소비엣 체제가 깊은 족적을 러시아 사회에 남겨서, 기본적 경제 개념에 대한 이해가 결여되어 있다는 점이다. 불평등 사회의 뿌리깊은 전통이 19세기까지 농노 제도(peasant slavery)에 반영되어 있었고, 엄격한 계층 구조와 규칙의 형태로 권력의 제도화가 이루어져있다. 러시아인의 협상 커뮤니케이션 스타일은 고맥락 문화의 총체적(holistic) 성격을 갖고 있다. 이를 두고 외국인들은 비밀을 담고 있고, 주관적 정보 가공을 한다고 부정적으로 바라보고 있다. 고맥락의 커뮤니케이션은 간접적이고 함축적인 정보 공유를 특징으로 한다. 개인의 주도력의 수준이 낮고, 리스크를 취하는 것에 강한 회피를 보이고, 복종적이고 근면하고, 계층 감각이 있으면서 스트레스에 견뎌내는 점이 있다. 아울러 시야가 좁고 소비엣의 평범한 시민으로 전락할 것을 두려워하여 실수하는 것에 민감하고, 조심스러우며 거칠고 유연성이 없는 것은 공산주의 체제하의 엄격한 지시하에 있던 점에 기인한다. 사생활을 직장 생활에 부차적인 것으로 두며, 엄격한 권한 범위를 벗어난 의사결정을 주저한다. 협상 초기에 극단적인 요구를 하고, 상대의 양보를 나약한 모습으로 인식하며, 자신은 양보에 인색하고 협상 마감을 무시한다. 반면에 매우 상세하게 문서화된 계약을 존중하는 면이 있다. 정보 공유도가 낮고 배분적 전술(win-lose)을 사용한다는 점은 파이의 전체 크기를 늘리는 방법의 탐색보다는 이익의 분배 몫에 대한 힘의 대결에 쉽게 빠져드는 성향으로 이어진다. 구 공산체제하의 중앙통제식 5개년 개발 계획에도 불구하고 소비에는 경제적 시간 감각이 결여되어 있다. 이는 정부 기관 간의 조정의 복잡성으로 인해 정확한 일정을 충족하는 일을 포기하게 된 것이다. 오늘날 러시아는 고도로 현재지향적, 단기지향적 사회라고 말할 수 있다. 신흥 기업가들은 주도력에 가득 찬 서구식 스타일을 보이면서도 전문성과 신뢰성이 부족하여 소비엣 스타일과는 거리가 먼 느낌이다. 협상을 통해 체결된 계약이 전혀 실행되지 않는 일, 대금 지급이 이루어지지 않는 일이 최근에 빈번하다. 이들 신흥 러시아 기업가들은 사업 규범과 계약에 얽매이지 않는데, 그 이유는 이를 무시하거나 아니면 외국의 것이라서 자기네 맥락에는 적용될 수 없다고 보기 때문일 것이다. 서구인들은 해결책이 가능하다고 생각할 때만 문제를 논의하는데, 러시아인들은 해결책의 제시없이도 문제를 갖고 온다. 아마도 문제의 형성이 해법의 발견만큼이나 중요하다고 보는 것 같다. 이런 문제 해결의 자세로 인해, 회의와 토론은 계획된 것보다 오래 이어지는 일이 흔하며, 일정대로 진행되는 것만도 아니다. 그러면서도 러시아인들은 다양한 결과를 수용할 마음의 준비가 되어 있다. 조건의 끊임없는 변화와 경제 상황의 고도의 불안정으로 러시아인들은 최악에 늘 대비하고 있다. 안 좋은 결과에 대해 행동(계획, 회의 등)으로 대응하는 서구인들과 달리 러시아인은 그런 결과를 받아들일 준비가 되어 있다. 러시아에서 독립적이고 공평한 분쟁 해결을 얻기 힘든 이유는, 러시아 법원이 상업 문제, 국제 문제를 다루는데 익숙치 않기 때문이다.

러시아와 관련된 사업의 일례로 핀란드의 소규모 목조 주택 건축회사 Design Talo를 들 수 있다(Financial Times, April 18. 1995: 8). 핀란드 경제가 침체기에 접어들자 단독 주택 건설이 1만 가구에서 2천

가구로 대폭 줄어들어서, 연간 500가구를 짓는 종업원 300명의 회사가 입은 타격은 엄청났다. 소유주 겸 경영자인 Kurkela씨는 1993년에 한 컨설팅 회사로부터 러시아의 모스코바에서 북으로 600㎞ 떨어진 Cherepovits 시정부가 지자체 소유의 게스트 하우스 4채를 지어줄 회사를 물색중이라는 말을 듣고, 눈과 추위 속에 자동차의 라디에이터가 어는 끔직한 14시간의 운전 속에 현지에 도착했다. 상세한 계약서를 작성하여 협상을 통해 합의를 이끌어내는데 여러 달이 걸렸다. 노동력과 자재는 전부 핀란드에서 공수해오고, 핀란드 화폐인 Markka로 선불을 조건으로 하였다. 팩스를 여러 번 주고받았지만 일은 더디게 진척되었고, 선불의 조짐이 안 보이자 독촉을 했다. 시정부 측에서 나온 답변은 Markka 화폐는 없고 달러만 갖고 있다는 것이다. 기가 막혀 웃음만 짓다가 달러를 보내라고 했고, 건축은 완료되어 시당국은 매우 흡족해하며 4채의 추가 건축을 주문하였다. Kurkela씨는 러시아에서의 사업을 확장하고 싶지만 소기업으로서는 여의치 않은 일이다. 두 번째 계약에서는 노동력의 일부를 러시아에서 조달하고 자재는 품질 보증을 위해 핀란드에서 반입하는 조건인데, 자재비가 매우 비싸다. 핀란드 은행들이 러시아 은행으로부터 대금 지급의 보증을 받기를 꺼리는 바람에 결제 문제는 여전히 골칫거리였다. 신흥 갑부 고객들은 선불을 꺼리고 은행도 지급 보증을 주저하여서 이들에게 판매하는 일은 더욱 힘들었다. 핀란드 건축업체와 컨설팅 회사가 원하는 것은 건축 작업 전체를 수행하는 일이 아니라 노하우를 판매하는 일이고, 이는 러시아가 바라는 바이기도 한데, 사업 확장에 애로를 겪고 있는 것이다.

폴란드는 개혁을 초기에 채택한 국가 중의 하나로서 5년이 지나면서 그 성과를 보이고 있다. 바르샤바(Warsaw) 증권거래소는 50여년간 폐장되다 1991년 4월에 재개장하였다. 효율적인 사회간접자본의 구축을 위해 서방 자본을 넉넉히 지원받아 과도기를 잘 넘긴 국가로 인정받고 있다(미국의 동유럽 원조 중 가장 많은 지원을 받음). 외화로 해외에 이익금을 송금하는 것은 내무부 장관(Interior Minister)의 허가를 받아

이루어진다.

헝가리는 1968년 이래 줄곧 경제 개혁을 추진해 오고 있으며, 1989년 이후에는 자원의 중앙배분 방식을 시장배분 방식으로 대체하고, 내국기업과 외국기업에 대해 동등한 법적 대우를 하는 쪽으로 개혁의 목표를 잡고 있다. 단일 국가 단위로 미국의 투자가 가장 많은 나라가 바로 헝가리이며, 현지 기업은 경쟁력이 없기 때문에 헝가리 시장에서의 경쟁은 미국기업과 유럽기업 간에 치열하게 전개되고 있다. 헝가리는 대외직접투자에도 적극적이어서 EU 제국에 진출하고 있다. 외국자본이 총자본의 20%를 초과하고 금액면에서 5백만 forint 이상인 합작기업에 대해서는 내국기업보다 소득세를 20% 적게 내주는 혜택을 베풀고 있다. 기업이 흑자이든 적자이든 외국인은 외화로 자유로이 자금을 이전할 수 있다. 헝가리의 이전 국영기업에서는 전략적 사고에 한계가 있고, 경영자들은 늘 유동성 문제로 골머리를 앓아왔기 때문에 단기지향을 보이고, 의사결정권한이 상부에 국한되어 있다. 필요한 정보에 접근하는 것이 어렵다는 점이 헝가리 기업의 고질적인 문제점인데, 지식은 권력과 동격이고 정보를 의도적으로 은폐하여 경쟁 우위를 확보하려고 한다. 일반적으로 헝가리인들은 사회적 조화, 전통과 우호적 이미지의 보전을 소중히 여기지만, 작업장에서 갈들을 피하기 위해 서구인들만큼 노력하지는 않으며, 인간관계 지향의 정도가 낮다. 헝가리인들은 성공의 척도를 기업의 생존, 변제 능력, 시장점유율의 유지, 일자리 안정, 인원 감축의 회피, 계획대로 기능 등에 두고 있는데, 이는 난기류의 경제 상황 속에서 살아남기가 어려운 점에 기인한다. 경제 상황이 늘 바뀌기 때문인지 불확실성에 대한 감내는 평균치 이상이고, 권력 간격은 비교적 높지만, 중간 관리층은 이런 간격을 좁히려고 애쓰고 있다. 조직에는 약간의 집단주의가 있는데, 이에 대한 요구는 더 강해지고 있고, 공격적인 성향을 싫어한다. 과도기 경제 체제하에서 협상에 대한 정부의 이해관계는 중요하지만, 중요 자원에 대한 외국 파트너의 기여도에 필적하지 못하면 시간의 경과와 더불어 헝가리 정부의 민영 기업에 대한 통제권은 쇠약해질 수밖에 없다. 합작 기업의 소유권이 재조정되는 이유로 현지기업인과 외국기업인 모두 외국 파트너가 투입하는 자본을 현지 파트너가 감당하지 못하는 점을 꼽고 있다.

1993년에 헝가리 기업(구 국영통신회사)와 미국 기업이 51:49로 합작투자한 MA는 이동통신기기의 제조와 서비스 사업을 하고 있다. 사업 첫해에는 미국 파트너의 경영 철학과 관행, 시스템이 긍정적인 작용을 강력히 발휘하였고, 헝가리 파트너는 미국 파트너만큼의 기술과 경영상의 전문성이 결여되어 있어서 잠자코 있을 수밖에 없었다. 그런데 합작 기업이 모기업의 영향력으로부터 독립해가면서 미국 파트너의 발언권이 위축되기 시작했다. 사업 초기에는 공동관리 구조가 채택되었으나, 미국측의 마케팅 계획이 실패하고, 공동관리의 내재적 어려움이 겹쳐 갈등이 증폭되면서 공동관리 구조를 폐기하게 되었다. 헝가리 파트너는 신임 CEO를 임명하고 미국 파트너는 CFO를 임명하는 합의안이 만들어졌고, 이 두명의 경영자는 모두 헝가리인이었다. 신임 CEO가 특히 미국측의 신뢰를 얻으면서 미국의 파견관리자가 현지관리자로 대체되고 전적으로 헝가리인에 의해 관리되기 시작하면서, 합작기업은 독자의 경영 철학, 관행, 체제를 개발하기 시작했다(Danis, Parkhe, Journal of International Business Studies, 33(3), 2002; 423-456).

체코슬로바키아는 전통적으로 선진 산업 기반을 갖추었고, 기술과 제품은 서구와 맞먹을 정도이었다. 2차 세계대전 이전만 하더라도 유럽에서는 가장 산업화된 국가의 하나이었고, 1960년대 중반까지는 1인당 국민소득이 오스트리아와 같았지만, 체코와 슬로바키아로 분해되고 나서는 오스트리아보다 30% 정도 낮은 수준을 보이고 있다. 1993년 1월 1일에 양국으로 분해되면서 개방시장 경제체제로 이행하는 일은 더욱 복잡해졌지만, 양국 모두 2004년에 EU에 편입되면서 시장경제의 가속화가 이루어지고 있다. 분해 이후, 수천개의 사업이 민영화나 위탁되었고 심지어 일부는 원 구매자에게 반환되기도 했으며, 10만개가 넘는 중소 무역업체와 서비스업체가 경매 처분되었다. 비교적 인구수가 적고 동질적이며 개혁을 선호한다는 점, 긴축 금융 및 재정 정책을 실시하고 있는 점으로 해서 정치적, 경제적 위기없이 과도기와 2국 분해의 과정을 잘 넘겼다. 국민총생산의 70% 이상이 민영 부문에서 창출되고 있다. 체코 정부의 최우선순위 과업은 EU와 OECD 가입인데, 전자는 달성되었고, 이에 따라 내국인과 외국인 투자자는 과세와 법률 면에서 동등한 대우를 받는다. 국제 저작권 규정을 준수하고 있고, 지적 재산권의 보호가 EU 규정에 일치한다는 점을 보장하고 있다. 체코인들은 거친 협상가로 알려져 있다.

체코 기업 중에 Budejovicky Budvar라는 회사가 있다. 버드와이저 라거 맥주의 원조이기도 한데, Budweiser Budvar 브랜드의 맥주를 30개국에 수출하고 있으며, 이는 생산량의 50% 이상에 달한다. 1995년에는 1억 리터의 생산량을 달성하였다. 그런데 체코의 맥주 산업은 3대 기업이 지배하고 있고, Budvar는 마이너에 지나지 않는다. 맥주 한병의 가격이 생수나 콜라 한병보다 싸다. Budvar가 해결해야 할 최대의 문제는 미국의 거대 맥주업체인 Anheuser-Busch와 Budweiser 상호 사용권 문제를 해결하는 일이다. 수십년 동안 끌어온 논쟁으로 아직까지 Budvar는 버드와이저 맥주를 북미 지역에 수출하고 있지 못하다. 아직까지도 국영기업이라 그런지는 몰라도 Budvar는 상표권 사용에 관한 협상에서 그다지 서두르는 기색이 없으며, 유럽 시장에 대한 확장에 박차를 가하고 있다(Financial Times, April 18, 1995).

### 3) 일본 시장 진출의 사업 협상

협상은 대체로 과제와 무관한 대화 - 과제 관련 정보 교환 - 설득 - 양보와 합의의 4단계로 이루어진다고 볼 수 있다. 일본과 미국 기업의 사업 협상에서는 양 문화권간에 단계별 소비 시간이나 내용이 달라진다는 점에 유념할 필요가 있다. 간단히 요약하면 다음 〈표 2-4〉와 같다.

〈표 2-4〉 일본과 미국기업의 협상 스타일

| | 일 본 | 미 국 |
|---|---|---|
| Non-task sounding | 상당한 시간과 비용 투입 | 비교적 투입시간 적음 |
| 과제관련 정보교환 | 가장 중요한 단계 | 간결, 직접적 정보 제공 |
| 설득 | 지위격차를 통한 수직적, 간접적 설득 | 가장 중요한 단계. 협상석상에서 공격적 설득 |
| 양보와 타협 | 막판 양보 | 단계별 순차적 양보 |

자료: Graham, Sano(2003, in Ghauri, Usunier eds. Ch.16, p. 395)

협상과제와 무관한 만남에 일본측이 투입하는 비용의 크기를 우스개 소리로 말하면, 일본의 국방예산이 GNP의 0.9%에 불과한 반면, 기업의 접대비는 1.5%에 달한다고 할 정도이다. 물론 90년대 버블 경제의 붕괴 이후에는 접대비의 대폭 삭감이 이루어지기는 했다. 그 다음의 과제관련 정보교환 단계에서 일본 기업은 셀 수 없는 질문을 퍼부으면서 자기네 정보는 찔끔 주고 답변도 모호할 때가 많다. 일본 기업은 1-2단계에서 서로를 이해하기 위해 상당한 시간 투입을 하므로 3단계의 설득 작업을 할 일이 별로 없으며, 대결을 피하고 상대의 협박에 대해서는 주제를 바꾸거나 침묵을 지키거나 자리에서 물러나는 식으로 대응을 한다. 솔직한 태도보다는 상대와의 관계를 유지하는 것이 더 소중하다고 보기 때문이다. 마지막의 양보와 합의 단계에서 미국 기업은 한가지 이슈를 마무리 짓고 나서 다음 이슈로 넘어가는 순차적 방식을 취하기 때문에 협상의 진전이 어디까지 와 있는지를 알기 쉽다. 반면에 일본 기업은 모든 문제를 한꺼번에 논의하다가 끝에 가서 몰아서 양보와 합의를 제안하기 때문에 미국측에서 볼 때는 갑작스런 행동으로 보게 된다.

제 1단계의 과제와 무관한 분위기 파악(sounding)은 미국 기업들도 날씨, 가족, 스포츠, 정치, 경제 일반 등을 주제삼아 이야기를 꺼내기는 하지만, 보통 5-10분 정도로 간단히 끝내고 곧바로 본론으로 들어간다. 대화의 스타일을 어떤 것으로 하는 것이 좋을지는 상대의 배경과 관심을 보고 정하면 된다. 엔지니어라면 기술적 전문용어를 즐겨 쓸 것이고,

골프 광이라면 가령 '거래가 러프에 빠졌다'는 식의 표현을 쓰면 호응이 높을 것이다. 자녀를 두고 있는 사람이라면 현금 고갈을 '애를 대학에 보내는데 드는 비용'에 비유하면 적절할 것이다. 그런데 분위기 파악은 사내의 지위에 따라 다소 상이한 양상을 띤다. 최고 경영진간의 만남은 모든 이슈들이 하위 실무진간에 해결, 합의되고 나서 서명을 하기 위해 이루어지거나 또는 사안의 비중과 이에 대한 몰입을 서로 이야기하려고 초기에 이루어지기도 한다. 미국의 최고경영자는 사업 문제를 논의하지 않고 다른 이들에게 맡긴다는 것이 어설프다고 보기 때문에 최고경영자간의 만남이 갖는 의식, 형식성, 사소한 준비와 같은 것은 전혀 어울리지 않는다고 본다. 반면에 일본의 최고경영자는 상대방의 진실성, 신뢰성, 헌신, 겸손 등을 직관적으로 판단하는데, 분위기 파악의 자리는 바로 이런 판단을 할 수 있는 맥락 내지 수단을 제공한다. 중간관리자 간의 분위기 파악은 미국에서는 소개장 - 약속을 잡기 위한 전화 통화 - 사무실에서 만남 - 점심 식사(사업 대담의 농밀한 진행) 등으로 이루어진다. 반면 일본에서는 소개회사가 양자간의 첫 약속을 잡아주고 나서 미국기업의 중간관리자와 소개회사의 인사가 일본기업을 오후에 방문하여 과제와 무관한 이야기를 하며, 그 후 저녁 식사로 손님을 초대한다. 저녁 식사 후에는 술자리로 이어지고, 여기에서는 술집 호스티스들과 이야기하는 것이 주된 '메뉴' 이다. 밤 11시 전후로 모임은 파하고, 다음 모임의 일정을 잡으면서 헤어진다.

제 2단계의 과제관련 정보교환에 대해 일본측은 차를 마시면서 준비된 의사를 밝히게 된다. 일본 기업의 담당자와 영어로 대화할 때는 일본인의 제한된 영어 회화 실력을 고려해야 한다. 자신이 이야기를 제대로 이해하지 못했다는 점을 서슴없이 밝히지 않기 때문에, 의심이 들 때는 슬라이드, 브로셔, 비디오와 같은 시청각 도구를 활용하고, 문서화된 보충자료를 제공해주는 것이 좋다. 일본측에서 통역사를 대동하지 않은 경우에는 이쪽에서 통역사를 준비하도록 하되, 전문 분야의 협상자리인 만큼, 통역사의 배석에도 불구하고 오해의 소지가 발생할 수는 있다. 그런데 미국인과 일본인 간에는 전달 내용의 순서에서도 차이가 보인다. 미국인은 말하고자 하는 요지를 먼저 밝히고 그 이유는 필요한 경우에 한해서 나중에 언급한다. 따라서 과제관련 정보교환은 신속히 이루어진다. 반면, 일본인은 먼저 장황한 설명을 하고 나서 제안이나 요청을 말한다. 따라서 일본 기업의 담당자와 협상에 임할 때는 자신의 주장을 뒷받침할 상세한 정보를 준비해두어야 하고, 협상 팀에 기술 문제의 전문가를 포함시키도록 한다. 일본측이 셀 수 없이 질문을 해대는 이유의 하나에는 그들이 합의 형식의 의사결정을 한다는 점도 있다. 동일한 정보나 설명을 여러 명의 일본인이 돌아가며 요청하기도 하는데, 이를 짜증난다거나 모욕적으로 받아들일 필요는 없다. 핵심 의사결정자뿐 아니라 사내의 모든 이해관계자가 납득을 해야 하는 풍토가 있기 때문이다. 따라서 우리 측의 인내가 발휘되어야 할 것이다. 초기의 제안에 대해서도 미국인은 자신이 예상하는 최종 합의 수준에 근접한 요구를 초기 제안으로 하는데 비해, 일본인은 협상에 시간을 할애할 준비를 하기 때문에 초기 제안의 정도를 높게 잡는다. 따라서 일본인과 상대할 때는 초기 제안을 자신이 할 수 있는 가장 낮은 수준보다 하나 위의 수준으로 할 필요가 있다. 자신이 원하는 최선책이 아니라 차선책을 설명하고 나면, 일본인들은 마지 못해 초기 제안에서 한발 물러나는 것이 공평하다고 생각한다. 미국인들은 정보교환 단계에서 인내심을 발휘하지 못하고, 일본인의 관심과 입장을 파악하기도 전에 자신이 양보를 하면 일본측도 그에 상응하는 양보를 할 것이라는 희망을 갖고 3단계의 설득 작업으로 이행하려 하는데, 이런 성향을 자제토록 해야 한다. 커뮤니케이션 스타일 중에 눈의 접촉에 대해서도 미국과 일본 간에는 차이가 있다. 일본인은 미국인이 저돌적으로 눈을 쳐다보는 것에 불편을 호소하고, 미국인은 일본인이 자신의 눈을 바라보지 않으니 뭔가 일이 잘못된 것은 아닌가 하고 생각한단다. 협상 석상에서 일본인이 보여주는 공식 입장(official stance=tatemae)을 액면 그대로 받아들여서는 안 된다. 하위 계층의 협상팀 멤버간에 비공식적으로 대화 채널을 마련해야만 그들의 본심(honne)을 꿰뚫을 수 있다. 협상 팀에는 공식 협상 석상에서 의제를 논의할 멤버와 비공식 자리에서 조정과 완충의 역할을 떠맡을 수 있는 멤버가 두루 포함되어야 할 것이다. 이런 비공식 채널을 가동함으로써, 일본측이 제안에 대해 느끼는 진심과 주장이 무엇인지를 파악할 수도 있고, 공격적인 설득 전술을 구사할 수도 있다. 물론 이런 비공식 채널은 물밑에 잠수해있어야지, 이를 공개적으로 언급하게 되면(가령, 지난 밤 스즈키씨가 우리측 엄대용씨한테 말한 걸 보니.....) 협상 팀에서 당장 담당자가 제거됨으로써 정보 누설을 차단하는 일이 벌어진다. 비공식 채널의 중요성을 말해주는 사례를 한가지 말하면, 어느 미국 대기업이 일본 중소기업을 인수하려는 작업을 펼치고 있었다. 양사의 최고경영자간에 대담이 결실을 거두지 못하였는데, 일본측이 인수 제안에 대해 주저하는 것이었다. 미국측은 강건너 불 구경식으로 기다리는 작전(wait-and-see strategy)을 썼는데, 6개월간 아무런 성과도 없었다. 그런데 함께 골프도 치고 술자리도 했던 일본측의 하위 직급의 직원한테서 미국기업의 하위 직원에게 술이나 한잔 하겠느냐는 전화가 왔다. 그 자리에서 일본인은 자기네 사장이 우리 사장에게 말하지 못하는 속내를 털어놓았다. 근본적인 문제는 인수 가격과 인수 후 회사명의 개정에 있다는 것이다. 그런 뒤에 양사는 이 문제를 논의할 수 있게 되었다. 일본측은 이 문제를 공식 대화 창구를 통해 협상 석상에서 고위층의 인사들간에 이의를 제기한다는 것이 부적절하다고 보았던 것이다.

일본 기업에서는 과제관련 정보교환과 설득 간의 구분이 명확하지 않다. 협상 당사자간에 자신의 욕구와 기호를 정의내리고 가다듬으면서 정보교환과 설득의 두 단계가 혼재하게 된다. 설득은 미국인에게는 가장 중요한 협상 단계이다. 각자 원하는 바가 무엇인지 밝혀지고 나면 상대의 마음을 바꾸어 자신의 제안쪽으로 가까이 오게 하는 재미가 시작된다. 미국에서 기업간 협상이 형제간 협상에 비유한다면, 일본에서 협상은 부자지간의 협상이라고 볼 수 있다. 그만큼 수직적 관계가 존재한다는 것이다. 또한 일본에서는 특정한 협상 전술을 어느 때에 사용하느냐 하는 점이 중요하다. 공식 협상 석상에서는 질문, 자기 공개(가령, 우리 회사는 첫해에 최소한 15%의 투자수익률을 거두어야 한다), 기타 긍정적 전술만이 사용된다. 고위층만이 사용할 수 있는 공격적 전술은 하위 계층간의 비공식 채널을 통해서만 전달되어야 한다. 이 때에도 협박이나 명령은 간접적, 미묘한 형태로 표시되어야 한다.

일본인을 상대로 설득 전술을 전개할 때는 다음의 전술을 순서대로 적용하는 것이 효과적이다(Graham, Sano, in Ghauri, Usunier eds. 2003, Ch.16: 404-408).

첫째는 질문 추가하기이다. 이는 일본뿐 아니라 전세계 공통으로 적용되는 전술인데, 동일 질문을 반복해서 묻는 것이다. 면밀한 검사를 반복해 보면 상대의 답변에 문제가 있다는 것을 발견할 수 있다. 답변에 약점이 노출되면 양보하지 않을 수 없다. 질문은 중요한 정보를 끄집어낼 수 있는 강력하면서도 소극적인 설득 기법이다.

둘째는 자사의 입장, 욕구, 선호 등을 재설명하는 것이다. 셋째는 다른 긍정적 전술을 사용하는 것이다. 긍정적 전술에는 약속(promise), 권고(recommendation), 보상(reward), 규범적 호소(positive normative appeal) 등이 있다. 약속은 상대가 기뻐할 것으로 여길 만한 결과를 제공하는 것이고, 권고는 기뻐할 만한 환경이 상대에게 조성될 것이라고 말해주는 것인데, 환경의 조성은 우리 측의 통제하에 있지 않다. 보상은 상대에게 기뻐할 만한 결과를 만들어주겠다는 말이고, 규범적 호소는 상대의 행동이 사회적 규범에 일치한다는 점을 말하는 것이다(가령, 새로운 정보에 입각하여 귀사의 가격을 인하해주면 호혜의 사업원칙을 귀사가 존중하고 있음을 보여주는 것이다라는 식의 언급).

넷째는 침묵을 지키는 것이다.

다섯째는 이상의 네 가지 전술이 아무런 양보를 일본측으로부터 얻어내지 못할 경우에 주제를 바꾸거나 휴회를 선언하고서 비공식 대화 창구를 가동하는 일이다. 비공식 창구를 통해 직접 공격적 전술을 사용하지 말고, 다시 한번 1-4단계의 기법을 사용토록 한다. 같은 기법이라도 공식 협상 석상에서는 끄집어낼 수 없었던 새로운 정보를 표면화시킬 수 있다.

여섯째는 특별한 경우에 한해서 리스크를 인식한 상태에서 공격적 전술을 사용하는 것이다. 이는 우리 측이 일본측에 비해 우위의 입장에 있을 때, 비공식 채널을 통해 간접적으로 사용토록 한다. 공격적 전술에는 협박(threat), 경고(warning), 응징(punishment), 규범적 호소(negative normative appeal), 명령(command) 등이 있다. 협박은 약속과 같되 불쾌한 결과를 말하며, 경고는 권고와 같되 불쾌한 결과이며, 응징은 보상과 같되 불쾌한 결과를 가리키고, 규범적 호소는 사회규범에 반한다는 부정적인 내용을 말하는 것이고, 명령은 상대에게 어떤 행동을 하라고 말하는 것이다(가령, 이제 당신이 카운터 오퍼를 제안할 차례입니다). 그러나, 이런 공격적 전술의 사용을 자제하고 관계를 소중히 다루며 당사자 간의 역학 관계가 역전되었을 때 일본측은 상대의 이해관계에 배려를 하게 된다. 이 점에 대해서는 미국기업이 좀체로 납득을 하지 못하는 경향이 있다. 미국의 International Multi-Food Company(IMFC)가 미스터도넛의 일본내 프랜차이즈를 더스킨에게 주었을 때, 10년 뒤에는 일본에서 지불하는 프랜차이즈 송금액이 IMFC의 미국내 총 수익을 앞질렀다. 프랜차이즈 사업의 재계약을 위한 협상에 임했을 때, 미국 회사는 역학 관계의 역전을 반영하여 로열티 지급의 축소와 같은 합의 사항의 변경을 예상했다. 그러나 IMFC가 초기 협상에서 상대와 관계를 소중히 다룬 덕분에 더스킨의 사장은 원 조건대로 재계약하겠다는 의사를 밝혔다.

일곱째는 시간을 활용하는 것이다. 이는 본사의 협력과 이해를 요하는 전술이다. 미국 기업이 이 전술을 사용하기가 가장 힘든 이유는, 일의 처리를 시간에 맡긴다는 방식(Letting things hang)이 그들의 천성에 맞지 않기 때문이다.

여덟째는 소개회사에게 중재를 요청하는 것이다. 단 제 3자의 개입에 의한 해결은 1회용이라는 점에 유념해야 한다.

아홉째는 양사의 최고경영자를 한자리에 불러모아 협력을 도모하는 것이다.

협상의 마지막 제 4단계는 양보와 합의이다. 일본인들은 협상을 장기적 상호 이익을 목표로 하는 사업 관계의 구축 시간으로 보고 있다. 여러 이슈 중 특정한 안건 하나를 해결한다는 것은 그들에게는 의미가 없다. 생명력있고 조화로운 사업관계가 구축만 되면 세세한 일들은 저절로 풀려나간다고 본다. 따라서 우리측도 문제 접근에 대한 이러한 총체적 방식(holistic approach)을 채택하여 사업 관계의 질을 측정하도록 해야 할 것이다. 일본 기업과의 관계의 질이 개선되고 있는지는 다음과 같은 조짐을 통해 판단할 수 있다. 논의에 일본측 고위 관리자가 참가하는 일, 일본측의 질문의 초점이 특정 부분에 맞추어지는 일, 일부 이슈에 대한 일본측의 태도와 입장이 누그러지는 일, 협상 석상에서 일본팀 멤버간에 일본어로 대화가 늘어나는 일, 낮은 계층의 담당자간 비공식 대화 창구를 사용한 협상이 늘어나는 일 등이 바로 그것이다. 양보를 할 때는 협상 석상에서 처음 이슈가 언급되었을 때 하지 말고, 대담을 하다고 휴회하고 나서 이어지는 협상에서 하도록 해야 한다.

### 4) 중국 시장 진출의 사업 협상

외국기업이 중국기업과 협상하기 힘든 이유는, 양자의 관계가 새로 형성되는 것이고 서로에 대해 경험이 적다는 점, 불확실한 과도기와 개혁에 놓인 사회주의 경제를 상대로 자본주의 경제가 협상을 한다는 점, 중국과 서양의 문화적 차이가 크다는 점 등의 3가지에 기인한다. 시간을 기준으로 한 협상 과정에는 협상 전 단계(pre-negotiation stage), 공식 협상 단계(formal negotiation stage), 협상 후 단계(post-negotiation stage)의 3단계를 설정할 수 있고, 여기에 중국 비즈니스 협상의 차원으로서 중국의 전반적 상황, 유교 문화, 협상 병법 등 3가지를 열거할 수 있다(Ghauri, Fang, 2003, in Ghauri, Usunier eds. Ch. 17). 반면 내용을 기준으로 한 협상 과정에는 과제와 무관한 분위기 파악 단계, 과제관련 정보교환 단계, 설득 단계, 양보 및 합의 단계 등 4단계로 구분할 수 있다(Graham, Lin, Advances in International Marketing, 2, 1987, 23-46).

본 중국과의 사업 협상은 1990년대 초반에서 중반에 이르기까지 스웨덴의 휴대전화 제조업체인 에릭슨의 사례를 다룬 것이다. 에릭슨은 1894년에 2,000대의 탁상 전화기를 상하이에 수출한 것으로 처음 중국과 사업 인연을 맺었고, 1984년에 AXE-10 교환설비를 북경의 전신전화국에 판매함으로써 중국 시장에 재진입한 경력을 갖고 있다.

협상 전 단계의 상황 전개를 살펴보면, 로비와 사업제안, 비공식 논의가 이루어졌다. 로비는 통신장비와 같은 대규모 산업재를 중국에 판매하려는 외국기업에게 가장 중요한 마케팅 활동의 하나이다. 외국기업은 중국정부의 입에 맞는 첨단 기술을 확보하고 있고, 중국시장에서 장기적으로 헌신할 것이며, 재정적으로 든든하다는 점을 확신시켜주어야 한다. 로비 창구로는 정부기관 방문, 사업 제안, 기술 세미나, 전문 잡지 등에 광고, 디너 파티와 같은 비공식 채널 등이 있다. 사업 제안에서는 매력적이고 신뢰할만한 내용을 전달하는 것이 공식 협상 단계로 이어지는 중요한 작업이다. 외국기업은 많은 정부당국에 사업제안을 해야 하는데, 상이한 협상 상대들에게 똑같은 설명을 반복해야 하기도 한다. 이들 상이한 협상 상대는 아무런 설명도 없이 불쑥 다른 협상 상대와 교체되기도 한다. 에릭슨은 모든 사업 제안 내용들을 영어와 중국어로 준비하였다. 이는 대부분의 중국측 협상가들이 50대 이상의 연령층으로서 영어를 잘 못하기 때문이다. 때로 외국기업은 3-4명으로 구성된 협상팀이 10-15명으로 구성된 중국측 협상팀과 상대하는 일도 있다. 이때는 한 명의 통역자만 가지고는 의사소통을 효율적으로 할 수 없다.

또한 중국에서는 고질의 제안 자료들을 신속히 복사하는 일이 용이하지 않을 때도 있으므로, 휴대용 PC와 프린터, 일체의 정보와 계산을 구비하고 중국측을 방문하는 것이 필요하다. 비공식 논의는 사업 제안 후 곧바로 이루어지는 일이 자주 있다. 이 단계에서 중국측은 기술과 가격에 대해 이미 예리한 관심을 표명하였다. 스웨덴 측은 여러 번 중국측 협상 담당자들을 스웨덴으로 초청하여 가동 중인 기술 시스템을 검사할 수 있도록 배려했다. 이런 초청에는 의사결정자가 포함되므로 중국측의 우선순위와 관심사항이 무엇인지를 이해하는 일이 훨씬 용이하였을 뿐 아니라, 상대와의 유대관계를 돈독히 하는데도 도움이 되었다.

공식 협상 단계는 과제관련 정보교환, 설득, 양보와 합의를 다룬다. 중국측이 공식 협상을 시작하는 것은 그들이 추가적인 논의에 강한 관심을 보이고 당사자간에 의정서(Letter of Intent)에 서명하면서부터이다. 중국과 서양 기업간 공식 협상 단계에서 보여주는 차이점의 하나는 중국측에서는 변호사가 참가하지 않는다는 점이다. 공식 협상에서 다루는 주요 현안은 지분(equity share), 기여 부분, 경영 관리, 기술, 가격 등이다. 중국측은 지분에 민감하여 최소한 50%의 소유권을 확보하려고 한다. 이는 다수의 소유권을 확보해야 경영 관리가 가능하다고 보기 때문이다. 또한 지분 문제는 주권과도 연관되어 정치적 중요성을 지닌다. 당사자의 기여에 대해서는 중국측이 가시적 자원(생산 기지, 기계와 장비, 노동력 등)을, 외국측이 비가시적 자원(기술, 경영교육, 마케팅 노하우, 국제 네트워킹 등)을 기여하는 것이 일반적이다. 중국측은 지분에 비례한 경영권의 확보를 주장한다. 특히 재무관리와 총무관리(내지 인사관리) 부분을 차지하는데 열을 올린다. 중국측은 최고의 기술을 얻고자 갈망하였다. 그래서 기술이전과 현지인의 기술교육에 외국기업이 의향을 갖고 있는지를 중시하였다. 반면 외국기업은 기술과 특허를 어떻게 하면 보호할 수 있을까에 신경을 쓴다. 중국측의 생각은 자신들이 프로젝트에 대가를 지불했으니 자신들이 원하는 기술은 뭐든지 사용할 권리가 있다고 보는 것이다. 중국측은 외국기업이 제시하는 가격이 너무 높다고 본다. 스웨덴측은 중국이 가져가기만 하고 내놓을 줄을 모른다고 생각하는데 비해, 중국측은 거대한 중국 시장을 내놓았으니 너무 많이 주었다고 생각한다.

설득에 관해서, 중국측은 아부, 상대방 약점 잡기, 면박주기, 속임수, 외국기업간 경쟁붙이기 등의 다양한 전술을 구사한다. 한번은 중국측 협상팀의 한 멤버가 에릭슨의 한 팀원에게 귀사의 통신 설비 프로젝트가 태국에서 문제를 일으켜 제대로 작동하지 않더라는 이야기를 했다고 한다. 이에 에릭슨의 당사자는 아무런 대꾸도 하지 않고 호텔로 돌아와서는 본사와 태국 지사에 전화를 걸어 확인하였더니 전혀 문제가 없더라는 것이다. 다음날 식사를 하면서 가진 사적인 만남에서 에릭슨의 해당 멤버가 그렇게 말한 중국측 파트너에게 당신의 진술이 틀렸는데도 어제 회담에서는 당신을 당황하게 만들지 않으려고 아무 말도 하지 않은 것이라고 응수했다. 태국 지사의 전화번호를 주고 직접 확인해 보라고까지 했더니, 그 이후 그 친구가 꽤나 친근하게 나오고 발주를 따는데 도움까지 주더라는 것이다. 경쟁붙이기의 예로는 다른 협상 건에서 중국측이 스웨덴의 에릭슨과 핀란드의 노키아와 동시 협상을 병행하고 있었다. 중국이라는 신부를 자기편으로 삼기 위해 두 기업은 힘든 경쟁을 벌여야 했고, 우연히도 북경의 같은 호텔에 투숙하여 매일 아침 식사 때마다 상대방의 침울한 눈동자를 쳐다보아야 했다. 이를 통해 중국측은 그들이 원하는 것의 대부분을 얻어낼 수 있었다. 양보와 합의에 관련해서 중국측은 모든 미해결의 문제들을 팩키지로 매듭지으려는 성향을 강하게 보인다.

물론 중국측도 양보를 하는 때가 있는데, 알고 보면 상대로 하여금 진정한 양보를 하도록 유도하기 위한 위장된 제스처로 판명나는 경우가 잦다. 또한 합의 문구를 작성할 때도 자신에게 영향을 미칠 표현에 대해서는 까다롭게 문구를 가다듬으면서, 외국측에 관련된 표현에 대해서는 일반적인 것으로 다루려 하는 점도 엿보였다. 중국측은 어느 주에 협상 마감을 정하고는 계약이 실제 준비되기 훨씬 전에 만찬 준비를 해둔다. 그리고는 시장이 만찬에 참석하는 토요일까지 모든 일이 준비되어야 한다고 말하더라는 것이다. 이런 식으로 중국측은 합의에 도달해야 한다는 압박을 에릭슨에게 가하더라는 것이다. 중국 기업은 서구식 관점에서 보는 기업이 아니라 중국 정부의 공장이라고 보면 된다. 집단 참여가 중국인들간의 의사소통을 촉진하며, 일이 잘못되는 경우에는 집단의 책임이라는 명분하에 개인은 처벌을 면제받게 된다. 질문을 많이 하는 중국측의 의도는 하나는, 다양한 부처의 사람들이 복수로 협상에 참여하기 때문이기도 하지만, 또 다른 하나는 상대로 하여금 먼저 패를 보여주도록 유도하기 위함이다(소위 타초경사의 병법). 중국인들은 직접적인 대결보다는 외부의 힘을 이용하기도 한다. 앞서 중국측 파트너의 한 사람이 에릭슨의 태국 프로젝트(제3자, 곧 외부의 힘)를 거론한 것도 상대의 약점(품질)을 공격하여 다른 이슈(가격)에서 보다 협상력의 우위에 서려는 의도에서 행해진 것이다. 소위 무중생유의 병법인데, 이 경우에는 스웨덴 측이 정면 대응을 하지 않고 비공식적인 설명을 해주어 상대의 체면을 살려줌으로써 효과적인 반격을 가할 수 있었다. 한마디로 중국측의 양보 전술은 적은 걸 주고 많을 걸 얻어내자는 포전인옥의 병법인 셈이다.

협상 후 단계는 합의의 실행과 새로운 협상의 개시를 말한다. 중국과의 협상에서 느끼는 애로는 협상이 종료되어 합의 사항을 이행하는 단계에서조차 발생한다. 물론 중국인들은 계약을 존중한다. 그러나 계약 이행을 하지 않는 경우가 발생한다는 점이다. 어느 스웨덴 기업이 중국측과 합작사업의 계약을 작성했는데, 사장을 스웨덴인으로 하면서 그에게 서구 표준의 거주시설을 제공하기로 했다. 그런데 스웨덴인 사장은 중국 표준의 거주 시설을 제공받아 시정을 요구했지만, 중국측 주장은 같은 합작회사에서 일하는 중국인 상위경영자와 형평이 맞지 않는다는 것이다. 서구 표준의 거주시설을 제공하면 연간 7만 달러의 경비가 지출되는데, 이는 200명의 중국인 근로자의 급료와 맞먹는 금액이고, 합작기업으로서는 도저히 감당할 수 없는 규모라는 것이다. 결국 새로운 협상을 전개하여 타협점을 찾았다. 이처럼 협상 후 단계에서 새로운 골칫거리가 생기는 이유는 중국의 전반적 상황에 기인한다고 본다. 중국정부 개혁의 실험적 성격, 불균형의 발달을 보인 사회간접자본, 초대형 중국 관료제 등이 아무 때나 어디서고 돌출할 수 있는 문제의 원인이다. 계약에 관한 중국의 기본적인 태도는 합의에 기초한 것이 아니라 변화하는 상황에 기초한 문제해결로 바라보는 시각이다. 앞서 스웨덴인 사장의 거주시설 문제라고 하는 합의사항을 완전히 거절하지 못한 것은 그것이 중국의 체면이라고 하는 법에 위배되기 때문이었다. 아마도 중국측 상위경영자가 협상 담당자에게 시장 상황과 중국 관리자의 감정, 합작 사업의 이해관계 등에 기초하여 공정한 조정을 하도록 압력을 가했을지도 모른다.

에릭슨의 대중국 협상 사례에서 시사하는 바는 중국과 협상할 때는 Priority, Patience, Price, People 등의 4P에 신경을 써야 한다는 점이다.

우선순위는, 대중국 협상이 실패하는 이유의 하나가 중국의 상황에 대한 충분한 배려를 하지 못한 점에 있다는데서 나온 시사점이다. 중국정부는 최대 보스이고 중국의 국영기업은 중국 공산당과 정부의 우선순위, 정책, 계획에 따라 사업을 한다는 점을 명심해야 한다. 따라서 협상 프로젝트가 정부의 우선순위 목록에 포함된 것이라면 중국측의 관심을 유발하고 협상 진행이 원만하게 이루어질 수 있다. 에너지, 운송, 통신 등이 전통적인 우선순위 분야이고 최근에는 만성적자인 국영기업 정리가 이에 추가되었다. 중국측의 우선순위에 대한 정보를 얻으려면 중국측 협상 당사자들을 자국에 초대하는 것이 효과적이다.

인내는 중국내의 상이한 정부조직, 동일 조직내의 상이한 부서가 중국의 관료제하에서 협상과정과 의사결정에 가담하므로 시간이 소요된다는 점을 고려하라는 의미이다. 또한 중국인은 낯선 자와 선뜻 중대한 모임을 가지려 하지 않기 때문에 협상의 개시를 위해서는 신뢰와 친근감이 조성되어야 한다는 점도 인내를 요하는 이유이다. 관계, 체면, 예의, 인화 등과 같은 유교적 관념은 시간의 소비를 요하는 것들이다.

가격은 전세계 어디서든 중요한 협상 안건이지만 특히 중국과의 협상에서는 더욱 힘들고 중대한 부분이다. 외국기업이 가격 인하를 대폭 해준다면 중국측 협상팀은 의심을 하게 되어 신뢰성을 잃을 위험이 큰 반면, 중국측의 어떠한 가격 인하 요구에도 불응한다면 중국측은 모욕받았다고 생각하게 된다. 따라서 외국기업은 가격과 가격폭에 대한 협상 한계를 세심히 계산하여 중국측의 체면을 세워줄 수 있는 가격폭을 유보해두어야 한다. 가격과 관련된 또 다른 문제는 외국 인력의 비용문제이다. 중국측은 외국의 파견인력에 대한 막대한 인건비를 부담하려 하지 않는다. 이 문제는 당사자 양측의 상황에 대한 견해를 교환하여 솔직하고 지지적인 태도로 상생의 해법을 찾아야 할 것이다.

사람의 문제는, 중국의 유교 사상이 법을 멀리하고 대인 관계를 지향하는 뿌리깊은 생각을 갖고 있기 때문에, 중국인들은 계약보다는 사람을 믿는다. 중국에서는 아직까지 해외여행이 특권으로 여겨지고 있어서 지극한 환대를 하여 이들을 자국에 초대한다면 커다란 감사를 느낄 것이다. 이런 호의에 대해 중국인들은 차기에 우리가 중국을 방문하게 되면 되갚으려 한다. 중국에서 마케팅이 무어냐고 정의를 내린다면 모든 이들이 한결같이 그건 관시(relationship)라고 답할 것이다.

## 4. 글로벌 마케팅과 문화

기업 경영의 의사결정에 미치는 문화적 변수에 대한 지식을 말하는 문화적 기지(機智, cultural savvy), 상대의 문화에 대한 인지와 진솔한 배려를 나타내는 문화적 감수성 내지 감정 이입(cultural sensitivity, empathy)는 역지사지의 입장에 서려는 의욕과 자세가 있어야 가능할 것이다.

시간의 가치(temporal values)에 대한 문화간 차이를 보면, 미국인은 시간이 가치있는 제한된 자원이므로 아끼고 일정을 세우고 꼼꼼하게 사용해야 하는 것으로 보고 있다. 시간은 돈이라서 낭비하면 안 되고, 마감일은 지켜야 한다. 상대방이 제 시간에 모임에 오지 않으면 미국인들은 모욕감을 느끼고, 회의가 주제에서 벗어나면 참지를 못한다. 시간의 가치에 대한 이런 관점은 서유럽이나 다른 국가들도 거의 비슷하지만, 또 다른 문화권에서는 종교적 신앙(환생은 시간이 죽음으로 종료되는 것이 아니라고 봄), 운명에 대한 믿음, 지배적 사회의 태도 등에 기초하여 시간을 보다 긴 관점에서 바라본다. 라틴 아메리카의 'manana', 아랍의 'bukra'는 모두 '내일'이라고 번역되지만, 실제로는 가까운 미래의 무한한 시간대를 가리킨다. 따라서 'sometime in the future'가 문화적 해석으로 타당할 것이다. 아랍인에게 급히 처리할 것을 명하면, 그는 그 일이 중요하지 않을 거라고 받아들인다. 왜냐하면, 중요한 일은 시간이 걸리기 때문에 서둘러서 될 일이 아니라는 것이 아랍 문화의 해석이다.

변화 및 변화의 속도를 수용하는 점에 대해서도 문화별로 가치가 다르다. 서양인들은 인간이 미래에 대해 어느 정도의 통제를 가할 수 있으므로, 특히 사업 측면에서는 사건의 조작이 가능하다고 보고 있다. 즉 내적 통제를 갖고 있다고 보는 것이다. 반면 서양인 이외의 인간들은 통제는 외부에 놓여 있고 운명을 믿으며, 변화의 도입에 소극적이거나 심지어는 적대감을 보이기도 한다. 국제 기업은 전세계를 돌아다니며 변화를 소개하는 중개인이나 다름없다. 그런 변화 중에는 보다 용이하게 수용되는 것도 있는데, 맥도널드의 햄버거는 중국인들도 기꺼이 수용하려 한 문화의 산물이라고 볼 수 있다.

물질적 요소에 대해서도 미국인은 물리적 재화와 지위의 상징을 중히 여기지만, 미적, 정신적 요소를 중히 여기는 문화권도 있다. 이런 차이를 알아야만 동기부여, 보상 등의 관리 기능이 이문화의 종업원에 미치는 영향을 올바로 파악할 수 있다.

국제 마케팅 커뮤니케이션에서 염두에 둘 점은 stereotyping과 sociotype을 구분해야 한다는 점이다. 전자는 특정 사회나 하위문화 집단에 속하는 모든 구성원들이 동일한 특성을 갖고 있다고 가정하는 것을 말한다. 따라서 이는 이문화 커뮤니케이션에서 오해의 원인으로 작용한다. 타인, 타문화에 대한 사실을 발견하는데 작위적, 파괴적으로 작용한다. 후자는 집단의 구성원을 그들의 속성에 의해 정확하게 묘사하는 것으로서, 낯선 문화권의 사람들을 이해하는데 초기의 주춧돌로 기능을 하는 유용한 것이다.

사고 패턴이 문화별로 상이하다는 점도 어찌보면 웃지 못할 에피소드를 제공한다. 태국에 파견된 캐나다 비즈니스맨이 교통사고를 당했다. 상대방은 다른 차량을 추월하면서 중앙선을 넘어와 캐나다인의 차량과 충돌하였다. 태국인 운전사의 과실을 입증하기 어려워진 캐나다인은 경찰을 불렀다. 몇 분을 이야기해도 소용이 없자 캐나다인은 두 줄로 된 중앙선을 가리키며 “What do these lines signify?”라고 물었고, 이에 태국 경찰관의 답변인 즉, “They indicate the center of the road and are there so I can establish just how far the accident is from that point.”라는 것이다. 이중으로 된 중앙선이 “no passing allowed”라는 의미가 아닐 수도 있다는 생각을 캐나다인은 꿈에도 해본 적이 없었던 것이다.

국제 마케팅의 광고 표현만큼이나 골치아픈 문제도 없을 것이다. 하나의 언어를 다른 언어로 번역할 때의 엉뚱한 의미를 사전에 발견하지 못하면 낭패로 이어진다. 펩시콜라의 슬로건인 ‘Come alive with Pepsi’가 독일에 소개되었을 때 come alive라는 표현을 독일어로 직역한 의미는 ‘come out of the grave’가 되고 말았다. 미국의 어느 항공여객회사가 자사의 보잉 747기에 설치한 ‘rendezvous lounges’에 대한 승객의 수요가 미진한 이유를 알아보니, 포르투칼어로 랑데부란 매춘을 위해 빌리는 방이란 의미라는 것을 알아냈다. 한 나라에서 사용하는 언어가 반드시 그 나라 언어뿐일 것이라는 선입견도 버려야 한다. 말레이시아와

인도네시아, 태국의 상당수 매수인, 무역업자는 중국어를 쓰는 중국인이고, 아랍권이라고 해서 모두가 아랍어만을 쓰는 것은 아니어서, 튀니지아(Tunisia)와 레바논은 상용어(商用語)가 불어이다.

비언어적 커뮤니케이션에 근접공간학(proxemics)이란 개념이 있다. 이는 개인의 공간, 사무실의 공간이나 배치 등의 측면에서 근접성과 공간이 커뮤니케이션에 미치는 영향을 다룬다(Deresky, 2002: 107). 미국인들은 사무실 배치가 개인들 각자에 대한 사적 공간을 제공해줄 것을 기대하며, 직장내에서 지위가 올라갈수록 보다 넓고 사적인 공간을 바란다. 그러나 우리나라, 일본 등과 같은 아시아 국가들은 개방형 사무실을 취하고, 모든 계층의 구성원들이 가까운 근접 거리에서 같이 근무하고 대화한다. 미국, 독일에서는 공간의 위치가 권력을 대변하기 때문에, 구석의 사무공간(corner office)이나 꼭대기층의 사무실을 선호하는 반면, 프랑스에서는 부하 직원들에 둘러싸여 한 가운데 사무 공간이 관리의 비중을 말해 준다. 즉, 정보 네트워크의 정 중앙에 위치한다는 상징을 보여준다. 남미, 남유럽과 동유럽, 인도네시아, 아랍 등의 사람들은 고접촉 문화(high-contact culture)에 속하여, 사람들이 서로 가까이 서서 이야기를 나누고 많이 접촉하며 친밀한 감각적 관여(sensory involvement)를 경험한다. 반면, 북미, 아시아, 북유럽의 사람들은 저접촉(low-contact) 문화에 속하여, 감각적 관여에 대한 선호도가 훨씬 떨어지고 서로 떨어진 거리가 멀며(미국인의 경우, 자신의 팔을 뻗쳤을 때 상대방의 귀에 닿는 거리를 유지), 신체적 접촉 횟수가 적어서 격리된(distant) 바디 랭귀지의 스타일을 갖고 있다.

준언어(paralanguage)라는 것은 말의 내용보다 말의 표현 방식, 즉 말하는 속도나 목소리의 억양, 음색, 소음, 웃음, 하품 등을 말한다. 말의 속도와 관련하여 침묵은 강력한 의사전달 도구인데, 미국인은 10-15초의 침묵이 흐르고 나면 불편해하는 반면, 중국인은 30초 이상 생각하고 나서 말하기를 좋아한다. 의사소통 과정에서 발생하는 소음의 주된 원인으로 맥락(context)을 꼽고 있다. 의사소통이 이루어지는 맥락은 상호작용의 의미와 해석에 영향을 미친다. 아시아, 중동, 아프리카, 지중해연안 등의 지역은 고맥락 문화(high-context culture)라서 행간을 읽어야 하는 특징이 있다. 즉 메시지의 수신자는 송신자와 배경에 대한 지식을 통해 메시지가 의미하는 바에 대해 가정을 한다. 이에 반해 독일, 스위스, 스칸디나비아, 북미 지역은 저맥락 문화(low-context culture)로서 사적 관계와 사업 관계가 분리되는 경향이 있고, 감정과 생각은 말로 표현되고, 정보의 획득이 보다 용이하다. 고맥락 문화의 사람은 저맥락 문화의 사람을 너무 수다스럽다고 보는 반면, 저맥락 문화의 사람은 고맥락 문화의 사람을 음흉하다고 본다.

아랍 문화는 명예를 소중히 여기므로, 수치란 뭔가 옳지 못한 일을 하는데서 생기는 것이 아니라, 그런 옳지 못한 일을 한 사실이 남에게 알려지는데서 생기는 것이라고 본다. 따라서 아랍인들과 이야기할 때는 우려, 의심을 띄지 않도록 해야 한다. bukra insha Allah(tomorrow if Allah wills)라는 무슬림의 표현에서 알 수 있듯이, 아랍에서는 상대방에게 마감시간을 말하는 것은 무례하고 주제넘은 짓이다.

조직내의 커뮤니케이션은 정보의 출처와 창출 방식, 전달 통로와 속도, 커뮤니케이션의 공식/비공식성, 조직 구조의 유형, 인사 정책, 리더십 스타일, 맥락 등에 따라 영향을 받는다. 남미와 같은 중앙집권식 조직구조에서는 대부분의 정보 출처가 최고경영자이며, 미국은 권한 위임으로 정보 흐름이 하위직에서 상위직으로 이루어지는 만큼, 부하는 상사에게 정보 제공의 책임을 많이 진다. 고맥락 문화에서는 끊임없는 긴밀한 접촉과 사람들간, 조직간의 내면적 연결고리 등으로 인해 정보가 신속하고 자유롭게 퍼지고, 비공식적으로 이루어지는 경우가 잦다. 독일이나 미국과 같은 저맥락 문화에서는 정보 흐름이 통제되고 초점을 이루기 때문에 자유롭게 퍼지지 않는다. 이는 구성원의 역할이 분리되어 있고(compartmentalized), 사무실의 배치가 개별화되어 있기 때문에 정보 통로를 차단하기 때문이다. 이울러 정보 출처가 보다 공식적 성격을 띤다. 의사소통의 전달 속도에 관해 미국인은 정보를 매우 신속하고 명확하게, 그리고 선형적으로 주고받기를 기대한다. 신속한 메시지 전달을 위해 편지, 팩스, 친한 관계 등 다양한 미디어를 사용한다. 반면에 프랑스인은 보다 깊은 관계의 더딘 메시지 통로를 사용하고, 때에 따라서는 정보 교환을 위해 중개인을 개입시킨다. 프랑스인들은 심지어 비공식적 상호작용의 경우에도 서면에 의한 커뮤니케이션을 선호하는데, 이는 관계의 공식성을 대변하는 것이다. 그 결과, 메시지 전달이 더뎌진다. 프랑스 경영자에게는 아이디어가 글로 쓰여지고, 칠판이나 플립챠트, 노트패드 등에 붙여지기 전까지는 아무런 현실성을 갖고 있지 않는 것으로 비추어진다.

글로벌 마케팅 커뮤니케이션이 효과를 보기 위해서는 문화적 감수성, 조심스런 코드화, 선별적 전달, 조심스런 코드 풀기 등의 단계를 밟아가야 한다.

문화적 감수성(cultural sensitivity)의 개발은 상대방과 진솔한 문화적 감정이입(empathy)을 내부화하여 자신이 전하는 메시지에 상대방이 부여하는 가장 가능성 높은 의미가 무엇인지를 예상할 수 있게 한다.

조심스런 코드화(careful encoding)를 위해서는 송신자는 수신자의 준거틀(frame of reference)에 적절한 단어, 그림, 제스처를 사용해야 한다. 직역(literal translation)을 하게 되면 언어간 차이점에 대해 제한적인 해답만을 제공하게 된다. 심지어 같은 영어권 국가 간에도 동일 단어의 의미가 다를 수 있다. 미국의 은행가가 호주에서 사업상의 디너를 마치고 나서 감사의 표시로 full 이라고 표현했으나 호주인은 이를 drunk로 해석하였고, 테이블에 썰렁한 침묵이 흐르자 이를 만회하기 위해 다시 미국인은 stuffed 라고 표현했으나, 호주에서 이 말은 섹스를 하는 상황에서만 쓰는 표현이었다. 이런 표현상의 문제점의 발생을 미연에 방지하려면 천천히 분명히 말을 하고, 긴 문장과 관용구를 피하고, 여러 가지 다른 방식과 미디어를 구사하여 설명하도록 하는 것이 좋다.

코드화 단계에서 언어의 번역은 일부분에 불과하다. 비언어적 방식으로도 메시지는 표현되므로, 송신자는 비언어 메시지와 언어 메시지 간의 일치성을 확보해야 한다. 또한 메시지의 명료화를 위해 인간에 의한 통역뿐 아니라, 문서로 요약된 것을 나누어주고 그래프나 그림과 같은 시각적 보조 도구를 사용하는 것도 추가할 필요가 있다.

선별적 전달(selective transmission)은 메시지의 성격, 중요도, 수신자의 맥락과 기대, 타이밍, 개인적 상호작용의 필요성 등에 따라 메시지 전달을 위한 미디어를 선별하는 것을 말한다. 전형적인 미디어로는 이메일, 편지, 메모, 보고서, 회의, 전화, 통신회의(teleconference), 화상회의(videoconference), 대면적 대화 등이 있다. 간파해야 할 점은, 커뮤니케이션이 조직 내에서 어떻게 전달되는가 하는 점이다. 즉, 수직형과 수평형의 비율, 비공식 채널(grapevine)의 작동 원리 등을 알아내야 한다.

코드풀기(decoding)는 수신된 심볼을 해석된 메시지로 변환하는 과정을 말한다. 코드를 해독하는 과정에서 오해가 생기는 이유는, 수신자가 메시지를 오역하는 경우, 수신자가 자신의 반송 메시지를 잘못 코드화하는 경우, 원 송신자가 수신자로부터 온 피드백을 오역하는 경우 등이다. 이러한 커뮤니케이션의 오류를 방지하는 가장 중요한 수단은 경청과 관찰의 스킬을 개선하는 일이다. 방해나 평가없이 듣는 일, 언어나 비언어의 이면에 담긴 감정을 알아내려는 노력이 요구된다.

## 5. 글로벌 마케팅 협상

협상과 관련된 용어로서 타협(compromise)이 있는데, 페르시아어에서는 이 용어가 협상 당사자 모두가 받아들일 수 있는 중간 해결(midway solution)이라고 하는 영어에서의 의미를 갖고 있지 않다. 단지 자신의 원칙을 저버리는 부정적 의미만을 갖고 있다. 또한 조정자

(mediator)라는 표현도 초대받지 않은 개입자라는 의미를 지닌다. 그래서 1980년에 유엔의 사무총장(secretary -general) 커트 월드하임이 인질 문제를 해결하기 위해 이란으로 황급히 날아가서 테헤란에서 "본인은 타협안을 마련하기 위해 조정자로서 여기에 왔다."고 도착 성명을 발표하였다. 이를 이란 국영 라디오와 텔레비전 방송이 페르시아어로 보도하자, 채 1시간이 지나지도 않아서 성난 이란인들이 사무총장의 차량에 돌맹이질을 하였다.

협상에서 정보 교환을 할 때, 멕시코인들은 의심이 많고 간접적인 표현을 쓰기 때문에, 알맹이 있는 정보는 거의 공개하지 않고 장황하고 회피적인 대화를 나눈다. 프랑스인들은 토론과 갈등을 즐기기 때문에, 상대의 발표에 끼어들어 발표 주제와 무관한 이슈에 관해 토론하는 일도 있다. 러시아인들은 사전에 철저히 준비하고 협상에 임하며, 구체적 세부 사항에 조예가 깊기 때문에, 성가신 기술적 질문에 답하려면 전문가를 협상에 대동하는 것이 좋다. 러시아인들은 또한 최고 경영자하고만 상대하기를 기대한다.

대표적인 몇 개국의 비즈니스맨들과 협상을 할 때 참고될 만한 상대방에 관한 지침을 제시하면 다음과 같다(Deresky, 2002: 140-142). 미국인은 언제 타협해야 할지를 꾀뚫고 있고, 협상 초기에는 완고한 입장을 취하며, 사전에 양보하기를 거절하며, 일반 원칙을 작성하되 세부 작업은 보조인력에게 위임한다. 인도인은 간디의 협상 전략인 satyagraha(firmness in a good cause: 명분 속의 완강)를 따르는데, 진실을 추구하고 말하며, 거리낌없이 말하고, 자제력을 발휘하며, 일관되지 못하고 예측할 수 없다고 비춰질 각오를 하고 마음을 바꾸어 다른 모습을 보여줄 의향을 갖고 있고, 논리적 이유를 뛰어넘어 신념과 본능을 믿는다. 아랍인은 이슬람의 전통에 따라 조정자를 활용하여 논쟁을 해결하는데, 아랍의 조정자는 모든 당사자가 존중할 만한 해결책을 만들어내는 창의력이 있고, 어느 한쪽에 치우치지 않고 다양한 의견에 귀기울이며, 비밀을 지켜 당사자들의 신뢰를 얻어내고, 시간을 무시하는 아랍의 문화에 감내할 수 있다. 스웨덴인은 매우 조용하고 사려 깊으며, 시간에 정확하고, 극도로 예의바르고, 단도직입적으로 사업을 논하고, 지나치리만큼 조심스럽고, 새롭고 예상치 못한 제안에 반응을 보이는데 느리며, 완벽주의자이다. 이탈리아인이 존중하는 협상가의 스타일은 감정을 숨기지 않고, 역사 감각을 갖추고 있으며, 아무도 믿지 않고, 팀웍보다는 개인의 주도력의 값어치를 믿고, 아부를 써먹을 줄 안다.

외국인들은 중국인과 사업 협상을 하면서 겪는 주된 갈등 영역을 두 가지로 언급하고 있다. 하나는 제품 특성에 대한 세부 사항을 묻는 중국인의 엄청난 질문이고, 또 다른 하나는 겉보기에 합의에 도달하려는데 불성실해 보인다는 점이다. 또한 협상권한을 갖고 거래에 임할 준비가 되어 있는 미국 대표는 아무런 권한도 갖고 있지 않은 중국측 대표에 김빠지는 느낌을 받는다. 중국측의 협상 목표는 정부의 계획과 정치적 이상이라는 틀 속에 있다. 협상은 수익성이나 가치에 대한 평가에 의하는 것이 아니라, 해당 프로젝트에 대한 중국 정부의 예산 할당의 제약 속에서 진행된다. 그렇기 때문에 중앙정부, 지방정부의 어느 관료가 거래를 맺고 유지할 권한이 있는가를 알아내는 것이 중요하다.

중국인의 협상 과정에 영향을 미치는 문화적 규범은 뿌리깊은 예의와 감정의 자제, 사회적 의무의 강조, 일과 가정, 우정간의 상호연관 등 세 가지이다. 중국인들은 감정의 자제와 체면 유지를 선호하므로, 그들을 설득하려는 공격적, 감정적 접근법은 실패하기 십상이다. 중국인들은 공개적인 갈등을 피하려 하는 성향이 있기 때문에, 협상의 중단 내지 협상의 철수 등과 같은 부정적 전략을 취하기 쉽다. 중국인의 체면에는 lien과 mientsu가 있다. Lien(倫)은 개인의 도덕적 성품을 가리키는 것으로서, 이것이 없다면 개인은 사회에서 제 기능을 발휘할 수 없다. mientsu(面子)는 명성을 가리킨다. 중국인이 사회적 의무를 강조하는 것은 집단 목표에 대한 강력한 지향성을 보여주는 것이다. 따라서 중국측 협상 팀 전체에 편익이 있을 것이라고 호소를 해야지 협상 팀의 일원에게 이득이 있을 것이라는 말은 화를 초래한다. 중국인들이 친하고 믿을 만한 사람, 회사들과만 거래를 하려는 것은, 일과 가정, 친구의 계층성, 가족제도 등을 강조하는 점에 기인한다. 중국의 관료주의 안에도 관시(관계)가 법적 해석에 우선하는데, 관시는 상업적 성격뿐 아니라 사회적 성격을 지니는 것으로서, 은혜와 애정의 교환이다. 따라서 외국인이 중국에 협상차 방문할 때는 관계 구축을 위해 기간을 연장하는 것이 바람직하다. 중국 협상팀의 인원은 서양 기업보다 2배 정도 많으며, 협상 시간의 1/3은 관계 구축에, 1/3은 기술적 사항에 관한 논의에, 1/3은 가격 협상에 할애한다. 서양인들은 구체적이고 세분화된 목표를 갖고 협상에 임하므로 타협하기가 용이하다고 생각하는 반면, 중국인은 세부 사항에 대해 협상하기를 주저하고, 중국의 개발 목표라고 하는 보다 광대한 비전을 안고 협상에 임하고, 타협을 어렵다고 생각한다. 따라서 중국인들은 경직되고 완고한 입장을 견지하게 된다. 중국인들과 협상할 때 유념할 점은, 미래의 전망에 대한 중국인의 수사적 표현을 평가절하하고, 자신이 잘못해서 상황이 어려워졌다는 생각을 갖지 말 것이다.

협상에서 갈등을 해소하는 데는 맥락이 작용한다. 저맥락 문화에서는 갈등이 직접적, 외향적으로 다루어지고, 협상의 주체인 개인과는 별개의 것으로 간주된다. 사실적 정보와 논리적 분석에 기초하여 거래하려 한다는 점에서 도구 지향적(instrumental oriented) 갈등 해소법이라고 한다. 반면에 고맥락 문화에서는 표현 지향적(expressive oriented) 갈등 해소법을 채택하여, 상황을 간접적, 내면적으로 다루고, 상황 자체와 그 상황을 다루는 개인 간을 구분하지 않는다. 대립적인 상황은 모욕적이고 체면 손상을 야기한다고 보기 때문에 회피하는 경향이 있다.

아랍인의 의사결정은 코란과 마호메트의 말씀에 따른 상의형(consultative)이라고 하는 오랜 전통을 갖고 있지만, 이는 집단 모임에서보다는 개인 대 개인의 차원에서 발생한다. 최종 결정은 최고 경영자가 내리는데, 이들은 회사의 성공을 위해 자신의 의지를 피력해야 한다고 느낀다.

보통 협상은 양 당사자간의 쌍무협상(bilateral negotiation)이 대부분이지만, 간혹 다자간(multilateral) 협상의 성격을 띠는 경우도 있다. 이럴 때 유용한 협상 분석 도구 중의 하나에 동태적 게임이론 모형이 있는데, Allas & Georgiades(2001)는 이 도구가 다수의 이해관계자가 많은 이슈에 대해 상이한 목표를 갖고 있으며, 이들 간의 흥정(bargaining)을 통해 최종 결정이 나오게 되는 경우에 적절한 활용 도구라고 보고 있다. 이 도구를 적용하면 협상에서 자신의 동지와 적이 누구인지, 누구에게 로비를 전개해야 할지, 어떤 흥정 칩을 거래해야 할지를 알 수 있게 된다는 것이다. 다음의 두 가지 사례에서 간단한 적용을 살펴보기로 한다.

유럽의 어느 국가 정부가 발전 및 전력 공급을 민영화하기로 하였다. 거의 독점에 가까운 공영기업 Power가 최종 전력 사용자에게 부과할 수 있는 요율, 경쟁에 가장 적합한 도매시장 구조, 발전소의 강제 매각 등의 이슈에 대한 협상이 진행되었다. Power사가 해야 할 첫 번째 과제는 각 이슈별 예상가능한 결과를 확인하는 일이었다. 가령, 요율 문제에서는 전력 규제기관은 1회에 국한한 15%의 감세를 제안하였고, Power사는 현행 세율의 유지를 노렸다. 이 밖의 문제로는 그린 보조금이 있다. 이는 환경친화적 발전소에서 생산된 전력에 대해서는 보다 높은 요율을 부과하는 것이다.

Power사의 두 번째 과제는 이해관계자들의 목표를 파악하는 일이었다. 주요 이해관계자로는 규제당국, Power사, 산자부, 재경부, 노조, 경쟁사, 자유시장 시스템 운용자 등 7군데를 확인했다. 이들 이해관계자가 협상 이슈별로 어떤 행동을 취할 것인지를 예측하기 위해서는 3가지 정보가 필요하다.

〈표 2-5〉 협상 당사자에 대한 정보 예제

| 이해 관계자 | 입장 | 중요도 | 영향력 |
|---|---|---|---|
| Power사 | 0 | 90 | 70 |
| 규제 당국 | 100 | 85 | 100 |
| 산자부 | 30 | 35 | 50 |
| 재경부 | 0 | 40 | 60 |
| 노조 | 0 | 20 | 20 |
| 경쟁사 | 50 | 50 | 20 |
| 시스템 운용자 | 0 | 30 | 50 |

3가지 정보는 입장(position), 중요도(salience), 영향력(clout) 등인데, 입장은 해당 이슈에 대해 이해관계자가 선호하는 결과가 무엇인가 하는 점이고, 중요도는 다른 이슈에 비해 해당 이슈가 이해관계자에게 어느 정도 중요한가를 말하며, 영향력은 해당 이슈에 관한 결정에 영향을 미치는데 이해관계자가 갖고 있는 파워의 크기를 가리킨다. 이들 3가지 정보에 대해 각 이해관계자별로 0-100까지 점수를 부여하는 일이 이루어지게 된다. 입장에서 0은 Power사의 입장을, 100은 규제 당국의 입장을 대변한다. 중요도에서 0은 중요하지 않음을, 100은 가장 중요함을 의미하며, 영향력에서 0은 아무런 파워가 업음을, 100은 가장 강력한 영향력을 행사하는 자임을 말한다. 이러한 정보를 얻는 일은 엄청난 작업임에 틀림없지만, 답변을 줄 수 있는 사람을 찾아낸다면 이들에게 질문지를 돌려 점수에 대한 합의점을 찾는 일도 가능하다.

**분석 도구 1: 결과 연속선(outcome continuum)**

각 이슈에 대한 이해관계자들의 입장을 그래프로 표시하는 것이다. 각 이해관계자가 갖고 있는 중요도와 영향력에 의거한 가중치를 각 이해관계자의 입장에 부여한 뒤, 평균치를 계산한다.

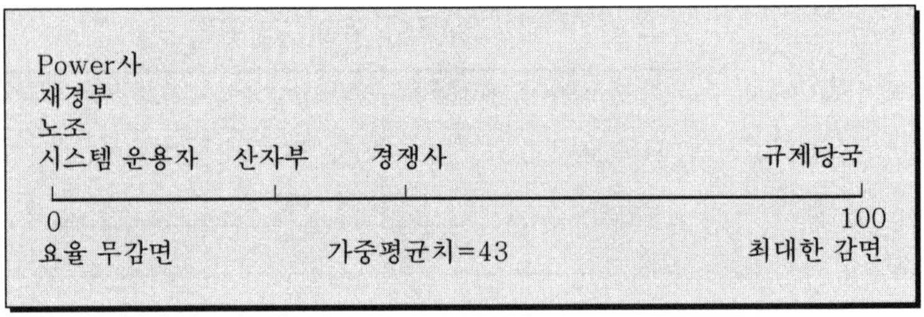


〈그림 2-2〉 outcome continuum 분석의 예 : 요율 이슈의 경우

위의 '결과 연속성' 분석에서 나온 평균치를 각 이해관계자가 수용할 가능성을 계산하기 위해 해야 할 다음 작업은 안정성 분석(stability analysis)이다. 이 분석은 각 이해관계자가 선호하는 값에서 평균치가 얼마나 떨어져 있는가, 해당 이슈를 자기 뜻대로 관철하는 것을 각 이해관계자가 얼마나 신경쓰는가, 해당 이슈에 합의를 이끌어내는데 각 이해관계자가 얼마나 중요한가를 알아내는 기능을 갖고 있다. 중요한 이해관계자의 수가 많고 이들이 평균치에 불만을 느낀다면, 안정성이 낮다고 보는 것이다. 안정성 분석 결과, 요율 이슈의 경우에 단도직입적으로 타협을 보게 되면 규제당국과 Power사는 매우 못마땅해 하는 것으로 나와 있다. 이는 양자간에 투쟁이 발생할 수 있다는 것을 말해준다. 이런 사태를 피하려면 Power사는 자신에게 유리한 방향으로 균형을 취하기 위한 교묘한 방법을 발견해야 하는데, 아래의 3가지 도구가 이를 해결하는데 도움을 준다.

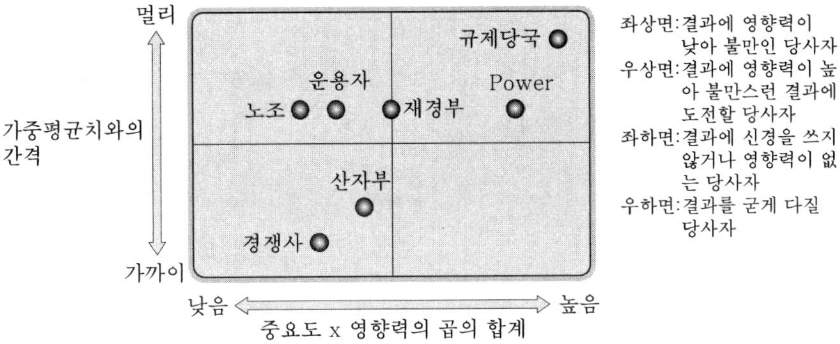


〈그림 2-3〉 stability 분석의 예: 요율 이슈의 경우

첫 번째는 이해관계자 분류(stakeholder classification)의 도구이다. 이는 각 이해관계자와 자사의 관계를 우호, 적대, 중립의 세 가지로 분류하는 일이다. 두 번째는 협상 풍경(negotiation landscape)의 도구이다. 이는 잠재적 우호세력 가운데 누가 가장 도움이 되는 자인가를 확인하는 일이다. 세 번째는 관계 분석(relationship analysis)의 도구이다. 이는 각 이슈가 이해관계자에게 어느 정도 중요한지를 자리매김하는 일이다.

〈표 2-6〉 이해 관계자 분류의 예제

| 이해 관계자 | 요율 이슈 | 도매시장 구조 | 강매 이슈 | 그린 보조금 |
|---|---|---|---|---|
| 규제 당국 | ● | □ | ● | ● |
| 산자부 | ◆ | ◆ | □ | □ |
| 재경부 | □ | ◆ | □ | ◆ |
| 노조 | □ | ◆ | □ | ◆ |
| 경쟁사 | ◆ | □ | ◆ | □ |
| 시스템 운영자 | □ | ◆ | □ | □ |

〈이해 관계자 분류의 예: Power사의 관점〉
* ●: 적대(enemy) 관계 ◆: 중립(in-between) 관계 □: 우호(ally) 관계

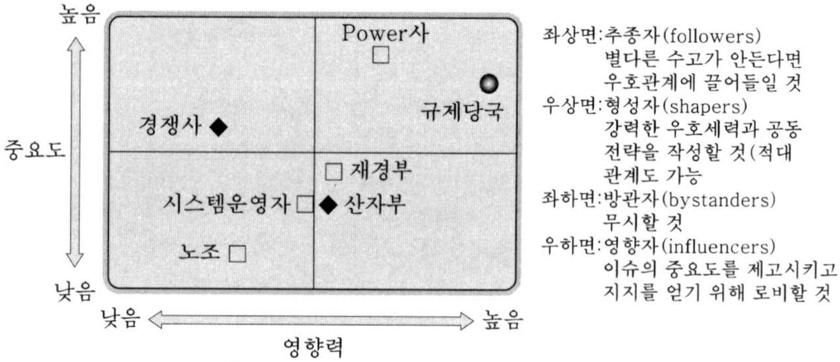


〈그림 2-4〉 협상 풍경의 예제

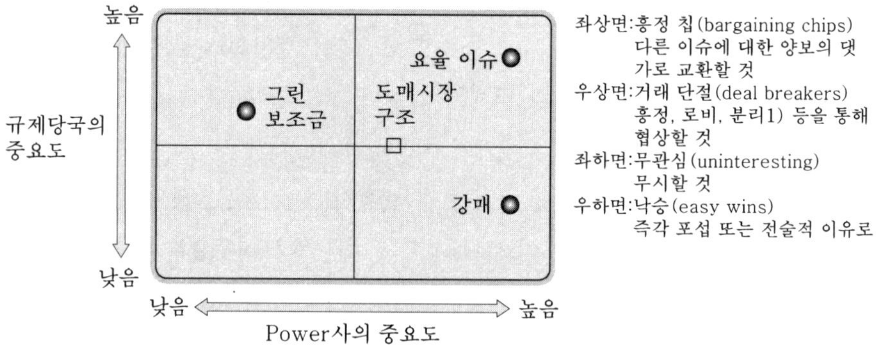


1) 분리(disaggregating) = 해당 이슈를 하위 요소로 분리하는 것. 요율 이슈의 경우, 초기 요율 인하+ 5년간 표적 요율 수준 + 지속적 인하 수준의 3가지 하위 구성요소로 분리할 수 있음.

〈그림 2-5〉 관계 분석의 예: Power사 vs 규제당국의 경우

이상의 5단계 분석을 통해서 Power사는 힘겨운 흥정을 벌이지 않고서는 요율 이슈를 자신의 뜻대로 관철시킬 가능성이 희박하다는 점을 발견했다. 아울러 강력한 흥정 전술도 발견할 수 있었다. 요율 이슈에 대한 규제 당국의 강경한 입장에 맞서 우호세력을 구축하려면 재경부를 비롯한 다른 이해관계자에게 요율 이슈가 갖는 중요성을 제고시키는 전술을 구사해야 한다. 이들 이해관계자는 이미 Power사에 대해 우호적 입장을 갖고 있지만, 보다 적극적인 지지를 얻어내려면 설득이 필요하다. Power사는 요율 이슈를 관철시키는 대가로 그린 보조금 이슈

를 포기할 수도 있다.

그런데 위의 분석 틀은 자사와 상대방의 협상력에 대한 스냅샷과 같은 정태적 효과만을 가져다주는 스톡의 성격뿐 아니라, 협상 게임의 동태성을 변화시키는 플로의 성격마저 갖고 있다. 즉 협상이 다음 단계로 이행하게 되면 갱신된 정보를 갖고 처음 1단계와 2단계를 재차 적용한 뒤 결과를 추적함으로써 어떤 상황이 전개되는지를 알 수 있도록 해준다.

Coolstuff(가명)이라고 하는 합작법인에 50: 50의 지분을 공동소유하고 있는 알파와 베타 두 회사는 쿨스텁을 통해 많은 기술을 상용화하는데 성공을 거두었다. 같은 사업에 속해있는 또 다른 벤처기업 감마는 기술개발이 뛰어나면서도 상용화의 성과는 떨어졌다. 쿨스텁과 감마 양사의 경영진은 힘을 합쳐 감마의 독특한 기술에 쿨스텁의 마케팅 노하우를 접목하기를 바라고 있다. 양사의 가치평가, 합병과 인수 중의 선택 문제, 인수의 경우 현금과 주식 중 지불 방식의 선택 등의 협상 과제가 해결되어야 할 것이다. 이해관계자들의 입장과 중요도에 관한 정보는 〈그림 2-6〉과 같다.

| 이 슈 | 이슈에 대한 입장 | | | 이슈의 중요성 | | |
|---|---|---|---|---|---|---|
| | 알파 | 베타 | 감마 | (매우낮음) | | (매우높음) |
| 1.감마에 대한 쿨스텁의 상대적 가치 | 높음 | 높음 | 낮음 | Γ | B | A |
| 2.합병이냐 인수냐 | 합병 | 인수 | 합병 | | ΓA | B |
| 3.감마에 지급방식 (현금이냐 주식이냐) | 주식 | 현금 | 주식 | A | B | Γ |
| 4.신규회사명칭 | 쿨스텁 | 쿨스텁 | 쿨스텁감마 | A | BΓ | |

〈그림 2-6〉 이해 관계자의 입장과 중요도의 예제

양사간 거래는 상업적 측면에서 논리성을 구비했음에도 불구하고 각 사의 소유주가 갖는 기대치의 차이로 인해 협상 완결이 불가능해 보였다. 알파의 소유경영자는 베타가 자신이 갖고 있는 쿨스텝의 지분을 전량 매수해주기를 희망하였다. 베타의 소유경영자는 감마에 대한 완전한 통제를 통해 감마 경영진을 배제하고 싶었기 때문에 합병이 아니라 프리미엄을 지불해서라도 인수를 원하였다. 감마의 소유경영자는 자사가 열심히 개발해온 기술의 미래 상업화 성공이 가져올 편익을 누리기 위해 주식에 의한 대금 지급 방식에 의한 동등한 합병을 선호하였다.

알파는 우선 연속선 분석(continuum analysis)을 실시하였다. 그 결과, 베타는 가장 강력한 영향력과 중요성을 갖고 있는 협상 당사자로서 감마를 현금에 인수하고 쿨스텝이라는 사명을 그대로 유지하기를 원하는 것으로 나타났다. 그 다음의 안정성 분석(stability analysis)에서는 자사(알파)는 베타의 제안을 받아들일지 몰라도 감마의 불만이 너무 커서 성사되지 않을 것이라는 결과가 나왔다. 그럼에도 불구하고 각 이슈에 대해 협상 당사자들이 갖는 중요성에 차이가 있어서 흥정의 여지는 있었다.

이해관계자 분류(stakeholder classification)에서는 베타와 감마가 다른 이슈에서는 알파와 적대적일 수 있지만 일부 이슈에서는 협력할 수도 있다는 점이 밝혀졌다. 합병이냐 인수냐 하는 이슈에서는 감마가 자연스럽게 알파의 우호세력이며, 쿨스텝에 대한 상대적 가치평가의 이슈에서는 베타가 알파를 지지할 것이다. 그런 뒤 협상풍경 분석(negotiation landscape analysis)에서는 알파가 가장 신경쓰는 이슈에 대한 지지를 얻기 위해 누구에게 로비를 벌려야 할지를 보여주었다. 가령, 기업가치 평가의 이슈가 베타에게 지니는 중요성을 높일 수만 있다면 이 이슈에서 알파의 의사를 관철시킬 가능성이 더 커진다는 점이다. 인수냐 합병이냐의 이슈에 대해서는 감마에게 더 압박을 가한다면 합병 쪽으로 가닥이 잡힐 수 있다는 점도 나왔다.

끝으로 관계 분석(relationship analysis)에서는 알파가 반대급부로 제시할 수 있는 것이 무엇인지를 보여주었다. 감마와 상대할 때 줄 수 있는 강력한 흥정 칩으로서는 지급 조건과 신회사의 명칭이 부각되었다. 즉 감마가 쿨스텝의 상대적 기업가치에 대해 높은 점수를 준다면 그 대가로 감마가 주식을 지급받을 수 있도록 영향력을 행사할 것을 약속해주는 것이다. 베타를 상대할 때 줄 수 있는 흥정 칩으로는 합병 방식을 받아들이도록 하기 위해서 주식이 아닌 현금 거래 방식을 인정해주는 것이다. 그렇다면 이들 이슈에 대해 알파는 누구를 지지해야 하는가?

이를 알아내기 위해 알파는 다시 안정성 분석을 실시하여 어느 전략이 당사자간 거래를 성사시킬 가능성이 높은지를 검증하였다. 전략 대안의 하나는, 감마에게 신회사의 명칭은 감마 뜻대로 해주되 현금 거래를 받아들이도록 하는 것이고, 전략 대안의 또 다른 것은 베타에게 신회사의 명칭을 현행대로 유지하도록 해주되 주식거래 방식을 받아들이도록 하는 것이다. 안정성 분석의 재 가동을 통해 나온 결과는, 후자의 전략 대안이 당사자 모두를 만족시킬 수 있는 점임을 보여주었다. 그럼으로써 쿨스텝 합작사업에서 손을 떼려는 알파의 의도를 실현하는 포석을 두게 되는 셈이다.

제3장

# 글로벌 마케팅 믹스 전략

1. 제품 전략
2. 글로벌 가격 전략
3. 촉진 전략
4. 글로벌 유통, 물류 전략

3 chapter

# 글로벌 마케팅 믹스전략

## 1. 제품 전략

### 1) 신제품 개발 전략

신제품 개발을 해야 하는 지극히 당연한 이유로는, 자사의 제품 믹스가 환경조건의 변화에 적응할 수 있도록 하기 위해서, 새로이 개발된 시장 세그먼트에서 경쟁할 수 있기 위해서, 특정 제품에 대한 의존도를 줄이기 위해서 등이 있다. 그러나 신제품 개발의 성공은 그리 만만치가 않다. 여기에는, 시장 규모의 과대 추정, 사용자의 요구 내지 기대수준에 미흡, 경쟁자의 방어적 행동, 제품의 자리매김의 부실, 마케팅 믹스의 부적절, 시장조사 결과를 무시한 경영진의 추진 등의 이유가 자리잡고 있다.

신제품 개발은 기회발굴-디자인-테스트-발매-라이프사이클 관리라고 하는 5단계로 구성된 프로세스를 거친다(小尾, 2004; 119-125).

기회발굴 단계에서 해야 할 일은, 소비자의 니즈를 발굴하여 제품 개발의 아이디어를 얻는 일이다. 이를 위한 방법으로 일반적으로 활용되는 것이 초점집단(focus group) 인터뷰이다. 가령, 30대의 주부를 표적으로 삼은 파운데이션을 개발하려고 한다면, 리서치 회사와 협력하여 파운데이션에 대한 30대 주부들의 선호와 그 이유를 묻고, 어떤 가치에 기초하여 제품 구입을 결정하는가를 발견해낸다. 이렇게 해서 수집된 제품 특성은 신제품 개발의 중요한 고려 요소가 된다.

디자인 단계에서는 기회발굴 단계에서 수집된 특성들의 모두를 디자인에 반영하는 것은 아니다. 모든 소비자들의 니즈를 충족시킬 만큼 무한한 자원을 보유한 기업은 없는 만큼, 자사의 보유 자원과의 정합성(fit)을 유지하면서 고객 편익을 제고하고 경쟁 우위를 획득할 수 있는 방향으로 디자인을 하게 된다. 정합성의 유지를 위한 분석 방법으로 결합분석(conjoint analysis, 또는 trade off analysis라고도 함)이 있다. 가령, VOD(Video On Demand) 서비스업체가 초점집단 조사를 통해 가격과 비디오선택에 대해 다음과 같은 특성을 발견했다고 하자. 가격= 3천원, 4천원, 5천원, 선택 횟수= 10회분, 25회분, 50회분이라고 할 때, 소비자 입장에서는 3천원의 가격을 지불하고 50회의 영화를 볼 수 있는 선택을 가장 선호하겠지만, 기업측이 제시한 경우의 수가 3천원에 10회분, 4천원에 25회분, 5천원에 50회분의 세 가지뿐이라고 한다면, 소비자는 이 중 어느 결합(conjoint)을 선택해야 좋을지 망설일 것이다. 가격을 적게 지불하자니 볼 수 있는 영화 편수가 적고, 많은 영화 편수를 보자니 지불해야 할 가격이 높아진다. 즉 소비자가 누릴 수 있는 편익이 가격 측면과 편수 측면 간에 반비례의 양상을 보이고 있다. 그런 이유로 결합분석을 반비례(trade off) 분석이라고도 부르는 것이다. 여기에서 만약에 소비자가 주어진 세 가지 선택폭에 대해 만족을 느끼지 못한다면 그는 구매를 결정하지 않을지 모른다. 그렇기 때문에 소비자 조사가 필요하다. 그러기 위해서는 설문지에 모든 선택가능한 경우의 수에 대한 중요도를 서열화할 것을 물은 뒤에 이를 통계적 분석을 행하는 작업이 필요하다. 아래 〈표 3-1〉은 Full Factorial Design이라 불리는 기법을 통한 특정 소비자를 대상으로 한 설문조사 결과인데, 이런 결과치가 다수의 소비자를 대상으로 하여 도출되면 이를 신제품, 신서비스의 개발에 반영해야 할 것이다.

〈표 3-1〉 Full Factorial Design기법의 예제

<table>
<tr><th>가격<br>편수</th><th>3000원</th><th>4000원</th><th>5000원</th><th>평균</th><th>범위</th><th>중요도</th></tr>
<tr><td>10편</td><td>3</td><td>2</td><td>1</td><td>2</td><td rowspan="3">6</td><td rowspan="3">75%</td></tr>
<tr><td>25편</td><td>6</td><td>5</td><td>4</td><td>5</td></tr>
<tr><td>50편</td><td>9</td><td>8</td><td>7</td><td>8</td></tr>
<tr><td>평균</td><td>6</td><td>5</td><td>4</td><td rowspan="3"></td><td rowspan="3"></td><td rowspan="3"></td></tr>
<tr><td>범위</td><td colspan="3">2</td></tr>
<tr><td>중요도</td><td colspan="3">25%</td></tr>
</table>

* 각 난의 숫자는 응답자가 각 선택안에 대한 상대적 우선순위를 매긴 값으로서 9개의 난에 대해 9는 가장 높은 순위, 1은 가장 낮은 순위의 값을 의미함.
* 범위는 가격의 경우 평균이 최고 6, 최저 4이므로 2이고, 편수의 경우 평균이 최고 8, 최저 2이므로 6이 되는 것임.
* 중요도는 범위에 대한 상대적 비율로서, 범위의 합(2+6)에서 편수의 범위값 6이 차지하는 비중이 75%라는 것을 말함. 즉 범위가 클수록 중요도가 높다고 보는 것임.

테스트 단계에서는 개발된 제품 컨셉트를 토대로 하여 prototype(시제품)을 만들게 된다. 초점 집단(focus group)에게 제품 컨셉트가 수용되는지 여부를 확인하고, 경쟁 제품에 비해 어떤 편익(사용감, 디자인 등)을 제공하는지를 알아본다. 테스트 단계를 거치면서 기업은 자사가 추구하는 제품, 디자인이 올바른 방향으로 나아가고 있는지, 그렇지 않다면 어느 부분에 개선이 필요한 것인지를 실제 생산 단계에 들어가기 선에 조성해야 한다. 테스트 마케팅에서 세우는 계획안은 판매 지역, 목표 매출수준(물량, 금액), 마케팅 요소, 재무(손익분기점 도달 시기), 코스트, 성공의 가늠(시장 점유율, 매출 등의 기준) 등의 내용을 담게 된다. 이런 내용을 테스트 마케팅에서 검증하려면 이상치(outlier)가 나오지 않는 지역을 선택해야 한다. 테스트 마케팅 사례로서 1980년대 중반에 코카콜라사가 실시한 뉴코크(New Coke)를 꼽을 수 있다. 1985년 미국 전체 시장에서 코카콜라는 제1의 시장점유율을 보였으나, 슈퍼마

켓 시장에서는 펩시콜라의 시장점유율이 전년 대비 2% 포인트 상승하였다. 비록 수치는 작지만 결코 무시할 수 없는 움직임이었다. 이에 코카콜라가 취한 조치가 '코크'의 맛을 변경하는 것이었다. '뉴코크'는 발매 초기에는 반응이 괜찮았지만 곧 매출이 정체를 보이면서 1,500건 이상의 고객 불만과 고정(苦情)이 들어왔다. 결국 기존의 '코크'를 '클래식 코크'라는 브랜드로 재발매하여 주력 브랜드로 내세우면서 사태를 수습할 수 있었다. 그렇다면 '뉴코크'는 테스크 단계를 어떻게 거치었을까? 20만번에 달하는 미각 테스트를 실시하였는데, 블라인드 테스트에서는 시음자의 60%가 종래의 코크보다 뉴코크를 더 맛있는 것으로 선택하였고, 52%는 펩시콜라보다 뉴코크를 골랐다. 이런 테스트 마케팅의 결과에 자신을 갖고 코카콜라사는 뉴코크를 발매하였던 것이다. 패인은 테스트 단계에서 맛의 차이만을 검토했을 뿐, 브랜드 교체에 대한 소비자의 반응을 고려하지 않은 점에 있는 것으로 밝혀졌다. 블라인드 테스트를 하였기 때문에 제품명, 제품의 역사, 팩키지, 이미지 등의 무형 자산으로서의 브랜드 가치가 전혀 반영되지 않은 것이다. 많은 사람들에게 '코크'는 야구 구경할 때라든가 핫도그를 먹을 때 옆에 같이 있어야 하는 것으로 인식되어 있는데, 이들의 마음 깊이 자리잡은 코크의 이미지를 간과한 것이 브랜드 체인지의 실패를 가져온 것이다. 맛의 테스트가 아니라 브랜드의 테스트를 했어야 한다고 본다. 아울러 시음자의 60%가 뉴코크를 지지한 것은 바꾸어 보면 40%의 시음자들은 종래의 코크를 선호한다는 말이다. 종래의 코크 브랜드를 생산 중지했다는 것은 변화를 원치 않는 고객층의 의사를 깔아뭉갰다는 것밖에는 안된다. 종래의 코크 브랜드를 베이스로 하면서 브랜드 확장 전략으로서 뉴코크를 도입했더라면 좋았을 것이다. 또한 뉴코크를 특정 지역에 국한하여 테스트 마케팅을 한 것이 아니라 일제히 미국 전역에 발매를 하였으니, 다시 클래식 코크로 원대 복귀하는데 소요된 수고가 막대하였다. 컨셉트 테스트를 실시하여 소비자가 콜라라고 하는 소프트드링크에 대해 갖고 있는 중요한 특성을 열거하여 이들 간의 배타적 관계

(trade-off)가 어떻게 되는지를 조사했어야 하는 아쉬움이 남는다.

발매 단계에서는 특히 영업과 머천다이징(MD) 활동에 브랜드 컨셉트의 일관성을 보여줄 수 있어야 하며, push와 pull 전략을 동시에 구사하게 된다.

### 〈사례 3-1〉 미츠칸의 냄새없는 납두

● 회사 배경과 납두 시장

일본의 미츠칸 그룹은 식초를 핵심 사업으로 하고 있어서 원료 면에서는 쌀이 중심이고, 상온 보존의 성격을 지니고 있다. 경영진은 예전부터 사업영역의 확대를 생각하였고, 그 결과 쌀원료 제품인 식초처럼 수명이 긴 사업으로서 콩원료 사업에 진출 및 제품의 보전 면에서도 냉장보존 제품과 즉일 배송 제품 등으로 넓혀 나갈 것을 검토하였다. 검토과정에서 유력한 사업후보로 떠오른 것이 납두(納豆) 시장이다. 납두 사업은 콩원료, 냉장 및 즉일 배송이라고 하는 조건을 충족하였고, 시장규모가 연간 1천억엔이면서도 대기업이 존재하지 않고 시장은 잘게 분산된(fragmented) 상태이었다. 게다가 납두의 생산에 불가결한 납두균은 미츠칸 그룹이 식초사업을 하면서 오랫동안 연구를 축적해온 유산균과 핵심 기술 면에서 공통 부분이 있고, 회사는 이미 납두균 연구의 실적을 보유하고 있었다. 즉 미츠칸 그룹 입장에서는 기술 시즈(seeds)를 활용할 수 있는 사업분야인 셈이다.

이런 배경 속에서 동 그룹은 1997년에 중견 납두 제조업체인 아사히(朝日)식품을 인수하여 '아사히후레시아'라고 하는 새로운 회사명으로 납두 시장에 진입하게 되었다. 신회사는 기존의 납두에 추가하여 1998년 3월에 삶는 과정에서 콩에 삶는 물을 갇기는 방식으로 맛이 차별화를 도모한 '후쿠마로', 유기농 콩을 사용한 '유기재배콩', 막 발아한 콩을 원료로 사용한 '이키이키콩' 등 3가지의 신제품을 동시에 발매하였다.

납두의 제조 과정은 원료인 콩의 물에 담그기 - 삶기 - 균 뿌리기 - 담아 넣기 - 발효 - 숙성으로 이루어져 있다. 이 가운데 물에 담그기와 용기에 담아 넣기, 차갑게 잠재워 향을 좋게 하는 숙성의 과정은 차별화가 되지 않는 것으로 여겨졌다. 납두 제조업체의 기술력은 삶은 시간, 증기 압력, 솥의 종류 등에서 나타나는 각 제조업체의 특징을 엿볼 수 있는 삶기 과정과, 생산 현장의 기술로서 시간과 온도 설정에 차이가 나는 발효 과정에 있었다. 그러나 지금까지 각 제조업체가 차별화의 요소로서 가장 신경을 쓴 것은 뛰어난 품질의 콩을 조달하는 일이었다. 아사히후레시아의 경우, 기존의 아사히식품이 갖고 있던 콩 조달력, 삶는 기술과 발효 기술의 축적을 활용할 수 있었다. 납두균에 대해서는 일부 업체가 자가생산을 하기도 하지만, 대부분은 외부업자로부터 종균을 조달하고 있었다. 따라서 원료인 콩의 조달에 대해서는 까다롭게 신경을 쓰면서도 균에 대해서는 관심이 낮았다. 앞서 언급한 이 회사의 신제품 3가지는 삶은 과정과 원료인 콩의 측면에서 차별화를 꾀한 것이고, 유산균 연구에 오랜 기간에 걸친 실적을 쌓아온 미츠칸 그룹으로서는 균의 차별화를 납두 업계의 새로운 경쟁 축으로 삼기로 했다.

● 냄새나지 않는 납두 '니오와낫토'의 개발

납두를 먹지 않는 사람 중에는 납두의 냄새를 싫어하는 경우가 많고, 실제로 냄새를 덜 나게 해서 어느 정도 판매가 되고 있는 다른 회사의 제품도 있는 만큼, 연구진은 1997년초에 냄새가 적은 납두 개발에 착수했다. 그런데 기존의 냄새가 덜나는 제품들은 냄새의 원인을 암모니아라고 생각했기에 획기적인 개선을 거두지 못하였다는 것을 알아냈다. 연구진은 근본 원인이 저급의 分岐지방산이라는 것을 규명하였고, 2만 종류에 달하는 납두균에서 저급 분기지방산을 생성하지 않는 균을 채취하는데 성공하였다. 99년 4월에 이르러 개발 프로젝트에 마케팅 담당 관리자가 참여하였고, 5-6월에는 마케팅 계획의 책정을 위한 시장조사가 이루어졌다. 그런데 시장조사의 내용을 보면, 냄새가 싫어서 납두를 먹지 않는 사람을 이용자로 전환시키는 일은 쉽지가 않으며, 시장의 중심을 이루는 자는 납두의 애용자(heavy user)라는 점, 이들도 납두를 먹고 나서 입냄새를 신경쓴다는 점이 밝혀졌다.

이 조사 결과를 바탕으로 마케팅 관리자는 애용자를 표적으로 삼은 마케팅 계획을 책정하기로 했다. 우선 이번의 신제품은 본격적인 기능 차별화 제품으로 첫 출시하는 것인 만큼, 첫 출시의 리스크를 회피하고 추후의 시장 개발에 필요한 힘을 얻기 위해서 초기에는 지역한정 판매를 하기고 했다. 이는 테스트 마케팅의 성격을 지니며, 다른 지역 시장에 판매를 확대 전개할 때에 배송, 집하를 확보하는데 실적으로 제시할 수 있다는 점을 고려한 것이다. 최초의 발매 지역은 미츠칸 그룹의 지반을 이루며 인수대상이었던 아사히식품이 비교적 강세를 보인 중부권을 선정하였다. TV 광고는 중부권만으로 2000년 3-12월 중에 1억 5천만엔을 투입하기로 했고, 큐슈와 혹카이도를 제외한 전국을 대상으로 한 판매에 들어가게 되면 초년도에 10억엔의 광고비를 계상하였다. 촉진전략에서는 냄새가 나지 않는다고 하는 소구점(appeal point)을 명료하게 소비자에게 전하기 위해 샘플 배포를 중부권에서만 10만 팩 준비하였다. 소매점의 진열대 비치는 인기상품이 진열된 칸의 아래쪽으로 정했다. 유통전략에서는 대형종합양판점에 물량의 70%를 배포하기로 하였고, 가격책정은 3팩이 들어간 세트를 희망소매가 158엔으로 하였다. 수익성 분석을 마치고 나서 2000년 1월말에 그룹의 경영진으로부터 발매의 최종 승인을 얻어냈다. 3월에는 중부지구에서, 9월부터는 전국판매로 이어졌다.

● 신제품의 아이디어, 컨셉트

제품의 아이디어는 제품이 지닌 객관적, 물리적 특징을 나타내는 것이다. 신제품의 아이디어는 여러 원천으로부터 생겨나는데, 사용자에 대한 조사, 판매원이나 유통채널이 파악한 사용자 니즈, 연구개발의 성과, 경쟁사의 동향 등에서 얻어낸 아이디어는 실현성, 시장성, 수익성, 기업의 목적 및 경영자원과의 적합도 등의 관점에서 평가를 내린 뒤 걸러낸다. 제품 아이디어는 사용자의 주관적 의미로 변환되면서 컨셉트로 자리잡는다. 컨셉트는 사용자에게 가치를 제공하는 아이디어인 셈이다. 따라서 제품 컨셉트는 어떤 사용자가 어떤 용도나 사용 장면을 연출할 것인가를 염두에 두고 표적을 정해야 한다.

냄새나지 않는 '니오와낫토'의 경우에는 연구자의 직감과 연구개발의 성과로서 냄새나지 않는 납두라고 하는 아이디어가 나왔다. 연구진의 '니오와낫토'라고 하는 컨셉트는 납두를 먹고 있지 않은 비사용자를 표적으로 삼아 냄새가 나지 않아서 먹을 수 있는 납두로 정하였다. 그런데 이 컨셉트를 테스트해 본 결과, 비사용자에 대해 효과를 보인다는 보장이 있는 것도 아니고, 설령 유효하다고 치더라도 그 부분이 창출할 신규수요의 크기는 크지 않다는 점이 밝혀졌다. 그 보다는 납두 시장의 주요 세그먼트인 애용자 계층에게 납두를 먹고 나서 입냄새를 억제한다고 하는 컨셉트가 유력하게 되었다. 이런 컨셉트가 사용자의 지각 속에 어떠한 제품 카테고리로 분류되고 경합 제품과 어떠한 관계를 갖게 되느냐 하는 점을 검토하는 것이 제품의 자리매김(positioning)이다. 마케팅 믹스는 이러한 제품의 컨셉트와 포지셔닝을 효율적으로 전달하기 위한 수단이다.

● 매출 예측과 수익성 분석

신제품 개발의 제 4단계는 잠정적인 마케팅 전략의 개발이다. 구체화된 표적 시장에 대해 적절한 가격, 유통채널, 촉진계획 등을 작성한다. '니오와낫토'에 대한 마케팅 전략의 내용에 대해서는 앞서 언급하였는데, 이런 마케팅 전략을 토대로 매출 규모를 예측하고, 원가 자료를 참고로 수익성에 대한 분석까지 이루어진다. 그런데 '니오와낫토'의 개발 과정에서 제품의 컨셉트와 표적 고객이 변경된 것은, 마케팅 목표를 시장 확대에서 점유율 확보로 바꾸었기 때문이다. 시장 확대는 시장을 냄새가 나지 않는 기능성 납두로 파악하는 것이고, 점유율 확보는 시장을 납두로 간주하는 것이다.

신제품의 매출 예측은 신제품의 확산 모델(diffusion model)을 활용하면 효과적으로 할 수 있다. Rogers(Diffusion of Innovations, The Fres Press, 1983)의 확산 모델에 따르면, 신제품이 도입될 때 잠재 고객은 사용 시기별로 5개의 집단으로 구분된다. 이들의 구성 비율은 시기 순서별로 보면, 혁신자(innovator, 2.5%) - 전기 소수 채택자(early minority, 13.5%) - 전기 다수 채택자(early majority, 34%) - 후기 다수 채택자(late majority, 34%) - 지체 채택자(lagger, 16%) 등이다. 혁신자는 모험심, 전기 소수 채택자는 존경, 전기 다수 채택자는 신중, 후기 다수 채택자는 의구심, 지체 채택자는 전통이라고 하는 가치관을 각각 갖고 있다고 한다. 확산 모델의 특징은 5개의 범주에 속하는 고객간에 입소문에 의한 영향이 존재한다는 것을 지적한 점에 있다. 시장의 태반을 차지하는 전기 다수 및 후기 다수 채택자들은 혁신자나 전기 소수 채택자의 영향을 받거나 상호작용이 있다. 따라서 신제품의 확산을 촉진하기 위해서는 우선 혁신자, 전기 소수 채택자를 표적 고객으로 삼은 마케팅 전략을 전개해야 한다.

'니오와낫토'의 경우, 처음에 중부지역을 대상으로 판매를 전개할 때, 오피니언 리더로 여겨지는 계층에게 많은 샘플을 배포하여 소비자간의 입소문을 통한 제품의 확산을 도모하여 상당한 효과를 보았다.

● 제품 개발, 시장 테스트, 시장 도입

신제품의 개발 과정은 일반적으로 아이디어 창출 - 아이디어 여과 - 제품 컨셉트 개발과 검증 - 잠정적 마케팅 전략 작성 - 수익성 분석 - 제품 개발 - 시제품 테스트 - 시장 도입 등으로 되어 있다. 그런데 '니오와낫토'의 경우에는 제품 개발 단계가 선행하고 나서 제품 컨셉트의 수정, 잠정적 마케팅 전략 작성이 이어지는 순서의 변경이 있었다.

시제품 테스트는 개발 제품을 잠정적 마케팅 전략을 갖고 시장에서 시험해 보는 것인데, 여기에는 모의 점포 방법과 테스트 마케팅 방법 등이 있다. 모의 점포 방법은 모의로 차린 점포에 피실험자를 불러모아 별실에서 TV 광고 등을 보여준 뒤 구매를 의뢰하는 것이다. 피실험자가 구매 내지 비구매를 한 것에 대해 그 이유를 묻고, 나중에 전화로 사용 상황, 만족도, 재구매 의향 등을 묻거나 아니면 모의 점포에 재차 방문을 요청하여 재구매 동향을 조사한다.

테스트 마케팅은 어느 정도 시장을 대표한다고 생각되는 도시에서 신제품을 실제로 시장에 도입하여 마케팅 전략을 전개하면서 매출 동향, 소비자 및 판매점의 반응 등을 점검한다. '니오와낫토'의 경우에는 중부권이 테스트 마케팅이 된 셈이다. 테스트 마케팅은 정보 유출과 사업기회의 상실이라고 하는 리스크를 안고 있는데, '니오와낫토'는 업계가 난립해있고, 균에 관한 광범한 특허의 보유 등으로 이러한 리스크는 비교적 적었다.

2000년 3월에 중부권에 얼굴을 내민 신제품은 6월에 납두의 단품 단위로 정상에 올라왔고, 이런 소문을 듣고 9월의 전국 판매를 앞두고 타지역의 소매상으로부터 문의가 다수 들어오면서 집하, 배송 문제도 해결되었다. 이처럼 중부권에서 성과를 거둔 마케팅 전략은 검증받은 것으로 간주되어 전국 판매 단계에도 그대로 적용되었다.

그런데 신제품 개발 과정은 시장도입으로 마무리되는 것은 아니다. 시장도입이 이루어지고 나서도 시장니즈를 반영한 제품의 미조정, 경쟁사와의 경합에 맞선 제품과 마케팅 전략의 끊임없는 개선 노력 등이 이루어져야 한다. 이는 아무리 주도면밀한 준비를 하고 시장에 진입하더라도 한계가 따르기 때문이다. 아울러 아이디어 착상에서 시장도입에 이르는 개발 과정의 소요기간을 단축하는 일도 초미의 과제이다. 이를 위해서는 제품 개발의 동시진행(parallel development)이 필요하다. 이는 개발부 - 생산부 - 판매부 간에 공동 작업을 하여 시행착오를 극소화하는 방법이다. 격심한 경쟁, 시장 니즈의 변화, 기술 진보의 급격 등으로 축차적 개발(sequential development)은 소요 기간의 지체라는 문제점을 노출하고 있다.

### 〈사례 3-2〉 냄새 안나는 청국장 개발

구수한 맛과 영양을 그대로 살리면서 퀴퀴한 냄새를 없앤 청국장이 개발됐다. 충남 서천군 한산면 지현리 천혜땅식품(대표 이원직, 45)은 5일 "충남테크노파크와 충남농업테크노파크, 서천군 농업기술센터 등의 도움을 받아 '냄새 안나는 청국장'을 개발했다"고 밝혔다. 이회사가 개발한 청국장은 청국장을 발효시키는 균이 많은 볏짚에서 청국장의 퀴퀴한 냄새를 유발하는 잡균은 버리고 우수한 발효균만을 추출해 ml당 10억마리를 배양한 뒤 청국장을 숙성시키는 항아리에 넣고 전통적인 방식으로 황토방에서 발효시키는 원리가 이용됐다. 이 청국장은 지난해 특허를 획득한 데 이어 전주국제발효엑스포에서 식품의약청장 표창을 수상했고 우수 발효식품 지정서를 받는 등 우수성을 인정받았다. 특히 이 청국장은 청국장초콜릿과 청국장김, 청국장캔디, 청국장국수 등 가공식품으로 생산돼 소비자를 찾아가고 있다. 이 회사가 개발한 청국장의 화려한 변신은 여기에 그치지 않아 다음달 초 '청국장 음료'도 선보일 예정이다. 이원직 대표는 "청국장 음료는 특유의 냄새 때문에 상품성이 없다는 이유로 시장에서 외면당해 왔으나 사실 소비자들이 청국장의 효능을 가장 손쉽게 느낄 수 있는 장점이 있다"며 "이 음료가 출시되면 요즘 인기를 끌고 있는 비타민 음료를 능가하는 '웰빙음료'로 인기를 끌 것"이라고 장담했다.

〈donga.com〉
(2006. 7. 5)

### 〈사례 3-3〉 카오의 화장품 브랜드 '소피나'

화장품은 기호품이고 유행색에 따라 매출이 좌우되므로 다품종 소량 생산방식을 취하는 영세기업이 많다. 일본에서는 상위 10대 기업이 70%의 시장점유율을 확보하고 있는 상태이다. 화장품 업계의 시장진입 장벽은 비교적 낮다고 볼 수 있다. 그 이유는, 설비투자비가 막대하지 않고 포장과 용기는 외주, 하도급으로 처리할 수 있기 때문이다. 그런 연유로 소니, 츠무라, 유니덴, 미츠비시카세이(三菱化成)공업, 학습연구사, 와코르, 미네베아, 실버精工, 더스킨, 타쿠마 등의 이업종 업체들이 다수 진입하였다. 그러나 결과적으로 고전을 면치 못하고 있는데, 이는 유통과 판매체제의 구축 및 유지, 인적 판매, 이미지 형성 등에서 어려움을 겪고 있기 때문이다. 카오(花王)는 1982년에 화장품 시장에 진입하여 순항을 보이면서 1986년에는 245억엔, 1988년에는 400억엔을 웃도는 매출 실적을 달성하였다. 그 결과, 1987년에 업계 3위에 이어 1988년에는 업계 2위로까지 급부상하면서 기초화장품 시장의 10%를 점유하게 되었다. 카오의 신사업 진출을 신제품 개발의 각도에서 접근해 보기로 한다.

• 기업 목표

기업의 마케팅 목표는 경영이념, 미션, 사업영역 등의 거시적 좌표와 정합성을 이루어야 한다. 또한 조직내 여러 부문의 협력을 구하기 위해서는 최고경영진의 강력한 관여가 요구된다. 카오는 '소피나' 브랜드를 내세워 화장품 사업에 진출하기 전부터 헬레나 루빈스타인과의 전략적 제휴 등으로 화장품 사업이 기업 목표에서 커다란 의미를 가지고 있음을 천명하였다. 최고경영진은 화장품 관련 잡지와의 인터뷰에서 '일단 시작하면 제대로 해낼 때까지 끝장을 본다'고 하는 식으로 화장품 사업에 강한 헌신(commitment)을 보여주었다.

• 환경 분석

거시환경 분석은 정치, 경제, 법률, 문화, 사회 등 전반적 환경 동향을 파악하는 것으로서 구체적으로는 산업구조, 경기지표, 인구동향, 여성의 사회진출, 생활양식의 변천 등에 관한 2차 데이터를 활용하는 일이 많다. 미시환경 분석은 특정시장의 상황, 경쟁사와의 경합 관계 등을 파악하는데, 구체적으로는 판매동향, 업계동향, 경쟁사 분석, 유통망 조사, 입지조건 조사 등을 1차 데이터의 직접 수집에 의해 실시하게 된다. 카오의 경우, 화장품 시장의 환경분석에서는 성숙단계의 수명주기에 와 있으면서도 자연과 건강 지향이 정착되어 있고, 소비자의 의식과 가치관이 다양성을 추구하며, 신유통 채널의 등장이라는 움직임을 파악할 수 있었다. 가령, 알로에, 헤치마, 한방 엑기스 등의 효능을 강조한 상품이 판매 신장을 보이고, 양질의 상품을 자신이 골라 구입한다는 방향으로 소비자 의식이 바뀌어가고, 일본소비자연맹이 '위험한 화장품(三一書房)'을 출간하고 메이커에 대한 손해배상 청구가 행해지는 등 자기주장이 현저하게 되었다. 경쟁사 분석에서는 기존 업체들이 매스 광고를 통한 유행의 연출, 계절별 신제품 투입에 의한 다브랜드 전략을 전개하고 있음을 확인하였다. 유통업체에 대한 화장품 업계의 리베이트 제도, 쿼터(판매할당) 제도 등은 밀어내기 식의 판매를 조장하는 원인으로 작용하였다. 경품 판매는 쓸데없는 소품들을 늘리는 병폐를 초래하였다. 이처럼 세세한 시장세분화와 그에 따른 다브랜드 전략, 풀라인 제품 정책은 품목수의 과다함을 야기하고, 풍부한 제품 라인업은 오히려 소비자로 하여금 어느 제품을 고르면 좋을지 헷갈리게 만들었다. 화장하는데 많은 시간을 요하는 다단계 화장법도 현대 여성의 생활양식과 합치한다고 보기 어렵다. 유통 측면에서는 전국의 소매점을 계열화하는 강점을 보이고 있지만, 이들 계열점을 유지하는 데 적잖은 비용이 부담으로 작용하고 있는 점도 발견하였다.

● 자사능력 분석

분석 대상이 되는 자사 능력에는 인적 자원, 상품력, 자금력, 기술력, 판매력, 시장지위 등이 포함된다. 카오의 보유자원 중 강점으로는 첫째, 피부과학의 기술 집적으로 이미 세정 기재(洗淨 基材) 모노알킬포스페이트(MAP), 보습제 글리코피드(PSL), 유화제 글리세릴(GE), 생리활성물질 콜레스테릴에스테(CE) 등을 개발해놓은 상태이다. 둘째, 원재료를 경쟁사에 이전부터 공급해온 실적이 있어서 원재료에서 완성품까지의 일관 생산체제는 코스트 우위를 가져다 줄 수 있다. 셋째, 비누 제조업체로서 100년의 전통을 갖고 있어서 피부 관련 제품의 제조업체로서 소비자의 신뢰를 얻기 쉽다. 넷째, 화장품 시장과 공통된 특징을 지닌 일용잡화(toiletries) 제품의 유통망을 보유하고 있다. 반면 카오가 지닌 약점으로는 첫째, 기업 이미지에 있다. 아무래도 비누, 세제 메이커라고 하는 이미지가 화장품과의 친숙도 면에서 떨어진다는 점이다. 둘째, 화장품 업계에서 오랫동안 행해져 온 판매방법과 유통망(미용직원, 체인점 등)에 적응해있지 못하다는 점이다.

● 전략의 구축

제품 컨셉트를 명확히 하는 일이 중요한데, 구체적으로는 독특성(다른 경쟁사 제품과 다르다는 존재 의식), 전달성(자사 제품의 우위를 고객에게 알기 쉽게 전할 수 있는 능력), 구심력(고객을 매료시킬 수 있는 힘)을 단적으로 나타내야 한다. 카오는 소재를 중시하고 피부에 자극이 적은 양질의 제품을 제공한다는 컨셉트를 표명하였다. 구체적으로는 첫째, 덧칠해서 치장한다는 것에 대한 반발로서 맨살을 살린 새로운 미를 제안하였다. 이를 광고에서는, '피부에 자극이 되는 물질의 제거, 피부 자체가 아름다워지려는 기능을 보조하는 화장품' 이라는 표현을 사용하였다. 둘째, 화장은 패션이 아니라 과학이라는 이미지를 내세웠다. 향기, 감촉, 디자인 등의 감각적 측면을 과도하게 강조하는 것에 대한 반정립

(antithese : 변증법에서 정, 반, 합의 反)이라고 볼 수 있다. 새로운 색상이나 화장 기법을 만들어내서 제품을 판매하는 것이 아니라 피부과학에 기초한 화장품을 개발, 판매한다는 사고방식이다. 셋째, 다브랜드 전략과 빈번한 신제품투입에 대한 반발이다. 복잡한 화장 단계로 상품수를 늘리고, 고가격 설정으로 사용 효과가 있을 거라는 기대감을 소비자가 갖도록 하는 것이 아니라, 상품이 제공할 수 있는 편익을 양호한 상품 성능으로 호소하여 현명한 소비자의 신뢰를 얻겠다는 것이다. 이는 화장품을 commodity(일용품)화하겠다는 의도로서 바로 비누, 세제 등의 일용잡화 제품의 경기장에서 시합을 벌이겠다는 점이다. 화장품 업계에서는 미용사원이나 방문판매원에 의한 권유형 판매가 효과를 발휘하여 메이커 - 판매회사 - 화장품점 또는 메이커 - 판매회사 - 방문판매원 이라고 하는 Push형 마케팅 전략이 중심을 이루지만, 일용잡화품 업계에서는 상점의 진열대에서 고객이 직접 고르는 셀프 판매 방식이 주류이고, 대량의 매스 광고를 통해 소비자에게 직접 호소한다고 하는 Pull형 마케팅 전략이 기본이다.

● 마케팅 믹스

표적 시장에 대한 자리매김을 실현하기 위한 구체적 수단으로서 최적의 마케팅 전략을 결합하는 마케팅 믹스에는 Product, Price, Place, Promotion 등의 4P가 있다. 제품전략은 제품의 종류(라인업), 기능, 품질, 디자인, 상표(브랜드), 팩키지 등에 관한 전략이며 넓은 의미에서는 제품 기획, 머천다이징까지 포함한다. 제품기획(product planning)은 주로 제조업에서 사용하는 표현인데, 제품의 품질, 기능, 색채, 명칭, 보증 등의 범위를 아우르며, 대책에는 신제품개발, 개량(모델 체인지), 신규 용도의 개발, 폐기 등이 있다. 이에 비해 머천다이징은 주로 도소매업에서 사용하는 표현인데, 상품 구색과 구매를 통해 어떤 상품을 어떤 장소에서 어느 시기에 어느 정도의 수량으로 얼마의 가격에 제공할 것인가를 계획, 관리하는 일이다. 굳이 번역하자면 상품화 정책이라고 말할 수 있다.

마케팅 믹스 중 제품 믹스는 제품의 라인(폭)과 아이템(깊이)으로 구성된다. 라인은 종합화를, 아이템은 전문화를 의미한다. 즉 제품 라인의 확장은 모든 세그먼트를 공략하겠다는 의도를 반영한다. 가령, 가전제품 제조업체의 경우에 제품 라인은 TV, 비디오, PC, 냉장고, 세탁기 등을 말하고, 제품 아이템은 TV의 경우에 브라운관, LCD, PDP TV 등의 유형을 가리킨다. 자동차 업체가 풀 라인 제품 전략을 취한다는 것은 세단, RV, 스포츠카, SUV 등의 구색을 갖춘다는 의미이며, 제품 아이템의 심화는 경차, 소용차, 중형차, 대형차 등 배기량별로 여러 제품을 갖추는 것을 말한다.

카오의 제품전략을 살펴보면, 단순한 화장법을 제안하여 제품 믹스를 단출하게 유지하면서 개량을 거듭하는 방향을 채택했다. 다른 업체의 화장품 종류가 수천 개에 달하는데 비해 카오는 230-240개 정도에 그쳐 말 그대로 화장품 업계의 상식에서 벗어난 것이었다. 그 대신 땀에도 지워지지 않는 파운데이션, 화장을 물에 씻어 지우는 '메이크 클리어 젤', 일상의 자외선 UV-A로부터 피부를 보호하는 상품 등 단품이라도 기능성이 높은 제품 개발에 주력하였다. 특히 1988년에 출시한 'UV케어밀크', 'UV케어크림' 등이 커다란 시장을 형성하였다. 이들 제품은 생활 자외선에 주목하여 개발되었기 때문에 여름 한철 제품이 아니라 연중 제품으로 발전하였으며, 기미와 주근깨 생성을 해명함으로써 미백 화장품으로까지 발전하게 되었다.

카오의 가격 전략을 보면, 품질과 기능에 걸맞는 합당한 수준의 가격을 제시하였다. 소매점 출하 가격은 점포가 제공하는 공간의 위치(고객 유인에 유리한 위치 여부)와 면적에 부응한 리베이트를 설정하여, 다른 경쟁사들이 소매점의 구매량에 따라 누진제로 지급하는 리베이트에 대항하였다. 아울러 서점에서 행하고 있는 위탁판매제도를 본떠서 판매량만큼의 대금을 회수하는 '소화지불제도'를 도입하여 재고 부담에 애먹는 소매점으로부터 환영을 받았다.

카오의 유통 전략으로는, 기존의 일용잡화품 취급 판매회사 제도와 연동한 개방형 유통망 정책을 취하여 셀프 방식의 판매를 확대함과 동시에, 새로운 화장품 유통망을 개척하여 양자간 상승효과를 이용하여 시세이도와의 전면 대결을 꾀하였다. 셀프 판매 방식은 시즈오카(静岡) 현에서 실시한 테스트 마케팅 단계에서 소비자가 자유로이 진열대의 상품을 집어 만져보는 방식인데, 일용잡화 상품에서는 일반적인 판매 방식을 원용한 것이다. 지금은 일본의 유명한 잡화 체인점 '마츠모토키요시'라든가 편의점에서 셀프 방식이 보편적이지만, 당시만 하더라도 화장품의 셀프 판매 방식은 드물었다. 그러나 셀프 판매 방식은 카오의 화장품이 다른 회사의 일용잡화품과 같은 진열대에 묻혀버리는 흠이 있기 때문에, 대형 슈퍼마켓에서는 '카오 인숍'이라고 하는 특설 코너를 설치하여 다른 회사의 일용잡화품과 구별짓는 진열 노하우를 발휘하였다. 유통 전략의 또 다른 측면은 백화점 매장을 적극 활용한 점이다. 2층의 레이디 플로어에 공간을 확보하였는데, 백화점 매장으로 진출하는 것은 '카오 소피나' 브랜드의 지위를 격상시키고, 셀프 판매 방식을 촉진하는 1석 2조의 판매 거점 전략인 셈이다. 한편, 새로운 화장품 유통망의 개척은 화장품 직판 그룹을 조직하였는데, 새로운 판매회사는 본사의 전액 출자로 설립되었고, 영업부, 기획부, 미용부의 조직구조를 편성하였다. 영업부는 현 단위로 영업소를 설치하여 총 1만점포 이상의 직판 루트를 개척하였고, 기획부는 본사에서 파견된 사원들이 에어리어 브랜드 매니저로 배속되어 활약하였으며, 미용부는 미용부원의 양성과 현장 파견 업무를 담당하였다.

카오의 촉진 전략으로는, 첫째, 광고는 기존 화장품 업체가 해온 '이미지 소구형'의 광고가 아니라 '품질 소구형'의 광고를 전개하였다. 구체적으로는 화려한 이미지를 지닌 여성 연예인을 모델로 쓰지 않고, '세포간 지질(細胞間 脂質)'과 같은 전문용어라든가 살결 도면, 현미경 피부 사진 등을 광고에 실어 상품력을 소구하였다. TV 광고는 단발 광고(15초)보다는 프로그램 광고(1분)의 비율을 높였는데, 이는 방영 시간과 프로그램의 성격을 음미하여 확실한 메시지 전달을 가능하게 하고, 스폿 광고보다 상품 설명을 제대로 할 수 있다고 여겼기 때문이다. 둘째, 판촉은 시즌 캠페인을 전개하지 않고 그 대신 철저한 '시연과 샘플' 방식을 취하였다. 단순한 샘플 배포가 아니라, 상품 특성을 설명해서 실감나게 만드는 '시연+샘플'의 방식을 도입하여 역전, 백화점 점두, 오피스 밀집 거리, 여자대학 앞 등 젊은 여성들이 모이는 장소로 선택하여 실시했다. 발매 이후 7년간 시연을 통해 배포한 샘플 수가 자그마치 2,500만개에 달하였다. 셋째, 인적 판매의 방법으로 '뷰티 레이디'라 불리는 미용부원을 서둘러 양성하여 신 유통망 개척과 백화점 판매를 촉진하는데 활용하였다. 이들 미용부원의 속성 양성으로 경험 부족이 문제될 것에 대비하여 '소피나 뷰티 컴퓨터'를 개발하였다. 컴퓨터 화면에 표시된 질문항목에 소비자가 응답을 하면 고객의 피부 유형이 나오게 되어 피부 손질의 지식을 제고시켜 줌과 동시에 미용부원에게는 설명 재료로 활용할 수 있게 하였다. 이는 카오의 자사 능력 중에서 약점을 강점으로 변환시킨 훌륭한 예라고 말할 수 있다. 경험있는 미용부원이 수적으로 부족하다는 자사의 약점을 컴퓨터 진단이라고 하는 신방식으로 치환하여 상품에 관한 기술적 확증이라고 하는 강점으로 바꾸어 놓은 전략적 대응이 발군이다.

이상에서 살펴본 바와 같이 카오가 화장품 분야에 신규로 진출하면서 구사한 '소피나' 브랜드의 마케팅 전략은, 기업목표와 정합성을 이루고, 환경 분석에서 시장을 재정의하였고, 경쟁사 및 자사의 강약점을 분석하고, 기본 컨셉트에 충실하였으며, 일관된 마케팅 믹스를 전개하는 등 전략적 기획과 실행 면에서 뛰어난 성과를 발휘한 것으로 평가된다.

## 2) 마케팅 전략의 다이내믹스

마케팅 전략의 다이내믹스라고 하면 동태적인 모습을 말하는데, 여기에는 바로 제품수명주기(product life cycle)의 개념이 개입한다. 생물이 탄생에서 사망까지의 수명주기를 가지듯 제품도 시장도입에서 시장퇴출까지의 수명주기를 갖는다는 것이다. 따라서 기업은 수명주기의 각 단계에 맞는 시장목표와 마케팅 전략을 전개해야 한다. 수명주기의 단계 분류는 매출액과 수익을 기준으로 하는데, 도입기에는 매출이 제로 상태이었다가 확대해가고 이어 포화상태를 넘어서고 나면 감소로 반전하고, 수익 역시 도입기의 적자에서 흑자로 전환한 뒤 규모가 확대되다 다시 감소로 돌아서게 된다. 도입기에는 매출의 절대 규모는 미미한데 비해 설비의 감가상각, 유통채널 개척, 소비자 인지 제고의 광고비 등으로 수입보다 지출이 많다. 성장기에 매출과 이익 모두 확장세를 보이다가 성숙기에 접어들면 수요가 한바퀴 돌고난 상태라서 매출 증가가 정체에 놓이고, 이익은 설비투자, 고객획득에 소요되는 추가비용이 없어서 다소의 감소에 그친다. 이윽고 쇠퇴기에는 매출의 급감과 이익의 저하가 눈에 띈다.

제품수명주기에 따라 소비자도 변하는데, 여기에는 구매층의 변화와 구매결정 과정의 변화가 있다. 우선 구매층의 변화에 대해 언급하면,

도입기에는 대부분의 소비자가 제품에 관한 정보도 별로 없고, 제품이 지닌 가치에 대한 판단도 여의치 않다. 이 단계에서 신제품을 최초로 구입하는 계층은 혁신자 집단이다. 이들 혁신자는 새로운 것을 즐기고 신제품에 대한 지식도 풍부하다. 그러나 이들이 다른 잠재 고객들과 나누는 커뮤니케이션에는 한계가 있기 때문에 신제품의 보급에 미치는 영향력은 전기 소수 채택자보다 작다. 전기 소수 채택자들은 오피니언 리더로서 그 다음에 이어질 소비자 계층에 대한 영향력이 크며, 높은 사회적 지위와 고소득, 다양한 정보 접근력 등을 갖추고 있다. 숫적으로 가장 많은 계층이 바로 전기 다수 채택자와 후기 다수 채택자인데, 이들은 신중한 태도로 신제품을 구입하며, 의구심을 품는다. 마지막 계층인 지체자 집단은 전통을 중시하고 변화에 대해 거부감을 가지며, 신제품이 전통제품으로 자리잡을 때 비로소 구매를 하게 된다.

다음으로 구매결정 과정의 변화를 보면, 동일 소비자라고 하더라도 시간의 경과에 따라 구매 행동에 변화가 온다. 컴퓨터 제품의 구입을 예루 들면, 처음 구매하는 소비자는 컴퓨터의 용도, 지불 가격, 자신의 니즈에 맞는 제품 종류, 브랜드 간의 차이 등 폭넓은 정보를 탐색하려 할 것이다. 이를 두고 확대적 문제해결이라고 하는데, 이 경우 소비자는 문제해결 능력을 구비하지 못한 상태라서 CPU나 메모리 용량 등의 컴퓨터 사양에 관한 정보, 즉 요약도가 낮은 정보를 제공받더라도 문제해결에 도움이 안 된다. 이들에게는 제품의 특징과 사용법 등에 관한 높은 요약도의 정보를 판매원에 의한 인적 커뮤니케이션으로 제공하는 것이 효과적이다. 반면 컴퓨터 구매 경험이 축적되어 관련 지식을 구비한 소비자에게는 구매결정의 과정이 단순화되어 문제해결의 성격이 확대형에서 한정형으로 바뀌고, 나아가서는 일상적 반응을 보이게 된다. 한정적 문제해결은 기존의 숙지된 지식에 새로이 필요한 일부의 지식만을 추가하여 구매결정을 내리는 것이며, 일상적 반응은 훨씬 의사결정이 간략해지는 것을 가리킨다. 이처럼 한정적 문제해결이나 일상적 반응에서는 비용이 많이 드는 인적 커뮤니케이션보다는 매스 미디어를 이용한 광고의 이용이 적절하다.

제품수명주기별 마케팅 전략을 살펴보면, 도입기에는 제품의 가치, 장래의 시장규모 등이 알려지지 않은 상태이기 때문에, 진입기업의 수도 한정되어 있고 경쟁도 치열하지 않다. 이런 상태에서는 마케팅 목표를 시장 확대에 두어야 하고, 지명도 제고와 시용(試用)에 우선을 두는 마케팅 활동을 펼쳐야 한다. 점두에서 인적 커뮤니케이션, Push형 촉진활동이 중요한 역할을 하므로 유통채널을 선택적으로 활용하고 이들에게 높은 유통마진을 제공해야 한다. 도입기에서는 시장 진입의 순서가 중요하다. 1980년대-90년대 일본에서 발매된 신제품의 선발 진입기업의 71.6%가 제 1위의 시장점유율을 확보한 반면, 후발 기업이 점유율 1위를 차지한 것은 12.5%에 불과하다(恩藏, 競争優位のブランド戰略, 日本經濟新聞社, 1995). 이처럼 선발 진입자는 경험곡선의 효과를 누리고, 전환비용(switching cost)으로 고객의 이탈을 막으며, 희소자원을 선취한다는 장점을 갖고 있다. 반면, 선발 진입자는 신제품의 가치와 사용법 등에 관해 소비자에게 교육, 인식시키는데 막대한 마케팅 비용을 치러야 하는 불리함이 있고, 이에 반해 후발 진입자는 선발 진입자의 행동 결과를 보고 리스크를 줄이는 방향을 꿰뚫어 볼 수 있다. 아울러 선발 진입자가 유념해야 할 점으로는, 도입기에 제품 컨셉트에 대한 유연한 자세를 지녀야 한다는 점이다. 제품 개발시에 생각했던 제품의 가치가 소비자가 생각하는 니즈와 일치한다는 보장이 없기 때문이다. 가령 TOTO사의 '샴푸 드레서'라고 하는 신제품의 경우, 개발 당초에는 손수건이나 속옷의 세탁이 가능한 크기의 세면대라고 하는 컨셉트를 지녔다. 그러나 시장에 도입하고 나서 소비자 조사를 해보니 실제로는 여성들이 통근이나 통학하기 전에 샴푸를 하기 위한 용도로 사용하는 것을 알았다. 이 조사 결과를 바탕으로 샴푸 드레서라고 하는 컨셉트로 바꾸면서 대성공을 거두게 되었다.

성장기에는 시장이 급속한 확대를 보이면서, 마케팅 목표도 시장 확대에서 점유율 확보를 통한 브랜드 확립으로 바뀐다. 시장 규모가 성장하면서 새로운 기업들이 진입하게 되면서 경쟁도 서서히 치열해지기 시작한다. 뒤이을 성숙기에서 우월한 시장 지위를 확보하려면 성장기의 경쟁이 중요하다. 성장기에 높은 시장점유율을 확보해야 성숙기에 접어들었을 때 제품이 해당 기업에게 황금알을 낳는 거위(cash cow)가 될 수 있다. 한정적 문제해결을 지향하는 소비자들을 대상으로 점두에서 설득이나 권장 등과 같은 촉진전략은 그 역할이 축소되고 불특정 다수를 대상으로 한 매스 미디어 광고와 개방적 유통채널 전략을 통해 점유율 확보에 신경을 써야 한다. 성장기에서는 가격 인하에 의한 점유율 증대도 기대해볼 수 있다. 촉진 전략 측면에서도, 도입기에는 소비자에 대한 정보 제공이라는 점에서 유통업자의 역할이 컸기 때문에 Push형 촉진을 전개하였지만, 성장기에서는 소비자가 요구하는 정보의 제공도 인적인 형태에서 비인적(impersonal)인 형태로 바뀌게 되고, 제품 공급의 품절을 방지하기 위해 개방적 유통채널 전략을 채택하여 판매기회를 상실하지 않도록 해야 한다. 성장기에 들어와서는 다양한 니즈에 부합하기 위해 제품정책도 제품이 지닌 본질적 기능인 1차 기능에 추가하여 2차 기능을 새로이 하는 것이 효과적이다. 세탁기를 예로 들면, 세탁이라고 하는 1차적 기능에다 세탁물을 상하게 하지 않는 세탁, 소음이 적은 세탁 등과 같은 2차적 기능을 추가하여 다양한 니즈를 충족시킬 수 있는 제품라인을 구비하는 일이 중요하다.

성숙기에는 제품 개발에 소요된 투자비를 회수하기 위해 시장 목표를 이익 실현에 두어야 한다. 선발 진입기업이라면 동질화 전략, 비가격 경쟁, 주변수요 확대 전략 등을 활용하여 이익을 확보해야 한다. 반면에 후발 진입기업이라면 모방하기 힘든 차별화된 제품, 차별화된 마케팅 활동을 전개하는 것이 바람직하며, 경우에 따라서는 어느 정도 이익을 희생하면서까지 점유율의 역전을 노린 가격 경쟁에 임하는 일도 생각할 수 있다. 성숙기에 접어들어서도 기업이 지속적 성장을 달성하려면, 소비자의 구매 빈도와 구매량을 증대시키고, 비구매 고객을 개척하며, 경쟁사의 고객을 탈취하는 일 등으로 매출액을 늘리는 일도 고려할 만하다.

〈표 3-2〉 제품수명주기□ 마케팅 전략

| | 도입기 | 성장기 | 성숙기 | 쇠퇴기 |
|---|---|---|---|---|
| 시장 목표 | 시장 확대 | 브랜드 침투 | 이익 극대화 | 이익확보, 퇴출 |
| 제품 전략 | 기본 기능 | 제품 확장 | 기업의 시장지위별로 상이 (2. 경쟁전략편 참조) | |
| 가격 전략 | cost plus | penetration | | |
| 유통 전략 | 선택적 채널 | 개방적 채널 | | |
| 촉진 전략 | Push | Pull | | |
| 경쟁 관계 | 거의 없음 | 서서히 증가 | 다수 | 감소 |
| 고객 | 혁신자 | 전기소수채택자 | 다수채택자(추종) | 지체자 |
| 매출 | 저조 | 급상승 | 절정 | 감소 |
| 비용 | 고 | 평균 | 저 | 저 |
| 이익 | 적자 | 상승 | 고 | 감소 |

자료: 嶋口(2004: 91)

쇠퇴기에 접어들면 해당 제품의 역할을 대체하는 신제품이나 신제조법의 등장으로 수요가 감소로 돌아선다. 생산설비는 과잉 상태가 되고, 많은 기업이 시장에서 철수하게 된다. 또한 합병이나 매각에 의해 사업의 통합이 이루어지기도 한다. 매출과 이익이 모두 감소하는 사태가 발생하지만, 끝까지 애용하는 소비자는 제품의 충성도가 높고 타 제품으로 구매전환하기를 주저하므로 수요의 가격탄력성이 낮아 고가 정책의 채택이 용이하다. 이 시기에는 연구개발이나 설비에 투자되는 일이 없고 마케팅 활동도 잠잠하므로 비용 지출이 적고, 시장 철수나 매각 등으로 경쟁이 완화되면서 제품라인은 압축되면서 제법 상당한 이익을 거두기도 한다. 쇠퇴기에서는 제품의 쇠퇴가 장기적 경향을 띠는 것인지 아니면 제품의 업그레이드를 통해 다시 한번 수요의 증대를 가져올 수 있는 것인지에 대해 판단을 잘 해야 한다.

마케팅 목표가 제품수명주기별로 다르다면 당연히 마케팅 믹스도 바뀌어야 할 것이다. 제품의 인지와 시용(試用)이 목표인 도입단계에서는 촉진 믹스는 광고와 판촉을 주로 활용하고, 유통 믹스는 보급가격과 단순한 제품라인으로 진입가능한 유통망을 이용하게 된다. 진입 기업수의 증가로 경쟁이 더해가는 성장단계에서는 점유율 확대가 목표인 만큼 가격 믹스는 침투가격을 채택하고 유통 믹스는 유통망 확대에 주력할 것이다. 이어서 성숙단계에 달하면 시장의 성장이 둔화되어 매출 증대에 어려움을 겪게 된다. 따라서 목표도 점유율 유지와 이익 극대화로 바뀌게 된다. 이런 목표의 달성을 위해 제품 믹스에서는 브랜드와 모델 종류를 늘리고, 촉진 믹스에서는 광고와 판촉에 집중하여 브랜드 충성도를 제고하게 된다. 마지막으로 쇠퇴단계에 이르면 브랜드의 수확과 지출 삭감을 목표로 하는 만큼, 마케팅 믹스도 코스트 절감을 위해 선택과 집중을 하게 된다.

여기서 유념할 점은, 하이테크 제품의 경우에는 '규격'이 새로운 전략요소로 작용한다는 것이다. PC의 경우에는 운영체제(operating system: OS)가 윈도로 굳혀져 있는데, 이처럼 하나의 규격이 시장을 실질적으로 지배하는 것을 두고 사실상의 표준 De facto Standard라고 한다. 이처럼 규격경쟁의 양상을 띠는 제품에서는 수명주기에 관계없이 승부가 결정난다. 사실상의 표준을 확보한 기업은 새로운 경쟁제품의 추격이나 저가격의 위협 등이 줄어들고 시장통제가 용이해지는 편익을 누린다. CDMA 방식의 휴대폰의 원천기술을 특허로 보유한 미국의 퀄컴은 자사의 기술을 전용구매하는 거래처와 자사 기술 및 경쟁사 기술을 혼합구매하는 거래처에 대해 기술사용료를 차등 부과하는 식으로 시장을 통제하고 있다. 이에 유럽의 휴대폰 메이커들이 EC위원회에 독점 횡포로 제소하게 되었다. 사실상의 표준을 보유한 기업은 규격을 널리 공개하여 되도록 많은 기업이 자사의 규격을 채택하도록 유도한다. 윈도의 성공은 바로 이런 방식으로 많은 PC 메이커에게 채택되는 결과를 가져왔다. 반면에 IBM은 IBM-convertible 기술의 공개로 인해 PC의 경쟁우위를 저가격 하나만으로 몰아붙여 끝내는 다른 PC 메이커와의 차별화에 실패하고 말았다. 패밀리 기업의 확보를 도입단계에서 주력하는 일이 다른 마케팅 믹스보다도 중요하다.

제품수명주기를 논할 때 브랜드로서의 수명주기와 제품기능으로서의 수명주기를 구분할 필요가 있다. 소니의 '워크맨'을 예로 들어 설명해보기로 한다. 워크맨이라는 브랜드가 갖는 제품의 기능은 초기 카세트플레이어에서 CD플레이어로, 다시 MD플레이어로 계속 진화해갔다. '워크맨' 이라는 브랜드는 이미 성숙단계에 와 있지만, 제품기능은 3회에 걸친 혁신을 완수하여 수명을 연장시킨 것이다. 이는 워크맨이라는 브랜드가 진부해지는 것을 방지하기 위하여 새로운 카테고리의 제품을 계속 시장에 도입하여 브랜드 가치를 유지할 수 있다는 사실을 보여주고 있다.

〈표 3-3〉 제품수명주기와 마케팅 전략 간의 관계

| | | 도입기 | 성장기 | 성숙기 | 쇠퇴기 |
|---|---|---|---|---|---|
| 특징 | 매출 | 낮은 수준 | 급상승 | 완만상승 or 둔화 | 하락 |
| | 비용 | 단위고객당 높음 | 단위고객당 중간 | 단위고객당 낮음 | 단위고객당 낮음 |
| | 이익 | 적자 | 흑자전환후 증가 | 고수익 | 하락 |
| | 고객 | 혁신자 계층 | 조기 채택자 계층 | 다수 채택자 계층 | 지연자 계층 |
| | 경쟁 | 거의 없음 | 증대 | 감소 및 세력안정 | 감소 |
| 마케팅 목표 | | 제품인지,試用촉진 | 점유율 극대화 | 시장방어,이익극대 | 비용절감, 수확 |
| 마케팅 전략 | 제품 | 기본 제품 | 라인확대, A/S | 라인,모델 다양화 | 브랜드, 모델 초점 |
| | 가격 | 침투가격,천정가격 | 침투 가격 | 1 대 1, 집단 가격 | 가격 인하 |
| | 유통 | 선택적 | 확대, 초점 | 한층 확대 | 저채산 판로 철수 |
| | 촉진 | 조기채택자의 인지구축, 시용촉진 위한 집중적 판촉 | 다수채택자의 인지 구축, 판촉은 축소 | 브랜드 차이와 편익 강조, 브랜드변경위한 판촉증대 | 핵심고객유지와 비용절감, 판촉의 최소화 |

자료: 小尾(2004: 169)

시계 브랜드 'G-SHOCK'의 제품수명주기에 따른 일본 시장에서의 마케팅 전략의 변화를 사례로 소개하기로 한다. G-SHOCK은 1983년에 중력(Gravity)의 충격(Shock)에도 견뎌낸다고 하는 개념, 즉 떨어져도 절대 파손되지 않는 손목시계라는 개념으로 탄생하였다. 초기에는 미국의 스케이트 보더들 간에 견고한 손목시계로 인지되었고 그 후에 유명 뮤지션들이 애용하면서 인지도가 높아졌다. 일본시장에는 1990년대 초반에 패션 잡지에 소개되면서 인지도가 상승하였다. 일본 시장에서는 일본 국내 사양의 모델들이 속속 도입되면서 3만엔대 이하의 저가 시장에서 독자적인 카테고리를 형성하여 젊은 층을 중심으로 수요가 확대되어갔다. 특히 젊은이들이 운집하는 동경의 시부야와 신쥬쿠 등의 번화가를 중심으로 마루이 전문점, 요도바시카메라 등의 전자 양판점 등에서 점두에 G-SHOCK 전용 진열대를 설치하여 표적 계층에 접근해갔다. 1994년을 고비로 매출 신장은 둔화되기 시작했다. 견고함을 상징하는 검정색 일변도의 디자인도 질리는 느낌을 주었다. 그리하여 1996년 이후에는 디자인과 색상을 다양하게 하여 제품 라인의 확대를 꾀하였다. 이 때가 성장기이다. 1-2만엔대 중심의 가격도 5만엔대로까지 폭을 넓혔다. 1997년 8월에는 마루이 전문백화점내에 카시오의 손목시계만을 진열한 'G-FACTORY'라 불리는 매장을 설치, 운영하여 확장된 제품라인을 취급할 수 있게 되었다. 한편으로는 지구환경보호단체, 스포츠협회, 패션브랜드 등과 연계한 모델을 발매함으로써 열광적인 붐을 조성하였다. 그런데 성장기에서 제품라인의 확대는 브랜드 난립을 초래하여 본래의 브랜드 메시지가 희석되는 상황이 발생하였다. 그리하여 1998년부터 시작된 성숙기에서는 디자인과 기능을 양축으로 제품라인의 통합과 브랜드 강화를 전개하였다. 점두에서도 제품라인의 선명한 차이를 부각시키는 영업을 행하였다. 아울러 표적 고객도 지금까지의 10대 후반 중심에서 구매력을 지닌 20대 후반에서 30대 사회인을 중시하는 표적 계층의 확대를 도모하였다.

### 3) 제품 정책

마케팅 믹스의 제 1요소인 제품(product) 정책은 제품의 컨셉트가 중핵을 이룬다. 한가지 오해해서는 안 될 것이 소비자는 물리적인 재화로서 제품을 구입하는 것이 아니라는 점이다. 소비자는 제품[2])이 지닌

2) 제품(product)과 상품(goods)은 혼용하기도 하고 구분하기도 하는데, 굳이

효용, 기능 내지는 편익을 추구하여 구매한다는 사실이다. 제품이 지닌 편익에 의한 세분화(benefit segmentation)는, 해당 편익을 강력히 원하는 소비자 세그먼트에 대응해가는 자세를 말한다. 가령 똑같은 치약이라고 하더라도 젊은 엄마들의 세그먼트는 충치 예방이라고 하는 편익을 강력히 소구하는 브랜드를 구매할 것이고, 젊은 여성의 세그먼트는 미백 효과를 소구하는 브랜드를 구매할 것이다.

제품과 브랜드는 어떻게 달리 볼 것인가에 대해서는, 제품의 품질을 보증하고 기능을 표명하며 다른 제품과 식별해주는 것을 브랜드라고 말할 수 있다. 따라서 브랜드의 우열을 가름하는 것으로 '제조원'이 있다. 브랜드의 구분은 제품의 포장이나 로고 등으로 가능하고, 브랜드에 의해 제품의 기능, 품질 등을 초월한 그 무언가의 가치가 소비자에게 제공된다. 가치에는 기본 가치, 편의 가치, 감각 가치, 관념 가치 등이 있는데, 시계라면 시간을 제대로 알려주는 것이 기본 가치일 것이다. 편의 가치는 제품을 편리하게 구입하고 소비할 수 있는 가치를 말하는데, 여기에는 가격, 포장 등이 포함된다. 즉 가격 면에서 구입의 부담이 없다든가, 구매하여 집까지 갖고 가는데 편리한 포장이 되어 있다든가 하는 식이다. 이상의 기본 가치와 편의 가치는 상품력에 해당한다. 이에 반해 감각 가치는 상품을 즐겁고 매력적으로 소비할 수 있는 가치를 가리킨다. 여기에서도 포장의 역할이 중요한데, 포장의 원래 역할은 제품의 품질을 안전하게 보장하는 것이지만, 오늘날에는 편의 가치와 감각 가치 면에서 중요하다. 제품의 브랜드로서의 값어치는 바로 마지막의 관념 가치에 있다고 본다. 소위 명품이 소비자들을 사로잡는 것은 그것이 소비자에게 부여하는 관념적인 가치에 있을 것이다. 기업간 제품의 차별화가 축소되어 가는 상황에서는 유일하게 남은 마케팅 활동이 곧 브랜드 관리일 것이다. 그렇다면 브랜드의 가치를 구축하는 방법은 무엇일까? 그것은 신뢰일 것이다. 제품이 소비자에게 신뢰라고 하는

차이를 두자면 전자는 발매 전의 것, 후자는 시장에 도입되어 소비자에게 수용된 것이라고도 하고, 전자를 제조업체의 것, 후자를 유통업체의 것이라고도 한다(嶋口, 2004: 98).

가치를 부여하게 되면, 소비자는 자신의 라이프 스타일, 생활 장면(life scene) 속에 브랜드를 자리매김하게 된다. 일본의 위스키 제조업체인 산토리의 '올드' 브랜드는 많은 소비자에게 '오뚜기'라는 애칭으로 통했다. 오뚜기라는 이름을 부르면서 소비자는 '올드'에 친근감을 느끼고 생활 장면 속에 '올드'를 그려넣었다고 한다.

제품은 폭과 깊이를 더해가면서 발전해간다. 폭과 깊이를 알기 쉽게 설명하면, 칼피스라는 유음료를 예로 들어보자. 칼피스의 깊이는 병의 크기를 다양하게 하고, 여러 과일 맛을 첨가하는 일을 꼽을 수 있다. 칼피스의 폭은 유음료 칼피스 이외에 청량음료로서 '칼피스 워터'를 추가한 것을 말할 수 있다. 칼피스 워터는 물에 희석해서 먹어야 하는 칼피스의 번거로움을 단숨에 해소해주었고, 유리병이 아니라 캔과 페트병을 채택함으로써 편의 가치를 제고하였다. 간단히 말해서, 제품의 깊이는 제품의 용량, 용기, 맛 등에 다양성을 주는 것이고, 폭은 제품의 형태면에서 다양성을 가리킨다. 샴푸라고 하면, 용기, 용량, 향 등의 다양성이 깊이에 해당하며, 사용자의 머리 상태별로 다양한 샴푸를 만든 것은 폭에 해당한다. 단지 샴푸의 형태 자체에 대해서는 다양성이 없다(분말 샴푸, 스틱형 샴푸가 있는 것은 아니니까). 굳이 제품의 폭과 깊이가 갖는 의미를 비교한다면, 전략적으로 중요한 것은 제품의 폭이다.

## 4) 글로벌 제품 정책

### (1) 표준화 대 현지화

국제 마케팅 활동이 국내 마케팅 활동과 결정적으로 다른 점은 바로 표준화와 현지화의 갈림길에서 선택을 해야 하는 점에 있다고 본다. 양자의 택일 문제는 제품이 문화적 특성에 어느 정도 영향을 받는가에 의해 좌우된다.

### 〈사례 3-4〉 글로벌 마케팅의 현지화

● 해외 1위 한국식품 외국인 사로잡은 비결

러시아 서시베리아 첼랴빈스크~블라디보스토크 간 총연장 9300km에 달하는 시베리아횡단철도(TSR). 밤낮없이 일주일을 꼬박 달려야 하는 거리다. 때문에 열차에 오르기 전 누구나 자신의 먹을거리를 고민해야 한다. 이 기차 안에서 러시아인들이 가장 즐겨 찾는 음식은 한국야쿠르트의 즉석라면 '도시락'이다.

시장 점유율 1위의 사연이 재미있다. 1980년대 말 부산항을 드나들던 러시아 보따리 상인들이 '도시락' 라면을 가져다 팔았다. 한국야쿠르트는 기현상에 주목, 분석에 착수했다. 열차여행이 잦은 러시아인들은 둥근 대접형보다 네모난 용기를 좋아한다는 사실을 알게 됐고 이유 역시'네모의 안정성' 때문임을 파악했다. 네모난 상자의 안정성은 식사 후 반찬그릇과 화분으로 재활용 하게끔 하는 덤까지 고객에게 선사했다. 잘 퍼지지 않는 쫄깃한 면발도 인기 비결이었다. 회사측은 즉시 '튼튼한 용기와 더 쫄깃한 면발' 작업에 착수했다. 결과는 2004년 한 해 '러시아시장 2억개 판매실적'으로 나타났다. 한국야쿠르트 김학연 수출팀장은 "러시아에서 '즉석라면'이라는 말은 한국말 그대로 '도시락'"이라며, "주말농장 '다차'에도 몇개씩은 꼭 쌓여 있는 필수품"이라고 말했다.

해외 시장에서 1등 자리를 굳힌 한국 식품은 의외로 많다. 특히 국내에서는 1등이 아닌데도 해외에서 1등을 하는 제품이 많다. 이유는? 까다로운 외국인의 입맛을 뚫어낸 것은 철저한 현지화와 독특한 마케팅. 그리고 홍보 전략이 어우러진 결과라는 분석이다. 중동지역에서는 단연 롯데 스파우트껌이 블록껌시장 1위다. 28년 전 중동시장에 진출해 꾸준히 브랜드 인지도를 높여온 덕분이다. 아랍인이 좋아하는 민트향과 과일향 6가지 제품을 통해 입맛을 사로잡았다. 이제는 스파우트껌을 모르는 아랍인은 없을 정도다. 빙그레 '꽃게랑'은 러시아 시베리아·극동지역에서 스낵시장 1위다. 꽃게맛이 나는 칩인 꽃게랑의 성공은 역 발상의 결과다. 해산물 가격이 비싸고, 감자스낵이 주종을 이루는 시베리아 지역에서 '꽃게랑으로 비싼 꽃게 맛을 볼 수 있다.'는 마케팅이 성공을 거둔 것. 노란 뚜껑의 '오뚜기 마요네스'는 전체 판매량의 3분의 1을 러시아에서 판다. 고소한 맛의 '골드 마요네스'가 러시아인들에게 어필해 노란 뚜껑의 유사제품이 쏟아질 정도다.

〈(블로그)ducky.chosun.com〉 (2005. 5. 24)

### ◇ 지역 특화제품 수출 성공

● 국내 가전업계 글로벌 전략

대우전자가 중동 지역에 수출하는 냉장고에는 자물쇠가 달려있다. 대우전자 냉장고 사업부 이성 상무는 "이 지역에선 자물쇠가 없는 제품은 아예 팔리지 않는다."고 말했다. 자물쇠를 채우는 이유는 그 안에 시원한 물을 보관하기 때문이다. 사막과 태양의 땅에서 물은 곧 생명이다. 가장 소중한 것을 보관하는 창고에 자물쇠가 없다면 오히려 이상한 일이다.

LG전자가 유럽에 수출하는 냉장고는 과일 야채를 넣는 냉장실이 위쪽에, 얼음을 얼리는 냉동실이 아래쪽에 있는 제품이 많다. 유럽인들은 허리를 구부리기 싫어하기 때문에 자주 여닫아야 하는 냉장실을 위에 배치했다. 유럽인들은 아시아 지역에서 팔리는 냉장고에 냉동실이 모두 위에 있다는 것을 오히려 신기하게 생각한다.

지구촌 시대 가전제품 제조업체들은 오히려 지역과 국가에 더 집착한다. 지역과 국가의 특성을 알지 못하면 글로벌 경쟁에서 살아 남기 힘들기 때문이다. 중동 수출용 TV를 시청한 사람들은 소리가 너무 크다는 느낌을 받는다. LG전자 디지털영상사업부 윤상한 상무는 "중동지역에서는 TV 보급률이 낮아 동네 사람들이 TV가 있는 집에 모인다"고 설명했다. 사운드 출력을 높이지 않으면 사람들이 떠드는 소리에 묻혀 TV 소리가 들리지 않는다. 또 중동 지역 가옥은 천장이 높고 방이 넓다. 기본적으로 소리가 크지 않으면 들을 수가 없는 것이다.

국가와 문화에 따라 선호하는 색깔도 다르다. 대우전자는 97년 노란색 냉장고를 내 놓은 다음 영국 소비자를 사로잡는 데 성공했다. 영국 사람들은 노란색을 좋아한다. 영국 왕국 왕실을 상징하는 색깔도 노란색이다. 이성 상무는 "단지 냉장고 색깔을 바꾸는 것만으로 매년 수출이 30% 늘었다"고 말했다. 현재 이 회사가 영국으로 수출하는 제품의 55%가 노란색이다. 사우디 사람들이 가장 좋아하는 색상은 녹색이다. 사우디 국기도 녹색이다. 당연히 가전제품도 녹색이 가장 인기다.

가전 업체들은 해외에서 인기를 끈 제품을 국내 시장에 출시하기도 한다. 최근 인기를 끌고 있는 양문 여닫이 냉장고는 550l 이상 대형 제품으로 거주 공간이 넓은 미국 시장에서 먼저 인기를 끌었다. 지난 97년 삼성전자가 이 제품을 '지펠'이란 상표로 국내 시장에 내 놓았다. 또 LG전자와 대우전자도 뒤를 따랐다.

이 제품의 특징은 한꺼번에 많은 음식을 보관할 수 있는 것이다. 맞벌이 부부들이 주말에 일주일치 먹거리를 구입해 넣어 두었다가 일주일 내내 꺼내 먹기에 제격이다. 지난해 이 제품 국내시장 규모는 22만대, 가전 업체들은 올해 40만대 정도가 팔릴 것으로 예상하고 있다. 이제 국내 냉장고 시장의 15%가 양문형이다. 생활방식이 서구식으로 변해 서구형 제품이 국내에서 인기를 얻은 셈이다.

해외에서 통하는 제품이 국내에선 실패한 경우도 있다. 96년 삼성전자와 LG전자는 유럽식 상냉하동 냉장고를 국내 시장에 출시했다. 그러나 국내 소비자들은 익숙지 않은 제품을 외면했다. 두 회사는 곧 생산을 중단할 수밖에 없었다. 서구 문화가 만들어 낸 제품이 국내에서 환영 받는 경우도, 버림받는 경우도 있는 셈이다. LG전자 어플라이언스 사업본부 김쌍수 사장은 "가전제품 국제화란 전 세계에서 같은 제품을 판매한다는 의미가 아니다."라고 말했다. 오히려 "각국의 문화와 생활을 이해하고 거기에 맞는 제품을 만드는 것"라는 설명이다. 심지어 문화와 생활습관도 끊임없이 변한다. 글로벌 경쟁에서 살아남기 위해서는 그야말로 세상이 돌아가는 것을 알아야 하는 시대다.

〈chosun.com〉
(2001. 7. 2)

### ◇ 양파 냄새 잡고 독일인 마음도 잡아

● 삼성전자 독일법인 매출 쑥쑥… "현지인 성향 파악이 주효"

"현지인의 성향을 정확하게 공략하는 것이 마케팅의 생명이다" 삼성전자 유럽법인은 올해 처음으로 미주법인의 매출을 앞지를 전망이다. 유럽 중에서도 독일 법인은 가장 눈에 띄는 실적을 남겼다. 삼성전자 LCD TV는 독일에서 올해 3분기 수량 기준 15.5%의 시장점유율로 1위를 차지했다. 비교적 고가품이라는 양문형 냉장고 시장에서도 올해 1월부터 10월까지 54.3%로 시장점유율 1위를 굳건히 지키고 있다. 모니터와 휴대폰, MP3플레이어 등도 모두 정상급 실적을 기록하고 있다.

독일법인의 성공 비결은 여러 가지가 있지만, 무엇보다 현지 시장을 파고드는 마케팅 전략에 있다. 삼성전자 김광태 전무는"독일은 소비자가 충동 구매를 안 하고 최고의 품질을 최저의 가격에 사려고 하는 까다로운 성향을 지니고 있다."면서 "독일 같은 곳에서 1위를 차지해야 진정한 초일류 기업인데, 최근 독일법인이 이를 해내고 있다"고 말했다.

그동안 삼성전자 독일법인은 여러 가지 아이디어를 냈다. 양문형 냉장고의 경우 제품 앞에다 원을 그려 넣고 원의 오른쪽에는 양파, 왼쪽에는 아이스크림 사진을 넣었다. 독일 사람들이 양파 냄새를 싫어한다는 점에 착안, 삼성 냉장고는 냉장실과 냉동실에 각각 독립 제어장치가 있어 냉장실의 양파와 냉동실의 아이스크림 냄새가 섞이지 않는 다는 점을 강조했다. 소비자에게 신뢰감을 주는 마케팅 포인트였다. 실제로 품질과 마케팅 전략이 상호 조화를 이루면서 삼성 냉장고는 현지 점유율이 50%를 훌쩍 넘었다.

독일의 대형 가전매장인 미디어 마크트에서도 삼성은 차별화된 마케팅 전략을 구사하고 있다. 삼성은 TV매장 내 안내보드에도 일부러 발광장치를 부착, 다른 업체와 차별화를 시도했다. 소비자들의 눈에 잘 띄는 벽 상단 선반에는 30여개의 삼성 TV를 나란히 전시했다. 세계적으로 히트를 쳤던 '보르도' 모델을 진열하여 매장 분위기를 압도하자는 전략이다.

세탁기도 국내에서는 논란을 빚었던 은나노 세탁기를 신나게 팔고 있다. 은나노의 살균 기능을 통해서 기후적 특징 때문에 독일 사람이 걸리기 쉬운 각종 피부병을 예방하거나 억제하는 효과가 있다는 점을 부각시킨 것이 효과를 보고 있다는 설명이다.

〈chosun.com〉
(2006. 12. 20)

**◇ 현지인 마음 잡아 1등 잡았다**

자동차 안전벨트 제조업체인 운화실업. 대우차를 따라 폴란드에 진출했다가 그냥 눌러앉았다. 다른 부품업체들은 죄다 철수했으나, 고통을 견뎌가며 시장개척에 나섰다. 문전박대당한 기업을 수십번 찾아갔고, 문의가 오면 밤중에도 샘플을 들고 달려가 현지 신뢰를 얻었다. 적자를 털어낸 지금은 100여명을 고용하고 매출액만 600만달러(60억원)에 달한다. 여느 외국기업과 달리, 체육대회·야유회로 직원들 마음도 잡았다. 운화실업은 공장이 있는 푸우투시크시의 모범 외국기업으로 선정됐다.

동유럽 4개국 사람들은 찬란한 문화전통으로 자존심이 강하지만, 오랜 공산정권 통치로 피해의식과 저항심이 자리 잡고 있다. 따라서 현지 마케팅이든, 공장관리든 철저하게 현지화를 추진해야 성공한다.

● 마음을 잡아야 물건을 판다

폴란드 TV 시장에서는 대우일렉트로닉스가 1위(14.8%)다. 삼성·LG·필립스도 대우를 당하지 못한다. 백기호 바르샤바 공장대표는 "공장에서 매장에 제품을 직접 공급해 유통단계를 줄이고 가격경쟁력을 높였다"고 말했다. 대우차-FSO가 남긴 '대우' 브랜드에 대한 소비자의 친숙함을 최대한 활용, 곧바로 매장으로 진출한 것.

삼성전자는 5km 단축 마라톤 행사인 '러닝 페스티벌'로 헝가리 국민기업이 됐다. 마라톤 선수였던 이스트반 팍스코 부장이 지난 95년 아이디어를 냈다. 첫해 8만명이 참가했고, 이후 폴란드 등지로 확산되어 수십만 명이 참가하는 국제축제가 됐다. 젊은이가 좋아하는 MP3 플레이어를 비롯, 시상품도 푸짐하다. 이스트반 부장은 "다른 외국기업은 국민들 스트레스 풀어 주는 행사를 기획하지 못했다"면서 "삼성 브랜드 인지도가 59.9%로 노키아(53.3%)와 차이가 크다"고 말했다.

체코 프라하 신공항과 대통령 궁에는 최근 LG전자의 LCD및 PDP-TV가 대거 설치됐다. 이유가 있다. 3년 전 체코시장 진출 초기부터 '실세' 리비아 클라우스 영부인이 세운 청소년 장학재단을 지속적으로 후원했다. 작년 11월에도 대통령궁에서 150만 코루나(7,000만원)의 기부금을 전달하고 'LG자선콘서트'도 개최했다. 폴란드 브로츠와프에서는 2007년 준공을 목표로 '한국공원'이 만들어지고 있다. 영화 '올드보이'가 히트를 쳤고, 최근 한국산 온라인 게임도 진출했다. 현지 공장으로 인한 한류 효과가 생긴 셈이다.

● 자존심 살려주는 현지 공장관리

부다페스트 북쪽 괴드에 있는 삼성 SDI 헝가리공장. 복도에 헝가리 출신 노벨상 수상자 13명의 얼굴과 함께 1개의 빈칸이 있다. '당신이 그 자리를 차지하라'는 구절이 밑에 적혀 있다.

송익태 헝가리법인장은 "헝가리인은 과학기술에 대한 자부심이 대단해 스스로 생산목표를 정하도록 유도한다"고 말했다.

LG전자 므와바공장 노석호 대표는 성수기에도 직원들이 정시 퇴근하자, 현지인 간부를 모았다. "우리 주재원은 5년 뒷면 모두 떠난다. 여기가 한국 회사냐, 폴란드 회사냐, 당신들이 주인이다"라고 설득, 결국 지난해 7월부터는 토요일 · 일요일 근무도 시작했다. 폴란드에서는 이례적인 일. 요즘은 지원자가 넘친다.

〈(블로그)hschoi.chosun.com〉 (2006. 1. 2)

### ◇ 내수車 vs 수출車 '같은듯 다른 듯'

● 현지 법규와 문화 따라 기능 차이

수출용 자동차와 내수용 자동차는 어떻게 다를까? 수출용이 내수용보다 훨씬 좋을까? 국내 소비자들이 궁금하게 여기는 수출용 차량과 내수용 차량간의 차이점을 짚어 본다. 또 수입차량 중 국내용과 현지에서 판매되는 차량간의 차이점도 살펴보았다.

● 같은 점

수출용 자동차와 내수용 자동차의 철판 두께는 정말 다를까? 정답은 '아니다'이다. 국내 소비자들 사이에서는 자동차 철판이 두꺼우면 더 안전할 것이라는 생각 때문에 이 같은 인식이 널리 확산됐다. 그러나 자동차 업체들은 '잘못 알려진 상식' 이라고 항변하고 있다. 자동차 강판 두께를 내수용과 수출용으로 구분할 경우 금형과 조립 라인을 별도로 제작해야 하고, 그럴 경우 생산 비용이 두 배나 더 들어가기 때문에 철판 두께에는 아무런 차이가 없다고 밝히고 있다. 현대자동차 해외상품팀 안기석 과장은 "겨울철 염화칼슘을 많이 사용하는 추운 지방이나 고온다습한 국가에 수출되는 차량은 부식을 방지하기 위해 한층 강화된 도금강판을 사용할 뿐 철판 두께는 전 세계 모두 똑같다"고 말했다.

자동차 안전성 문제 역시 수출용·내수용이 똑같다는 게 업계 전문가들의 얘기다. 국산차들은 모두 수출용·내수용 구분 없이 미연방자동차 안전기준(FMVSS)에 따라 생산되고 있다.

● 다른 점

하지만 다른 점들도 많다. 대부분 수출국의 현지 법규와 문화적 차이 때문이다. 미국의 경우 에어백 장착은 법적 의무 사항이다. 이 때문에 미국으로 수출되는 국산차들은 운전석과 조수석에 에어백을 장착한다.

수출용 자동차의 경우 자동차 엔진이 국산차보다 큰 경우가 많다. 이는 우리나라가 엔진 규모가 작은 차량에 대해 세제 혜택을 주는 반면 수출국에는 그런 규정이 없기 때문이다. 따라서 이 같은 혜택이 없는 국가로 수출될 경우 소비자가 선호하는 엔진 사이즈를 장착하게 되는 것이다. 예컨대 국내에서 판매되는 현대차 베르나의 경우 1500cc 엔진이지만, 유럽에는 1600cc엔진이 탑재된다. 그만큼 차량 가격이 비싸지는 것은 물론이다.

또 유럽으로 수출되는 차량들은 의무적으로 헤드램프 높낮이를 조절하는 기능을 부착해야한다. 트렁크에 과도한 짐을 실을 경우 차량 후미에 무게가 쏠리면서 헤드램프 빛이 마주오는 상대편 운전자의 시각을 방해하기 때문이다. 또 대유럽수출용 차량 후미에는 반드시 안개등이 부착돼 있다.

거꾸로 미국과 우리나라의 법규에는 있지만 유럽에는 없어 차가 다른 경우도 있다. 미국과 우리나라에서 판매되는 자동차는 트렁크 안에서 트렁크 문을 열고 나올 수 있는 레버가 반드시 들어 있다. 사람이 트렁크에 갇혀서 못 나오는 걸 방지하기 위해서다. 그러나 유럽에는 이 같은 규제가 없기 때문에 차량 트렁크 안에 레버가 없는 경우가 대부분이다.

반면 도로 사정이나 소비자 취향 또는 기후 때문에 달라지는 경우도 많다. 유럽에 수출되는 차량에는 주로 하드트랜그미션이 장착된다. 도로 포장 상태가 양호한 데다 평지이기 때문이다.

또 인도에 수출되는 차들은 국산보다 차체 높이가 10~20mm 높다. 비포장 도로가 많다는 점 때문이다. 이 밖에 중동이나 열대지방으로 향하는 차량에는 에어컨이 강화된다. 또 러시아에 수출되는 차량의 밑바닥에는 이중삼중의 부식 방지 장치를 한다. 유럽용 수출차의 경우 운전자가 오디오 세트를 뺄 수 있게끔 착탈식 오디오 장치가 장착된다. 유리창을 깨고 오디오를 훔쳐가는 경우가 많기 때문이다.

수입차의 경우 국내 법규 미비로 기능이 다른 경우도 많다. BMW 7이나 벤츠·아우디는 자동차가 돌 때 각도에 따라 전조등의 방향이 바뀌는 모델이 있지만, 국내에는 소개되지 않고 있다. 또 운전자 앞 유리에 계기판의 주요 장치가 표시되는 것도 국내법에 저촉돼 BMW 5시리즈는 독일에서 판매되는 것과 사양이 다르다.

**◇ 한국식 경영 세계가 배운다**

지난해 박주만 옥션 부사장에게 사업보고를 받던 맥 휘트먼 이베이 사장은 깜짝 놀랐다. 복잡한 사업내용을 A4 용지 1장으로 처리한 박 부사장의 보고가 너무 깔끔했기 때문. 휘트먼 사장은 곧바로 박 부사장의 보고방식을 전세계 이베이 지사에 채택토록 했다.

이베이 내에서 '코리안 차트'라고 불리는 이 분석모델은 이베이 회원활동 분석 기초자료로 사용되고 있다. 스타벅스코리아는 한국에만 있던 복층형 매장을 전세계 스타벅스 매장에 수출 해 재미를 보고 있다. 스타벅스 본사가 한국형 매장이 인기를 끌자 전세계 매장 복층화를 추진하기로 했기 때문이다.

이처럼 한국 기업을 인수하거나 한국 시장에 진출한 외국계 기업 국내 자회사가 한국형 사업모델과 경영방식을 해외 본사나 지사에 역수출해 전세계 네트워크를 통해 전파하고 있어 주목된다. 세계 28개국에서 전자상거래 사이트를 운영중인 이베이는 한국과 인도에서만은 이베이란 브랜드를 쓰지 않고 있다.

옥션이란 브랜드가 훨씬 인지도가 높다는 판단에서다. 이베이는 옥션 브랜드 유지뿐 아니라 매매보호시스템 운영노하우도 옥션에서 전수받았다. 옥션 인수 당시 이베이는 물건을 팔고 사는 당사자를 단순 중개하는데 그쳤지만 옥션은 매매 당사자들간 거래가 안전한지를 확인한 뒤 대금을 지불하는 인증체계까지 갖췄던 것. 이베이는 최근에는 온라인 결제회사인 페이팰(PAYPAL)을 인수한 뒤 옥션의 매매보호시스템을 적용했다.

중고품 거래에 큰 비중을 두는 이베이와 달리 신제품 거래비중이 높은 옥션의 사업모델도 이베이의 벤치마킹 대상이다. 신제품에서 더 많은 수익이 나기 때문이다.

99년 국내에 진출한 스타벅스코리아는 커피 찌꺼기 재활용 차원에서 제작한 화분을 전세계 스타벅스로 전파하고 있다. 화분에 커피 찌꺼기와 흙을 함께 담아 씨앗과 함께 나눠주는 환경캠페인이 주목받자 전세계 매장에 수출하고 있는 것. 아예 합작투자 파트너사의 해외법인을 위탁경영하는 곳도 있다.

유한양행과 킴벌리클라크가 합작한 유한킴벌리가 그렇다. 유한킴벌리는 킴벌리클라크가 100% 투자한 일본 중국 대만 홍콩 러시아 몽골 등 북아시아 법인들을 위탁경영하고 있다. 위탁경영을 위해 킴벌리클라크 북아시아지역 주요 임원 자리는 유한킴벌리 임원들이 겸직한다. 문국현 유한킴벌리 사장이 킴벌리클라크 북아시아지역 총괄사장을 맡았고, 유한킴벌리 유아위생용품 산업용품 인사·경영혁신 커뮤니케이션 구매·수출담당 임원 등도 킴벌리클라크 북아시아지역 관련부문 임원을 겸한다.

이들은 킴벌리클라크 중국 공장 6곳, 대만 공장 3곳, 홍콩 지사 등 경영에 직접 참여하고 있다. 아직 생산시설이 없는 러시아와 몽골 법인에는 제품 수출과 컨설팅을 한다.

일본에서는 크레시아란 회사에 경영혁신 전사적자원관리(ERP) 인적자원관리 등을 자문중이다.

유한킴벌리는 북아시아 외에 킴벌리클라크 전세계 공장 어디서나 지원요청이 오면 전문가를 파견한다. 킴벌리클라크 필리핀 공장에 연구개발(R&D) 담당임원을 파견했고, 싱가포르 공장엔 공장장을 비롯해 주요 간부를 보내 설립부터 운영까지 지원하고 있다.

유한킴벌리는 4조 근무체계가 독특하다. 예비조를 포함해 3교대를 하던 것이 최근에는 2교대제로 발전해 4일 일하고 4일 쉬는 데까지 발전했다. 생산성은 경쟁 업체에 비해 노동생산성 400%, 설비생산성 640%가 각각 높다. 불량률도 킴벌리클라크 해외공장에 비해 4분의 1 수준을 밑돈다.

미국 공장 불량품이 100만개 중 16.4개라면 유한킴벌리 공장에선 3.5개 안팎이다. 외환위기 때 모기업인 만도기계 부도로 미국 포드계열 자동차부품사 비스테온에 인수된 한라공조도 비스테온이 출자해 만든 인도(VASI) 중국(VCCB) 미국법인(HCSA)등을 위탁경영 중이다. 한라공조가 운영하는 해외법인은 총 6개. 이 가운데 캐나다 태국 포르투갈 인도 중국법인은 매년 현지직원을 한라공조로 보내 경영노하우를 배워가고 있다.

이들 해외법인은 모두 법인장을 한라공조에서 파견한 부장-상무급 한국인 간부가 맡고, 한국인 직원도 1~5명 파견돼 한국식 경영을 이식하고 있다. DHL코리아도 2002년에 세계 지점 가운데 처음으로 '은행발송물 추적조회서비스(BRS)'를 도입한뒤 홍콩 싱가포르 등 다른 지역 해외지사로 확산시켰다. BRS는 고객들이 인터넷에서 발송과정을 직접 조회할 수 있도록 한 서비스로 항공 운송장 번호를 일일이 기록하는 수고를 덜어준다.

### ◇ 글로벌기업들 홈쇼핑 등 새 마케팅 전략 도입 붐

독일 가전업체인 밀레의 게르하르트 포펜보르크 부사장은 얼마 전 갑작스럽게 한국을 방문했다. 그가 여객기에 몸을 싣고 한국으로 오던 바로 그때, 이 회사의 청소기 1000여 대도 한국행 화물기에 실려 '특별 공수'되고 있었다. 밀레의 한국 법인인 밀레코리아가 지난해 말부터 국내 인터넷 쇼핑몰을 통해 판매하기 시작한 청소기가 대박을 터뜨리며 주문이 폭주했기 때문.

이유를 파악하기 위해 한국에 왔던 포펜보르크 부사장은 "다른 글로벌 법인들도 한국의 마케팅 전략을 배워야 한다"며 감탄했다.

명품 이미지를 강조하느라 인터넷 쇼핑몰을 미처 생각하지 못했던 다른 글로벌 법인 관계자들도 잇달아 한국을 찾았다.

글로벌 기업들이 자사의 한국 법인을 공들여 방문하고 있다. 다른 나라에는 없는 한국의 뛰어난 마케팅 전략을 배우기 위해서다.

GE헬스케어코리아는 홀해 초부터 '백일잔치 프로그램'이란 이색 행사를 실시하고 있다. 컴퓨터단층촬영(CT)장치 등을 병원에 판매한지 100일째 되는 날 영업과 서비스 관련 직원이 방문해 제품 상태를 확인하고 고객의 소리를 듣는 것이다.

한국에서 처음 시도된 이 프로그램은 이미 인도 호주 등 다른 나라 법인들이 벤치마킹해갔다.

보청기업체인 스타키의 한국법인인 스타키코리아는 지난해 300페이지 분량의 '고객 서비스 매뉴얼'을 만들었다. 이 매뉴얼은 올해 영어로 번역돼 전 세계 법인들에 배포됐다.

글로벌 기업의 한국 법인들은 한국 사회의 발달된 정보기술(IT) 인프라를 적극 활용한 현지화 전략을 구사하고 있다.

BMW코리아는 BMW모델 3, 5, 6, 7 시리즈에 LG전자의 듀오 슬라이드폰을 탑재해 운전자가 핸들에서 손을 떼지 않고도 통화할 수 있게 했다.

휴대전화에서 이 회사의 홈페이지에 접속 할 수 있는 'BMW 모바일 홈페이지'도 한국에서 처음 소개됐다. 정영미 BMW코리아 과장은 "글로벌 기업들이 새로운 것을 잘 받아들이는 한국 시장에 주목하고 있다"며 "한국에서 검증된 전략들이 해외에 반영되는 추세"라고 말했다.

### ◇ 슬림 에어컨 · 닭다리 요리 · 진돗개 사료

● 외국사들 "코리안 맘에 들게"

현지 입맛맞추기 밀착 마케팅: 주한 외국기업들이 국내 시장만이 독특한 상황과 한국 소비자들의 기호를 철저히 분석하는, 이른바 '맞춤형 마케팅'을 강화하고 있다.

제품이나 서비스의 경쟁력만 믿고 본사에서 일괄적으로 짠 마케팅 전을 밀어붙이다가 고전하는 경우가 적지 않자 나타나는 움직임이다. 실제로 최근 한 외국 전자업체는 신제품을 내놓으면서 한국 말로 번역된 제품 설명서 하나 제대로 첨부하지 않아 소비자에게서 따돌림당하는 사례도 있었다.

일본 가전메이커인 JVC코리아 이데구치 요시오 사장은 "나라마다 말이 틀리듯 소비자들의 취향도 다르다"며 "같은 제품이라도 가급적 한국인들이 좋아할 만한 특성을 부각하는 것이 로컬마케팅의 중요한 원칙"이라고 말했다.

● 한국 소비자는 다르다

미국계 에어컨업체인 캐리어코리아는 광주광역시 하남 공장에 따로 디자인 조직을 두고 있다.

국내 소비자들의 취향에 맞는 색상과 에어컨 모델을 만들기 위해서다. 이 회사 문창모 마케팅 팀장은 "한국 소비자들이 가장 많이 찾는 슬림형 에어컨의 경우 다른 나라에선 매장용이나 업소용으로 사용되지만 거실 문화를 즐기는 한국 소비자들에게 가정용으로 가장 많이 팔린다"며 "한국형 슬림형 에어컨 디자인을 집중 연구 중"이라고 밝혔다.

세계적인 패스트푸드업체인 맥도널드도 닭요리의 일종인 '맥너겟'제품을 한국인의 입맛에 맞게 재료를 바꾸었다.

맥도널드 관계자는 "빽빽한 가슴 살보다 닭다리 살을 좋아하는 한국인의 입맛을 생각해, 5년 전부터 다른 나라 제품보다 가슴 살 함량은 줄이고 다리 살을 크게 늘렸다."고 설명했다.

영국계 체형 관리업체인 마리프랑스바디라인의 국내 영업방침도 다른 외국지사와는 조금 다르다. 한국 여성들이 훨씬 마른 체형을 원하는 데다 단순히 몸무게를 줄이는 것보다 아름다운 체형을 가꾸는 데 더 관심을 많이 보이고 있기 때문.

이 회사의 한국 지사는 이런 점을 고려해 단순히 살을 빼는. '바디슬리밍' 서비스보다 특정 부위의 체형을 집중적으로 관리해주는 '바디 디자이너'프로그램에 주력하고 있다.

● 한국 소비자의 취향이 제품 컨셉트도 바꾼다

미국계 차 메이커인 포드코리아가 국내에서 시판하는 링컨 타운카는 미국에서는 자가운전용으로 가장 많이 팔리는 자동차다. 그러나 국내에서 시장조사를 한 결과 이 차를 사려는 국내 소비자 대부분이 운전사를 고용해 뒷자석에 타는 사람들인 것으로 확인되자 자동차 기능과 제품 홍보 전략도 바꿨다.

포드코리아 정재희 사장은 "오디오컨트롤 기능과 온도 조절 기능 등 각종 버튼을 뒷자리 주변에 따로 설치하는 등 뒷자석 기능을 대폭 강화하고 마케팅도 이에 맞춰 펼치고 있다"고 설명했다.

다임러크라이슬러가 시판에 들어간 다지 다코타 모델도 역시 마찬가지 상황. 이 차는 미국에선 가장 대표적으로 알려진 실용 트럭으로 고객층이 농부나 전원 생활을 즐기는 사람들. 그러나 한국 시장에선 자영업자나 레저 활동을 즐기는 소비자를 타깃으로 집중 공략하고 있다. 이 회사 허지연 차장은 "한국에서는 고급층 소비자들 위주로 공략하기 위해 가죽 시트와 4도어 모델을 기본으로 하고 있다"며 "할리데이비슨 동호회 등 여유있는 전문직이나 중산층 이상을 타깃으로 하고 있다"고 설명했다.

● 국내서만 파는 제품 속속 등장

애완식품 사료 메이커인 네슬레 퓨리나 팻케어는 한국의 대표적인 토종 동물인 진돗개만을 위한 개 사료 제품을 최근 출시했다.

이 회사 관계자는 "경기도 송탄 공장에서 진돗개의 특성과 체질을 분석해 만든 사료를 따로 만들어 팔고 있다"고 설명했다.

호주 축산공사도 지난해 1월부터 찜 갈비를 좋아하는 한국인들을 위해 찜 요리가 가능하도록 따로 가공한 '시드니 갈비'를 팔고 있다.

이 회사 조한실 차장은 "찜 요리를 즐기는 한국과 아시아 시장을 겨냥해 호주 축산공사에서 개발한 상품으로 반응이 너무 좋아 본토인 호주로까지 역수출할 계획도 있다"고 말했다.

### ◇ 글로벌가전업체 청소기 등 한국 입맛 맞추기 잇따라

● 한국인 입맛에 맞춰라

한국에 진출한 글로벌 기업들이 앞 다퉈 '한국형 제품'개발에 나서고 있다. 한국 소비자들의 취향이 갈수록 까다로워지면서 미국 유럽 등지에서 히트 친 제품을 그대로 들여왔다가는 낭패 보기 십상이기 때문이다.

외국에서는 구경하기조차 어려운 가정용 스탠드에어컨과 흡입력이 조절되는 청소기, 빵 굽는 과정이 표시되는 토스터, 한글로 기능이 표시된 자동차 등이 대표적인 상품들.

아우디코리아의 스포츠유틸리티차량인 Q7의 계기판에는 한글이 적혀 있다. 오디오와 TV, CD 등의 엔터테인먼트 기능과 차량 높이 조절 기능 등 기계장치 작동 버튼의 메뉴를 모두 한글로 써 놓았다.

볼보코리아, BMW코리아 등은 한글 내비게이션을 옵션으로 달고 있다. 푸조코리아는 지상파 디지털멀티미디어방송(DMB)을 대형 승용차인 607HDi 모델에 부착해 판다. 스웨덴 가전회사인 일렉트로룩스는 다른 어느 나라에서도 제품 기능을 바꾼 적이 없는 청소기 '트윈클린'을 한국형으로 따로 만들어 팔고 있다.

먼지만 없애 주면 만족하는 외국 소비자와 달리 한국 소비자들은 먼지를 때로는 강하게, 때로는 약하게 빨아들이기를 원한다는 것을 알고 흡입력을 단계적으로 조절할 수 있도록 만든 제품이다.

캐리어코리아의 '한국 가정용 스탠드에어컨'도 한국인 구미에 맞도록 설계한 제품.

중국을 제외한 대부분의 나라에서 스탠드 에어컨은 100% 업소용이다. 한국 소비자들은 힘세고 서 있으면서도 예술품 같은 디자인을 선호한다는 조사결과에 따라 이런 아이디어 상품을 선보인 것이다.

독일 가전회사 크룹스는 한국인들의 성격이 대체로 참을성이 없다는 점에 착안해 토스터에 액정표시장치(LCD)를 달았다. LCD는 빵이 구워지는 과정을 알려준다. 기다리기를 무척 싫어하는 상당수의 소비자가 LCD창을 보고 있다가 '이쯤 구워졌으면 그냥 먹자'라며 작동을 중단시킨다는 조사에 따른 것이다.

류경우 크룹스 차장은 "글로벌 기업들은 까다로운 한국 소비자들을 만족시킬 수 있으면 세계 어느 곳에서도 성공할 수 있다고 생각한다"고 말했다.

〈donga.com〉
(2006. 8. 2)

### ◇ 로봇들 '한국이 무서워요'

까다롭기로 소문난 한국 소비자들이 로봇 상품에 대해서도 목소리를 높이고 있다. 세계1위의 로봇청소기 제조사인 미국의 아이로봇(irobot)사는 지난해 개발한 물청소용 로봇청소기의 후속 모델 개발에 한국 소비자들의 목소리를 적극 반영했다. 회사는 아예 한국전담팀을 구성, 한국 주택실정에 맞는 새로운 물청소 로봇청소기 개발에 몰두했다.

이렇게 개발된 로봇청소기는 한국뿐 아니라 미국시장에서도 선풍적인 인기를 끌고 있다. 하반기에는 유럽과 호주, 싱가포르에도 출시될 예정. 한국 소비자들이 세계 로봇청소기의 흐름을 바꿔놓은 것이다.

●'로봇 최강' 자존심, 한국서 무너지다

"겨우 책상 넓이만 청소하자고 로봇청소기를 사나요 바닥에 흥건한 이 물은 또 뭡니까. 물난리 난 줄 알겠어요"

지난해 1월, 아이로봇사는 욕실과 화장실용 청소로봇 스쿠바(scooba)를 발표했다. 스쿠바는 타일 바닥을 청소할 수 있게 로봇청소기로는 처음으로 물 분사 기능을 갖췄다. 회사는 미국과 달리 카펫을 깔지 않은 방바닥에서 생활하는 한국시장에도 스쿠바가 적격이라고 생각했다. 그러나 아이로봇사의 한국 협력사인 코스모양행 김성우 대표는 아이로봇 관계자들을 만나 대뜸 불만부터 털어놓았다. 아이로봇은 전세계에서 로봇청소기를 300만대 이상 판매했고, 미국 로봇청소기의 시장의 95%를 차지하고 있다. 그런 회사의 자부심이 한국에서 일순간에 무너지는 순간이었다.

타일이 깔린 화장실과 욕실 청소용에서는 물을 아무리 많이 분사해도 문제가 되지 않았다. 또 방이나 거실용이 아닌지라 청소면적이 넓을 필요도, 이동속도가 빠를 이유도 없었다. 물이 흥건해도 사람이 자주 지나다니지 않으니 자연스럽게 마르면 그만이었다.

그러나 한국에서는 정 반대였다. 코스모양행은 스쿠바를 CJ홈쇼핑의 제품평가단에게 사용해보도록 했다. 그 결과 청소능력에 대해서는 대부분 좋은 평가를 내렸지만, 방이나 거실 청소용으로 쓰기엔 청소면적이 좁고, 속도가 느리며, 물 분사량이 너무 많다는 지적이 나왔다.

● 한국 전담팀을 만들어라

현재 우리나라에는 국내외에서 개발된 30종 안팎의 로봇청소기가 각축을 벌이고 있다. 신제품이 나오면 먼저 사용해보는 이른바 얼리어답터(Early adopter) 성향의 소비자도 많다. 따라서 한국 시장에서 성공한 로봇청소기는 곧 상품성을 인정받았다는 것으로 통한다. 아이로봇사의 CEO 콜린 앵글(Angle)은 코스모양행의 시험평가서를 받아보자마자 "당장 한국 전담팀(Korea team)을 만들라"고 지시했다. 아이로봇은 지난해 4월 기술부사장 직속으로 7명의 엔지니어로 구성된 한국 전담팀을 구성했다. 일단 한국 전담팀은 "한국에서는 얼마나 자주 청소하는지, 바닥은 어떤 형태인지, 청소시간은 어느 정도인지"를 문의했다.

코스모양행은 스쿠바 5800에 대한 시험평가 자료와 함께 한국의 주택구조와 청소형태를 자세히 적어 보냈다. 또 삼성전자에서 나온 로봇청소기를 보내 디자인도 국내 소비자들의 구미에 맞게 삼성처럼 세련되게 바꾸도록 주문했다.

아이로봇의 베스트셀러인 로봇청소기 룸바는 브러시를 움직여 바닥에 있는 먼지를 공중으로 띄운 뒤 진공으로 흡입하는 방식이다. 반면 스쿠바는 큰 먼지를 진공 흡입하는 동시에, 물을 분사해 브러시로 바닥을 문지르고 다시 다른 진공 흡입구로 바닥의 물을 빨아드리는 방식으로 청소를 한다.

한국 전담팀의 엔지니어들은 일단 1.5m밖에 되지 않던 스쿠바의 행동반경을 7~8m로 늘렸다. 이렇게 해서 청소면적이 23m(제곱)에서 거실이나 안방을 충분히 소화하는 79m(제곱)로 늘어났다. 청소면적이 늘어난 만큼 배터리 사용시간도 50분에서 100분으로 늘어났으며, 물탱크 용량은 30% 늘어난 1L로 증가했다.

●'코리아' 로봇 청소기

그렇지만 속도만큼은 쉽지 않았다. 속도를 높이면 그만큼 청소시간이 줄어 먼지나 오물을 완전히 제거하지 못하게 된다. 물을 적게 분사하는 것도 마찬가지다. 코스모양행 손병욱 부장은 "사실 스쿠바의 첫 모델은 물을 과하게 뿜었다"며 "한국 전담팀은 '빨라진 속도에 맞춰 청소에 최적인 물 분사량을 찾는 데 가장 많은 시간을 보냈다' 고 말했다"고 밝혔다. 한국 전담팀은 모든 개발과정을 한국측과 의논했으나 이 부분만큼은 핵심기술이라 제대로 설명해 주지 않았다고 한다. 최적 물분사량과 최적속도를 소프트웨어로 만들어내면, 하드웨어 엔지니어들이 이를 구현할 기계구조를 만들어내는 식으로 개발이 진행됐다.

이밖에 한국 소비자들은 스쿠바가 장애물을 만나면 갑자기 물을 쏟아부어버리는 단점을 지적했다. 개발팀은 3mm 이상 높이는 올라가지 않도록 해 문제를 해결했다. 또 물을 흡입할 때 모터로 팬을 돌려 진공을 만들어 내는데, 이 때 모터에 물이 들어가지 않도록 달팽이 모양의 진공관을 형성시켜 빨아들인 물이 물탱크에만 떨어지게 했다. 색도 하늘색에서 세련된 짙은 청색으로 바꿨다. 마침내 지난 4월 말 스쿠바의 신모델인 '380'이 세상에 나왔다. 개발팀은 이 로봇청소기를 모델명 대신 '코리아 스쿠바(Korea scooba)'로 부르며 애정을 보였다고 한다.

당초 아이로봇은 스쿠바380을 한국 시장에 가장 먼저 출시하려고 했다. 그러나 한국화학시험연구원에서 세균제거 시험을 거치고 사용설명서 등을 한글로 바꾸는 시간이 걸려 6월에서야 인터넷을 통해 예약주문을 받을 수 있었다. 그러자 아이로봇은 제품 개발에 한국측의 공헌이 컸다는 점을 고려해 이례적으로 "코리아 스쿠바를 미국에 먼저 출시해도 되겠느냐"고 동의를 구했다고 한다.

● 한국을 넘어 세계로 진출

'코리아 스쿠바'는 미국에서도 통했다. 최근 미국에서 신축되는 주택에는 바닥에 카펫을 깔지 않고 그냥 마루로 두는 곳이 많다고 한다. 스쿠바380이 판매되자 아이로봇의 로봇청소기 판매량은 월 1만2000대로 평소보다 20%늘었다고 한다. 구형 스쿠바가 거의 팔리지 않은 것을 보면 스쿠바380이 변화하는 미국의 주거문화와 들어맞아 히트를 쳤다고 볼 수 있다. 스쿠바380은 국내에서도 6월 2주간 예약판매에서 기대 이상의 성과를 거뒀다고 한다. 아이로봇은 올 하반기에는 스쿠바380을 유럽과 호주, 싱가포르 시장에도 출시한다는 계획이다. 한국 소비자를 만족시키기 위해 개발된 로봇청소기가 아이로봇의 차세대 주력제품으로 떠오른 것이다.

〈chosun.com〉
(2007. 7. 12)

◇ "馬상무님 만나러… 어? 외국인이시네"

● 외국인 CEO들 '한국이름 짓기' 열풍 '親韓 기업인' 이미지에 사업도 술술

다국적 제약회사 한국GSK의 프레이저 메튜(40) 마케팅 상무는 회사 안팎에서 '마 상무님'으로 통한다. 그의 한국어 이름은 '마태호'. 6월 한국에 부임한 이후 회사 직원들과 외부 사람들에게 좀 더 친밀하게 다가설 수 있는 방법을 궁리하자 이 회사 김진호 사장이 붙여준 이름이다.

'마태'는 매튜의 한국식 발음에서, '호'는 김 사장을 비롯한 이 회사 직원 상당수의 이름 마지막 글자가 '호'인 데 착안해 지었다.

한국에 사는 외국인 사이에 한국어 이름 짓기가 확산되고 있다. 친근한 한국어 이름을 내보이면 한국 생활에 적응하기가 쉽고 사업에도 도움이 되기 때문, 이른바 '네임 마케팅'이다. 수피텔앰버서더서울 더글러스 바버(55) 총지배인의 한국어 이름은 '박덕우'.

2003년 한국에 오자마자 자신의 본래 이름과 발음이 비슷한 한국어 이름을 만들었다. '바버'에서 '박'. '더글러스'에서 '덕우'가 됐다. 한국어 이름을 명함뿐 아니라 와이셔츠 소매 끝단에도 새겨 다닌다.

다국적 제약회사 한국릴리 직원 300여명은 최근 사내 공모를 통해 랍 스미스(49) 사장에게 '우인성'이란 한국어 이름을 선물했다. 우인성은 이 회사의 가치인 '우수성' '인간존중' '성실성'의 앞 글자에서 각각 땄다.

그는 "처음 만나는 사람들도 명함의 한국어 이름을 보고 호감을 보여

금세 화기애애한 분위기가 된다"고 했다. 콘택트렌즈 업체인 한국 시바비전의 비카스 파텔(41) 대표는 '박카스'란 별명을 얻었다. 그의 이름을 들은 고객들이 '박카스'란 한국 드링크 제품을 떠올리며 애칭으로 삼을 것을 추천했다고. 한국과의 남다른 인연으로 한국어 이름을 갖게 된 외국 인사들도 있다.

리언 러포트 주한미군 사령관은 올해 큰 보물이란 뜻의 '나보태'라는 한국어 이름을 지어 화제가 됐다. 크리스토퍼 힐 미국 국무부 차관보는 '힐사모' 등 국내 누리꾼 팬들로부터 '한덕'이란 이름을 얻었다.

주한 미상공회의소 회장을 지낸 제프리 존스 미래의 동반자 재단 이사장은 사공일 세계경제연구원 이사장으로부터 '조재필'이란 이름을 받았다.

〈donga.com〉

### ◇ 한국식 경영이 세계표준으로

• 로컬기법이 세계서 성공

"우리 CEO(최고경영자)가 새 회장님이라고?" 2001년 8월, 세계 최대 곡물회사인 미국 카길(Cargill)에 인수된 사료업체 퓨리나(Purina) 코리아 직원들에게 놀랄 만한 소식이 전해졌다. 인수'당하는' 퓨리나 코리아의 김기용 회장이 새 주인(카길 코리아)의 대표이사 회장을 맡게 됐다는 얘기였다. 냉혹한 인수합병(M&A)의 세계에서 '먹힌 자'가 '먹은 자'의 경영권을 쥐는 것은 극히 드문 일이다.

카길의 파격은 여기에서 그치지 않았다. 퓨리나 코리아의 한국인 직원들이 하나 둘씩 카길의 해외 계열사로 차출돼 나갔다. 중국의 경우 6년여 만에 7명의 현지 법인 사장과 13명의 고위 경영진들이 한국인으로 채워졌다. 회사는 인수당했지만, 오히려 한국 인재들의 활동 무대는 더욱 넓어졌다.

그 이유에 대해 토드 홀(Hall) 카길 사장은 본지 취재에서 "퓨리나 코리아의 열정적인 기업 문화와, 그 토양에서 길러진 한국 직원들의 경쟁력이 필요했기 때문"이라고 설명했다.

퓨리나 코리아는 사람을 중시하고, 고객을 가족처럼 여기는 한국식 '밀착형 경영'을 꽃피워 왔다. 이 같은 퓨리나 코리아의 한국식 경영을 배우기 위해 전 세계 카길 계열사에서 몰려오고 있다고 서운영 퓨리나 코리아 이사는 전했다.

지금까지는 한국 기업의 해외 진출은 글로벌 기업의 경영 방식을 모방하거나(글로벌라이제이션, globalization), 현지화(로컬라이제이션, localization)하는 것이 주된 전략이었다. 그런데 이제는 한국의 인재와 한국식 기업문화·마케팅을 앞세워 세계 무대에서 성공을 거두고, 이것을 '글로벌 스탠더드'로 확산시키는 사례가 나타나고 있다. 이른바 '코벌라이제이션(Kobalization, 키워드)' 현상이다.

조동성 서울대 교수(경영학)는 "로컬 기업의 경영 기법이 글로벌 스탠더드로 확산되어 가는 것은 기존 경영학 교과서로는 설명할 수 없는 매우 독특한 현상"이라고 지적했다.

〈chosun.com〉

**◇ 총알 배달+매콤 양념… '한국식'**

"빨리, 빨리!" 제이손 비소쏘(Vizozso-29)씨가 한국말로 소리쳤다. 수페인 수도 마드리드 외곽 신도시. 한국 제너시스가 직영하는 치킨 체인 BBQ 바구아다(Vaguada)점의 조리실 안은 전투가 벌어지는듯 분주했다. 점장 비소쏘 씨는 '빨리빨리'를 연발하며 하루 닭 170여 마리를 요리해 내는 조리실 직원 2명을 독려했다. 페루 출신인 그는 2005년 스페인으로 건너와 2년 반 만에 짐장까지 올랐는데, 그 비결이 바로 '한국 사람처럼'이다. 그는 "한국 방식(Korean way)에 적응하느라 처음에는 힘들었다"고 말했다.

● 문법 파괴

이 식당은 스페인식 '문법'에서 한참 벗어났다. 우선 배달. 스페인은 한국보다 닭 소비(1인당 1년 34kg)가 4배나 많지만 BBQ가 오기 전까지는 배달이라는 개념 자체가 없었다.

BBQ는 우선 '텔레 포요(Telepollo, 전화로 배달해 먹는 닭)'라는 상표를 등록했다. 비가 오나 눈이 오나 반경 2.5km까지 무조건 배달한다는 것을 기치로 걸었다. 닭이 눅눅해지는 것을 막기 위해 숨구멍이 달린 빨간색 닭 배달통도 한국에서 공수해 달았다. 이젠 배달 닭 매출이 전체 매출의 40%를 차지할 만큼 한국식 배달 문화를 스페인에 심었다.

BBQ 바구아다는 낮 12시부터 밤 12시까지 문을 연다. 주말에도 쉬지 않는다. 이것 역시 한국식이다. 대부분 스페인 식당들은 오후 4~8시까지는 문을 닫고, 주말에도 쉰다. 스페인 식당은 대개 손님이 불러야 점원이 온다. 낙천적인 국민성을 반영하듯 식당 서비스도 느긋하다. 반면

BBQ는 한국식으로 식탁에 벨을 달았다. 처음에 스페인 고객들은 벨의 쓰임새를 몰라 신기해했다고 한다.

아직 스페인 고객들이 벨을 눌러 점원을 부르는 한국 방식에 익숙하지는 않다. 그래서 점원들은 항상 손님들에게 한국식으로 말하라고 교육받는다. "끼에레 알고 마스(Quiere algo mas·더 필요한 것 있으세요)?"

● 문화까지 판다

맛도 다르다 BBQ 진출 전 스페인의 닭요리 체인점은 KFC 같은 튀긴 닭과 스페인 전통 아사도(asado·전기구이 통닭)뿐이었다. BBQ는 한국식 양념 치킨, 야채 치킨을 전면에 내걸었다. "세계에 한국의 음식뿐 아니라 문화까지 함께 팔아야 한다"는 것이 BBQ 윤홍근 회장의 지론이었기 때문이다. 현지화도 중요하지만, '현지 맞춤식 우리 문화'도 함께 팔아야 다른 글로벌 업체와 차별성을 갖게 된다는 것이다.

물론 쉬운 작업은 아니었다. 한국식 매운 맛도 해외에 수출해야 할 맛이라는 판단에 현지인 1000명을 상대로 '테스트 마케팅'을 했다. 그런데 조사 대상자의 80%가 한국식의 매운 맛에 익숙하지 않다는 예상 밖의 결과가 나왔다.

2005년 3월 BBQ 첫 스페인 직영점을 열어 테스트 마케팅 결과에 굴하지 않고 매운 맛을 시도하고, 경기 이천에 있는 'BBQ 치킨대학' 연구소에서 매운 맛과 양념 맛을 조절한 치킨을 개발했다. 그렇게 만들어진 것이 현제 BBQ 바구아다의 주력 메뉴인 바르바꾸아(Barbacoa). 한국식의 '달콤 짭짜름한' 바비큐 양념 맛이다.

● "KFC를 뛰어넘는다"

2005년 스페인의 외식 전문 잡지 '오텔레리아(Hoteleria)'는 BBQ 스페인 진출을 두고 "KFC에 도전하는 한국 프랜차이즈"라고 평가했다. 문재근 BBQ 스페인 사장은 "스페인 프랜차이즈 협회 사람들도 맛·배달시스템을 벤치마킹하러 온다"고 말했다.

목표는 KFC와 같은 다국적 프랜차이즈를 뛰어넘는 것이다. 그러나 방법은 다르다 BBQ는 2003년 이후 세계 34개국에 진출했다.

중국의 경우 시내 중심가보다는 주택가를 타깃으로 했다. 아파트 주변에 닭 요리 체인점이 밀집한 한국식이다. 안전성을 믿게 하기 위해 주방과 홀 사이에 창을 설치해 조리 과정을 기다리던 손님들에게 보여 줬다. 한국에선 익숙하지만, 중국에서는 낯선 방식이다. 미국에서는 대학가 주변을 공략했다. 대학 주변에 먹거리가 마땅치 않다는 것에 착안한 것이다. 기숙사로도 배달하는 낯선 방식을 도입했다. 몽골의 경우, 조만간 오토바이 대신 '말'을 타고 배달 하는 시스템을 선보이기로 했다.

윤홍근 BBQ 회장은 "우리의 라이벌인 KFC는 닭을 가장 많이 소비하는 중동·중남미에서 실패했지만, 우리는 한국식 맛과 마케팅으로 반드시 성공할 것"이라고 말했다.

〈chosun.com〉

### ◇'美 · 日 모방' '세계화 전략' 단계 넘어 21세기 한국경제 새로운 생존전략으로

1980년대까지 한국 기업들은 미국·일본 기업의 기술과 경영 매커니즘을 도입·적용해 경제 발전을 이룩하는 '모방 발전' 전략을 채택해왔다.

그러나 1980년대 후반 들어 섬유와 전자 산업을 중심으로 개발도상국 기업들과의 경쟁이 심화되면서 한 단계 도약을 위한 기업 전략의 변화가 요구되기 시작했다.

1990년대에 들어오면서 국내 기업들의 해외 진출이 본격화하고, 세계 시장을 둘러싼 선진국 기업들과의 경쟁이 불가피해졌다. 이에 따라 세계화(글로벌라이제이션) 전략이 대세로 자리잡았다. 특히 외환위기 이후 우리는 자의 반, 타의 반으로 국가 경제와 기업 경영 등 모든 경제 분야에 글로벌 스탠더드(세계 표준)를 도입하는 과정을 겪어야 했다.

2000년대 이후 우리 기업들은 기존의 글로벌라이제이션 전략에서 '코벌라이제이션' 전략으로 한 발 더 나아갔다. 한국에서 갈고 닦은 경영 방식을 세계 시장에 수출, 새로운 글로벌 스탠더드를 만들어 나가는 전략이다. 특히 우리 기업들이 선진국 못지않게 까다로워진 한국 소비자들을 만족시키기 위해 체득한 노하우가 세계 시장의 주목을 받기에 이르렀다.

샌드위치 상황의 한국 경제에 코벌라이제이션은 새로운 생존전략이 될 수 있다. 지구가 평평해지는 글로벌 개방경제 시대에는 아무리 내수 기업이라도 글로벌 경쟁력 없이는 살아남을 수 없다.

이런 환경에서 치열한 경쟁을 이겨내고 살아남은 기업들은 전 세계 어디에서나 통할 수 있는 글로벌 경쟁력을 인정받게 된다. 이들에게 글로벌 개방경제는 한국에서 갈고 닦은 경쟁력을 바탕으로 해외 시장으로 진출, 더 큰 성공을 노릴 수 있는 기회가 더 넓어짐을 의미한다.

〈코벌라이제이션의 3요소〉

| 구 분 | 내 용 | 사 례 |
|---|---|---|
| 인재 | 한국 시장에서 양성되고 한국적 가치로 무장한 경영자 | -카길코리아 김기용 회장<br>-이장우 이메이션 미국 본사 글로벌 브랜드 대표<br>-이채욱 GE헬스케어 아시아 총괄 사장<br>-문국현 킴벌라클라크 북아시아경영협력체 전 회장 |
| 문화 | 한국적 근로 윤리, 한국식 의사 결정-일 처리 방식, 한국적 미의식 | -제너시스(BBQ)의 한국식 닭요리<br>-LG전자의 '혁신 학교'<br>-카길코리아의 사람 중심 경영 |
| 경쟁력 요소 | 한국 시장에서 유래된 마케팅 기법, 브랜드, 디자인, 제품 콘셉트 (개념) 등 | -LG전자 요리교실 마케팅<br>-삼성테스코 '홈플러스' 브랜드<br>-GM대우의 글로벌 소형차 모델 |

〈chosun.com〉

PC와 같은 제품은 전세계적으로 공통의 기술적 언어를 쓰기 때문에 성능의 우수성을 기저로 마케팅 활동이 전개되는 반면, 네슬레의 수프, 냉동식품 등은 문화적 체취에 보다 영향받기 쉬운 제품이다.[3] 젊은 층을 대상으로 한 제품, 해외 여행의 경험이 많고 자기 중심적 사고의 인간들을 대상으로 한 제품 역시 문화적 속박에서 비교적 자유롭다고 하겠다.

### 〈사례 3-5〉 글로벌 시티즌

**◇ 유통업계, 해외여행 경험 많은 소비자층 집중공략**

지난달 25일 서울 강남구 압구정동 현대백화점 하늘정원(옥상)에는 4,000명에 가까운 인파가 몰렸다. 한 달에 한번 중고 명품과 생활용품을 파는 '그린 마켓'이 열려 북새통을 이룬 것이다. 현대백화점 오중희 이사는 "그린 마켓이 유럽의 벼룩시장 같은 분위기를 내서인지 찾는 사람이 많다"면서 "작년에 비해 찾는 사람이 15% 이상 늘었다"고 말했다.

여행이나 연수·인터넷 등을 통해 해외 문화를 접해본 '글로벌 시티즌

3) Quelch, J.A., Hoff, E.J., Customizing global marketing, HBR, May June 1986.

(Global citizen)'이 늘면서, 이들을 잡기 위한 유통업체의 노력이 집중되고 있다. 유통업계에서 말하는 '글로벌 시티즌'의 특징은 다른 나라에 대한 직·간접 경험이 많고, 해외 경험으로 상품 브랜드·질에 대해 수준 높은 취향을 가지고 있다. 실제 문화관광부의 집계에 따르면 작년 해외로 나간 여행자수는 1161만 명으로 전년에 비해 15.2%가 증가했다. 특히 '글로벌 시티즌'은 감성적인 소비를 선호하는 구매력 높은 소비자층을 말한다.

● 사은품이 아니라 이국적·문화적 취향으로 고객 유인

LG패션의 신사복 브랜드인 마에스트로는 2005년부터 세계적인 지휘자인 정명훈씨가 지휘하는 공연에 VIP들을 초대하고 있다. 작년에는 독일 오케스트라인 드레스덴 슈타츠카펠레 공연에 VIP고객을 초청했다. LG패션은 "공연을 관람하고 감동한 고객이 바로 다음날 매장에서 100만원 이상의 제품을 구매했다"면서 "사은품 증정보다 기대 이상의 효과를 봤다"고 밝혔다.

신세계백화점 강남점은 프랑스의 유명한 요리학교인 '르 꼬르동 블루' 코너를 마련했다. 프랑스 요리인 '웰링턴'의 테이크아웃(매장이 아니라 가져 나감) 가격이 1만5000원대(1인 기준)이다. 신세계백화점 장혜진 과장은 "프랑스의 대표적인 요리 학교인 '르 꼬르동 블루'의 명성을 잘 알고 있는 고객들의 반응이 좋다"고 말했다.

홈플러스는 지난달 경기도 김포 풍무점에서 가족 대상의 승마교실을 운영하기 시작했다. 홈플러스는 "고급 레저에 대한 수요가 늘 것으로 예상해 승마 강좌를 열었다"면서 "그만큼 구매력 있는 고객을 유치할 수 있을 것으로 기대한다"고 말했다.

● 합리적인 가격에 브랜드 즐길 수 있도록

이마트는 서울 양재점에 고급 와인을 일반 매장보다 20% 정도 싼 가격에 살 수 있는 와인매장을 마련했다. 이마트 신근중 와인 바이어는 "일반 레스토랑에서는 비싸서 못 마시고 일반 매장에서는 구하기 힘든 '샤토 무통 로칠드' 같은 고급 와인을 할인된 가격에 갖다 놓았다"면서 "와인 애호가 들이 많이 찾고 있다"고 말했다.

롯데마트는 작년부터 유럽 백화점에서 판매되고 있는 란제리 브랜드인 '식스티 에잇(6IXTY 8IGHT)'을 직수입해 매장에서 판매하고 있다. 이마트도 캘빈클라인·휴고보스 같은 유명 브랜드의 남성 속옷을 들여와 '속옷 명품 매장'을 만들었다. 롯데마트 속옷 담당 상품기획자인 이지원

씨는 "해외 브랜드에 대한 선호가 늘면서 국내 제품에 비해 크게 비싸지 않은 제품을 팔고 있다"고 말했다.

신세계유통산업연구소 노은정 부장은 "앞으로는 FTA(자유무역협정) 영향을 받아 국내 소비자들이 점점 더 세계화된 시장에 노출될 것"이라면서 "유통업체들도 상품 기획에 이런 취향을 반영하지 않을 수 없을 것"이라고 말했다.

〈chosun.com〉
(제26845호)

마케팅의 국제 표준화가 가장 이루어지지 않은 하위 부문이 광고 미디어이다. 유럽의 경우 국가별로 광고 미디어의 활용가능성이 천차만별이어서, 영국에서는 TV 광고가 얼마든지 가능한 반면, 독일에서는 엄격히 제한되어 있으며, 스웨덴, 덴마크, 노르웨이에서는 아예 없거나 극히 제한적이다.[4] 또한 하루에 채널당 방영 가능한 광고 시간도 핀란드는 12분, 이태리 80분, 프랑스는 1시간에 12분, 스위스, 독일, 오스트리아는 20분이다. 게다가 독일은 광고방송 할당 시간을 예약해야 하고 1년치 광고비를 선납해야 한다[5]. 인도의 경우에는 인구의 절반이 문맹이기 때문에 신문, 잡지를 통한 마케팅 커뮤니케이션은 그다지 효과적인 수단이 못된다. 오히려 임금 수준이 낮은 후진국에서는 영업인력에 의한 인적 판매(personal selling)가 애용되고 있다. 한편 일본에서는 경쟁사 제품과의 비교광고가 금지되어 있다. 이 밖의 특수한 마케팅 커뮤니케이션 수단 중에는 DM(Direct Marketing)이 있다. 이는 신용카드의 보급 및 맞벌이 가정의 쇼핑 시간 부족이라는 사회적 현상, 케이블 TV, 인공위성 방송 등과 같은 기술의 진보로 전세계 소비자에 쉽게 다가갈 수 있게 된 점[6] 등이 촉매역할을 했다고 본다. 그러나 정보 및 사생활 보호, 일부 국가의 높은 우편요금 등이 걸림돌로 작용하고 있다.

4) R. Z. Sorenson, Wiechmann, U.E., Probing Options, HBR, May-June 1975.
5) Keegan & Green(2000), p. 521.
6) MTV는 전세계 2억 3천만 가구에 방송되어 젊은 시청자를 사로잡고 있으며, 우리나라의 아리랑 방송도 전세계 네트워크를 통해 의도하지 않게 우리나라 중소기업의 수출 시장 개척에 큰 도움이 되고 있는 실정이다.

광고의 표현에 국한해서도 표준화와 현지화가 혼재된 경우가 있다. 나이키와 리복은 각각 'Just Do It'과 'Planet Reebok'과 같은 문구를 영어로 표준화 광고를 하고 있지만, 다른 표현들은 현지국의 문화에 맞게 적응된다. 가령 프랑스에서는 광고의 폭력성이 용납되지 않기 때문에 리복은 복싱 장면을 여성이 해변을 달리는 장면으로 대체했다.[7]

제품별로도 마케팅의 표준화에는 차이가 있어서, 화장품은 가장 표준화가 높은 반면, 인스턴트 커피와 같은 식품은 비교적 표준화의 정도가 낮다. 가령, 남부 유럽에서는 짙은 커피를 선호하는 반면, 북유럽의 기호는 순하고, 약간 시고 덜 태운 커피를 좋아한다.[8] 시장 여건이 유사할수록 표준화의 정도가 높다고 말할 수 있다. 그러나 시장 여건이 상이할수록 마케팅 전략이 갖는 차별화의 정도는 시장의 유사성에 따른 표준화의 정도에 비해 강하지 못하다.

### 〈사례 3-6〉 화장품의 국제마케팅

최근들이 화장품 브랜드 숍이 많이 늘었습니다. 그런데 여성들이 화장품을 가장 많이 구매하는 곳은 어디일까요? 재미있는 건, 나라별로 차이가 있다는 것입니다.

국내 화장품시장에서 가장 많은 판매가 이루어지는 것은 흔히 방문판매라고 부르는 '인적판매경로'입니다. 전체 시장의 35% 이상을 차지하고 있습니다. 이어 전문점과 백화점 순입니다. 우리나라의 이런 특성은 아마도 처음 국내에 화장품이 유통된 방식이 '동동구리모'라고 외치며 마을을 다니던 것에서 시작되었기 때문인 것 같습니다. 또 주변 사람의 권유가 잘 먹힌다는 특성도 한몫한다는 게 업계의 판단입니다.

그럼 가까운 중국과 일본의 화장품 소비 시장은 어떨까요? 중국의 소비자들은 전문 미용화장품시장으로 분류되는 '미용원'이라 불리는 피부관리숍 판매 비중이 아주 큽니다. 피부관리숍의 80% 이상이 피부관리 서비스보다 화장품 판매로 더 많은 이익을 본다는 것이지요.

중국의 이런 특징은 마사지 형태의 피부관리가 오래 전부터 발달해

7) Joseph Pereira, Off and Running: Pushing U.S. Style, Nike and Reebok Sell Sneakers to Europe, *The Wall Street Journal*, July 22, 1993.

8) Keegan & Green(2000), p. 502.

왔던 것도 중요한 이유입니다. 피부관리숍에서 사용한 제품을 자연스레 집에서도 사용하게 되는 것이지요. 실제 중국내 피부관리숍의 숫자는 약 154만개로 우리나라의 약 85배나 된다는군요.

일본의 소비자들은 백화점에서 화장품을 구매하는 비율이 높은 편입니다. 자신의 선택에 대한 확신이 강하기 때문입니다. 도쿄의 신주쿠 이세탄 백화점은 화장품 부문 매출이 전세계 1위입니다.

이런 이유로 국내 화장품 회사들이 해외에 나갈 때는 다른 접근법을 사용합니다. 예컨대 코리아나 화장품의 경우, 중국에는 '미플'이라는 피부관리숍 브랜드로 공략합니다. 얼마전 1호점을 열었는데, 2년내 1000개까지 확장할 계획이라고 합니다. 반면 일본에는 백화점 유통경로를 활용할 계획이랍니다.

이처럼 소비자의 특성과 형태에 따라 유통구조는 확연히 다르게 나타납니다. 어떤 것이 더 낫다고 할 수 없지요. 최근 '방문판매가 다단계 영업인가'에 대한 논란도 있었습니다만, 다른 사람의 추천에 의존하는 우리나라 소비자 특성상 화장품 이외에 다른 업종에서도 방문판매는 더 많이 늘어날 것 같습니다.

〈chosun.com〉
(2007. 10. 12)

표준화의 매력은 일국에서 효과를 거둔 마케팅 전략을 다른 국가에 적용함으로써 시장 성과를 거두기가 용이하다는 점, 쓸데없는 수고를 하지 않아도 된다는 점, 전세계적으로 통일된 기업 이미지를 전파할 수 있다는 점, 마케팅 비용(제품 디자인, 포장, 판촉, 광고 등)을 절감할 수 있다는 점 등이다. 이러한 이점은 마케팅 프로그램의 개발 프로세스가 표준화되기 때문에 가능하다는 점에 주목해야 할 것이다.

마케팅 믹스의 표준화/현지화의 문제를 매트릭스의 각도에서 바라볼 수도 있다. 즉 제품과 커뮤니케이션을 양축으로 하여 국내시장에서와 해외시장에서의 조건을 같이 할 것인가 아니면 달리 할 것인가에 따라 다음 〈그림 3-1〉과 같이 4가지 전략안이 도출될 수 있다.

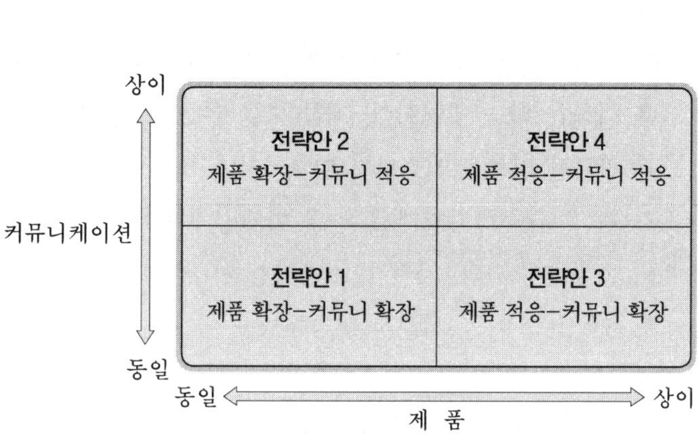


〈그림 3-1〉 해외 시장의 마케팅 믹스 선택안

전략안 1은 제품과 커뮤니케이션 모두 확장하는 방안이다. 가장 용이하면서 가장 높은 수익을 보장한다고 볼 수 있다. 그 이유는 디자인과 제조의 규모경제, 재고 절감, 연구개발의 중복 방지, 마케팅 커뮤니케이션의 표준화에 의한 규모경제 등으로 코스트의 절약이 크게 이루어지기 때문이다. 물론 확장전략의 채택에 의해 손해를 본 사례도 있다. 가령 Campbell Soup사는 영국에 토마토 수프를 도입하였지만 상당한 손실을 입고서야 영국인은 미국인보다 쓴맛을 선호한다는 것을 알았다. 이를 교훈삼아 일본 시장에 진입할 때는 콘 포타쥬 수프 등을 일본인의 입맛에 맞게 적응시킴으로써 성공을 거둘 수 있었다. 1960년대 초 CPC International사는 Knorr 브랜드의 분말 수프를 미국시장에 진입시켰다. 분말 수프는 유럽의 수프 시장에서 지배적인 비중을 차지하고 있었다. 시음 테스트에서 캔 수프보다 뛰어나다는 결과가 나왔지만 정작 시판 이후 매출이 시원찮았다. 그 원인은, 시장 조사 단계에서 미처 신경쓰지 못한 것으로서 수프의 맛도 중요하지만 준비과정을 고려하지 않은 점이다. 캔 수프는 바로 데워서 먹을 수 있는데 반해 분말 수프는 20-30분간 조리해야 먹을 수 있었다. 분말 수프 카테고리에서는 크노르 브랜드가 수위를 점하였지만, 분말 수프는 수프 시장에서 부차적인 비율에 그쳤다.

전략안 2는 제품은 그대로 살리는 확장 전략을 택하면서 외국의 상이한 욕구, 상이한 세분화, 상이한 기능에 호소하기 위해 커뮤니케이션은 적응을 하는 방안이다. 제품은 불변이므로 연구개발, 제조, 재고 등과 관련된 비용은 최소화가 이루어지며, 단지 상이한 제품 기능의 확인과 광고, 판촉, POS 재료 등의 마케팅 커뮤니케이션에서 비용이 추가로 발생하게 된다. 자전거, 스쿠터가 이 전략안에 해당하는 제품이라고 볼 수 있다. 이들 제품은 미국에서는 여가활동에 쓰이지만, 다른 국가들에서는 기본적인 교통수단으로 쓰이므로 국별 제품 기능이 다른 셈이다. 또한 미국에서는 가정 잔디 제초기기가 개도국에서는 농기계의 하나로 쓰인다는 점도 지적할 수 있다. 이로 인해 제품에 변형을 가해야 하기도 한다.

전략안 3은 제품은 적응하되 커뮤니케이션은 확장하는 것이다. Exxon이 이 전략을 채택하고 있다. 국별로 다른 날씨 조건을 고려하여 가솔린의 배합 공식은 적응시키되, 'Put a Tiger in Your Tank'라는 광고 문구는 그대로 적용한다. Hon Industries of Muscatine은 일본에 사무용 가구를 수출하면서 미국인에 비해 작은 일본인의 체구를 고려하여 디자인의 크기를 줄여야 한다는 점을 고려했다. 비누, 세제 메이커들도 나라마다 다른 수도물 상태(경수, 연수 등의 차이), 세척 장비 등을 고려하여 제품은 적응시킨다.

전략안 4는 제품과 커뮤니케이션 모두 적응시키는 전략이다. 이는 위의 전략안 2와 3을 합친 모양이다. Unilever의 섬유세제가 전형적인 예라고 할 수 있다. 이 회사의 제품은 수년간 여러 모양의 병에 7개의 상이한 브랜드로 10개국에서 판매되었다. 유닐레버가 이런 전략을 택하게 된 데는 조직구조가 분권화되어 있다는 점이 작용하였다. 분권화로 제품 및 마케팅에 관한 결정은 자회사에 위임되었다. 이들 자회사 경영자들은 현지어로 부르기에 적합한 제품명과 현지의 기호에 맞는 포장을 채택했던 것이다. 이에 비해 경쟁사인 Proctor & Gamble(P&G)은 유럽시장이 유닐레버가 생각하는 이상으로 동질적이라고 생각하여 단일 제품명을 채택하면서 범유럽 표준화 전략을 채택하였다. 유닐레버의 유럽 브랜드 관리자도 점진적으로 표준화 전략으로 이행하려고 하고 있다.

경우에 따라서는 기업이 이상의 4가지 전략안을 모두 사용하기도 한다. 가령 하인즈사는 케첩의 마케팅 활동에서, 영국에서는 제품 및 커뮤니케이션의 확장전략을 사용하고, 동유럽과 스웨덴에서는 제품의 적응(보다 시고 매운 맛)을, 프랑스에서는 커뮤니케이션의 적응(카우보이가 밧줄을 던져 케첩 병을 잡아내는 광고를 통해 제품의 미국적 전통을 상기시킴), 스웨덴에서는 커뮤니케이션의 확장을 통해 하인즈를 'the taste of the big world'라는 보다 보편적인 광고문구를 사용하고, 에펠 탑과 같은 상징물을 사용하여 제품의 원산지를 눈가리는 전략을 쓰고 있다.

### (2) 원산지 이미지

글로벌 제품 정책에서 빼놓을 수 없는 또 다른 문제는 원산지(country of origin)가 주는 이미지이다. 특정 국가에서 만들어진 제품에 대해 소비자들은 일정한 지각을 갖고 있다. 그렇기 때문에 소비자의 구매 의도를 평가할 때 귀중한 자료로 활용되며, 글로벌 기업이 어느 지역의 자회사에서 어떤 제품을 생산하여 글로벌 시장에 공급할 것인가 하는 고차원의 의사결정에도 영향을 발휘한다. 국별 이미지의 측정도구는 기술 혁신성, 제품 설계나 디자인, 제품의 명성, 제품의 마무리 상태 등이다. 제품의 범주와 국별 평가 간에 적합성이 성립할 경우에는 보다 강력한 제품 경쟁력의 발휘가 가능할 것이다. 가령, 프랑스제가 주는 이미지는 디자인과 명성이므로, 구두라고 하는 제품의 범주와 적합성이 높다. 이 밖에 자동차, 시계 등도 국별 이미지가 소비자의 구매 의도에 미치는 영향이 커서 독일과 일본이 1위와 2위에 올라 있지만, 반면에 맥주는 원산지에 의한 제품 차별화가 약하다(며칠 전 뉴스에 중국산 맥주에 포름알데히드가 과다 투입되었다는 보도가 나와 이미지 실추가 있었음. 앞서 자동차와 시계에서 최상위권에 속한 일본이 맥주에서는 영국, 프랑스, 독일, 스페인, 아일랜드, 헝가리, 멕시코, 미국, 일본, 한국 등 총

10개 조사대상국 가운데 미국 소비자는 6위, 멕시코 소비자는 8위, 아일랜드 소비자는 9위의 이미지를 부여했음).

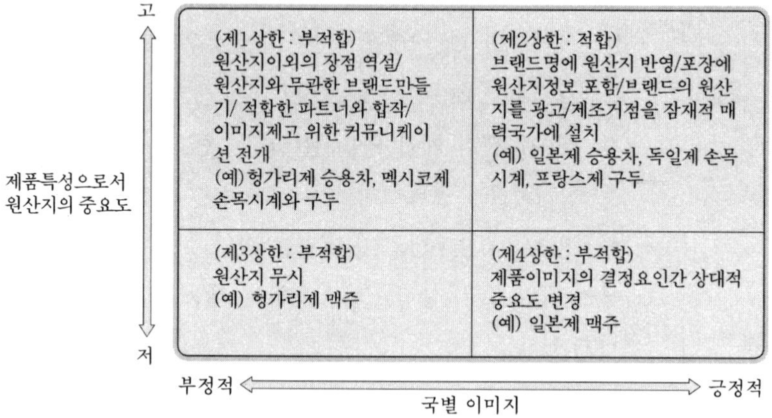


자료: Roth, M., Romeo, J.(1992). Matching product category and country image perceptions: A framework for managing country-of-origin effects. *Journal of International Business Studies*, 23(3), p. 495.

〈그림 3-2〉 원산지 이미지의 적합도와 시사점

제 1상한은 제품 특성으로서 원산지가 갖는 중요성이 높음에도 불구하고 해당 국가의 이미지(국가 경쟁력)가 저조하여 부적합(unfavorable match)을 보이고 있는데, 이 때는 원산지에 대한 정보 제공은 제품 평가에 부정적으로 작용한다. 따라서 광고를 할 때는 제품 특성 중에 원산지를 제외한 다른 항목을 강하게 소구해야 한다. 국가 이미지가 좋은 지역으로 합작 투자를 추진하는 일도 검토해볼 만하다. 가령, 헝가리 기업이 독일 기업과 자동차 생산이나 마케팅에 관한 합작투자를 맺는 식이다. 또한 해당 국가에 대해 소비자가 갖고 있는 부정적 이미지를 개선시키는 마케팅 캠페인을 벌리는 일도 좋을 것이다.

제 2상한은 세계의 소비자들이 지각하고 있는 해당 국가에 대한 긍정적 이미지가 제품의 특성으로서 차지하는 원산지의 높은 중요도와 조화를 보이는 경우이다. 광고에도 원산지를 전면에 내세우며, 포장이나 제품 자체에도 원산지를 표시하여 소비자의 구매 의도를 한층 높이도록 한다. 제 2상한에 속하는 국가는 글로벌 기업들의 제조거점 우선 후보지이다.

제 3상한에서는 원산지 정보를 아예 표면에 내세우지 않도록 한다. 제 4상한은 우월한 국가 이미지에도 불구하고 제품 특성에서 차지하는 원산지의 중요성이 낮은 경우이다. 물론 제 1상한의 부적합보다는 낫다. 제 4상한에 속한 기업은 소비자의 지각을 바꾸는 일에 진력해야 한다. 가령 맥주라는 제품에도 국가 이미지가 중요한 특성일 수 있음을 광고한다. 우리나라 맥주제조회사들이 제품 혁신에 의해 특별한 맛을 내는 맥주를 개발했다면, 맥주라는 것이 제품혁신에 의해 좌우되는 상품이 아니라는 기존의 지각을 바꾸어 놓도록 해야 한다. 그렇게 되면 자연히 제품혁신에 앞서 있는 나라는 한국이라는 이미지와 맞물려 매출 증대로 이어질 가능성이 높다.

생산지(country of manufacture)가 갖는 효과도 있다. 같은 SONY 제품이라도 생산지가 동남아냐 아니면 일본이냐에 따라 소비자의 구매 의도에 주는 영향력에는 차이가 난다. 글로벌 기업의 경우, 본사 소재국이 원산지가 되고, 자회사 소재국이 생산지가 될 것인데, 글로벌화의 추세가 강해질수록 원산지와 생산지 구별이 각별한 의미를 지니게 된다. 단지 이는 어디까지나 완성품의 경우이고, 부품에 대해서까지 원산지, 생산지를 따지는 소비자는 거의 없다.

## 2. 글로벌 가격 전략

글로벌 가격 책정 전략(global pricing strategy)에는 몇 가지 방식이 있다(Keegan, Green, 2003: 367-370). 하나는 고가 전략(market skimming)으로서, 해당 브랜드에 대해 프리미엄 가격을 지불할 용의가 있는 시장 세그먼트에 접근하기 위해 의도적으로 행하는 경우가 많다. 차별화를 통한 경쟁 우위를 추구하는 기업이 채택하는 경향이 있다. 제품 수명주기와 연관시켜 보면, 생산 용량과 경쟁이 제한적인 도입기에 적절한 전략으로서, 이 주기 단계에서 기업은 의도적인 고가격 설정으로 수요를 혁신자(innovator)와 조기 채택자(early adopter)로 한정한다.

둘째는 침투 가격책정(penetration pricing) 전략으로서, 규모 경제를 살릴 수 있는 생산 능력과 저비용의 노동력을 보유한 기업들이 채택하는 저가 전략이다. 소니가 1979년에 워크맨을 개발할 때 손익분기점에 달하기 위한 판매가는 50,000엔이었다. 그러나 젊은 소비자 계층을 유인하기 위해서는 35,000엔의 가격대 설정이 필요하다는 인식이 공감되었고, 엔지니어링 팀에서는 손익 분기점 달성을 위한 가격을 40,000엔으로까지 낮출 수 있겠다고 하였다. 그러나 당시 회장 모리타 씨는 소니의 창업 33주년을 기념하는 뜻에서 33,000엔(165달러)으로 낮추라는 압박을 가하였다. 이 가격으로는 초기 생산량 6만 대가 전량 판매된다고 해도 대당 35달러의 손실을 보게 되었다. 마케팅 부서에서는 녹음이 안 되는 카세트테이프 레코더를 살 사람이 어디 있겠냐면서 신상품의 실패를 예견하였다. 글로벌 기업으로서 달성 예상의 판매량은 소니에게 규모경제와 낮은 생산비용의 효과를 가져다주었다. 그런데 처음 수출을 시도하는 기업으로서는 이러한 침투가격을 채택하기가 어렵다. 일정 기간 손실을 보면서 판매를 하게 되는데, 처음 해외 시장에 수출을 하는 기업으로서는 손실을 흡수할 재정적 여력이 없고, 운송, 유통, 영업조직 등과 같은 마케팅 시스템을 갖추고 있지도 못하기 때문이다.

셋째는 표적 비용 전략(target costing)이다. 이는 예상 판매가격에서 원하는 이익 수준을 공제한 크기를 표적 비용으로 책정하는 방식이다. 산출된 표적 비용에 기초하여 설계비용, 엔지니어링 비용, 납품업체 비용 등이 계산된다. 가치사슬에 관여하는 모든 당사자들 간의 논의를 통해 제 비용은 표적 비용의 도출이 가능하도록 조정된다. 당사자 간의 협상이 타결되고 나면 생산이 개시되고 지속적인 생산비 절감 노력이 이루어진다. 이러한 표적 비용 전략은 일본기업에서 많이 엿볼 수 있으며, 미국 기업은 이와 달리 설계와 엔지니어링, 마케팅 결정이 이루어지고 난 뒤에 생산 비용의 크기를 정한다.

넷째는 한계비용 전략(marginal cost pricing)이다. 이는 신규 시장에 침투하기 위해서 생산량의 1단위 추가에 소요되는 변동비의 크기를 판매가격으로 정하는 방식이다. 이 방식을 활용할 때 주의할 점은, 수입국 시장의 경쟁업체들의 덤핑 제소에 걸려들기 쉽다는 점이다.

가격은 판매자가 일방적으로 정하는 것이 아니라 구매자의 지불 능력과 의사를 반영한 것이어야 한다. 즉 구매자의 지각된 가치(perceived value)를 반영한 시장지향적 가치의 개념이 강조되는 것이다. 이 때 중요한 것이 앞서 언급한 상품의 컨셉트이다. 상품이 내세우는 가치가 구매자가 지각하는 가치와 일치해야만 비로소 구매가 실현될 수 있다. 그런데 만약에 구매자가 상품의 가치를 지각하지 못하는 경우에는 가격 결정은 어찌 해야 하는 걸까? 사치품, 품격을 상징하는 명품, 혁신적 제품일수록 그 제품이 지닌 본래의 가치를 평가하기가 용이하지 않다. 이런 제품일수록 높은 가격을 매기면 곧 가치가 높다고 판단되어 구매하는 고객층이 다수 있기 마련이다. 가령, 일본에서는 SONY가 로봇 애완견 '아이보'를 발매했을 때 가격을 25만엔으로 설정하였는데, 이 수준의 가격이 고가인지 아닌지 판매자나 구매자 모두 알 수 없었다고 한다. 불과 며칠 만에 구매 예약이 종료되자 회사측은 좀더 가격을 올렸어도 좋았는 게 아니냐는 생각을 했다고 한다. 상품의 가치를 제대로 파악하기 힘들 때는 가격이 곧 가치의 크기를 알려주는 역할을 하기도 한다. 그런데 이러한 가격 책정은 다른 마케팅 믹스와 연동시켜서 평가되어야 한다. 즉 통합적 마케팅 믹스의 한 부분으로서 시행되어야 한다.

가격과 다른 마케팅 믹스 간의 관계를 보면, 제품(고품질) - 가격(고가격) - 촉진(대량광고)의 관계를 보이고 있다. 이들의 관계를 제품수명주기와 결부시켜 보면, 성숙기와 쇠퇴기에서는 일관성을 보이는데 비해, 도입기와 성장기에서는 불규칙한 관계를 보이고 있다. 이는 시장 환경이 안정적일수록 마케팅 믹스 간의 일관적인 관계가 나타나고 그런 일관성이 효과적임을 말해준다고 하겠다.

제품수명주기와 관련해 보면, 도입기에 기업이 책정할 수 있는 가격 전략에는 침투가격(penetrating price)과 천정가격(skimming price)이 있다. 혁신성이 높은 제품일수록 상품 가치의 지각이 힘들고, 수요의 가격 탄력성이 낮으며, 초기 마케팅 비용이 크다는 점에 비추어 천정가격에서 시작할 가능성이 높다. 또한 시장진입장벽이 높을수록 천정가격의 채택이 용이하다. 반면, 침투가격은 경쟁사들이 유사제품을 개발하여 곧장 시장에 추격할 것이 예상되는 경우에 되도록 초기 단계에 시장점유율을 신장시킬 필요가 있을 때 채택되는 경향이 높다. 성장기에는 규모경제를 활용한 생산비의 저렴화를 실현하기 위해 시장점유율 극대화가 초미의 과제인 만큼 침투가격 방식을 적용하는 경우가 많다. 성숙기에 접어들면 이미 성장기에서 개발비의 회수가 이루어진 만큼, 수익률 제고를 제1의 목표로 삼는다. 따라서 고가격 정책을 유지하기 위해 제품의 차별화 전략을 실시한다. 아울러 재고 발생을 극력 줄이기 위해 수요 동향과 경쟁사 움직임을 예의주시하면서 미묘한 가격 통제도 실시한다. 성숙기에서는 고객 수의 확대보다는 기존 고객 1인당 매출 규모를 확대하기 위해 가격 전략도 1 대 1 가격, 집단 가격 등의 고객층별 차별화 방식이 행해진다. 쇠퇴기로 넘어오면 제품 차별화 전략도 막을 내리고 가격 요인만이 유일한 매출 결정인자로 작용하게 되어 저가 경쟁으로 치닫게 된다.

〈표 3-4〉 마케팅 믹스의 정합성과 투자수익률의 관계

| 가격-광고의 정합성(표본수) | 투자수익률 |
| --- | --- |
| 낮음(12) | 5.86% |
| 중간(39) | 10.28% |
| 높음(99) | 12.10% |
| 완전(77) | 15.76% |

자료: 嶋口(2004: 117-119)

한편, 기업의 시장지위와 연관지어서 말한다면, 자사의 독자적 전략을 갖고 있지 않는 후발자(follower) 기업을 제외한 3가지 유형의 시장지위를 지닌 기업들은 저마다에 적합한 가격책정 전략을 구사한다. 리더 기업은 가격 경쟁을 지양하고 다른 마케팅 믹스를 이용하여 경쟁에 대응하는 것이 유리하다. 가격 인하의 몫을 제품의 개선이나 광고에 투입하는 편이 훨씬 효과적이다. 도전자(challenger) 기업은 동질적 전략으로는 최대의 경영자원을 보유한 리더 기업에 대항할 수 없으므로, 리더보다 다소 낮은 수준의 가격 내지는 게릴라 가격을 펼치는 일이 많다. 단지 저가격만으로는 시장점유율의 유지가 어렵다는 점에 유념해야 한다. 또한 역으로 높은 수준의 권위 가격(prestige price)을 채택하기도 한다. 틈새자(nicher) 기업은 일반 경쟁에서 벗어난 특정 세그먼트를 노리므로, 다소 높은 수준의 가격을 책정하는 경향이 있다. 틈새자 기업의 표적 고객들은 브랜드 충성도가 높아서 가격탄력성이 낮다는 점이 고가 책정의 유리한 조건으로 작용한다. 구체적인 가격 책정의 수준을 정할 때는 그 상한선과 하한선을 확인해 두어야 한다. 하한선의 결정은 비용에 의해 이루어지는데, 문제는 이 비용이 일정하지만은 않다는 점이다. 가령, 매출 증대로 생산량이 증가하면 규모경제와 경험곡선의 효과가 작용하여 단가가 저하되는 반면, 유가 급등과 같은 외생 변수의 발발은 비용을 상승시킨다. 따라서 실제로는 향후 판매가의 산정 기준이 되는 비용은 현재 시점에서 계산 가능한 것으로 삼는다. 가격의 상한선은 시장이 인정해주는 가치가 되는데, 가령 소비자들에게 조사한

결과, 어느 수준 이상의 가격으로는 구매할 수 없다고 하면 바로 그 수준이 상한선이 된다. 즉 구매자가 지각하는 가치의 상한선이 곧 가격의 상한선이 되는 셈이다. 이는 어찌보면 지극히 모호하기 짝이 없는 듯이 보이지만, 시장이나 고객이 인정하는 가격이라는 것은 가격의 하한선을 정하는 비용 산정 방법이 갖는 모호성과 크게 다르지 않다.

앞서 제품수명주기의 도입기에서 간단히 언급한 가격 책정 방식을 포함하여 제품가격 설정에는 크게 여섯 가지 방식 중의 하나를 적용하게 된다. 이들은 침투가격, 천정가격, 균형가격, 1 대 1 가격, 집단가격, 버전(versioning)가격 등이다. 이들은 투입비용을 먼저 고려한 뒤 여기에 이익의 크기를 덧붙이는 코스트 플러스 방법이 회계적 기준에 입각한 데 비해서, 고객에 제공되는 제품의 가치, 즉 진정경제가치(True Economic Value: TEV)를 고려한 마케팅적 기준에 입각한 것이라고 말할 수 있다(小尾, 2004: 131).

침투가격(penetration pricing)은 저가격을 무기삼아 시장점유율을 확보하고 폭넓은 고객 계층에 제품을 인식시키려는 목적을 갖고 있다. 침투 가격은 비용에 근접한 가격 수준을 책정함으로써 후발 경쟁자의 기를 꺾는 효과를 볼 수 있다. 또한 저가격에 의한 판매량의 확대는 규모경제와 경험곡선에 의한 비용의 절감을 가져와 시장점유율의 확대와 이윤 획득으로 이어진다. 일본의 카시오가 이런 전략으로 탁상계산기 사업을 평정한 일이 좋은 예이다. 침투가격이 효과를 발휘하기 위한 전제조건으로는, 잠재시장의 규모가 커야 하고, 가격 탄력성이 높으며, 규모경제와 경험곡선의 효과를 통해 생산비를 저렴하게 할 수 있어야 한다. 침투가격의 설정 방식이 갖는 리스크로는 싸구려 브랜드라는 이미지를 심어줄 수 있다는 점이다.

천정 가격(상층흡수 가격)은 신제품의 차별성과 독자적 지위를 한동안 유지할 수 있는 경우에 특히 유효하며, 우선은 가격에 대해 그다지 민감하지 않고 구매력이 높은 상위 고객층을 표적으로 삼는다. 즉, 제품의 차별화가 분명하고, 가격경쟁에 휘말리지 않으며, 가격탄력성이 낮은 제품을 전제조건으로 한다. 소비자가 누리는 가치에 비해 가격이 합당치 않다고 판단되면 수요는 단번에 가라앉을 수 있다는 점에 유념할 필요가 있다. 수익률이 높다는 점에 비추어 보면, 제품개발에 투입된 투자비를 조기에 회수할 수 있지만, 코스트 삭감을 위한 노력이 침투가격만큼 치열하지 않다는 점에서는 잠재경쟁자의 시장진입장벽이 높지 않다고도 볼 수 있다. 일단 고가격으로 시작하고 나면 추후에 경쟁자가 신규로 진입하더라도 가격 인하에 의해 대응할 수가 있다.

균형 가격(balance price)은 침투가격과 천정가격의 중간 수준에 해당하는 가격인데, 일반적으로는 구매자가 지각하는 가격대에 맞추어 설정하게 된다. 특히 동일 제품에 대해 복수의 종류를 보유하고 있는 기업에서는 종류 간의 균형을 고려한 product line pricing을 선택하는데, 아파트의 분양가격이 동일 면적의 아파트 제품이라도 층의 위치에 따라 달리하는 것이 그 예라고 할 수 있다.

1 대 1 가격설정은 고객별 상이한 구매의욕을 고려하여 가격설정을 변화시키는 방법이다. 소비자가 지불할 의욕을 지닌 가격수준에 비해 실제 지불하는 가격수준이 낮을수록 기업측의 기대수익은 줄어든다. 즉 고객은 보다 높은 수준의 가격을 지불할 용의가 있음에도 불구하고 기업측이 그에 못미치는 가격을 제시한 꼴이 되는데, 이를 두고 소비자 잉여가 발생했다고 한다. 1 대 1 가격설정은 이러한 소비자 잉여를 최소한으로 할 수 있다는 장점이 있다. 단지 고객의 구매의욕을 정확하게 파악한다는 것이 지극히 어려운 작업이다.

집단가격은 특정 시장세그먼트, 고객집단별로 가격설정을 달리하는 방식이다. 회원특별가격이라든가 학생할인제도 등이 그 예가 된다. 1 대 1 가격설정 방식보다는 운용하기가 용이하지만, 집단을 구분하는 기준을 제대로 갖추어야 하며, 고객 입장에서는 자신이 특정 세그먼트에 속한다는 것을 증명해야 하는 다소의 번거로움이 따른다.

버전가격 방식은 낮은 상이한 니즈를 지닌 고객층별로 적합한 가격을 설정하는 방식이다. 여기서 말하는 상이한 니즈란 고품질 제품(high end product)과 저품질 제품 중 어느 쪽을 보다 선호하는가의 문제이다. 다음 〈표 3-5〉를 예로 들어 보자.

〈표 3-5〉 버전가격 방식의 예제

| 제품 버전 | A집단(40명) 희망지불가격 | B집단(60명) 희망지불가격 |
|---|---|---|
| High version | 10,000원 | 5,000원 |
| Low version | 4,000원 | 3,000원 |

기업측의 제시가격 수준을 하이버전은 1만원, 로우버전은 3천원으로 가정하자. 이 경우 하이버전 제품에 대한 기업의 가격설정은 적절하지 못한 셈이다. 그 이유는, A집단이 로우버전 제품에 대해 지불할 의사가 있는 가격은 4천원인데 비해 기업측은 3천원을 판매가로 정하였기 때문에, A집단에 속한 소비자 중에는 하이버전이 아니라 로우버전의 제품을 구매할 사람들이 훨씬 많을 것이라는 점에 있다. 이렇게 되면 기업의 매출 규모는 줄어들게 된다. 따라서 기업측의 대응으로는 고객층별로 적절한 가격수준에 맞추어 판매가를 재설정하는 것이다. 가령 고객집단 A에 대해서는 하이버전 제품의 판매가를 9천원으로 조정한다. 그러면 A집단 고객들은 자신의 희망구매가보다 실제 판매가가 저렴하므로 로우버전에서 하이버전으로 구매를 전환할 가능성이 높아진다. 한편 B집단의 고객들은 로우버전 제품을 구매할 것이다. 이 경우 기업측의 판매 총액은 54만원(9천원 × 40명+3천원 × 60명)이 된다. 그러나 만약에 기업측에서 하이버전 제품의 가격을 파격적으로 5천원에 설정한다면 A집단과 B집단의 고객 모두 하이버전으로 구매를 전환할지 모르지만, 판매 총액은 50만원(5천원 × 100명)으로 규모가 줄어들게 된다. 이처럼 하이엔드 제품의 구매고객에게는 전략적으로 판매가를 인하하여 이들이 로우엔드 제품으로 구매전환하지 않도록 유도하는 일이 중요하다. 아울러 로우엔드 제품의 판매가는 구매자의 희망가격 수준에 합치시키는 것이 일반적이다.

가격 전략과 다른 마케팅 믹스와의 통합에 관해서는, 천정 가격을 전략으로 삼은 경우에는, 구매력이 높은 소비자 계층을 상대로 하여 안정적 이윤을 확보하는 것이 바람직하므로, 이윤(시장목표) - 상위 소득층(표적 시장) - 천정 가격(가격 전략)이라는 연계 속에서 유통 채널 전략은 편의점이나 대중양판점 보다는 전문점이나 고급점을 상대로 한 한정형 내지 폐쇄형을 택하는 것이 적절하다. 또한 촉진 전략도 대중매체보다는 전문잡지나 고급 미디어 매체를 이용하는 편이 일관성을 보여줄 수 있다. 반면에 침투 가격을 전략으로 삼은 경우에는, 일반 대중을 상대로 한 대량 판매를 의도한 것이므로 매출과 점유율 확대(시장 목표) - 가격탄력성 높은 중하위 소득층(표적 시장) - 침투 가격(가격 전략)이라는 연계 속에서 유통채널 전략은 폭넓은 개방형을 채택해야 할 것이며, 촉진 전략도 매스 미디어를 이용하여 널리 알리는 일이 중요하다. 최종적인 가격의 수치를 정할 때는 구매자와 경쟁자의 상황을 파악하면서 심리적 효과를 노린 수치로 삼는 것도 효과를 볼 수 있다. 가령 9,900원의 수치를 설정하여 1만원도 안 되는 가격이라는 이미지를 고객에게 심어주는 심리전을 펼친다든가, 2팩을 사면 두 번째 팩의 가격은 절반으로 할인해주겠다는 식의 방법을 구사할 수 있다.

글로벌 기업의 가격 책정 방식에는 크게 공정 가격(arm's length pricing), 이전 가격(transfer pricing), 교섭 가격(negotiated pricing) 등의 3가지가 있다. 공정 가격은 시장 메커니즘에 따라서 정해지는 거래가격인데, 시장의 불확실성에 취약성을 드러내어 가격 변동이 발생한다. 이전 가격은 글로벌 기업의 내부 거래에서 발생하는 가격 설정 방식인데, 모기업이 연결재무제표상 세후 이익의 극대화를 위해 실시한다. 교섭 가격은 제휴 기업간에 협상력을 반영하여 결정되는 방식이다.

공정 가격은 공급자와 수요자가 다수 존재하는 자유 경쟁 체제 하에서 시장 메커니즘이 작동하는 상황에서 형성되는데, 공급과 수요 어느 쪽에서도 독점이 발생하지 않는다.

이전 가격이 성립하기 위해서는 모기업이 최소한 50% 이상의 지분을 소유한 자회사와 본사 간의 거래처럼 당사자간에 이전 가격으로 거래하는 것에 협조적 합의가 있어야 한다. 이전 가격은 글로벌 기업의 전사적 세후 이익의 극대화를 목적으로 하는 것이므로 가장 이익의 합계가 크다. 그러나 실제로는 국가간 법인세율과 관세율의 차이로 인해 이전 가격이 형성되는 것이므로 모기업과 자회사 간에 동일 크기의 이익을 취하는 경우도 드물다고 본다. 이전 가격의 예를 들면, 가령 본국보다 자회사 소재 현지국의 법인세율이 낮다면, 본사에서 자회사로 수출 가격을 적정 수준보다 낮게 책정하여 본사의 영업 이익이 적게 발생하도록 가격을 조작하는 것이다. 그런데 1990년대에 들어오면서 이전 가격에 관한 세제를 도입하여 조세포탈을 단속하는 국가가 늘어나면서 가격 조작의 어려움이 가중되고 있다. 우리가 익히 듣고 있는 조세피난처(tax haven)가 바로 이러한 가격 조작을 위해 글로벌 기업들이 페이퍼 컴퍼니를 두는 지역이다.

기업간 국제 제휴는 얼핏 보기에는 협조적 관계로 보이지만 쌍방 모두 상대보다 많은 몫을 차지하려고 하므로 경쟁적 관계가 혼재하게 된다. 아래 〈표 3-6〉에서 A사는 (4,1), B사는 (1,4)의 크기가 나와 있는데, 쌍방 모두 처음에는 협조적 자세를 보임으로써 유리한 사업 기회를 얻게 되면, 서로가 상대를 속여 보다 많은 몫을 가지려고 하는데 이것이 성공하면 이전가격을 통한 내부거래보다도 많은 이익을 기대할 수 있다. 이 때 상대의 속임수에 넘어간 당사자는 1을, 속임수를 성공시킨 상대는 4를 이익으로 가져가게 된다. 4라고 하는 이익은 결국 제휴 상대의 경영자원을 착취하여 교묘히 이용한 결과이며, 자사의 경영자원을 절약하면서 시장진입의 소요기간을 단축한데서 생겨난 효과라고 말할 수 있다. 궁극적으로는 양자가 제휴를 통한 동반 성장을 추구한다면 이익의 크기는 (4,1)이나 (1,4)가 아니라 (2.5, 2.5)가 될 것이다. 물론 이는 쌍방이 제휴 사업에 투입한 자원의 크기가 동일하다는 전제하에서

이며, 공평하게 해석하면 쌍방의 투입 자원의 상대적 크기에 비례하여 이익이 배분될 것이다.

〈표 3-6〉 글로벌 기업간 경쟁-협조 관계와 가격 설정의 취득 이익 몫

| B사의 자세 / A사의 자세 | 경쟁적 | 협조적 |
|---|---|---|
| 경쟁적 | 제2셀 (2, 2) | 제1셀 (1, 4) |
| 협조적 | 제3셀 (4, 1) | 제4셀 (3, 3) |

제1셀과 제3셀: 교섭가격 제2셀: 공정가격 제4셀: 이전가격
괄호 안의 수치는 전자가 A사의 이익 몫, 후자가 B사의 이익 몫을 가리킴
자료: 藤澤武史(1991). 多國籍企業の事業活動形態と價格設定. 關西學院大學 商學硏究, 제39권 제2호, p. 53.

간단한 예를 들어 위의 여러 가격 설정 방식의 변화를 살펴보면, a국의 A사가 b국의 B사와 OEM 공급 협정을 체결했다고 하자. 발주처인 A사는 B사로부터 수입한 상품을 자사 브랜드를 붙여 자사의 유통망을 이용하여 판매를 한다고 치자. A사는 판매의 부가가치를 늘리기 위해 B사로부터 공급가격을 낮춤으로써 최초에는 제 3셀의 (4,1)과 같은 이익 배분을 노릴 것이다. 반대로 공급업체인 B사는 생산의 부가가치를 높이기 위해 최초에는 제 1셀의 (1,4)와 같은 이익 배분을 의도할 것이다. 그런데 OEM 공급을 받는 A사는 공급품의 품질이 뛰어나지 않으면 자사 브랜드의 가치를 높일 수 없기 때문에 판매력의 상실을 방지하기 위해 제품기술이나 공정기술을 B사에게 제공할 수 있다. 그 대가로 B사로부터 기술사용료(royalty)를 받는 협정을 별도로 체결한다. 기술사용료는 판매가의 일정 퍼센트에 판매량을 곱하여 산출하므로 B사는 기술사용료의 지불에 따른 생산의 부가가치 하락을 보전하기 위해 수출가격을 높게 책정하려고 할 것이다. 이렇게 되면 A사는 공급가격에 부담을 느껴 발주량을 줄일 수 있고, 이는 B사의 생산량 감소로 이어진다. 마찬가지로 A사도 발주량을 줄이게 되면 그만큼 기술사용료의 수입이 감소된다. 이를 막자고 B사에게 다른 기업에 대한 공급을 허용한다면 A사는 자사 브랜드와 경합관계에 놓일 경쟁품이 시장에 출현

하는 위기를 맞이하여 판매의 부가가치가 축소될 것이다. 반대로 A사가 판매의 부가가치를 올리기 위해 공급가격의 인하를 요구하면 제품단위당 기술 사용료의 크기도 줄어들고, B사는 그에 대한 대응 수단으로서 생산량을 감축하는 강수(强手)를 쓸 수도 있다. 이렇게 되면 A사의 기술사용료 수입은 큰 타격을 받을 것이다. 이처럼 기술사용료가 새로운 협상 항목으로 추가되면서 OEM 가격 결정을 둘러싼 협상에서 어느 한쪽이 우위에 서기가 어려워진다. 이렇게 되면 쌍방은 각자의 이익의 크기가 (2.5, 2.5)로 되는 균형점을 향하여 다가갈 것이다. 시간의 경과와 더불어 A사가 B사의 사업에 자본참여를 하여 합작사업으로 발전하게 되면, 양사의 가격 설정을 둘러싼 이해관계는 일치를 보기가 용이해지고, 이는 이익의 균형점에 안정을 가져다 줄 것이다. 이처럼 기업간 국제 제휴를 둘러싼 교섭 가격의 설정은 상대방이 어떻게 나올 것인지에 대한 수읽기가 중요한 만큼, 전략적 가격 설정이라고 칭할 만하다.

철저한 가격 전략의 추구로 성공을 거둔 대표적 사례로서 아일랜드의 항공사 Ryanair사를 꼽을 수 있다(Schroeder, Salzer-Morling, 2006: 56-61). 1985년 Tony Ryan이 Guinness Peat Aviation이라는 항공기 리스업을 하는 회사를 통해 비행기 한 대로 한 군데 노선만을 운항하는 것으로 시작한 이 항공운수회사는 1989년에 이르러 Dublin - London 노선에 중점을 둔 운항으로 연간 6만명의 승객을 나르게 되었다. 가격은 아일랜드의 대표적인 국적항공사(flag carrier)인 Aer Lingus사보다 다소 낮은 수준이었고, 북런던의 아일랜드인들이 집단으로 거주하는 Luton지역에 운항을 하고 있고, 아일랜드 서부의 성지 Knock에도 취항하여 가톨릭 교회로부터 비공식적인 축복을 받기까지 했다. 1991년 중동의 걸프전이 발발하면서 승객이 급감하고 1992년의 Guinness Peat Aviation사의 주식상장이 패착으로 전개되면서 거의 파산직전에까지 몰리게 되었다. 이 때 등장한 구세주가 말단 관리자인 Michael O'Leary이었다. 그는 미국의 달라스에 본부를 둔 사우스웨스트 항공사의 저가,

노서비스(low-cost, no-frills)라고 하는 운항 혁신을 목격하고 돌아와 1993년에 CEO로 취임하여 재건에 착수하였다. 이런 개혁의 시점에 순풍이 되어준 환경 요인이 바로 1992년 유럽연합법(1992 European Union Act)의 발효에 의한 유럽 항공산업의 규제 철폐이었다. 1990년대 말에 이르러 라이언에어사는 유럽의 32개 노선에 6백만명의 승객을 수송하고 1,200명의 고용인원을 거느리게 되었고, 911의 후폭풍 속에 회사의 시장가치는 British Airways, American Airlines를 압도하게 되었다.

라이언에어의 사업모델은 무자비한 비용 절감에 있다. 이전에 국적항공사들이 제공하던 서비스를 제거하거나 유료화로 전환하였다. 기내식 제공, 퍼스트클래스 좌석, 단골 승객 프로그램, 무료 잡지, 관대한 1인당 수하물 중량, 호사스런 출국 라운지, 풍부한 인력의 승무원, 넉넉한 좌석 공간, 종이 티켓, 예약 좌석, 운항의 지연/취소에 따른 배상, 뒤로 젖힐 수 있는 의자, 창문 가리개, 의자 머리 부분의 커버지, 좌석 뒷부분의 포켓, 선반 이외의 짐 공간, 멀미 처리 용지 등 일체를 없애버렸다. 휠체어 사용자는 추가 요금을 지불해야 한다. 제공되는 서비스 차원뿐 아니라 보잉737 단일기종의 구매를 통한 구매비용 절감, 운항 회수의 극대화, 허브 노선의 회피(갈아타는 점이 수월하지만 지체의 문제가 있음), 한적한 2류 공항 이용(인센티브, 리베이트, 판촉 지원 등을 제공), 티켓의 인터넷 판매, 인건비의 최대 억제(낮은 임금, 긴 근무시간, 휴일 단축, 승무원 복장과 건강 검진, 공항 통과세, 주차비, 크리스마스 파티 비용, 사무용품 등의 자비 부담) 등을 실시하고 있다.

항공운수업의 월마트라고 불릴 만큼 Everyday Low Price 정책을 철저히 하는 라이언에어사는 정기적인 가격 촉진 행사를 벌리는 것으로도 정평이 나있다. 크리스마스, 사육제, 여름철, 성페트릭 데이, 신규노선 취항일, 기타 기념비적인 날 등에 특별가격을 제공한다. 라이트형제의 비행성공 100주년 기념일에는 50파운드에 100개의 좌석을 판매하였고, 월간 이용 승객 수가 최초로 BA(브리티시 에어웨이)를 앞지르자

(24만명의 차이), 거저주는 가격(give-away prices)에 24만석을 제공하기도 했다. 9·11 참사에는 움츠러들거나 리스크 회피적 행동을 취하지 않고 오히려 사상 최대의 세일(100만개 좌석을 9.99파운드에 판매)을 단행하였다. 라이언에어사의 퍼블리시티 전략은 가격 전략 빰칠 정도의 묘기를 보였다. 바티칸의 교황청이 제3의 파티마 예언[9]을 개시하자, 교황은 라이언에어의 요금이 가장 저렴하다는 제4의 파티마 비밀까지 개시하였다는 광고를 게재하면서, 성부가 충격에 싸인 수녀에게 희소식을 전하는 장면을 연출하였다. 또한 1988년에는 이 회사의 100만 번째 이용객으로 확정된 승객에게 평생 무료 티켓을 제공한다는 광고를 내었다. 9년 뒤에 이 100만 번째 승객이 좌석을 예약하려 하자 무료 이용 거래는 이미 끝났다는 싸늘한 반응을 받았다. 최고경영자에게 소비자 불만을 제기했으나 개인적인 모욕만을 받고 말았고 법원은 원고측의 손을 들어주었다. 그런데 이런 평생무료 이용권 증정 광고는 끔직한 재앙의 결말로 이어지기는커녕 CEO의 스크루지와 같은 구두쇠 태도에 투자자들은 신뢰를 보내게 되는 계기로 반전되었다.

운항이 취소 내지 지연된 경우 탑승 예정자들은 커피, 식사권, 호텔 투숙, 택시비 등을 일체 제공받지 않는다. 라이언에어 측의 생각은, 어차피 패스트푸드점에서 한번 식사하는 값밖에 안하는 티켓 값인데 피해를 보상해 주어야 할 이유가 없다는 것이다. 심지어 조부모의 사망으로 여행 계획이 취소되더라도 선불한 항공요금의 환불도 없다. 공항이용세의 환불은 승객의 법적 권한이지만 이마저도 환불 절차에 따른 관리비용으로 상쇄시키고 만다. 고객이 왕이라고 하는 서비스업에서 '환

9) 동정 마리아께서는, 포루투갈 Fatima 마을의 세 어린이(프란치스코(9), 히야친따(7), 루치아(10): 앞의 둘은 남매, 뒤는 사촌간)에게 여섯 차례에 걸쳐 발현(1917.5.13- 10:13)하셨다. Fatima 성모께서는 이들 유년의 환시자에게 들려주신(1917.7) 《세 '秘密'》의 메시지를 통해 충격적인 일깨움을 보이셨다. 이 제1, 제2, 제3의 비밀은 루치아 수녀에 의해 집필(1944)됐다. 이 내용의 봉서는 바티칸 교황청에 극비로 보관(1957년이래)돼 있다. 이 가운데 '제1의 비밀'은 불행한 죄인들이 가는 《地獄의 場面》이, 제2의 비밀'은 제2차 세계대전 秘密 豫言》 이, 제3의 비밀은 곧 《第三의 秘密》로 교회 내부의 혼돈, 배교가 예언됐다. 인용: blog.daum.net/journal-9/1036934?popQuery=n&nil_profile=tot

불 좋아하고 있네, 빌어먹을 놈들아(민망하긴 한데, 원 자료 60쪽에 'no fucking refunds, you fuckers'라고 쓰여 있음)'라는 기업의 기도문(mantra)은 비정상적이라고 밖에 달리 할 말이 없다. 수하물이 분실되었다면 언젠가는 나타나지 않겠느냐, 파손되었다면 제대로 포장하지 않은 승객의 잘못 아니냐는 식이다. 라이언에어의 운영 방식은 '의심이 가거든 고객 탓을 하라'이다. 고객이 다치지 않으면 가격은 충분히 낮출 수 없다는 사고방식인데, 이를 두고 저가 경쟁사의 경영자는 말하기를 고객에 문제가 생기면 라이언에어의 직원들은 꺼져버려10)라고 킬킬대는 것 같다고 한다.

라이언에어가 광고에서 말하는 최저가는 실제 홈페이지에 들어가서는 찾기가 쉽지 않을뿐더러 판촉 가격에 구입할 수 있는 좌석 수는 극히 제한적이고, 세금과 공항이용료는 별도이다. 사육제 기간 동안의 특별 요금은 주말에는 적용되지 않으며, 목적지도 희한해서 Frankfurt 행은 프랑크푸르트에서 120㎞ 떨어진 예전의 공군기지가 있던 Hahn으로, Stockholm 행은 남쪽으로 100㎞ 떨어진 Vasteras로, Hamburg 행은 기차로 1시간 걸리는 Lubeck 으로, Brussels 행은 그나마 양호한 46㎞ 떨어진 Chaleroi로, Oslo 행은 100㎞ 떨어진 Torp로, Paris 행은 북으로 60㎞에 있는 Beauvais로 운항한다. 그래도 이 회사는 승객 1천명당 불만 접수가 1명 미만이라고 말하면서 이는 다른 저가 운항 경쟁사보다 양호한 실적이라며 전혀 반성하는 기색이 없다. 그러나 이는 서면으로 제출한 불만 건수에 국한되어 있다는 점에서 사실을 호도하고 있다. BA의 고객서비스 담당부서의 직원이 200명인데 비해 이 회사는 겨우 3명, 그 중 2명은 파트타이머이다.

가관인 것은, 라이언에어가 고객 입장(납품업자, 공항관리회사, 광고대행사, 항공기제작사 등과의 관계에서)일 때는 가장 까다롭고 불만투

10) 우스갯소리지만, 모 방송국의 개그야 프로에서 어느 개그맨이 말하는 '피-스'라는 말이 평화(peace)가 아니라 관객들에게 웃기지마(piss)라는 의미를 내포하고 있는 건 아닌지 하는 의구심이 든다. 관객과 시청자에게 오줌 갈겨버리겠다는 의미심장한 조크가 그의 시니컬한 개그 속에 엿보인다.

성이라는 점이다. 라이언에어사에 얼음을 납품하는 공급업체가 단가를 인상하려 하자, 라이언에어는 얼음 없이 소프트음료나 알콜 음료를 승객에게 제공했다. 9·11 사태로 항공산업이 대공황에 빠지자 이를 놓칠새라 보잉사를 쥐어짜서 737기 100대를 구입하며 받은 할인액에 라이언에어사의 CEO는 '우리가 보잉을 강간했다'고까지 표현하였다. 현재 라이언에어는 전세계에서 가장 수익성이 높은 항공운수회사이다.

## 3. 촉진 전략

마케팅 커뮤니케이션의 기본 목표는 기업, 제품, 서비스가 제공하는 편익과 가치에 관해 소비자에게 이야기하는 일이다. 그런데 마케팅 커뮤니케이션의 프로그램과 전략을 실행하는 환경이 나라마다 상이하기 때문에 국경을 넘어서 효과적으로 커뮤니케이션을 행하려면 통합 전략(integrated marketing communications: IMC)이 요구된다.

**① 글로벌 광고/홍보**

광고는 스폰서가 되어 대가를 지불하고 몰인격적 내지 비개인적(impersonal) 방식으로 전달되는 메시지를 가리킨다(Keegan, Green, 2003: 437). 글로벌 광고는 전세계적 적절성을 확보하기 위해 개발된 메시지로서, 가령 IBM의 'Solutions for a small planet', De Beers의 'A diamond is forever', BP의 'Beyond Petroleum', Vodafone의 'Your voice' 등은 성공적인 글로벌 캠페인들이다. 펩시콜라의 경우, 일본 시장에서 선보인 펩시맨 광고(수퍼 히어로의 액션 연기) 덕분에 1996년에 시장 점유율을 3%에서 14%로 늘리는 성과를 거둘 수 있었다.

광고를 통해 제품이나 브랜드에는 심리적 가치가 추가되므로, 광고의 커뮤니케이션 역할은 산업재보다 소비재에서 두드러진다. 구매 빈도가 높고 가격이 저렴한 상품일수록 고객에게 상품의 인지를 계속 주입시키기 위해 막대한 광고비[11] 지출을 필요로 한다.

글로벌 시장을 상대로 한 광고를 표준화할 것인가 아니면 현지화할 것인가의 문제와 관련하여 패턴 광고(pattern advertising)의 개념이 있다. 이는 제품 전략에서 말하는 플랫폼 단일화와 마찬가지로, 기본적인 커뮤니케이션 컨셉트는 범지역적 내지 글로벌한 것으로 설정하고 카피 문구와 같은 다른 요소들을 개별 시장의 요건에 맞게 각색하는 일[12]을 말한다.

광고에 비해 홍보(publicity)는 기업 측의 통제가 거의 먹혀들지 않기 때문에 그 대신 기업 광고(corporate advertising)를 홍보 수단으로서 활용하기도 한다. 특히 외국 시장에서 좋은 기업 시민(corporate citizens)으로 보이기 위해 이미지 광고가 자주 사용된다. 노키아는 자사가 스폰서로 된 1997년도 Sugar Bowl(미국 대학 미식축구 대회)에서 플로리다 대학팀(University of Florida Gators: 플로리다 대학의 공식 마스코트가 악어(alligator)라서 대학 소속 운동팀을 부르는 애칭)이 우승하자 이를 축하하는 전면 신문 광고를 내었고, 우리나라 기업들도 후원하는 프로스포츠 선수들이 국제대회에서 우승하면 축하 광고를 자주 싣는 것을 볼 수 있다.

### ② 판촉

판촉(sales promotion)은 제품이나 브랜드에 가시적 가치를 더해주기

---

11) 2002년도 전세계 기업의 광고비 지출 순위를 보면, Proctor & Gamble 44억 7,900만 달러, Unilever 33억 1,500만 달러, GM 32억 1,800만 달러, Toyota Motor 24억 500만 달러, Ford Motor 23억 8,700만 달러의 순으로 되어 있어서, 일단 소비재 상품 기업이 상위 1, 2위를 차지하고 있음을 알 수 있다. 출처: *Advertising Age Global*, Crain Communications Inc., Nov. 2003.

12) 유럽에서 보낼 광고 내용을 제작할 때 미국인 제작자들이 간과하는 실수의 하나가, 유럽 남성이 유럽 여성의 손에 키스하는 장면을 담으면서 몇 가지 원칙이 있다는 점을 알지 못하고 있다는 점이다. 가령, 남성의 코가 여성의 손에 닿아서는 안되며, 유부녀에게만 행해지는 의식이라는 점이다. 유부녀 여부의 판단은 손가락에 반지를 끼웠는지로 안다. 대부분의 기혼 여성은 왼손에 끼며, 가톨릭 신자인 기혼 여성은 오른손에 낀다(O'Toole J., The trouble with advertising. Random House, 1985, pp. 209-210).

위해 한정된 기간 동안에 일반 소비자나 유통업체를 대상으로 실시하는 유료의 커뮤니케이션 프로그램을 말한다(Keegan, Green, 2003: 472). 가격 판촉으로는 가격 할인, 쿠폰, 환급 등이 있고, 비가격 판촉으로는 공짜 샘플, 1+1의 덤주기, 경연대회, 경품 등이 있다. 판촉비가 광고비를 추월하는 기업들도 많다. 성장기에 있는 제품이라면 무료 샘플과 쿠폰이 보다 효과적인 반면, 성숙기의 제품은 유통업체에 대한 공제나 소비자 충성도와 관련된 프로그램이 효과적이다. 미국처럼 소매업의 집중도(concentration)가 높은 시장에서는 유통업체나 소비자를 대상으로 한 판촉의 강화가 요구되는 반면, 일본처럼 소매업의 분산도(fragmentation)가 높은 시장에서는 판촉에 대한 압박감이 상대적으로 덜하다.

무료 샘플의 분배는 콘서트, 스포츠 행사, 음식 축제 등과 같은 이벤트 마케팅, 스폰서십 활동을 통해 활발하게 이루어지고 있다. 아울러 정보화 시대에서 무료 샘플의 또 다른 형태로는 인터넷 TV의 일정 기간 무료 시청 등과 같은 것들도 있으며, 기업의 웹사이트를 통한 무료 샘플의 청구 등도 있다. 샘플 배포의 효과는 광고만으로 소비자를 제품에 유인할 수 없을 때에 발하게 된다. P&G가 중국의 샴푸 시장에서 지배적 지위를 구축할 수 있었던 것은 정교한 시장 세분화와 더불어 공격적 샘플링 프로그램을 전개한 덕분이다. 부드럽고 아름다운 머릿결을 위해서는 Rejoice 브랜드, 영양 보급을 위해서는 Pantene 브랜드, 비듬 제거를 위해서는 Head & Shoulders 브랜드, 패션을 위해서는 Vidal Sassoon 브랜드를 사용할 것을 권하였다.

쿠폰은 그 소지자에게 특정 상품, 서비스를 구매할 때 가격 할인이나 특별 배려의 권리를 보장하는 인쇄된 보증서를 의미한다. 쿠폰은 팩키지 상품의 판촉 수단으로 애용되는데, 목적은 충성도 높은 고객에게 사의를 표하고, 비사용자에게는 제품의 시용(試用)을 권하기 위함이다. 미국[13]과 영국에서는 신문 등의 인쇄 매체에 전단지(free-standing

13) 2002년도 미국에서는 2,480억 장의 쿠폰이 발행되어, 이 중 1.5%의 분량이 소비자에 의해 실제로 구상되었고, 단위 이용 금액은 평균 89센트이었다(출처: NCH Marketing Services).

insert)로 배포되는 쿠폰이 전체의 90%를 점한다. 이 밖에 제품에 부착된 쿠폰(on-pack/in-pack coupons), A제품에 들어있으면서 B제품에 적용되는 쿠폰(cross coupons) 등이 있다.

**③ 인적 판매 (personal selling)**

인적 판매는 회사측의 대표자(영업 인력)와 예상 구매자 간의 1 대 1 커뮤니케이션을 말한다. 일본에서처럼 광고를 통해 경쟁사 제품과의 비교가 허용되지 않는 시장에서는 인적 판매(영업)야말로 그런 비교를 할 수 있는 최선의 방법이다. 영업 인력이 고객에게 다가가서 판매의 성과를 거두려면 관계(rapport)의 형성이 필요한데, 라틴아메리카나 아시아 시장에서는 여기에 수주일 내지 수개월이 요구된다. 접근 단계(approach step)에서는 가장 구매의 우선순위가 높은 개별 소비자들을 확인하게 된다. 실제로 예상 고객에게 제품을 설명하는 단계(presentation step)에서는 예상 고객의 욕구를 평가하여 회사 제품과 매칭을 시키는 일을 하게 되며, 시연(sales demonstration)도 겸하게 된다. 고객에게 교육과 정보를 제공하는데 초점을 두어야지 설득과 판매에 중점을 두어서는 안된다. 바꾸어 말하면 반영적 경청(active listening)이 요구된다. 판매 협상이 종료되고 나면 상품의 배달과 설치라고 하는 실행 단계가 뒤따르며, 최종 단계는 A/S를 책임지는 일이다.

글로벌 마케팅에서는 영업 인력의 국적별 구성을 어떻게 할 것인가가 고려된다. 현지국 인력, 본사국 인력, 또는 제3국 인력을 배치하는 문제가 있다. 그러나 현지 시장이 지리적으로 너무 동떨어져 있다든가 또는 판매 수익의 기회가 희박하다면 자사의 영업 인력 대신 판매 대리인(sales agents)을 활용하는 방법도 있다.

**④ 특수 형태의 촉진**

다이렉트 마케팅은 주문이나 추가 정보의 요청, 점포 방문 등과 같은 반응을 유발하기 위해서 고객과 행하는 커뮤니케이션을 말한다. 구체적인 수단으로는 다이렉트 메일[14], 텔레마케팅[15], TV, 인쇄물, 기타 미디어를 활용하여 위와 같은 반응을 유발하고 데이터베이스(구매력과 같은 고객 정보)를 구축한다. 특히 이러한 고객 데이터베이스에 입각하여 상이한 고객에게 상이한 접근을 하는 것을 두고 1 대 1(one-to-one) 마케팅이라고도 한다.

다이렉트 마케팅과 매스 마케팅의 차이를 비교하면((Keegan, Green, 2003: 489), i) 전자는 고객의 현관에 상품을 인도함으로써 부가가치(장소의 효용)를 창출하지만, 후자는 현관 인도를 포함하지 않기 때문에 상품에 대한 통제권을 유통업체에게 인도하면서 상실한다는 점, ii) 전자는 즉각적인 문의나 주문을 유발하기 위해 직접반응 광고(direct response advertising)를 활용하는 반면, 후자의 광고는 시간을 두고 이미지, 인지, 충성도, 편익의 회상에 대한 누적 효과를 위해 사용되며 구매는 지연된다는 점, iii) 전자는 광고 내에서만 반복이 이루어지지만, 후자는 일정 기간에 걸쳐 반복이 이루어진다는 점, iv) 전자에 대해 고객은 직접 상품을 손으로 만져보아 확인할 수 없기 때문에 높은 구매 리스크를 느끼고 반품을 요원하거나 불편하다고 보는 반면, 후자에 대해 소비자는 리스크나 불편성이 낮다고 본다는 점이다.

전세계적으로 다이렉트 마케팅이 인기를 더해가는 이유는 첫째, 다이렉트 마케팅의 편리한 지불 수단으로서 신용카드의 사용이 늘어나고 있다는 점, 둘째, 사회적 요인으로서 맞벌이 가정이 늘어나면서 소득은 증가한 반면 외출하여 쇼핑할 시간은 줄어들고 있다는 점, 셋째, 케이블 TV, 위성 TV 등과 같은 기술적 진보로 기업이 직접 고객에게 다가서는 일이 용이해졌다는 점 등이 있다.

---

14) 다이렉트 메일을 통한 판매는 유럽 시장에서 덴마크와 네덜란드를 제외하고 증가세에 있으며, 1인당 구매액으로는 독일이 연간 500 달러로 단연 세계 제일을 구가하고 있다(Keegan, Green, 2003: 490).

15) 기업이 비용을 지불하고 시청자에게 상품을 시연, 설명한 뒤에 무료전화(toll-free number)로 상품 구매를 유도하는 TV 프로그래밍을 두고 Commercial에 대치되는 용어로 Infomercial이라고 한다. 보통 30분간 행해지고, 스튜디오에 방청객이 있고 유명인이 상품 설명을 하기 때문에 토크쇼라는 인상을 주기도 한다. 중국시장에서도 중국정부가 중국중앙방송(China Central Television)에게 인포머셜 방송을 허가하여 시청자들이 외국 수입품에 접할 기회를 늘려주고 있다(Keegan, Green, 2003: 493-494).

스폰서 활동(sponsorship)은 홍보와 판촉을 결합한 형태이다. 홍보 차원에서는 기업명이나 브랜드명이 중계나 뉴스, 토크쇼 등의 미디어를 통해 수없이 반복 언급된다는 점이고, 판촉 관점에서는 다수의 사람들과의 접촉점을 제공해주기 때문에 샘플링과 같은 판촉 기회에 더할 나위없는 수단으로 활용될 수 있다. 스폰서 활동은 광고 등의 다른 촉진수단에 제약이 큰 시장에서도 유용한 수단이 되는데, 담배 광고가 금지되어 있는 중국 시장에서 BAT, 필립모리스와 같은 담배회사들은 홍콩-북경 자동차 경주대회나 전국축구대회에 스폰서 활동으로 수천만 달러를 퍼붓고 있다.[16]

PPL(Product Placement)은 제품과 브랜드명을 인기 TV 프로그램이나 영화, 기타 공연에 노출시키는 행위를 가리킨다. PPL은 여러 형태로 이루어질 수 있는데, 제품, 브랜드 노출의 대가를 지불하기도 하고, 대사에 제품명을 언급하는 대가로 작품의 마케팅과 촉진 활동을 기업이 해주기도 하며, 제작에 들어가는 소도구를 제공해주는 대가로 작품의 주인공이나 작품명을 기업의 마케팅 활동에 이용할 수 있기도 하다. 많은 시청자들이 광고가 나오면 채널을 돌려 광고 효과가 떨어지는 상황에서 PPL은 소비자에게 제품에 대한 보다 효과적인 회상(recall)을 불러일으킨다. TV 프로그램이나 영화 제작사들도 예산 압박에서 숨통을 트이기 위해 기업과의 파트너십을 더욱 추구하는 경향이다. PPL을 통해 기업은 글로벌 마케팅 활동에서 표준화를 달성하는 효과마저 거두고 있다.

마케팅 믹스의 하나인 촉진(promotion)은 최근에는 마케팅 커뮤니케이션이라고도 불리고 있다. 예전에는 기업측이 소비자에게 정보를 일방적으로 발신하는 경향이 강했지만, 인터넷 등의 정보통신기술의 발달로 쌍방향의 정보 교환이 활발해지면서 용어 표현의 변화가 보이고 있다. 마케팅 커뮤니케이션을 제품의 가치, 이미지 등에 관련한 메시지를 고

16) 반면 EU 시장에서는 2006년부터 일체의 스포츠 행사에 대한 담배회사의 스폰서 활동이 금지되고 있다.

객에게 전하고, 고객의 반응을 받아들이는 것이라고 한다면, 여기에는 기존의 광고, 판촉, 인적 판매(영업), 퍼블리시티 이외에 입선전(word of mouth)이 추가되어 5가지 수단이 있다.

### 1) 마케팅 커뮤니케이션의 프로세스

송신자가 메시지를 전하려면 이를 암호화(encoding)하게 되고, 매체를 통하여 전달된 메시지를 수신자는 해독(decoding)하게 된다. 수신자는 메시지에 대해 반응을 보인 뒤 이를 다시 송신자에게 피드백하는 일련의 과정을 거치게 된다. 그리고 이러한 커뮤니케이션 과정의 전 단계에 걸쳐 잡음(noise)이 끼어들게 된다. 마케팅 커뮤니케이션에서 송신자(sender)는 기본적으로 기업을 염두에 두고 수신자(receiver)는 해당 기업의 고객 또는 소비자 일반을 지칭한다. 메시지는 광고 등의 형태를 띠며 암호화는 전달하려는 생각을 상징하는 형태로 변경하는 작업으로서 카피 또는 캐릭터 등의 설정을 의미한다. 메시지를 전달하는 매체에는 TV, 신문, 잡지, 라디오, 인터넷, 대중교통수단 등의 다양한 것들이 있으며, 수신자는 받아들인 메시지에 담긴 카피, 캐릭터 등의 의미를 이해하기 위해 이를 해독하게 된다. 해독을 마친 수신자는 반응(response)을 보이는데, 구체적으로는 제품을 이해하고 실제 구매를 결정하는 것을 말한다. 반응을 보인 수신자는 송신자에게 피드백을 전하는데, 이는 전화, 우편, 이메일 등을 이용하여 소비자가 제품 사용에 대한 소감을 전하는 것이다. 이 모든 마케팅 커뮤니케이션 과정에 개재하는 잡음은 송신자의 의도를 반영하지 않은 메시지로서, 카피나 캐릭터 등에 대한 오해나 험담 등을 말한다.

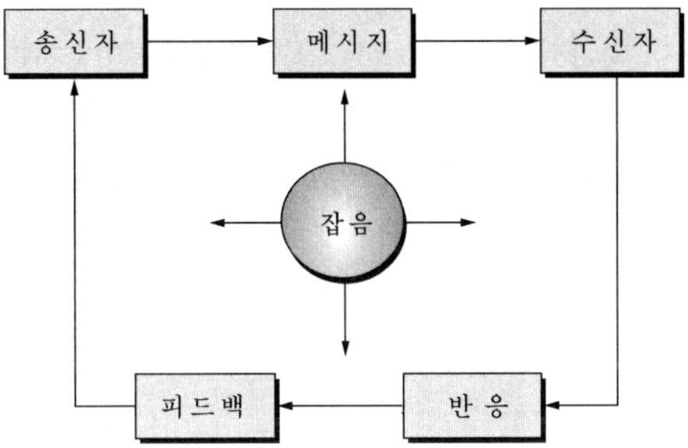


자료: 小尾(2004: 143).

〈그림 3-3〉 마케팅 커뮤니케이션 프로세스

송신자가 수신자에게 메시지를 전달하는 데는 push전략과 pull전략을 사용할 수 있다. 푸시전략은 제조업체가 유통채널(도소매상)에게 제품을 설명하고 판매방법을 지도하며 판촉 캠페인과 재무적 지원을 행하여 이들 유통채널이 고객에게 적극적으로 제품을 판매토록 하는 전략이며, 풀 전략은 미디어 등을 통해 직접 고객에게 자사 제품의 우위성을 호소하고 고객의 구매를 유도한 뒤, 소매상이나 대리점 등이 이를 수확토록 하는 것으로서, 수요의 창출, 환기 등에 중점을 둔다.

### (1) 광고

광고 전략에는 크리에이티브 전략과 미디어 전략이 있다. 전자는 수신자에게 전달할 메시지이 카피, 캐릭터 등을 만드는 작업이고, 후자는 메시지를 전달할 장소와 시간을 확보하는 일이다. 크리에이티브 전략에서는 특히 TV광고를 할 경우, 15초 내지 30초라고 하는 제한된 시간에 소비자가 해당 제품을 사용해보고 싶다고 생각하게끔 만드는 일이 여간 힘든 작업이 아니다.[17] TV 광고의 경우, Link Test를 거치는데, 이

17) 이러한 TV광고에 적색 신호가 켜지고 있다. 동아일보(05.12.30: A2)에 따르면, 미국에서는 개인용 비디오 녹화기(Personal Video Recorder: PVR)가 내장된 셋톱박스를 TV에 연결하여 시청하면 실시간 녹화, 재생이 되어 '건너뛰기' 버튼을 누르면 광고를 보지 않아도 되어 시청자들의 짜증을 덜

는 CM의 효과를 측정하는 방법의 하나로서, 소비자에게 시작 단계의 CM을 타사의 CM과 섞어가면서 보여준 뒤 기억도(memorability), 신뢰도(credibility), 통합도(linkability), 호감도(likability) 등을 수치로 측정하는 방법이다. 측정된 수치가 기업이 규정한 수치를 초과할 경우 실제 CM으로 채택한다. 따라서 Link Test를 통과하려면 독특한 아이디어, 강력 통합된 브랜드, 호감도, 통일된 메시지 등의 기준에 각별히 주의를 기울여야 한다. 한편, 미디어 전략은 TV, 잡지, 라디오, 신문 등의 4대 매체를 중심으로 어느 시간에 어느 장소에 내보낼 것인가를 결정하는 일이다. 프로그램에 딸려 보내는 30초짜리 스폰서 광고는 시간을 들여가면서 누적 효과를 보려는 목적을 갖고 있으며, 프로그램 사이에 내보내는 15초짜리 단타 광고는 신제품이나 계절 상품에 대해 신속한 인지도 상승을 목적으로 한다. 라디오 광고는 비용면에서는 TV 광고보다 경제적이지만 시각적 요소가 결여되어 있어서 효과는 낮을 수밖에 없다. 신문은 독자층이 폭넓어서 표적 고객을 압축한 광고에는 적합치 않다. 잡지는 신문보다 종류가 많고 독자가 한정되어 있는 반면에 상세한 내용을 전할 수 있다는 장점이 있다.

매스 미디어 중에서 라디오는 이제 확연히 매스 미디어로서의 존재감을 포기한 상태이고 세그먼트 매체로서 기능의 변화를 보이고 있다. 일간 신문은 기성 세대가 주로 읽고, 주간지나 월간지도 특정의 독자층과 테마에 특화를 보이는 세그먼트 매체로서 기능을 하고 있다고 여겨진다. TV의 경우 최근에 케이블 TV가 세그먼트 매체로서 두드러진 약진을 보이고 있고, 공중파 방송만이 아직 대중 매체로 남아 있기는

어준다고 한다. 이렇게 되면 광고의 노출도가 줄어들어 공중파와 케이블 방송사의 광고수입이 줄어들게 된다. 현재 미국 가구의 8%가 이를 보유하고 있고 전체 광고의 2%가 시청되고 있지 않다고 한다. 2009년에는 건너뛰는 광고가 22%에 달할 것이라는 것이 액센츄어 컨설팅의 전망이다. 특히 뉴스나 스포츠와 같은 실시간 프로그램보다는 드라마, 영화, 음악, 시트콤 등에서 심각하여 광고주들의 광고 단가 인하 압력이 거세지고 있다. 우리나라도 LG전자가 PVR 기능이 내장된 '타임머신TV'(PDP TV로서 2만 5천대-3만대 판매 추정)가 시판되었고, 06년에는 37인치 LCD TV에도 내장된다고 한다.

하지만, 프로그램을 단위로 본다면 표적 시청자를 달리하는 세분화 현상이 일어나고 있다. 여기에 DMB의 도입은 이러한 세그먼트화를 가속화시킬 것이다. 기존의 4대 매스 미디어의 존재감이 분화, 특화의 추세를 보이는 가운데 제 5의 매체라고 하는 인터넷도 주문형 정보의 제공으로 세그먼트 미디어의 역할을 연출하고 있다. 따라서 미디어 매체 가운데 그나마 매스 미디어의 역할을 계속할 만한 것으로는 전국을 커버하는 주요 일간지(조, 중, 동) 정도에 그칠 것이다.

매스 미디어의 또 다른 변화의 양상으로는 광고 효과를 거론할 수 있다. 광고가 곧바로 매출 증대로 이어진다고 단정하기는 힘들고, 매출은 광고를 포함한 촉진 전략에 덧붙여 다른 마케팅 믹스와의 통합 전개에 좌우된다는 점이다. 따라서 광고 효과의 지표로서 매출 증가 기준을 커뮤니케이션 효과의 증대 기준으로 바꿀 필요성이 제기된다. 커뮤니케이션 효과의 산출은 주목률에서 시작한다. 주목률은 TV의 경우에는 초단위 시청률, 신문의 경우에는 面단위, 段단위의 광고 주목률을 척도로 삼는다. 신제품 개발과 발매의 가장 중요한 과제는 출시 3개월 이내에 70%의 소비자에게 신상품의 브랜드를 인지시킨다는 것이다. TV 광고로 치면 3개월 이내에 5천-1만 GRP(Gross Rating Point)[18]를 달성하는 것이다. 지명도 70%의 목표를 달성하려면 일본에서는 5억-10억엔의 광고비를 지출해야 한다고 한다. 일반 의약품의 경우에는 지명도 20%를 달성한다고 한다. 이처럼 광고의 목적을 커뮤니케이션 효과에 둘 경우, 전달 메시지의 이해가 문제로 대두된다. 개발시에 설정한 제품 컨셉트가 기업의 의도대로 고객에게 전달, 해독, 이해될 것인가, 소비자는 제품의 브랜드에 흥미와 관심을 보일 것인가, 구매하겠다는 의욕을 조장하는 동기부여가 발동될 것인가가 중요한데, 이는 기업이 얼마만큼 소비자를 설득하느냐에 달려 있다는 것이 기존의 생각이다.

18) GRP는 광고를 내보내는 단위로서 도달비율 × 도달빈도의 곱으로 산출된다. 가령 1000GRP/월 이라고 하면 이는 100%의 사람들에게 월 10회 전하는 양을 말한다. 최소 GRP의 크기에 도달하기 전까지는 광고 전달량이 매출 증대로 연결되지 않는다.

그러나 최근에 와서는 전통적인 커뮤니케이션 이론이 내세우는 설득 효과에 의문이 제기되고 있다. 그보다는 소비자의 공감, 친밀 등을 커뮤니케이션의 목적으로 대체할 것이 거론되고 있다. 소비자가 광고에 접하여 기업, 제품 또는 광고 자체에 공감하고 친밀감을 느끼는 것이야말로 호감가는 태도의 형성과 브랜드 구매로 연결될 것이다.

글로벌 광고에서는 세계 표준화와 현지적합화의 문제가 대두된다. 표준화를 하게 되면, 당연히 광고 제작에 들어가는 고정비를 다수의 국가에 분산시킴으로써 경제적인 절약을 보는 효과가 있다. 또한 시장별로 색다른 광고안을 내는 것은 창조성의 한계로 벅찬 일이므로 대대적인 단발 광고를 제작하여 각국에서 전개하는 편이 효과를 보기 쉽다. 게다가 이미 상당수의 브랜드가 세계적 인지도를 갖고 있어서 광고의 표준화가 가능하다. 그러나 광고를 세계표준화하면 각국의 문화 차이로 인해 광고 메시지를 해독하는 것이 각양각색일 수 있다는 문제점이 있다. 또한 국별로 광고에 대한 규제가 다를 경우, 표준화는 불가능하다. 결국, 광고의 세계표준화가 성립하기 위해서는 유사한 라이프스타일에 기초한 메시지일 것, 기본적인 인간의 니즈와 감정에 소구할 것, 세계 공통의 니즈와 욕망을 충족할 것, 담당 인력이 글로벌 관점을 지닐 것 등의 조건이 갖추어져야 한다. 이런 조건을 충족한 제품은 브랜드가 갖는 자산(brand equity)의 힘이 전세계적으로 발휘되고, 문화에 관계없이 유사한 라이프스타일과 기대를 충족시켜 준다. 가령, 헤네시의 브랜디, 포르쉐의 승용차, 파이낸셜 타임지 등과 같은 수준높은 상품(high end)을 예로 들 수 있다.

또 다른 가능성을 지닌 제품군으로는 젊은이 공통의 세계문화를 대표하는 범용품(low end)으로서, 코카콜라의 음료수, 맥도널드의 햄버거, 리바이스의 진 의류, 팝 뮤직, 베스킨라빈스의 아이스크림 등이 있다. 요컨대 기업이 의도한 광고의 의미가 각 문화의 소비자가 내리는 해독(interpretation)과 일치하는지의 여부가 관건이라고 하겠다. 그런데, 표준화된 광고가 전달하는 메시지는 문화간에 공유되는 정도가 크고, 정보의 단서(information cues)가 적다는 특징을 갖고 있다고 한다(Mueller, B. An analysis of information content in standardized vs specialized multinational advertisements. JIBS, 1st quarter, 1991). 또 하나, 소비자의 제품에 대한 관여도가 높을수록 정보의 단서 수가 많아진다는 것이다. 동일한 표준화 광고라고 해도 관여도가 높은 제품의 정보 단서가 2.25항목인데 비해 낮은 관여도의 제품에서는 0.6항목이었고, 현지적합형 광고에서는 고관여형이 3.33항목, 저관여형이 1.5항목으로 나타났다. 관여도가 높은 상품은 구매 단가가 고가이고 구매 빈도가 적어서, 구매 결정에 보다 많은 정보의 단서가 필요하다. 단, 고관여형의 상품이라도 브랜드의 세계 통일성이 강한 경우에는 표준화 광고의 제작이 용이하다.

광고 내용의 표준화냐 현지화냐의 선택 결정에 고려해야 할 또 다른 요인으로 제품의 수명주기가 국별로 동일한 단계인지 아닌지의 여부를 확인하는 일을 꼽을 수 있다. 광고가 갖는 기능에는 상품의 효용과 성능, 올바른 사용법 등을 설명하는 '교육 기능', 고객의 구매 결정을 재촉하는 '설득 기능', 상품의 개선, 종류의 차이 등을 알려주는 '정보제공 기능' 등이 있다. 제품의 수명주기 중 도입기에는 교육 기능, 성장기에는 교육 기능과 설득 기능, 성숙기에는 설득 기능과 정보제공 기능, 쇠퇴기에는 정보제공 기능에 상대적으로 역점을 두게 된다(諸上, 藤澤, 2004: 133). 정보의 단서 수는 자연히 성숙기가 가장 많다. 설득 기능에 정보제공 기능까지 추가되기 때문이다. 따라서 상품을 공급할 표적 시장별로 수명주기의 단계가 일치하는지 상이한지를 확인하여 단계별로 보다 중시되는 광고의 기능을 광고 메시지에 반영하는 것이 효과적이다.

광고 매체 선정에서 글로벌 표준화는 광고 정책의 항목 중에서 가장 어려운 부분이다. 그 이유는 광고 인프라의 정비, 관련 규제 법률 등이 국별로 천차만별이기 때문이다.

〈표 3-7〉 국별 광고 매체의 이용률

(단위: %)

| | 인쇄물 | TV | 라디오 | 이동 광고 | 영화 |
|---|---|---|---|---|---|
| 스웨덴 | 86.8 | 8.0 | - | 4.6 | 0.7 |
| 독일 | 76.3 | 16.1 | 3.6 | 3.1 | 0.9 |
| 영국 | 62.2 | 31.7 | 2.0 | 3.6 | 0.6 |
| 스페인 | 55.2 | 28.8 | 10.6 | 4.6 | 0.7 |
| 미국 | 52.5 | 35.3 | 10.9 | 1.3 | - |
| 프랑스 | 51.2 | 29.5 | 6.6 | 12.0 | 0.6 |
| 한국 | 47.0 | 29.0 | 5.0 | 18.9 | - |
| 일본 | 38.5 | 40.1 | 5.7 | 15.6 | - |
| 아르헨티나 | 37.9 | 36.2 | 10.5 | 11.5 | 3.9 |
| 브라질 | 35.6 | 58.1 | 4.6 | 1.8 | - |

주) 이용률은 전체 광고비에서 점하는 각 매체의 비율을 의미함
자료: 諸上, 藤澤(2004: 130)
원전: International Marketing Data and Statistics 1995
European Marketing Data and Statistics 1995

광고 매체 중에서는 인쇄물보다 TV가 표준화의 가능성이 높다. 그 이유는, 인쇄물을 통한 광고가 정보 제공적(informative)이기 때문이다. 즉 메시지에 담겨 있는 정보의 단서 수가 많다는 것이다. 따라서 특히 인쇄물 광고의 제작에 관여하는 인력은 단순한 현지어 구사 능력뿐 아니라, 현지국 문화에 대한 철저한 이해를 구비해야 한다. 그렇지 못할 경우, 광고 메시지가 오해를 유발하여 소비자의 불쾌감을 사고 상품의 구매에 대한 보이콧 운동으로까지 확산될 우려도 있다. 이는 해당 기업의 타 제품군과 기업 자체의 이미지마저 실추시킬 수 있다. 독일과 스웨덴은 합리성을 높이 사기 때문에 인쇄물의 광고비 비중이 유별나게 높은 반면, 브라질과 일본은 정서적 측면이 강조되어 TV광고비의 비율이 높게 나왔다고도 볼 수 있다. 즉 고맥락 사회인 일본에서는 감성적 학습(affective learning)이 중시되기 때문에 감성적 가치를 제공하는데 적절한 TV 광고의 이용률이 높다고 보여진다. 반면에 미국과 같은 저맥락 사회에서는 메시지 전달의 명확성을 높이기 위해 정보의 단서가

많아서 인지적 가치(cognitive value) 측면에서 효과적인 인쇄물 광고의 비중이 상대적으로 높다.

한편, 개인주의와 집단주의의 문화적 대비에서 본다면, 집단주의 문화에서는 집단의 리더에게 광고 메시지를 보내면 그것이 구성원들에게 공유되므로 정보전달의 번거로움을 덜 수 있다. 구성원들은 리더(소비자 집단 중 혁신자 내지 조기 채택자에 해당)로부터 상품 정보를 얻으므로, 광고 매체 중에서는 TV광고와 같이 정보의 단서 수가 적은 매체로부터 메시지를 받고도 구매 의사결정을 내릴 수 있다.

그러나 보다 일반적으로는 TV 광고의 이용률은 이 보다는 방송국 채널 수, 방송 시간, 시청률, 광고주 입장에서 본 TV광고료의 가치, 타 매체의 이용 상황 등에 의해 결정된다고 보는 것이 옳을 것이고, 인쇄물 광고의 이용률은 각국의 문맹률, 발행부수, 구독의 용이성, 애독률, 광고료 등에 영향을 받는 것이 일반적이다. 그렇기 때문에 같은 고맥락 사회이면서도 한국과 일본의 매체별 이용률에 차이가 나는 것이 아닌가 하는 해석이 나온다. 위의 통계표에는 나와 있지 않지만, 1997년 이후 인터넷 광고가 등장하여, 일본의 경우에는 2004년도 인터넷 광고 비중이 라디오를 제치고 4위에 올라와 있다. 인터넷 광고는 TV 광고의 비주얼 특성과 인쇄물 광고의 높은 정보 단서성을 겸비하고 있고, 광고비가 비교적 저렴하며, 컴퓨터뿐 아니라 휴대전화로까지 매체가 확대되면서 향후 그 이용률은 증가할 것으로 예상된다.

### (2) 판촉

광고에 비해 판촉(sales promotion)은 즉효가 나타난다는 특징을 갖고 있다. 양판점이나 슈퍼마켓의 특매 전단이 바로 좋은 예이다. 판촉의 일반적인 특징으로는, 소비자와의 직접 접촉(direct contact)이 강조되고, 일시적/단기적으로 이루어지며, 자극-반응적이고, 가격 편차성이 크다는 점이다. 그래서 판촉의 종류 가운데 경품 캠페인을 제외하고는 소매점두에서 전개되는 경우가 많다. 점두의 포스터, POP(Point of

Purchase)에서의 판촉물 등을 해당 회사의 영업직원이 나누어 주는 것을 볼 수 있다. 최근에는 소매점포가 차별화의 경쟁을 전개하면서 자체의 독자적인 판촉물을 준비하는 경우가 많고, 제조업체의 소매점 판촉은 진열대 맨 앞쪽에 대량으로 진열한다든가 쿠폰을 붙이는 일, 증량 서비스 팩 주기, 샘플 배포 등의 정도로 그치기도 한다. 그렇다고 소매점포의 독자적 판촉 활동이 제조업체에 하등의 부담을 주지 않는다는 것은 아니다. 납품 가격의 할인, 추가 리베이트의 요구, 판촉비 부담 등으로 언론에도 간혹 이들 대형 소매점들이 중소 납품업체에게 부당한 요구를 한 것이 적발되어 공정거래위원회의 시정 명령을 받게 된 뉴스가 보도되고 있다. 제조업체의 판촉 활동 중에 특히 효과적인 것으로서 샘플 배포를 들 수 있는데, 미디어 매체를 통한 신제품 고지의 활동을 지원하면서 소비자로 하여금 신제품의 시용(試用)을 유도하는 기능을 갖는다. 이처럼 샘플은 시용률(trial rate)을 높이는 데는 효과적이지만 재구입률(repeat rate)의 제고는 품질이 크게 좌우한다는 점을 잊지 말아야 한다. 한가지 유념할 것은, 판촉활동이 일시적으로 소비자의 구매를 자극한다는 의도를 갖고 있기 때문에, 가격 경쟁으로 이어질 위험성을 내포하고 있다는 점이다.

### (3) 퍼블리시티, 홍보

홍보(public relation)는 대중(public)과의 관계를 구축한다는 말 그대로의 활동인데, 언론에 종종 등장하는 IR(Investors Relation)은 투자자 관리를 말한다. 홍보 활동에서 전달되는 정보는 기업의 방침이나 전략과 같은 거시적 차원의 것인데, 오늘날 소비자들은 현명해져서 기업에 의한 일방적인 정보 발신에 대해 전적인 신뢰를 보내지 않으며, 발신처의 공정성, 신뢰성에 중점을 둔다. 따라서 퍼블리시티화한 정보에 대해 보다 공정성, 중립성의 가치를 부여하기 때문에 광고보다는 미디어의 소개를 통한 퍼블리시티, 매스컴보다는 입소문이 보다 강력한 홍보 효과를 갖는다고 하겠다. 특히 인터넷의 발달은 개인의 입소문을 조직적인 것으로 만드는 강력성을 갖고 있기 때문에, 소위 Personal Network에 주목할 수밖에 없다. 결국, 제조업체 중심에서 소매업체 중심으로, 다시 소비자 네트워크 중심으로 파워가 이동하면서 소비자들의 자발성(voluntarism)에 기초한 퍼블리시티의 효과를 추구하는 일이 초미의 과제로 자리잡고 있다.

앞으로는 이상에서 언급한 광고, 판촉, 홍보 등의 모든 마케팅 커뮤니케이션 활동을 통합하는 IMC(Integrated Marketing Communication)가 전략적 위상을 더해 갈 것이다. 물론 아직까지 대다수 기업들은 이들 활동들을 개별적, 단편적으로 행하고 있는데, 통합 활동의 전개를 위해서는, 기업의 이념과 전략에 관한 모든 정보를 광고, 판촉, 홍보를 통해 일관되게 호소하는 일을 전담할 커뮤니케이션 담당 부사장 정도의 존재가 필요하다. 요즘 언론에 보도되는 소식을 보면, 홍보부서 출신이 사장에 임명되는 경우가 있는데, 존재의 필요성 측면에서 보면 바람직한 방향으로 볼 수 있다. 그러나 한참 기업마다 CI 붐이 일었을 때, 회사 로고와 같은 표피적인 상징물의 변화에 그친 일을 회상하면, IMC의 개념이 기업내에 정착했다고는 보기 어렵다. 전사적 차원에서는 아니더라도 개별 사업부 내지 제품 차원에서 조차 광고선전을 담당하는 부서와 판촉담당 부서가 따로 놀고 있다면, 현실은 아직도 요원하다고 하겠다. 기껏해야 소비자 캠페인 차원에서 판촉 활동과 매스 미디어 상대의 광고 활동이 연계되는 정도일 것이다.

거듭 강조하거니와, 이상의 일련의 촉진 전략은 기업 및 제품 브랜드의 가치를 구축하는 일을 목적으로 하며, 그 목적을 달성하기 위해 소비자의 친밀성(intimacy)과 후원성(patronizing)을 양성하는 내용을 담아내야 하는 과제를 안고 있다.

〈표 3-8〉 촉진 방법별 특징 비교

| 촉진 방법 | 구체적 수단 | 핵심 내용 | 관리 사항 |
|---|---|---|---|
| 광 고 | TV, 신문, 잡지, 라디오 등 | 적절한 미디어의 선택 | 목적 설정, 예산 결정, 메시지 선택, 미디어 확보, 광고효과 평가 |
| 판매 촉진 | 전시회, 샘플 배포 등 | 판촉 프로그램: 규모, 수단, 기간, 타이밍, 예산 | 목적 설정, 수단 선택, 촉진프로그램 작성, 실행, 평가 |
| 인적 판매 | 판매원 | 판매원의 배치: 고객별, 제품별, 지역별 | 목적 설정, 판촉팀의 전략 책정, 판매원 모집과 선발 및 훈련, 감독, 평가 |
| 퍼블리시티 | 기사, 뉴스 등 | PR부문의 역할: 보도기관과의 관계, 제품PR, 기업PR, 정치인과의 교분, 조언 | 목적 설정, 메시지와 전달도구의 선택, 계획, 실행, 평가 |
| 입 선전 | 일반 대중 | 오피니언 리더의 선택: 표적시장에 대한 영향력, 제품에 대한 관심, 오피니언의 통제 | |

# 4. 글로벌 유통, 물류 전략

유통이 소비자에게 제공하는 효용(channel utility)에는 장소 효용(place utility), 시간 효용(time utility), 형태 효용(form utility), 정보 효용(information utility)이 있다(Keegan, Green, 2003: 402). 장소 효용은 잠재적 소비자에게 편리한 입지에서 제품, 서비스를 이용할 수 있는 점이고, 시간 효용은 고객이 원하는 때에 제품, 서비스를 이용할 수 있는 점이며, 형태 효용은 적합한 상태나 만반의 사용이 가능하도록 가공하여 제품, 서비스를 이용할 수 있는 점이고, 끝으로 정보 효용은 질문에 대한 응답, 제품 특징과 편익에 관한 일반 정보를 이용할 수 있는 점을 말한다.

제조업체가 도매점이나 소매점과 같은 유통 경로를 거치지 않고 직접 판매(direct selling)하는 방식에는 회사 영업 인력의 자택 방문 판매

(door-to-door), 회사가 직접 운영하는 점포[19] 내지 프랜차이즈 점포에 의한 판매, 인터넷이나 TV 홈쇼핑, 우편 주문 등이 있다. 미국의 화장품 제조업체 Avon은 소매업의 인프라가 취약한 해외 시장에서 방문판매를 통해 성공을 거두었는데, 가령 중국 시장에서는 Guangzhou Cosmetics Factory와 합작으로 방문판매 허가를 최초로 중국정부로부터 받아내기도 했다.

자사의 유통망이 부실한 제조업체가 선택할 수 있는 유통 전략으로 피기백(Piggyback) 마케팅이 있다. 다른 제조업체는 보유한 유통 시스템의 가동률을 높여 유통에서 창출되는 수입원을 증대시킬 수 있는 매력을 갖게 되고, 이용하는 제조업체는 자체 유통망 구축에 소요되는 비용보다 낮은 수준에서 절감할 수 있다는 혜택을 누린다. 피기백 마케팅이 성공을 거두려면 양사의 제품이 동일 세그먼트의 소비자를 표적으로 삼으면서도 상호 경쟁적이 아니라 보완적 성격을 지녀야 한다. 미국의 완구업체 Mattel은 중국 시장 진출 시, Avon사가 확보한 85,000개의 대리점을 활용하는 피기백 마케팅을 채택하였고, 잡지 *Reader's Digest*는 호주, 뉴질랜드, 브라질, 캐나다, 프랑스 등의 시장에서 Avon의 판매원을 통해 잡지의 판매대행 서비스를 이용하고 있다.

그러나 신상품을 수출하거나 시장점유율이 미약한 상품을 수출하는 기업이라면 경우에 따라서는 초기에 직접 유통 관리에 관여한 뒤에 판매규모가 임계치(critical mass)에 달하고 나면 도매업체에 유통을 맡기는 선택안을 취해야 할 때도 있다. 이는 유통 관리에 투입되는 비용 면에서 별도의 도매업체에 맡기는 편이 유통망을 직접 운영하는 편보다 부담이 적기 때문이다. 도매업체 입장에서도 임계치에 달한 상품이라면 자신의 유통망에 추가로 취급할 경우 이익 증가에 기여한다고 판단하게 된다. 이는 신상품 판매에 별도로 투입될 영업 인력에 대한 보조금을 제조업체가 지급함으로써 해결된다.

19) 제조사가 직접 운영하는 점포 가운데는 flagship retail store라는 것이 있는데, 이는 상품 진열장 내지 시장정보의 입수를 목적으로 한 점포이다.

글로벌 소매업의 업태로는 백화점, 전문점(specialty retailers), 슈퍼마켓, 편의점, 할인점, 하이퍼마켓, 창고클럽, 수퍼센터, 카테고리 킬러, 아울렛 등이 있다. 전세계의 주요 백화점으로는 Marks & Spencer, Mitsukoshi 등이 있고, 전문점은 특정 고객 세그먼트를 노리기 때문에 상품 구색의 폭은 좁아도 깊이가 있고(색상, 사이즈, 스타일 등에서), 판매원의 상품 지식수준이 높다. 예로는 Body Shop, Gap, Starbucks, Disney Store 등이 있다. 슈퍼마켓은 식품과 비식품 계열의 상품을 주로 셀프 서비스 방식으로 제공하는 소매업태로서 매장 면적은 평균 5-6만 평방피트(4,650㎡-4,980㎡; 100평방피트=9.3평방미터)이다. 미국에서 슈퍼마켓이 식료품 소매업의 근간을 이루게 된 데는 대용량의 냉동/냉장고, 높은 자가용 보유율, 냉동 및 간편 식품에 대한 높은 의존도, 높은 개인 소득 등이 복합적으로 작용하였다. Sainsbury, Tesco, Safeway 등이 여기에 속한다. 편의점은 상품 구성을 회전율이 높은 편의성 상품에 국한하며 소매점 업태 중에서 가장 매장 면적이 작고, 평균 상품 가격이 슈퍼마켓보다 15-20% 정도 높다. 유동 인구가 많은 곳에 입지하고 있고, 지역 거주자, 학생, 유동 인구를 겨냥하여 영업시간을 연장하고 있다. 7-Eleven처럼 글로벌 편의점도 있지만, Casey's, Kum & Go처럼 지역적 편의점도 있다. 전 상품 라인을 갖춘 할인점의 선두 주자는 주지하는 월마트로서 서민적인 분위기와 가격대비 가치가 준수한 상품을 중산층에게 제공하고 있다. Levi's는 30달러 미만의 청바지를 판매하지 않는 원칙으로 인해 월마트에서의 판매 기회를 상실하다가 2003년에 비로서 월마트 전용의 Signature라는 신 브랜드를 출시하였다. 창고클럽도 할인소매점의 한 형태로서 일체의 서비스가 배제된(no frills) 매장 분위기가 특징인데, 이 업태의 선두 또한 월마트의 Sam's Club이다. 하이퍼마켓은 할인점, 슈퍼마켓, 창고클럽을 결합한 하이브리드 형태로서 18,600㎡(약 5,580평)의 초대형 매장 면적을 갖추고 있다. 수퍼센터는 하이퍼마켓 매장의 절반 정도의 면적에 공격적 가격 설정을 하고 있는데, 1988년에 월마트가 처음 개시하여 현재 전세계에 450여 매장을 운영하고 있다. 카테고리 킬러는 장난감, 가구 등과 같은 특정 상품 카테고리에 특화하여 영세 점포를 괴멸시키고 백화점에게는 관련 상품의 취급 규모를 줄이도록 압박을 가하는 소매업태로서 Toy 'R' Us, Home Depot, IKEA 등이 여기에 해당한다. 아울렛 점포는 지명도 높은 브랜드의 재고 상품이나 이월 상품, 또는 소위 B급 상품(factory seconds)을 처리하는 업태로서 많은 쇼핑객을 유인하기 위해 집단으로 아울렛 몰을 형성하기도 한다. 뉴욕 센트럴 밸리의 Woodbury Common 몰, 우리나라의 여주신세계 아울렛 몰 등이 그 예이다.

물류(physical distribution)는 완제품을 생산자에게서 소비자에게로 이동시키는 활동을 의미하고, 공급망(supply chain)은 원료의 공급 내지 원료의 부품화, 완제품화라고 하는 지원 활동까지 포함하므로 보다 가치 사슬의 범위가 넓은 개념이다. 이러한 공급망을 통해 상품의 원활한 흐름을 확보하기 위해 관련된 모든 기업들의 활동을 통합하는 관리 프로세스가 로지스틱스이다(Keegan, Green, 2003: 423). IKEA의 경우 해외 공급업체 네트워크를 통해 목재와 다른 원자재를 조달하는데, 이들 공급업체는 가치사슬의 상류(upstream)에 속하는 것이고, 이들 공급업체로부터 IKEA의 공장까지 원료가 운송되는 과정이 입하(入荷) 로지스틱스(inbound logistics)이다. 반면에 가구를 공장에서 매장으로 출하하는 일과 관련된 활동은 출하(出荷) 로지스틱스(outbound logistics)라고 한다.

물류 활동에서 신경써야 할 문제가 재고관리이다. 여기에서는 주문처리에 소요되는 비용과 재고 부담 비용 간의 균형점을 찾는 일이 중요하다. 제품의 주문 빈도가 높을수록 주문처리(order-processing) 비용은 상승하고, 주문 빈도가 낮을수록 주문 간의 오랜 간격동안 제품을 재고로 보관해야 하기 때문에 재고 부담(inventory-carrying) 비용이 상승한다. 유통 전략(channel strategy)은 상품의 운송 작업을 어떤 운송 수단(철도, 트럭, 선박, 항공기, 파이프라인, 인터넷 등)을 선택 내지 결합하여 행하는 것이 효과와 효율 면에서 뛰어난 것인지를 결정하는 일이다.

유통이란 제조된 제품을 최종 소비자에게 전달하기 위한 경로를 말하며, 제품의 유통을 위해 전략적으로 선정된 사업자를 마케팅 채널이라고 한다. 유통이 다른 마케팅 믹스와 다른 점은, 대부분의 유통 채널이 기본적으로 외부자원이라서 이를 구축하는데 상당한 시간과 비용을 요하며, 일단 구축된 유통망은 좀처럼 변경하기가 어렵다는 점이다.

자사 제품의 유통 채널을 선택할 때 기업이 채택할 수 있는 정책에는 다음의 3가지가 있다(小尾, 2004: 157). 개방적 유통정책은 모든 거래처에 문호를 개방하는 것으로서, 식료품이나 일용잡화와 같은 생필품을 유통시키는데 적절하다. 채널 내에서 다른 경쟁업체의 제품에 대해 우위를 확보하기 위해 유통업자에게 높은 마진을 제공하고 인센티브 프로그램을 빈번히 실시해야 한다. 선택적 유통정책은 일정한 조건, 기준을 충족하는 유통 채널을 선정하여 거래하는 방침이다. 기업 입장에서는 마케팅 활동을 철저하게 실시할 수 있고, 유통업자로부터 판매 협력과 시장 정보를 얻어내는 장점이 있다. 배타적 유통정책은 특정 거래처와 총대리점, 특약점 제도를 체결하여 배타적, 독점적인 유통 채널을 구축하는 것이다.

제조업체에서 소매점에 이르는 유통 채널에는 제조업체가 소매 단계를 수직통합하는 통합시스템, 제조업체가 시장거래에 의해 소매점에 판매하는 시장시스템, 제조업체의 유통계열화가 이루어지는 관리시스템의 3가지 유형이 있다(嶋口, 2004: 150). 통합시스템의 경우는 드문데, 그 이유는 첫째, 수직통합에 소요되는 고정비 때문이다. 소매점의 매출은 내점객의 수에 좌우되는데, 흡인 가능한 고객수는 일정한 공간적 범위에 의해 제약을 받는다. 따라서 제조업체가 전국 시장을 상대로 하려면 많은 소매점포를 차려야 하고, 이는 막대한 고정비 부담으로 이어진다. 둘째, 최종 소비자에 대한 판매에 수반되는 리스크를 분담 내지 흡수해줄 대리인이 없다는 점이다. 시장시스템이라면 제조업체가 일단 소매점에 제품을 판매하고 나면 소유권이 소매점에 이전되는 시점에서부터 제조업체는 소매 단계의 판매에서 생길 수 있는 불확실성으로부터 해방되지만, 통합시스템은 이 모든 것을 자신이 짊어져야 한다. 셋째, 수익성의 문제가 있다. 자사 제품만을 판매하는 소매점은 복수의 제조업체의 제품을 판매하는 소매점에 비해 제품 구색 면에서 한계가 있으므로 고객 흡인력도 떨어지고, 거래와 배송, 광고 등의 제반 측면에서 비용이 많이 든다. 이 결과, 제조업체의 수익성은 악화되고 상황이 심각해지면 채산성이 전혀 맞지 않게 된다.

이런 문제점의 해결책으로서 시장시스템을 채택하는데, 이 경우에는 제조업체와 독립적 관계에 있는 존재인 만큼, 특정 제조업체가 이들을 자유로이 통제할 수는 없다. 제 3의 형태인 관리시스템은 매매 관계를 유지하면서 통합시스템의 장점을 최대한 향유하려는 의도를 갖고 있다. 소매점은 고정비를 자신이 부담하고, 판매 리스크는 제조업체와 분담한다. 제조업체로서는 계열관계를 이용하여 소매점의 의사결정에 영향을 미치고, 판매 공간의 확보와 설명판매, 추천판매, 서비스 제공 등의 측면에서 우대를 받을 수 있다. 제조업체가 유통 계열화를 꾀할 경우에는, 소매업자의 구매액에서 차지하는 자사 제품의 구매액 비율, 곧 소매점의 특정 제조업체에 대한 의존도를 높여야만 유통업체에 대한 통제력을 행사할 수 있다. 의존도를 높이려면 제품라인의 확대, 곧 제품 구색을 갖추는 일이 필요하다. 아울러 각 품목별 판매 가능성을 높이고, 유통업자의 판매 마진을 충분한 수준으로 보장해주어야 할 것이다. 그런데 최근에는 어떤 제조업체의 계열에도 속하지 않는 전문양판점, 종합양판점의 세력이 두드러지면서 관리시스템에 어려움을 주고 있다. 이들 양판점은 첫째, 매출 규모가 막대하고, 복수의 제조업체 제품을 반입하므로 자금이 풍부해야 한다. 이는 그만큼 특정 제조업체에 대한 의존도가 높지 않아서 거래조건을 협상할 때 우위에 서는 일이 빈번하다. 둘째, 양판점이 체인화하여 전체 점포의 구매력을 무기로 삼아 규모 경제의 이익을 누린다. 그 결과, 제품 구색의 다양성에 덧붙여 규모경제의 비용 절감으로 저가 판매를 영업의 무기로 내세운다.

새로운 유통채널로 자리잡고 있는 인터넷은 기존 채널에 비해 다음과 같은 특징을 갖고 있다. 첫째, 한사람 한사람의 개별 고객이 고유명사로 파악됨으로써 이들의 구매 이력을 데이터베이스로 축적할 수 있다. 이런 데이터베이스를 이용하면 일일이 사람 손을 빌리지 않고도 개별 고객의 니즈에 맞는 제품의 추천이 가능해진다. 개별 대응의 1:1 마케팅이 가능해지면 그만큼 마케팅 활동의 효율성이 제고되는 결과를 가져온다. 이는 고객 입장에서 볼 때 다른 거래업체로 이탈하는 전환비용을 높게 만드는 꼴이 되므로 거래의 계속성을 보장해준다. 둘째, 제품이나 거래조건에 관한 정보를 소비자가 다량으로 입수할 수 있으므로, 시장의 투명성이 제고된다. 투명성이 높아지면 제품간, 사이트간의 경쟁[20]이 치열해지는 만큼, 제조업체는 지금까지보다 더욱 제품력과 브랜드력을 강화하는데 힘을 쏟아야 한다.

유통 전략의 효율성을 측정하는 도구로서 점수판매점률(店數販賣店率, Store Count)과 제품가중판매점률(Product Class Weighted)이 있다. Store Count는 전체 유통업체 수 중에서 자사 제품을 취급하는 점포의 비율을 말하며, PCW는 자사 제품 취급 점포의 매출이 해당 제품 취급 전 전포의 매출에서 점하는 비율을 가리킨다. 설령 SC의 비율이 높더라도 PCW의 수치가 낮다면 자사의 제품은 판매력이 우수한 유통업체에 진열되고 있지 않다는 점을 의미한다. 일반적으로 PCW는 70-80% 정도가 필요하다고 보고 있다. 다음 〈표 3-9〉는 동일 품목의 두 경쟁 브랜드인 A와 B 브랜드의 SC와 PCW의 비교를 보여주고 있다.

20) 사이트간 가격 비교를 해주는 사이트도 성업 중인데, 우리나라는 www.enuri.com, 일본에는 www.kakaku.com 등이 있다.

〈표 3-9〉 브랜드간 SC 및 PCW의 비교 예제

| 점 포 | A브랜드 취급점 | B브랜드 취급점 | 카테고리 총판매액 | A브랜드 취급점 카테고리 총판매액 | B브랜드 취급점 카테고리 총판매액 |
|---|---|---|---|---|---|
| 1 | o | x | 100 | 100 | x |
| 2 | o | x | 200 | 200 | x |
| 3 | o | x | 300 | 300 | x |
| 4 | o | o | 500 | 500 | 500 |
| 5 | o | o | 700 | 700 | 700 |
| 6 | x | o | 1000 | x | 1000 |
| 7 | x | o | 1200 | x | 1200 |
| 8 | x | o | 2000 | x | 2000 |
| 9 | 0 | x | 500 | 500 | x |
| 10 | 0 | x | 700 | 700 | x |
| 합계 | 7점포 | 5점포 | 7200 | 3000 | 5400 |

위의 표를 보면, A 브랜드의 SC는 70%(10점포 중 7점포 취급), PCW는 42%(3000/7200)인 반면, B 브랜드의 SC는 50%, PCW는 75%임을 알 수 있다. 즉 유통 효율 면에서는 B 브랜드가 높다는 사실을 보여주고 있다.

글로벌 유통 전략에서 고민해야 할 점의 하나로 배송 센터를 어디에 설치할 것인가 하는 문제가 있다. 배송 센터는 생산입지형과 시장입지형으로 나눌 수 있는데, 자사의 상품에 대한 수요가 전세계 시장에 분산된 정도가 클수록 본국이나 제3국의 생산공장 근처에 물류 센터를 두고 수출하는 것이 효율적이며, 대규모의 표적 시장을 확보하게 되면 해당 시장에 배송 센터를 입지시켜서 주변국 시장까지 함께 공급하는 것이 합리적이다. 글로벌 기업은 세계 각지의 주문에 부응하여 신속한 처리를 하기 위해 고객정보 관리 시스템의 글로벌 온라인 구축을 위해 주요 시장을 대상으로 POS 시스템을 도입하고 있다. 이 시스템을 통해 판매에 직결되는 적정량의 제품을 생산하고, 불필요한 판매 경비를 삭감하며, 재고량 조절로 물류비를 절감하는 효과를 거두고 있다.

글로벌 물류 정책에서 고려할 점은 생산 활동이 특정 국가에서 집중적으로 이루어지는가 아니면 여러 국가에 분산되어 이루어지고 있는가 하는 점과, 생산에 들어갈 투입물의 조달(sourcing)을 생산 공장이 입지한 해당국 현지에서 주로 하는가 아니면 세계 각지로부터 하는가 하는 점의 2가지이다. 이들을 기준으로 물류 전략의 유형을 보면 아래 〈그림 3-4〉와 같다.

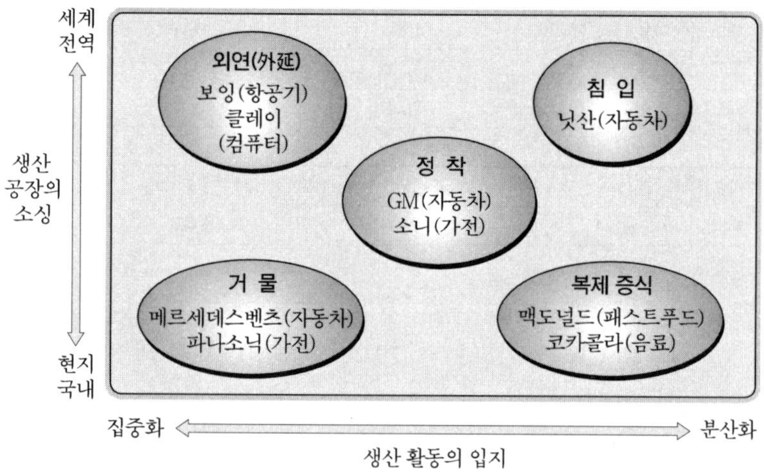


자료: 諸上, 藤澤(2004: 153)
원전: Cooper, J.(1995). Logistics strategies for global business. in Paliwoda, S., Ryans, J. eds. *International Marketing Reader*, Routledge, p. 230.

〈그림 3-4〉 글로벌 물류 전략의 유형

침입(invaders) 전략은 생산 공장이 입지한 현지국에서는 조립 내지 최종 가공만을 행하고, 부품의 태반을 본국을 포함한 제3국에서 조달하는 것을 말한다. 70년대 일본의 소니와 80년대의 닛산자동차가 이를 채택하였다. 이들은 당시 조립 공장을 현지에 세우고 부품의 상당수는 일본에서 조달해 왔다. 이런 생산 공장은 현지국 정부로부터 그다지 환영받지 못하므로 오랫동안 침입형 물류 전략을 구사하기는 어렵다. 이 유형에서는 글로벌 물류 활동은 주로 입하 물류(inbound logistics)이다.

정착(settlers) 전략은 제품의 생산과 조달 지역도 다양하고, 판매도 다수국에서 행하는 것으로서, 침입 전략과 거물 전략이 이 전략으로 이동해 와서 자리잡는다는 의미에서 정착이라고 칭한다. 정착 전략의 물류는 그 요건이 끊임없이 변한다. 즉, 입하 물류가 제품의 특성에 따라 영향을 받는데, 고부가가치 제품은 원거리 국가에서도 조달하지만, 저가 제품이나 부피, 무게가 많이 나가는 부품은 조립 공장 근처에 입지한 공급업체로부터 조달한다. 일본의 소니가 침입 전략에서 이 유형으로 이동해 왔는데 특히 유럽 시장에서 두드러진다. 닛산, 도요다, 혼다 등의 일본 자동차 3사도 마찬가지로 이 전략을 취하고 있다.

복제 증식(cloners) 전략은 생산과 조달의 특성상 물류를 전세계적으로 전개할 수 없다. 코카콜라가 이 전략을 구사하는데, 농축액을 제외하고는 음료 생산의 투입물 대부분을 현지국에서 조달한다. 완성품의 유통, 즉 출하 물류(outbound logistics)도 현지시장 내에서 이루어진다. 이렇듯 현지 위임형의 물류 전략이면서 세계 여러 곳의 생산 공장의 조업 활동 간에 유사성이 크기 때문에 복제 증식이라는 표현을 쓴다.

거물(barons) 전략은 판매 지역이 전세계에 두루 퍼져 있으면서도 생산과 소싱을 특정 지역에 집중하는 것을 말한다. 본국의 높은 인건비에도 불구하고 본국 주변에 생산 공장을 두는 것이 최선이라고 보는 메르세데스 벤츠, BMW 등은 그렇기 때문에 글로벌 물류를 출하 물류 위주로 하고 있다.

외연(outreachers) 전략은 생산 거점을 특정 지역에 집중하면서도 부품 조달을 전세계로부터 행하는 것이다. 판매도 전세계 시장을 상대로 하는 만큼, 글로벌 물류는 입하 물류와 출하 물류 양자의 조건을 포괄적으로 다루어야 한다.

글로벌 물류를 논하면서 글로벌 공급망 관리(supply chain management: SCM)가 새로운 화두로 등장하고 있다. SCM은 공급업자에서부터 최종사용자에 이르기까지의 전 유통경로의 종합적 흐름을 관리하기 위한 통합 접근법으로서, 기존의 로지스틱스와 다른 점은, 전자상거래,

웹사이트 등에서 공급 사슬의 과정이 결정된다는 점과 또 다른 하나는 고객관계 및 제품개발 등의 다른 기능과 상호작용을 중시하는 관점에서 물류를 결정한다는 점이다. 가령, 고객이 어떤 유형의 승용차를 구입하고자 하는지를 딜러의 웹사이트에서 얻어낸 정보로 판별하여, 제조에 앞서서 부품 조달 단계에서 어떤 부품을 어느 국가의 기업으로부터 조달할 것인가를 고객 만족의 관점에서 결정하는 일을 들 수 있다. 또한 신차 판매 후에도 딜러가 고객 만족도를 계속 관리하여 인터넷 상에서도 고객과의 Interface Marketing을 행함으로써 자사 제품의 재구입을 도모하는 것도 있다. SCM을 이용하면 자체 생산 대신 아웃소싱을 늘릴 수 있다. 이렇게 되면 고객 입장에서도 제품 고장시 애프터 서비스를 받게 될 때, 타사 제품과 공통되는 부품을 사용하게 됨으로써 수리가 간단하고 단시간에 끝나며 지불 비용도 줄어드는 편익을 얻을 수 있다. 공통 부품의 증가는 대량 생산에 따른 부품 단가의 인하를 가져오므로, 자산의 특수성이 있는 기간 부품을 제외한 표준화 부품의 아웃소싱은 바람직하다.

이러한 SCM은 EMS(Electronics Manufacturing Service: 전자기기 수탁제조 서비스)라고 하는 새로운 제조 형태를 탄생시키고 있다. OEM 수탁기업이 자사 제품을 생산하면서 일부를 거래처의 브랜드로 공급하는데 비해, EMS는 자사 제품을 일체 생산하지 않으므로 자체 브랜드도 없다. IBM, HP 등은 미국의 솔렉트론이라고 하는 세계 유수의 EMS 기업이 갖고 있는 아시아 생산 공장에서 생산하는 완제품을 수입하여 판매하므로, PC의 가격 파괴에도 견뎌내는 구조를 확립하고 있다. EMS 기업은 복수의 회사로부터 생산을 하도급받아 규모 경제를 살릴 수 있고, 위탁 기업은 판매의 가격 경쟁력을 누릴 수 있는 상호 이익의 연합 전선인 셈이다. 이처럼 SCM의 막강한 우위는 IT의 적극 활용에 의해 B to B 영역에서 생산과 물류 과정 면에서 타사의 능력을 빌려 최적화 상태를 달성한다는데 있고, 아울러 B to C 영역에서는 고객만족의 극대화를 위해 경영 자원을 영업력 강화에 투입한다는데 있다. 이렇게 되면 글로벌 기업의 설비 투자는 줄어드는 반면 정보 투자는 늘어나게 된다.

〈표 3-10〉 현지국 유통 전략의 선택

문화적 근거리

| | | | |
|---|---|---|---|
| 진입 용이 | Organic | Chain acquisition | 진입 곤란 |
| | Franchise | Joint venture | |

문화적 원거리

해외 시장 진입에서 유통 전략을 어떻게 취할 것인가도 중요한 문제이다. 여기에서는 소매 유통의 선택안을 문화적 차이 및 진입의 용이성을 기준으로 4가지 유형을 제시해 본다.

유기적 성장(organic growth)은 기업이 자사의 자원을 이용하여 자체 점포를 차리는 것이다. 사업가 브랜슨은 자신의 Virgin Megastore 1호점을 파리의 샹젤리제(Champs-Elysees)에 있는 대형 공간에 수백만 달러를 투자하여 개점하였다. Virgin의 입장에서는 프랑스의 소매 유통 환경은 문화적으로도 유사하고 진입하기도 용이하였던 것이다. 물론 이 선택안이 성공하기 위해서는 초기의 높은 투자비를 감당할 만큼의 기업 자원이 있어야 한다.

프랜차이징(franchising)은 유통 시장 진입 장벽은 낮지만, 소비자 행동 및 소매 시장 구조 면에서 문화적 거리가 있을 때 적절한 선택안이다. 이것의 성공은 기업 노하우를 새로운 시장에 이전할 능력에 달려 있다. Benetton, IKEA 등과 같이 PB(Private Brand)를 갖고 초점전략(focus strategy)을 구사하는 기업들은 100% 자회사(유기적 성장)와 더불어 프랜차이징을 유통전략으로 채택한다. IKEA의 경우, 미국과 유럽에 100여개의 자사 매장이 있으며, 중동과 홍콩에는 프랜차이즈로 운영하고 있다.

매수(acquisition)는 현지국에 있는 복수의 매장을 구입하는 일이다. 이는 현지국의 기존의 유통 브랜드, 공급업자, 유통업자, 고객에 대한 접근 및 신속한 성장을 가능케 한다. M&S는 미국 시장에서는 전혀 유기적 성장을 택하지 않고, 현지의 소매업체인 Brooks Brothers를 매수하였다.

합작투자(Joint Venture)는 문화적으로도 거리감이 있고, 유통 시장 진입도 쉽지 않은 현지국 진출시 적절한 선택안이다. 많은 서양 기업들이 아시아 지역에 진출할 때 합작투자를 곧잘 채택한다. Virgin사는 일본 진출시 동경 신쥬쿠에 있는 마루이 백화점의 지하에 1호점을 마루이백화점과 합작투자 형태로 세워서 대성공을 거두었고, 홍콩, 대만, 한국 시장에 진출할 때도 이를 활용하였다.

당연한 이야기이지만, 외국시장 진출시 위와 같은 유통전략의 매트릭스를 선택하는 것만으로 성공을 거둘 수 있다고 보장못한다. 상품 구성 믹스, 조달 전략, 물류 등도 적응해야 한다. 실례로 월마트가 미국 이외의 지역으로 진출한 첫 사례가 멕시코이었다. 멕시코는 문화적으로나 소득면에서 거리감이 있었기에 Cifra라고 하는 멕시코 최대의 소매유통 기업과 50:50의 합작투자로 진입하였다. 그런데 멕시코 고객들은 월마트의 가격이 경우에 따라서는 국경너머 텍사스에 있는 월마트보다 20% 정도 비싸다는 점에 실망하였다. 그리고 대다수의 멕시코 공급업자들은 소매업체의 창고나 물류센터에 출하하기보다는 상점에 직접 배송하고 있다. 따라서 월마트는 미국내에서 저렴한 판매가를 유지할 수 있었던 핵심 요소인 물류 통제권을 행사하지 못했다. 월마트는 1997년 중반 합작회사의 주식을 Cifra의 보통주로 전환하고 추가 주식 매입을 통해 Cifra사의 경영에 통제력을 행사하기로 했다.

글로벌 유통 전략의 사례로서 미국자동차회사 GM의 일본시장내 유통전략을 꼽을 수 있다. GM은 1980년대 후반에 일본자동차 킬러라는 기치하에 전략적 소형차인 '새턴'을 개발하여 1990년에 미국시장에 도입하여 성공을 거둔 뒤, 일본GM이 1995년에 사내에 '새턴재팬'을 설립하여 1997년 3월에 이를 일본시장에 도입하였다. 미국시장에서 GM은 제품믹스에서는 새턴의 차종을 세단, 왜곤, 쿠페 등 3종류로 압축하였고, 딜러 정책에서는 이들 3차종을 판매하는 전매점을 전개하였다. 무의미한 딜러간 경쟁을 피하기 위해서 지역내의 전매점 수를 한정하였고, 가격 경쟁을 막기 위해 제조업체가 아닌 딜러가 가격을 정하는 오픈 가격제를 도입하여 딜러의 건전 경영을 유도하였다. 이 결과, 1점포당 새턴의 판매대수는 전미 1위를 달렸고, 전매점의 90%가 흑자를 거두었다.

이러한 내수 시장에서의 성공을 발판으로 일본시장에서는 도요다자동차의 '코로나', 닛산자동차의 '블루버드'와의 경쟁을 의식하여 판매가격대를 150-200만엔 대로 설정하되 오픈가격제를 일본에서는 최초로 도입하였다. 시장동향에 맞추어 딜러가 가격을 결정하면 이것이 곧 판매가격으로 되는 것으로서, 딜러를 모집할 때의 조건으로는 가격 교섭, 이중 가격을 일체 인정하지 않는 것으로 못 박았다. 가격 교섭에 진절머리가 난 딜러들과 운전자들을 유인할 수 있을 것으로 판단되었다. 딜러 모집에서는 이미 특정 지역에서 판매실적을 거두고 있으면서 고객을 확보해 놓은 일본 국산차 딜러들이 응모하기 쉽도록 미국에서와 같은 전매 제도는 강요하지 않기로 했다. 즉 새턴이 조기에 시장에 침투하기 위해서는 딜러의 판매력이 관건이라고 보았기 때문이다. 일본은 미국에 비해 입지 비용이 많이 들어서 대중차량을 취급하는 점포의 수익성 확보가 어렵다는 점에 비추어, 새턴의 특징과 가격 경쟁의 회피를 고려하여 유통 권역과 유통 채널을 압축하고, 오픈 가격제의 도입과 일본내 기존 유통망(일본차 유통망)의 판매력을 이용하는 시장 침투 전략을 전개한 것이다.

제4장

# 특수 마케팅

1. 서비스 마케팅
2. 비즈니스 마케팅
3. 유통업 마케팅
4. 인터넷 마케팅
5. 모바일 마케팅
6. 마케팅 잡언

4 chapter

# 특수 마케팅

지금까지는 제품을 염두에 둔 마케팅 전략을 논하였지만, 제품 이외에도 서비스 마케팅, 비즈니스 마케팅(소위 B2B 거래) 등이 있다. 이들 마케팅이 갖는 색다른 내용을 간단히 언급하기로 한다.

## 1. 서비스 마케팅

서비스 산업은 어찌 보면 외주(outsourcing)의 산물이라고 볼 수 있다. 해외 여행을 자신이 모든 일정을 짜서 개별 여행을 할 수도 있지만, 이런 일을 여행사에 맡기고 가는 것이 패키지 여행이라면 여행서비스업은 개인이 업체에 외주를 준 것이라고 해석된다. 외식업은 주부의 가사(식사준비) 노동을 외주화하여 시간의 절약과 육체적 피로의 절감, 심적 여유의 제공 등의 가치를 소비자에게 부여한다. 피트니스 클럽은 건강 지향, 보안산업은 안전 지향의 추구 속에서 외주화한 업종으로 볼 수 있다. 서비스 산업은 이러한 환경의 변화에 의할 뿐 아니라, 분업에 의한 전문성과 규모경제의 효과가 현저해지면서 그 성장 속도가 가속화하고 있다. 앞서 예로 든 여행업의 경우, 여행사는 팩키지 투어에 의해 숙박시설과 항공권의 저렴한 구입을 실현하여 개별 여행보다 비용이 훨씬 덜 들고 편리한 서비스를 제공한다. 이처럼 서비스 산업의 발전이 가속화되면서 국가경제가 서비스경제화하는 추세는 곧 서비스 마케팅의 중요성을 실감나게 해준다.

## 1) 서비스의 특질

서비스의 첫 번째 특질은 무형성(invisible)에 있다. 소비자가 제품이나 서비스를 선택할 때 고려하는 평가 기준에 탐색성, 경험성, 신뢰성이 있다. 탐색성(search qualities)은 서비스를 제공받기 전에 평가할 수 있는 속성으로서 가령, 서비스 제공자의 존재, 거리, 개점 시간 등이 여기에 해당한다. 경험성(experience qualities)은 구입 후 또는 소비 중에만 평가 가능한 속성이며, 신뢰성(credence qualities)은 구입 후에도 평가가 곤란한 속성이다. 유형재의 선택은 탐색성에 의해 이루어진다. 가령, 꽃을 보면 무슨 꽃인지, 아름다운지 어떤지를 구입하기 전에 평가할 수 있다. 반면에 무형재는 구입하고 나서야 품질을 알 수 있는 경험성이 지배한다. 레스토랑의 음식 맛은 구입하여 맛을 경험해야만 품질을 평가할 수 있다. 서비스 중에는 구입하고 나서도 품질을 평가하기 힘든 신뢰성을 지닌 것들도 있다. 가령, 의료 서비스의 진료라든가 자동차 수리 서비스는 서비스 구입 후에도 그 품질을 따지기가 용이하지 않다. 이런 문제점을 보완하기 위해 이미 그런 서비스를 경험한 적이 있는 다른 소비자의 평가(입소문, 특히 요즘에는 웹사이트 상의 평가)라든가, 물리적 특성 내지 가시적 특성(처음 보는 음식의 경우, 레스토랑 밖의 견본품을 보고서 메뉴를 결정하는 일)이 중시된다. 이런 점을 반영하여 서비스 제공자는 서비스의 내용을 되도록이면 가시화할 필요가 있다. 호텔이라면 건물 외관과 객실, 부대시설의 사진을 팜플렛이나 웹상에 올려놓아 고객의 이용 여부 결정에 도움을 줄 수 있도록 한다.

서비스의 두 번째 특질은 불가분성(생산과 소비의 동시성)이다. 불가분하다는 것은 생산과 소비의 분리가 불가능하다는 의미인데, 이 양자는 동시에 진행된다. 학교 교육 서비스를 보면, 강의 시간 중에 서비스의 생산이 이루어지고, 그와 동시에 학생의 수강을 통해 서비스가 소비된다. 이러한 서비스의 불가분성은 기업이 시장활동을 전개하는 데 영향을 미친다. 유형재라면 제조설비나 작업인력의 복장에 대해 소비자가 알 수도 없고, 고객이 지각하는 가치와 직접적인 관계가 없다. 그러나 서비스와 같은 무형재는 점포의 건물, 내장, 종업원의 복장 등이 서비스의 가치와 밀접한 관계를 갖고 있다. 이처럼 생산과 소비가 동시에 진행되다 보니 재고가 없다는 점이다. 이를 두고 서비스의 소멸성이라고도 하는데, 재고의 미(未) 형성은 수요 변동에 대처하기 힘들게 만든다. 그래서 기업은 수요의 균일화를 이루려고 애를 쓴다. 호텔의 숙박비, 골프장의 플레이 피는 이용 요일에 따라 가격차가 크다. 이는 판매자가 수요를 철저히 꿰뚫고 가격을 세분하여 설정하는 일의 중요성을 말해 준다. 가격 책정뿐 아니라, 촉진 전략 면에서도 수요가 적은 시간대에 부가 서비스를 제공한다든가 미리 수요가 적은 시간대를 고지하는 일 등을 펼침으로써 수요를 표준화시키는 방법을 실행할 수 있다. 생산과 소비의 불가분성이 낳은 또 다른 현상은 소비자가 서비스 제공장소로 가든가 아니면 서비스 제공자가 소비자의 소재지로 와야 한다는 것이다. 어느 쪽으로 하든 이동 비용이 지출되는데, 이를 낮추기 위해 제공자가 소비자 쪽으로 접근할 때는 다수의 점포와 인력이 지리적으로 분산 입지를 이루며, 소비자가 제공자 쪽으로 다가갈 때는 상업집적지를 이루어 집중 입지를 한다.

서비스의 세 번째 특질은 품질에 일관성이 없고 변동성이 생긴다는 점이다. 유형재라면 제조공정을 표준화하고 품질관리를 하여 일정 범위 내로 품질을 수렴할 수가 있지만, 서비스와 같은 무형재는 품질관리가 어렵다. 그 이유는, 생산과 소비의 동시 진행으로 인해 품질 검사가 곤란하다는데 있다. 제품은 출하 검사를 통해 품질 미달의 제품을 걸러내지만, 서비스는 출하 검사의 과정을 세우기가 여의치 않아서 사후적으로 저품질의 서비스를 확인할 수밖에 없다. 그렇기 때문에 서비스의 생산자인 종업원 교육이 중요하며, 품질을 안정화시키기 위해 작업의 표준화와 매뉴얼 작성이 필수적이다. 그러나, 매뉴얼은 고품질의 서비스를 위한 필요조건일 뿐이지 충분조건은 되지 못한다. 환경이 안정적이라면 모든 상황을 염두에 둔 매뉴얼 작성이 가능하므로, 그에 맞추어 행동하도록 종업원에 대한 교육이 진행되면 된다. 그러나 서비스는 생산자와 소비자가 한 곳에 나란히 위치하며, 이들 간에 상호작용이 이루어진다. 상호작용의 발생은 곧 서비스의 품질이 소비자에 의해 변동될 수 있음을 의미한다. 강의 서비스의 품질 수준은 학생의 지식 수준과 수업 태도 등에 의해 커다란 영향을 받는다. 이럴 때 매뉴얼에 따라 경직된 강의를 진행한다면 학생들의 상황에 적절한 효과적인 교육 서비스는 제공될 수 없다. 매뉴얼은 최소한도로 해놓고 나머지는 서비스 제공자(종업원)의 대응 능력에 맡기는 편이 보다 나은 서비스의 제공으로 이어진다. 그렇다고 무턱대고 종업원에게 서비스 제공을 맡기는 것도 위험하다. 그 전제 조건으로서, 기업이 가치관과 정보를 종업원과 공유하는 일이 있어야 한다. 의사결정을 현장에 맡기는 것인 만큼, 현장의 의사결정이 기업의 방침, 목표 등에 합치할 수 있기 위해서는 가치관의 공유가 필요하다. 또한 의사결정의 질을 높이기 위해서는 고객 및 서비스에 관한 정보를 충분히 파악할 수 있도록 아낌없이 제공되어야 할 것이다.

### 2) 서비스 마케팅 전략

앞서 제품 마케팅에서 언급한 것과 마찬가지로, 서비스도 그 품질을 알 수 없을 때는 가격이 품질 측정을 위한 하나의 정보로서 기능한다. 결혼 피로연이나 고급 레스토랑에 가면 고객은 메뉴의 가격을 보고 서비스 품질의 수준을 예상한다. 그런 경우에는 수요의 확대를 노려 가격을 낮추게 되면 오히려 수요의 감소를 가져올 수도 있다. 그렇다면 서비스의 품질을 좌우하는 관련 요소에는 어떤 것들이 있을까? 여기에는 접객을 담당하는 종업원 - 건물이나 설비 등의 하드웨어 - 다른 손님 등 3가지 요소가 있다. 그런데 접객 담당 종업원은 무대 전면(front stage)에 위치해 있는 반면, 고객 눈에 잘 띄지 않는 무대 후면(back stage)에는 접객 담당 종업원에게 활동을 지시하고 지원해 주며, 무대 전면에서 제공되는 정보에 기초하여 전면의 활동을 제어하는 종업원들이 있다. 다른 손님의 존재가 서비스의 품질과 만족도에 영향을 주는 것은, 가령 레스토랑에 온 다른 손님들의 복장이나 언행을 보고 자신과 걸맞는 고객들이 이용할 만한 곳인지의 여부를 판단하기 때문이다. 접객 담당 종업원과 고객 간의 상호작용이 중요하다고 한 것은, 서비스의 우열이 산출물에 국한하지 않고, 창출 과정에도 크게 좌우된다는 것을 말해준다. 그렇다면 창출 과정에 거슬러 올라가 품질을 점검하고 피드백을 제공해주는 시스템의 구축이 필요하다.

따라서 서비스 마케팅 전략에서는 기업이 고객에 대한 대외적 마케팅(external marketing)뿐 아니라, 기업이 종업원에 대한 대내적 마케팅(internal marketing), 종업원과 고객이 접하는 부분에서의 상호작용 마케팅(interactive marketing)이 3박자를 이루게 된다. 대외적 마케팅에는 광고, 판촉 등이 있고, 대내적 마케팅에는 기업이념과 서비스 전략에 대한 종업원의 이해를 높이기 위한 교육, 훈련 등이 있는데, 종업원들이 서비스 제공이라고 하는 자신의 활동에 만족하지 않으면 고객에 대한 양질의 서비스 제공은 이루어질 수 없다. 상호작용 마케팅은 기업과 고객 간의 접촉면(interface)을 구성하는 종업원이 고객에 대해 펼치는 마케팅이다. 바로 이러한 상호작용 마케팅의 존재로 인해 서비스는 제품과는 다른 고객가치의 공식을 지닌다. 즉 서비스가 고객에게 제공하는 가치의 크기 = (서비스의 결과적 품질 + 서비스의 과정적 품질) ÷ (가격 + 입수 비용) 의 공식에 의해 산출된다. 결과적 품질이란 서비스를 받는 목적이 충족되는 시점에서의 서비스의 질이고, 과정적 품질은 충족되기까지의 시간적 경과 속에서 본래 제공되는 서비스의 질을 높이기 위해 보조적으로 제공되는 서비스를 가리킨다. 가령 호텔에서 '숙박'은 결과적 품질이고, 프론트의 접객 태도, 룸서비스의 대응 등은 숙박을 쾌적하게 해주는 과정적 품질이다. 가격은 서비스 자체의 가격으로서 1박의 숙박비가 여기에 해당하고, 입수 비용은 서비스 입수에 투입된 육체적, 정신적, 시간적, 금전적 비용으로서 부대적 코스트를 말한다. 가령, 집에서 호텔까지 가는데 걸린 시간, 교통비 등이 여기에 해당한다.

서비스 마케팅 전략의 실례로서 일본의 오리엔탈랜드를 들어보자. 이 회사는 1984년 4월에 동경디즈니랜드를 오픈하여 1997년 7월에 누계 2억명의 입장객 기록을 세웠고, 이후 2001년 9월에는 동경디즈니시(SEA)를 병설하여 양 테마파크의 누적 입장객이 3억명을 돌파하였다. 꿈과 감동, 기쁨, 평안을 모든 이에게 제공한다는 기업이념 하에 철저한 고객만족으로 많은 서비스업계에 벤치마크로 자리잡았다.

대외적 마케팅을 살펴보면, 1979년에 미국의 월트 디즈니 프러덕션즈(현, 디즈니 엔터프라이즈 Inc.)와 미국 이외의 지역에서 최초의 테마파크 '동경디즈니랜드'의 설계와 건설, 운영 등에 관한 업무제휴 계약을 체결하였다. 아이에서 어른까지 폭넓은 인기를 누리고 있는 디즈니의 캐릭터들을 브랜드로 삼으면서 그때까지 유희 중심의 유원지에서 벗어나 소프트에서 하드에 이르는 일관된 브랜드의 테마파크라는 개념을 일본에 도입하였다. 디즈니의 새 영화가 제작, 상영되면 그 자체가 커다란 광고효과를 가져올 뿐 아니라, 새로운 컨텐츠로 탄생하는 것이기 때문에 리조트는 이를 위한 놀이나 쇼를 선보이기 위해 적극적인 투자(18년간 1,500억엔)를 하였다. 이처럼 늘 신선함을 제공함으로써 반복 방문객의 확보가 가능해졌다. 동경디즈니랜드의 입장객 중 반복 입장객의 비율은 98%로서, 지난 20년간 10회 이상 반복 입장한 고객이 60%를 넘고 있다.

대내적 마케팅을 보면, 동경디즈니리조트는 고객이 파크에 발을 디디면서부터 꿈과 감동의 세계를 경험토록 하는데 전력을 기울여서 종업원 교육에도 경험의 중요성을 강력히 주입하고 있다. 또한 모든 관리자는 1년에 1주일간 현장에 나가 티켓 판매라든가 캐릭터 숍 판매를 하게 하여 고객과 경험을 공유할 수 있는 장(場)을 제공하고 있다. 아울러 종업원 만족도에 의해 회사의 성공을 측정하는 방법을 채택하고 있는데, 이 역시 종업원 만족이 고객 만족을 낳은 원천이라고 인식하고 있기 때문이다.

상호작용 마케팅에 대해서는, 놀이시설이나 쇼와 같은 것뿐 아니라 고객과 종업원과의 상호 커뮤니케이션에 의해서도 경험을 조성할 수 있다고 보고 있다. 가령, 서비스업에서 종업원이 손님에게 건네는 인사말로서 일반적인 표현은 '어서오세요(이랏샤이마세)'인데, 디즈니랜드에서는 '안녕하세요(오하요오고자이마스, 콘니치와, 콘방와)'를 사용한다. 그 이유는 어서오세요라는 인사말은 고객의 반응을 유도하지 못하기 때문에 상호작용적 커뮤니케이션이 성립하지 않기 때문이다. 또한 아이들을 상대로 할 때는 종업원이 무릎을 꿇어서 눈높이에 맞추어 이야기하도록 하며, 자판기를 설치하지 않음으로써 판매원이 고객과 접촉할 수 있는 접객 횟수를 늘리는 궁리를 하고 있다. 캐릭터 숍의 점원은 점포 분위기에 어울리는 의상을 입고 있되 과잉 접객을 지양하고 고객의 의사에 맡겨 구매를 결정토록 하고 있다. 이는 숍의 디스플레이라든가 상품 자체가 하나의 쇼이기 때문에 고객이 만족하면 결과적으로 매출이 증대한다는 사고방식에 기초한 것이다.

### 3) 고객 만족

제품 마케팅에서도 그러하듯, 서비스 마케팅에서도 고객 만족이 이루어져야 반복 구매, 이용이 성립될 수 있다. 그렇다고 고객의 불만을 해소하고 만족을 높이기 위해 무턱대고 고객의 불만 사항을 처리해야 한다는 것은 아니다. 기업 입장에서는 이윤의 창출이 필수이고, 따라서

비용을 고려한 효율적인 고객 대응이 필요하다. 경영 자원의 제약을 받는 기업으로서는 서비스에 포함된 모든 요소에 대해 고객의 만족도를 높이기는 무리이다. 효율적인 대응을 위한 방법으로서 성과-충격(performance-impact) 분석이 있다. 성과가 높을수록 고객 만족은 높아지며, 충격이 클수록 고객은 해당 요소를 중시하는 정도가 크다.

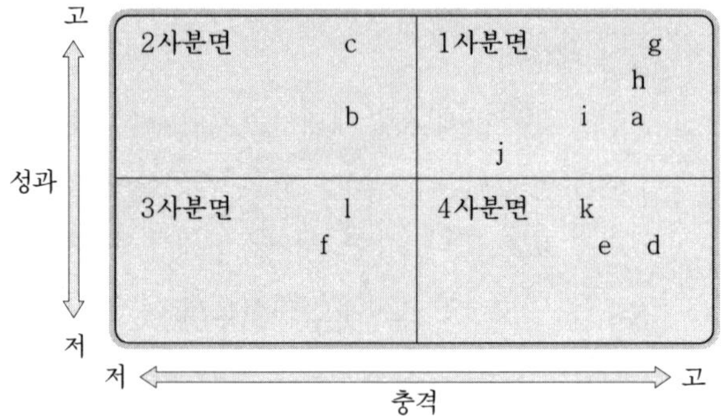


〈그림 4-1〉 서비스의 성과-충격 분석 예(금융서비스)

〈표 4-1〉 금융 서비스의 만족도-중요도 조사

| | 충 격 | 성 과 |
|---|---|---|
| a. 점포의 대응 태도 | 4.4 | 3.0 |
| b. 점포의 청결감 | 2.8 | 2.9 |
| c. 점포의 정보단말기의 충실도 | 2.8 | 3.4 |
| d. 점포 접근성 | 4.6 | 2.3 |
| e. 전화 대응의 신속성 | 4.1 | 2.2 |
| f. ATM의 사용 편의성 | 2.7 | 2.2 |
| g. 영업 담당자의 사무처리 능력 | 4.5 | 3.2 |
| h. 영업 담당자의 조언 내용 | 4.4 | 3.1 |
| i. 영업 담당자의 사후 서비스 | 3.8 | 3.0 |
| j. 금융 상품의 구색 | 3.6 | 2.7 |
| k. 수수료 | 4.0 | 2.4 |
| l. 인수인계의 적절성 | 2.8 | 2.3 |

주) 충격(중요도)은 5점 척도, 성과(만족도)는 4점 척도로 측정
자료: 嶋口(2004: 180)

위 〈그림 4-1〉의 1사분면에 속하는 서비스의 구성 요소는 고객 만족의 관리라는 측면에서 보면 아주 바람직한 상태에 있다. 반면 4사분면에 속하는 구성 요소는 기업이 풀어야 할 가장 심각한 골칫거리이다. 고객은 이 분면에 속한 서비스의 구성 요소를 중시하고 있는데 비해 기업측이 제공하는 서비스의 수준은 미흡하다. 3사분면은 서비스의 성과와 고객에 미치는 충격 모두 낮은데, 이에 대해서는 향후 고객의 기호가 변할지 여부를 예의 주시하면서 현상 유지만 하면 된다. 2사분면은 기업측의 성과 수준은 높지만 그것에 대해 고객은 그다지 중요하게 여기지 않는 서비스 내역이다. 이 요소에 대해서는 다소 성과 수준을 낮추더라도 고객의 불만을 야기시킬 가능성은 낮은 만큼, 기업 입장에서 효과적인 고객 만족을 기하기 위해 관리해야 할 서비스 내용, 즉 비용 삭감의 여지를 지니고 있는 서비스 부분이 바로 여기에 해당한다.

이러한 고객 만족을 제고시키는 적극적 활동 못지않게 고객 불만을 극소화하거나 제거하는 소극적 활동도 중요하다. 그것은, 불만에 관한 정보가 다수의 친구나 동료, 지인 등에게 입소문을 통해 전달될 가능성이 만족에 관한 정보의 경우보다 높기 때문이다. 최근에는 웹상에 이런 불만을 올려놓아 다수의 소비자와 공유하게 되면서, 기업의 시정 자세 여하에 따라서는 큰 파문을 일으킬 수도 있다. 일본의 어느 가전업체의 소비자상담실 직원이 모 지역의 구매자로부터 온 전화 불만의 대응을 불손하게 하였는데, 이를 구매자가 인터넷상에 공개하면서 일파만파의 파장을 일으킨 적이 있다. 물론 역으로 이런 불만 접수를 아주 훌륭하게 처리함으로써 고객의 충성도를 오히려 강화시키는 전화위복의 계기로 삼을 수도 있다. 실제로 60년대 우리나라의 어느 수출기업은 고의로 바이어의 클레임을 유발한 뒤, 철저한 보상을 제공함으로써 높은 신뢰를 얻어 안정적 주문을 얻는데 성공했다는 일화도 있다.

그런데 이런 고객 불만과 관련하여 가장 심각한 일은, 해당 고객이 아무런 이의도 제기하지 않은 채 다른 기업의 서비스를 이용하기로 구매 전환을 하는 경우이다. 한 사람의 불만 제기에는 20명의 무언의 불만이 있다고 하는데, 이들 무언의 불만 고객으로 하여금 불만을 토로하게끔 유도하는 방안을 강구해야 할 것이다. 콜 센터를 24시간 개설하여 언제고 고객의 불만을 접수할 태세를 갖춘다든가, 고객의 이용 공간에 서비스에 관한 설문지를 비치한다든가 아니면 일일이 직접 나누어 준다든가, 보다 적극적인 방법으로는 기업측이 먼저 전화나 이메일 등으로 고객의 불만 여부를 묻는 일도 생각해볼 수 있다. 이런 방법을 실행함에 있어서 명심해야 할 점은, 대응의 신속성을 확보하는 일이다. 대응이 늦게 되면 고객의 불만은 한층 고조되고, 회복하기가 더욱 힘들어진다. 또 다른 명심 사항은 고객의 불만을 처리하는 종업원에게 권한 위양을 제대로 해주어야 한다. 특히 서비스 분야에서는 불만이 제기된 현장에서 곧바로 종업원이 대응을 보여야 효과를 볼 수 있다. 세 번째 명심할 점은, 권한을 위양받은 종업원이 올바른 판단을 내릴 수 있도록 교육시키는 일이다. 지금까지 있었던 고객 불만의 종류와 대응책을 데이터 베이스화하여 정보를 공유, 활용할 수 있도록 배려해야 한다.

당연한 이야기이지만, 불만을 해소한다는 것은 마이너스 상태를 원점으로 돌려놓는다는 것이지, 플러스의 방향으로 이끄는 것은 아니다. 고객 불만의 해소는 종업원의 일상 활동의 축적에 의해 가능한 반면, 만족의 유도는 전략적 행동을 요한다. 즉, 특정한 서비스 영역을 선택하여 경영자원을 집중하는 방향으로 나아가야 한다. 고객 만족을 서비스의 기능과 연계해서 보면, 서비스에는 1차적 기능과 2차적 기능이 있다. 병원의 예를 들면, 진찰, 검사, 간호 등이 본질적인 1차 기능에 해당하고, 대기실의 실내 장식과 자료 비치, 병원에 접근 용이성 등은 표층적인 2차 기능에 해당한다. 환자(고객)는 본질적 기능에 대해서는 일정 수준 이하로 제공되면 불만을 느끼지만, 표층적 기능에 대해서는 다소 수준이 낮더라도 별다른 불만을 느끼지 않는다. 따라서 불만을 가진 환자를 대응하는 방법은 본질적 서비스를 강화하는 일이다. 반면에, 1차적 기능을 강화하더라도 고객 만족은 좀처럼 제고되지 않는다. 택시를 안전하게 운행한다고 그에 비례해서 승객의 만족도가 올라가는 것은 아니다. 그에 비해 병원 서비스에서 편의 시설의 안락성, 청결감 등과 같은 표층적 서비스를 강화하면 그에 비례하여 환자의 만족도는 증가한다. 이는 마치 조직관리에서 말하는 위생요인(hygiene factor)과 동기부여 요인(motivator)의 차이와 유사하다고 여겨진다. 또 한가지, 1차적 기능과 2차적 기능 간의 차이점을 살펴보면, 기능의 대체성이 존재하는가의 여부이다. 고객의 만족도를 높이기 위해 어떤 기능을 다른 기능이 대신할 수 있는가 하는 개념인데, 2차적 기능에 이런 대체성이 존재한다. 1차적 기능을 이루는 개별 속성은 서로가 상호 대체할 수 없는 필수적인 것들이지만, 2차적 기능을 이루는 개별 속성 간에는 한 가지의 탁월성이 다른 한가지의 열악성을 보전(補塡)할 수 있다. 다시 말해서 1차적 기능에 속하는 서비스의 구성 요소는 빠짐없이 수준을 끌어올려야 하지만, 2차적 기능에 속하는 서비스의 구성 요소는 일부에만 초점을 맞추어 철저하게 수준을 끌어올리는 전략적 대응이 필요하다. 2차적 기능은 그 범위가 무한한 만큼, 특색을 내는 일이 의미를 지닌다. 무한한 속성을 모두 잘 해낸다는 것은 보유 자원의 유한성에 비추어 불가능할 뿐더러, 2차적 기능의 대체성을 고려하면 선택과 집중이야말로 효과적인 고객 만족을 이끄는 길이다.

### 〈사례 4-1〉 서비스 마케팅의 차별화

#### ◇ 차별화된 서비스에는 기꺼이 웃돈 지불

• 사례 1

미국의 엔터프라이즈 렌터카는 차를 빌리러 오는 사람들을 집에서부터 태워 오는 픽업 서비스를 제공한다. 함께 타고 오는 차 안에서 고객과 대화하면서 최적의 차종과 렌트 방식, 보험 등을 추천해 준다. 30분 늦게 차를 반납했다고 해서 다른 업체들처럼 반일 요금을 더 받지도 않는다. 이유는 단 하나. 고객들이 평가한 서비스 만족도에 따라 임직원 보너스가 좌우되기 때문이다. 이 회사는 3%대의 낮은 성장률을 보이는 미국 렌터카 업계에서 유독 연평균 14%의 고성장에 10%가 넘는 수익을 올리고 있다.

• 사례 2

미국의 신용카드 회사인 MBNA는 고객의 니즈를 충족시키기 위해 고객 특성에 따라 세분화시킨 신용카드 상품을 무려 5000종류 이상 개발했다. 하지만 연체고객을 안내할 때 프리미엄 카드 소지자와 일반 카드 소지자를 구분하는 등의 서비스 차별화는 상품 다양화 속도를 따라가지 못했다. 결국 프리미엄 고객이 단 며칠간의 연체로 독촉성 전화를 받고 카드 사용을 중단하는 등 이탈 고객이 발생했다. 이 회사는 엄청난 비용을 들여 카드 상품을 만들었음에도 불구하고 이에 걸맞은 서비스를 통해 성과를 올리는 데는 추가적으로 더 많은 노력이 필요했다. '서비스' 수준의 업그레이드는 단순한 '상품' 개발보다 훨씬 더 어렵다. 하지만 서비스에 대한 고객 만족도가 기업의 성장과 수익을 결정짓는 세상이 됐다. 이유는 간단하다. 단순히 상품이 아니라 차별화된 서비스에 민감하게 반응하고, 좋은 서비스를 누리기 위해 기꺼이 웃돈을 지불하려는 소비자들이 점점 많아지고 있기 때문이다. 아쉽게도 국내에서는 엔터프라이즈 렌터카와 같이 차별화된 '서비스'를 적극 활용한 기업들의 성공사례가 부족한 것 같다. 실제로 베인이 2006년 '순추천고객지수(Net Promoter Score)' 를 통해 금융·유통 등 한국의 대표 서비스 기업의 고객만족도를 조사해 보았을 때, 미국 등 선진국은 물론, 싱가포르 등의 아시아권과 비교해서도 매우 낮은 수준으로 나타났다. '순추천고객지수'는 현재 거래하고 있는 기업을 남에게 적극적으로 추천할 의사가 있는 고객 비율에서 비추천 고객의 비율을 뺀 지수다. 국내 전 서비스 산업에서 마이너스 성적표가 나왔다. 현재 거래하고 있는 기업을 주변에 적극 추천하지 않겠다는 사람이 더 많았다는 것이다. 흥미로운 것은 '순추천고객지수'를 가장 크게 좌우하는 요인이 '상품' 그 자체라기보다는 이에 부수되는 '서비스'로 나왔다는 점이다.

자동차의 경우 고객의 실제 만족도는 자동차의 성능과 내구성 못지않게 구매시 상담 직원의 전문성과 친철도, 보증 수리의 질과 편리성 등에 의해 큰 영향을 받는 것으로 나타났다. 은행과 같은 서비스업은 이런 경향이 더욱 두드러진다. 대출 이자율이나 투자 상품 수익성 못지않게 '나를 잘 아는 직원이 있는가'가 중요한 만족도의 결정 요인이었다.

• 발상의 전환이 필요하다 : 테스코의 성공 사례

한국 기업의 '상품'경쟁력은 날로 높아지고 있다. 하지만 이런 경쟁력을 고객 만족도와 '순추천고객수'의 증가로 연결시키고, 이를 통해 성장과 수익을 달성하는 데에 결정적으로 부족한 게 '서비스' 개선이다. 서비스 자체가 상품인 금융·유통 등은 더욱 그렇다.

유럽 최대 유통업체 중 하나인 영국의 테스코는 1980년대 소형 점포의 문을 닫고 2600m2(약 800평) 이상의 대형 점포 위주 전략을 펼쳐 큰 성공을 거두는 듯했다. 하지만 1990년 대 경제 호황으로 가격 이외에 서비스, 접근성 등을 중시하는 고객층이 생겨나면서 '대형 점포' 중심의 테스코 전략은 위기에 빠졌다. 매년 2%이상 점유율이 떨어졌다. 당시 CEO인 테리 리히(Terry Leahy)는 섬세하게 분화된 고객 니즈를 충족시키기 위해서는 단일 형태의 점포로는 불가능하다는 것을 깨달았다.

테스코는 '모든 사람에게 최상의 쇼핑 경험(best shopping trip for everybody)' 이라는 목표를 세우고, 다양한 점포 형태를 기획했다. 그 결과 기존의 슈퍼마켓 이외에도 도심의 바쁜 직장인을 위한 편의점 형태의 메트로 주유소에 배치하는 초소형 미니 점포인 익스프레스, 8,000㎡(약 2,500평) 이상 대규모로 지어지는 하이퍼마켓 등 다양한 포맷을 도입했다. 최근에는 '테스코 닷 컴'을 통해 아이들 때문에 외출이 힘든 주부, 장볼 시간이 없는 직장인들의 구미를 맞추고 있다.

타깃 고객을 설정한 테스코는 다양한 형태의 점포를 통해 보다 전문화되고 맞춤화된 서비스를 제공할 수 있었다.

● 고객 니즈가 다양화되는 근본 원인부터 이해하라

무엇보다 고객의 니즈가 다양화되는 근본적인 원인, 즉 '고객 니즈의 원동력(driver)'을 찾아야 한다.

대표적인 서비스 업종인 은행을 보자. 은행을 찾는 고객들의 목적도 단순한 입출금, 거액 대출 상담, 투자 상담 등으로 다양하고 이들이 원하는 서비스도 짧은 대기 시간부터 낮은 이자율, 보다 전문적인 자산 상담 등으로 다양하다.

또 지점에 따라 고객들의 니즈도 서로 다르다. 단순 입출금 고객이 많은 지점이 있는가 하면 거액 자산투자 상담을 원하는 고객이 많은 지점도 있다. 결국 '고객 니즈의 드라이버'는 지점이 위치하고 있는 지역의 성격, 지리적 위치, 주변 환경 등이라고 할 수 있다. 이런 변수들을 정확히 파악하고 실제 고객 니즈와 연계시킬 수 있을 때 '맞춤 서비스'를 제공할 수 있다.

● 모든 고객의 모든 니즈를 만족시키겠다는 생각을 버려라

고객의 니즈를 이해했다면, 가장 주요한 고객의 니즈를 만족시키는 방

향으로 실제 서비스를 제공해야 한다. 이를 위해 테스코 사례처럼 특성이 다른 각각의 고객 접점에 대해 간명한 미션을 부여해야 한다.

예를 들어, 소형 가전 제품의 애프터서비스를 맡기는 고객 중에는 종일 기다리더라도 수리 기사가 찾아와서 고쳐주고 사용 방법도 친절히 안내해 주기를 원하는 고객이 있는 반면 퀵서비스를 통해 물건을 보내서 하루 만에 수리하기를 원하는 고객도 있다. 이들 두 고객군의 요구가 같은 장소에서, 같은 사람에 의해 처리된다면 아마 두 쪽 모드 니즈를 완전히 충족하기 어려울 것이다. 서로 다른 두 고객군을 담당하도록 조직도 분화해야 한다. 그리고 각각 '편안하고 친절한 서비스'와 '신속한 서비스'라는 간명한 미션을 부여할 때 성과를 기대할 수 있다. 세계적인 유명 호텔 체인인 메리어트호텔이 좋은 예이다.

이 호텔은 전세계 60여개 국에 2,000여개의 호텔을 10여개의 상이한 브랜드로 구분해 서비스를 제공하고 있다. 최상의 서비스를 제공하는 메리어트 스위트, 비즈니스맨을 위한 리츠칼튼과 르네상스, 장기투숙 고객을 위한 페어필드 인과 레지던스 등. 이용목적(비즈니스 또는 여행), 이용 빈도(수시 방문 또는 1년 1~2회, 최초방문), 체류기간 등에 따라 고객군을 분류하고 이들 고객이 즐겨 찾는 서비스에 따라 호텔 브랜드를 차별화 한 것이다. 간명한 미션을 부여하면 고객 만족도를 높일 뿐만 아니라,조직을 평가하고 관리하는 데 있어서도 많은 장점이 있다.

● 직원들이 잘 이해할 수 있게 업무를 과감히 재정의하라

직원의 업무 분장이 보다 명확해져야만 그 미션에 따라 맞춤화된 고객 서비스 제공이 가능하다. 과거 은행 지점 직원은 입출금부터 투자 상당까지 모든 대 고객 업무는 물론 전화응대, 대출담보 평가, 연체금 회수까지 담당했다. 이런 백화점식 업무 분장으론 고객을 만족시킬 수 없다. 직원들을 핵심업무에 집중시키지 못하는 것은 업무 분장을 개별기능으로 확실하게 구분하지 못하기 때문이다. 일례로 과거 은행 지점에 걸려온 문의 전화 때문에 업무 수행에 지장을 받는다고 하면서도 그 전화 중 몇 %를 반드시 지점에서 처리해야 하는지, 콜센터로 집중하면 어느 정도의 인력이 필요할지에 대한 분석이 부족했다.

개별 직원의 업무 분장을 재정의하려면 지금까지 직원들이 담당해온 업무를 기능으로 세분하고, 미션 수행에 필수적인 업무, 부수적인 업무 그리고 집중화 또는 아웃 소싱이 가능한 업무로 구분하는 작업이 반드시 필요하다. 이 모든 변화를 실현하기 위해서는 인력 활용의 유연성을

높여야 한다. 사람을 먼저 정해둔 상태에서 조직의 미션과 업무를 재정의하는 방식으로는 성공할 수 없다. 필요에 따라 업무를 설계하고, 유연하고 유효 적절하게 인력을 활용하는 것이 현실적으로는 가장 중요하고도 어려운 일이다.

〈chosun.com〉
(2007. 11. 17)

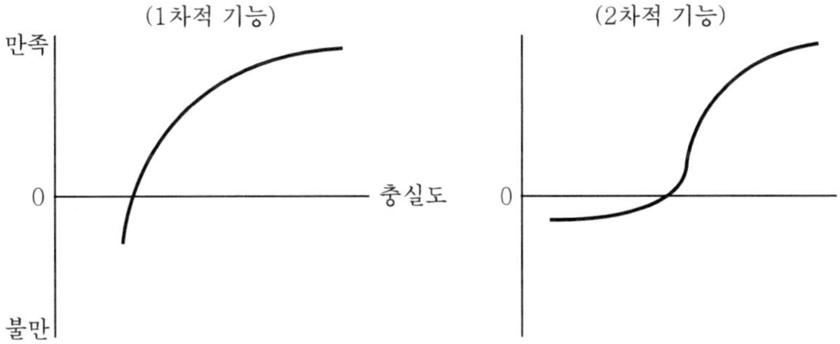


주) 1차적 기능의 속성들은 그 중 하나만 빠져도 고객만족의 수준을 가리키는 세로 높이가 줄지만, 2차적 기능의 속성들은 하나가 빠져도 다른 것이 대체하면 높이에 변화가 없음을 보여주고 있음.
자료: 嶋口(2004: 186)

〈그림 4-2〉 서비스 기능별 만족도와 충실도의 관계

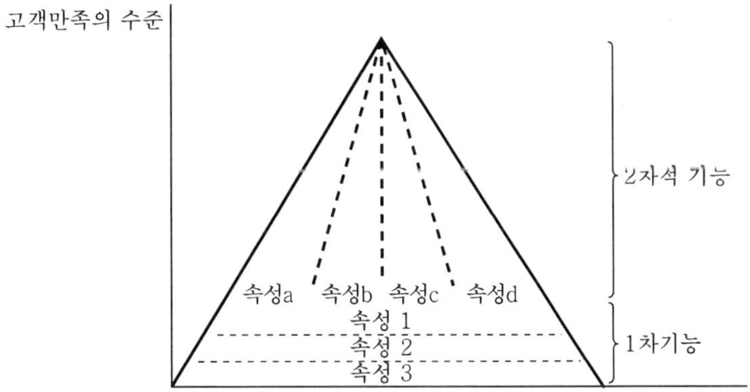


자료: 嶋口(2004: 185)

〈그림 4-3〉 서비스의 대체성과 고객 만족

## 2. 비즈니스 마케팅

비즈니스 마케팅은 B2B 마케팅, 산업재 마케팅, Industrial Marketing 등으로 불리는데, 구매 결정이 조직적으로 이루어지기 때문에 기업의 의사결정 과정을 이해하고, 과정에 참가하는 구성원의 역할과 성격에 대응하는 마케팅 전략을 전개해야 한다. 비즈니스 마케팅은 장기적 관계에 기초하는데, 그 이유는 설비의 구매라면 납품 후에 보수와 수리 등이 필요하고, 원재료라면 안정적 공급이 필요하기 때문이다. 아울러 매매 당사자의 쌍방향의 정보교환이 중요한데, 그 까닭은 제품의 설계, 생산 라인의 개조와 조정 등이 필요하기 때문이다.

### 1) 산업재 시장의 특징

〈표 4-2〉 산업재와 소비재의 특징

| | 비즈니스財(산업재) | 소비재 |
|---|---|---|
| 구매 동기 | 재생산(합리성) | 소비(감성) |
| 가격 탄력성 | 낮음 | 높음 |
| 구매 관여자 | 다층, 복수 | 단독 |
| 구매 장소 | 고객사 | 점포 |
| 공급자와의 관계 | 고정적, 상호거래 | 느슨(얇음) |
| 고객수 | 한정적 | 다수 |
| 수요 집중도 | 높음 | 낮음 |
| 수요 週期性 | 강함 | 약함 |

자료: 嶋口(2004: 191)

비즈니스재의 시장은 소비재 시장에 비해 1회당 구매 금액, 구매량이 많다는 점, 고객이 지리적으로 집중되어 있다는 점, 개별 고객사에 대해 주문형 제품 설계, 수주 생산, 직접 유통 등을 한다는 점, 판매 직원은 제품에 대한 기술적 지식으로 무장한 세일즈 엔지니어라는 점 등의 차이점을 보이고 있다. 실은 비즈니스재라고 하더라도 사무용품과 같이 소비재나 다름없는 성격의 재화에서부터 거래규모가 수십억, 수백억원대에 달하는 공장설비나 플랜트에 이르기까지 각양각색이다. 비즈니스재의 구매에 관한 의사결정이 조직적으로 이루어진다는 것은, 구매에 관여하는 구성원들의 역할이 다르며, 구매의 단계별로 주역을 맡는 인물이 바뀐다는 점, 구매 상황에 따라 의사결정의 양식을 달리한다는 점을 의미한다. 비즈니스재의 거래가 장기적인 관계에 기초한다는 점은 300개 품목의 비즈니스재에 대한 조사(Gadde, Hakansson, Professional Purchasing, Routledge, 1993) 결과, 평균 거래기간이 13년이라는 점에서도 알 수 있다. 이처럼 장기적 거래 관계가 성립하는 데는 매매 당사자 모두에게 편익이 있기 때문이다. 구매자 입장에서는, 보수/유지의 부품이 장기적으로 공급되어야 하고 가공부품과 원료의 품질이나 사양이 장기적으로 일정 수준을 보이면서 안정적으로 공급되기를 강력히 희망한다. 또한 도중에 공급처를 바꾸게 되면 하나부터 열까지 다시 협상을 시작해야 하는 부담이 따른다. 판매자 입장에서는 장기적 거래를 함으로써 미래의 불확실성을 감축시킬 수 있고, 장기적인 생산 계획과 설비투자 계획을 세울 수 있으며, 정보 교환도 단순화하고 영업 효율도 높일 수 있다. 즉, 장기간의 거래는 상호 신뢰를 낳고 이는 서로의 기회주의적 행동의 발현을 저지하고 거래 비용을 절감시켜 준다고 보면 된다. 신뢰가 비즈니스재의 거래에서 중요한 것은, 제품의 복잡성으로 인해 기대했던 품질과 성능 수준이 충족되었는지 확신이 제대로 서지 않기 때문이다. 이에 반해 소비재는 제품의 복잡성이나 가격이 낮기 때문에 신뢰가 거래 결정에 차지하는 비중이 상대적으로 적다는 점을 들 수 있다. 결국, 신뢰는 구매기업이 공급처를 다른 곳으로 바꾸는데 전환 장벽(switching barrier)으로 작용한다. 이러한 신뢰는 기회주의적 행동을 취하지 않겠다는 의도와 거래 조건의 완수를 해낼 수 있다는 능력이 겸비되어야 실현될 수 있는 것이므로, 공급업체는 이 점을 구매업체에게 소구하는데 힘을 쏟아야 할 것이다. 거기에 거시적으로는 가치관의 공유라고 하는 커다란 그림이 그려져야 할 것은 물론이다. 그러나 최근에는 제품수명주기의 단축, 기술 혁신의 가속, 생산시설의 (해외) 이전 등으로 가격 변동(하락)이 발생하면서, 구매자 기업 입장에서는 특정의 공급업자와 장기적 거래 관계를 유지하는데서 오는 매력이 점차 엷어지고 있는 또 다른 현상도 벌어지고 있다.

### 2) 비즈니스재의 구매 과정

비즈니스재의 구매는 문제(니즈)의 명확화 - 제품 사양서의 작성 - 공급업자의 탐색 - 견적서 수취 및 평가 - 공급업자 선정 - 발주 절차 - 성과 평가 등의 과정을 거친다고 볼 수 있다. 이러한 구매 과정을 들여다보면, 소비재의 구매 과정에서 강조되는 심리적 측면이 빠져 있다는 것을 알 수 있다. 비즈니스재의 구매 결정에 관여하는 사람들은 저마다 강조점을 달리한다. 가령, 제품 엔지니어나 현장의 생산인력이라면 품질과 성능, A/S를 중시하지만, 판매나 관리부문의 인력이라면 가격, 납기, 과거의 납품 실적 등을 중시하는 경향이 있다. 또한 신규구매와 계속구매의 경우 구매 결정에 주도적인 역할을 맡는 인물이 바뀐다. 신규구매에서는 설계를 담당하는 엔지니어가 주도하여 공급업자를 선정하지만, 계속구매에서는 구매부와 원가관리부가 주도하여 수정된 구매를 행하게 된다. 아울러 구매 결정 참가자별로 선호하는 정보원이 다르다는 점을 꼽을 수 있다. User 부문이나 관리 부문에서는 판매원이나 세일즈 엔지니어 등의 인적 정보를 선호하는 반면, 최고경영진은 광고나 퍼블리시티와 같은 非인적 정보원을 중시하는 경우가 많다. 이처럼 참가자별로 정보원을 달리할 뿐 아니라 의사결정의 단계별로도 선호하는 정보원이 다르다. 구매 과정의 초기에는 비인적 정보원을 주로 사용하다가 단계가 진전되면서 인적 정보에 대한 의존도가 높아간다. 왜냐하면, 초기에는 브랜드나 공급업자에 대한 인지를 해야 하기 때문이고,

후기에는 브랜드의 이해와 선택을 해야 하기 때문이다.

## 3. 유통업 마케팅

도소매 유통업에서는 머천다이징(merchandising)이란 용어를 사용하는데, 이는 상품의 발주 - 입하 - 진열 - 판매 - 재고의 순서에 따른 상품의 흐름을 말하며, 머천다이징 사이클이라는 표현을 사용한다. IT의 진보로 집단으로만 보아오던 고객이 고객카드 시스템에 의해 개개인으로 식별되기 시작했고, POS 시스템의 도입으로 단품 단위의 개별 인식이 가능해졌다. 그 결과, 소매업 독자의 마케팅 활동이 전개되어 소비자의 니즈에 부합하는 상품의 개발과 머천다이징에 적용하는 일이 활발해졌다.

### 1) 고객 구조의 분석

고객 구조를 분석하는 방법의 하나로 데실 분석법이 있다. 데실이란 데시리터(deciliter)의 준말로서 1리터의 1/10의 용량이다. 유통 마케팅에서 데실은 고객 규모를 1/10씩 나누는 것이다. 이런 고객 분류에 의해 상위 고객층에 대한 차별적 서비스를 강구하게 된다. 아래 〈표 4-2〉를 통해 예를 들어 설명해 보기로 한다.

〈표 4-2〉 데실 분석법의 예제

| 고객층 | 고객수 | 매출 | 1인당 매출 | 내점 회수 | 내점 회수 구성비 | 1인당 내점회수 | 1회당 매출 | 구매력 지수 |
|---|---|---|---|---|---|---|---|---|
| 데실1 | 1500 | 7777 | 51847 | 23300 | 28.7% | 15.5 | 3337 | 3.71 |
| 데실2 | 1500 | 4079 | 27195 | 15300 | 18.8% | 10.2 | 2666 | 1.95 |
| 데실3 | 1500 | 2797 | 18646 | 11300 | 13.9% | 7.5 | 2475 | 1.34 |
| 데실4 | 1500 | 2002 | 13349 | 8300 | 10.2% | 5.5 | 2412 | 0.96 |
| 데실5 | 1500 | 1459 | 9726 | 6400 | 7.9% | 4.3 | 2280 | 0.70 |
| 데실6 | 1500 | 1064 | 7094 | 5200 | 6.4% | 3.5 | 2046 | 0.51 |
| 데실7 | 1500 | 765 | 5099 | 4100 | 5.0% | 2.7 | 1866 | 0.36 |
| 데실8 | 1500 | 524 | 3496 | 3200 | 3.9% | 2.1 | 1639 | 0.25 |
| 데실9 | 1500 | 331 | 2205 | 2300 | 2.8% | 1.5 | 1438 | 0.16 |
| 데실10 | 1500 | 146 | 974 | 1800 | 2.2% | 1.2 | 812 | 0.07 |
| 합계 | 15000 | 20945 | 13963 | 81200 | 100.0% | 5.4 | 2579 | 1.00 |

자료: 鈴木 외(2004: 126)

주) * 매출 단위: 만원 1인당매출, 1회당 매출 단위: 원

구매력 지수 = 각 데실의 1인당 매출 / 총매출(합계난에 나와 있는 1인당 매출의 평균값)

모든 수치의 기준 : 月

위의 표를 보면 알 수 있듯이 데실 1에 속하는 고객은 점포의 총 매출액의 37.1%를 차지하고 있다. 이는 상위 고객 10%가 전체 매출의 약 40%를 차지한다는 것을 의미한다. 점포 입장에서는 가장 중요한 단골 고객군이 되는 셈이다. 1인당 매출을 보더라도 전체 평균 13,963원인데 비해 데실 1의 고객군은 1인당 평균 51,847원을 구매하고 있다. 즉 상위 10%의 고객은 평균 고객 구매액의 3.7배에 달하는 왕성한 지출을 하고 있는 셈이다. 이 수치가 바로 맨 오른쪽에 있는 구매력 지수이다.

1인당 매출은 1인당 내점 회수에 1회당 매출을 곱한 결과이기도 하다. 따라서 고객 1인당 매출을 증대시키려면 내점 회수를 늘리든가 아니면 1회당 구매액을 늘리는 방향으로 점포가 유도해야 한다는 결론이 나온다. 데실 1과 데실 10에 속하는 고객군을 비교하면, 데실 1의 고객은 데실 10의 고객에 비해 내점 회수가 약 13배(15.5/1.2), 1회당 지출액이 약 4배(3338/812)임을 알 수 있다. 이런 차이가 양 데실의 고객 1

인당 매출액이 53배(13x4) 차이가 나는 원인으로 작용한다. 이런 데실 분석의 결과를 통해 행할 수 있는 판매촉진(sales promotion) 방법으로 단골고객 프로그램(Frequent Shoppers Program: FSP)이 있다. 이는 구매력 지수가 가장 높은 데실 1군에 속하는 고객을 우대함으로써 다른 경쟁 점포로 구매를 전환하는 것을 방지하는 것이다.

## 2) 상품 구색

상품 구색에는 폭과 깊이, 양의 3가지 축이 있다. 폭이란 상품의 종류 수를 말하고, 깊이란 각 종류별 상품의 가지 수를 가리킨다. 가령, 소스, 라면, 세제 등은 구색의 폭의 예이고, 오뚜기 마요네즈 500g, 1,000g, 청정원 마요네즈 1kg, 200g 등은 깊이의 예가 된다. 구색의 폭이 소비자의 구매 동기를 높인다면, 구색의 깊이는 상품 선택의 범위를 넓혀주며, 구색의 양은 매장의 효율을 제고시킨다. 이들 3가지 구색의 축은 어떤 소비자들을 표적으로 삼아 판매할 것인가 하는 점과 깊은 관계를 지닌다. 특정 상품의 전문가적 기호를 지닌 소비자를 표적으로 삼겠다면 구색의 폭은 좁은 대신 깊이는 깊을 수밖에 없다. 가령, 주류 전문점에 가면 와인, 맥주, 양주, 전통주, 소주 등 술 일색이므로 폭은 좁지만, 맛과 산지, 용량에 따라 다양한 주류를 갖추고 있으므로 깊이는 깊다고 하겠다. 반면에 백화점이나 대형 슈퍼에 가면  술 이외의 여러 기호 식품이 있으므로 구색의 폭은 넓지만, 그 중 주류에 국한해서 보면 주류 전문점만큼의 깊이에는 미치지 못한다. 환언하면, 구색의 축은 기업이 어떤 업태를 운영할 것인지에 영향을 받는다고 하겠다.

구체적인 상품 구색 갖추기의 방법에는 3가지를 꼽을 수 있다. 하나는 고객 속성 분석에 의한 방법, 둘은 상품 특성 분석에 의한 방법, 셋은 구매 이력 분석에 의한 방법이다(鈴木 외, 2004: 131-134). 고객 속성의 기준으로는 연령, 성별, 가구수, 주소 등이 있다. 가령, 연령=30대, 성별=여, 가구수=4인가족, 주소=서울 중랑구의 조건을 입력하였더니 데이터베이스에서 420명의 해당자가 추출되었다고 하자. 이들 해당 고객이 지난 3개월간 구매한 상품을 매출 순위로 나열하는 검색 조건을 추가한다. 그러면 점포는 상위 매출 순위에 해당하는 상품의 구색을 강화하기 위해 관련 상품의 입하를 실시할 것이다. 상품 특성의 분석은 앞서 고객 속성의 분석과는 반대로 특정 상품명을 입력하여 매출 추이를 확인하는 것이다. 가령 빙그레의 바나나 우유가 지난달에 1천개 판매되었다는 통계가 나왔다면, 이를 다시 고객의 연령, 성별, 가구수, 주소 등의 조건으로 '결과내 재검색'을 하는 것이다. 그 결과 20대, 여성, 독신가구, 도봉구 쌍문동의 경우가 가장 많은 매출 기록(가령, 250개)을 보인 것으로 나오면, 이런 속성을 지닌 고객을 대상으로 상품 구색을 통한 판촉을 전개하는 방안을 고려해볼 수 있다. 세 번째 구색 갖추기의 분석 방법인 구매 이력 분석은 바스켓 분석이라고도 불린다. 즉 내점 고객의 장바구니를 말하는데, 장바구니(카트)에 담긴 구매 상품의 내용을 조사하는 것으로서 목적은 고객들이 어떤 식으로 병행 구매를 하는가를 알아보기 위함이다. 가령, 데이터베이스에 입력된 어느 내점객의 장바구니 내용을 들여다보니 파스타면, 파스타 소스, 올리브 오일 등이 들어 있다고 하자. 이들 3개 품목은 각기 다른 진열대에 놓여 있는 상품이지만 동시에 병행 구매된 품목들이다. 따라서 점포에서는 이들 3개 품목이 모두 파스타 요리에 필요한 상품임을 간파하여 하나의 진열대에 같이 나열하는 새로운 진열 방식을 채택하여 구매의 편의와 촉진을 도모할 수 있다. 이렇게 상품의 묶음을 새롭게 하여 점포를 관리하는 것을 카테고리 매니지먼트라고 한다.

〈표 4-3〉 ABC데이터 분석법의 예제

| No. | 상품명 | 매출액 | 매출비율 | 누적비율 | 순위 | 매출수량 | PI값 |
|---|---|---|---|---|---|---|---|
| 1 | 상품명1 | 78200 | 11.4 | 11.4 | A | 115 | 5.3 |
| 2 | 상품명2 | 75240 | 10.9 | 22.3 | A | 209 | 9.7 |
| 3 | 상품명3 | 72520 | 10.5 | 32.8 | A | 259 | 12.0 |
| 4 | 상품명4 | 57240 | 8.3 | 41.1 | A | 318 | 14.8 |
| 5 | 상품명5 | 42000 | 6.1 | 47.2 | A | 100 | 4.7 |
| 6 | 상품명6 | 39840 | 5.8 | 53.0 | A | 83 | 3.9 |
| 7 | 상품명7 | 31980 | 4.6 | 57.7 | A | 82 | 3.8 |
| 8 | 상품명8 | 31490 | 4.6 | 62.2 | A | 67 | 3.1 |
| 9 | 상품명9 | 25420 | 3.7 | 65.9 | A | 41 | 1.9 |
| 10 | 상품명10 | 24300 | 3.5 | 69.5 | A | 135 | 6.3 |
| 11 | 상품명11 | 18040 | 2.6 | 72.1 | B | 82 | 3.8 |
| 12 | 상품명12 | 17280 | 2.5 | 74.6 | B | 144 | 6.7 |
| 13 | 상품명13 | 16640 | 2.4 | 77.0 | B | 32 | 1.5 |
| 14 | 상품명14 | 15080 | 2.2 | 79.2 | B | 29 | 1.3 |
| 15 | 상품명15 | 14700 | 2.1 | 81.3 | B | 30 | 1.4 |
| 16 | 상품명16 | 13300 | 1.9 | 83.3 | B | 70 | 3.3 |
| 17 | 상품명17 | 12320 | 1.8 | 85.1 | B | 77 | 3.6 |
| 18 | 상품명18 | 12180 | 1.8 | 86.8 | B | 87 | 4.0 |
| 19 | 상품명19 | 12160 | 1.8 | 88.6 | B | 32 | 1.5 |
| 20 | 상품명20 | 10500 | 1.5 | 90.1 | B | 25 | 1.2 |
| 21 | 상품명21 | 9460 | 1.4 | 91.5 | C | 22 | 1.0 |
| 22 | 상품명22 | 9180 | 1.3 | 92.8 | C | 27 | 1.3 |
| 23 | 상품명23 | 9000 | 1.3 | 94.1 | C | 25 | 1.2 |
| 24 | 상품명24 | 7980 | 1.2 | 95.3 | C | 38 | 1.8 |
| 25 | 상품명25 | 7480 | 1.1 | 96.4 | C | 22 | 1.0 |
| 26 | 상품명26 | 7220 | 1.0 | 97.4 | C | 27 | 1.3 |
| 27 | 상품명27 | 7020 | 1.0 | 98.5 | C | 19 | 0.9 |
| 28 | 상품명28 | 6970 | 1.0 | 99.5 | C | 17 | 0.8 |
| 29 | 상품명29 | 2800 | 0.4 | 99.9 | C | 10 | 0.5 |
| 30 | 상품명30 | 850 | 0.1 | 100.0 | C | 5 | 0.2 |
| 합 계 | | 688,390 | 100.0 | | | 2,229 | 103.7 |

* 고객수: 21,500명

### 3) POS 데이터 관리

유통업체에서 과거에 감으로 파악하던 고객 니즈의 분석이 POS (Point Of Sales) 분석 기법의 도입으로 명확한 수치에 의한 과학적 분석이 가능해졌다. 그런데 이 POS 기법은 방대한 양의 데이터를 다루므로 여러 가지가 있는데, 그 중 ABC 기법이라는 것이 있다. 이는 우리가 흔히 알고 있는 파레트(Paredo)의 법칙을 말하는데, 20%의 고소득자가 전체 소득의 80%를 점한다는 사실의 발견에서 유래되었으나, 유통업에서는 30%의 상품이 총 매출의 70%를 점하는 경우가 더 많다고 한다(鈴木 외, 2004: 141). ABC 분석의 순서는 먼저 단품별 매출 데이터를 큰 순서대로 나열한다. 다음에는 각 단품이 전체 매출에서 차지하는 비율을 계산한다. 끝으로 누적 비율을 계산하여 A, B, C의 그룹으로 분류 표기를 한다.

〈표 4-3〉을 보면, 누적비율이 70%될 때까지의 상품군이 A 순위로 되어 있고, 90%까지가 B 순위, 100%까지가 C 순위로 표시되어 있다. A 순위에 포함된 상품수가 10개인데, 이는 전체 품목수 30개의 33%에 달한다. 즉 상위 33%의 상품이 전체 매출의 약 70%를 차지한다는 사실을 알 수 있다. 결국 A순위에 포함된 상품군들이 해당 점포의 인기 품목으로서 이는 소비자 니즈와 합치하는 상품이라고 평가할 수 있다. 따라서 이들 A 순위에 속하는 상품들의 매장 면적을 확대하고 해당 상품의 입하 시기를 제대로 관리해야 매출 증대로 이어지게 될 것이다. 이와는 달리 C 순위에 속한 상품들은 비인기 품목들로서 소비자의 니즈에 부합하지 않는 것들이므로 그 이유를 파악하여 판촉을 강구하던가 아니면 조기에 매장에서 철수시키고 신상품으로 대체토록 해야 할 것이다. 이러한 결과를 파레트 곡선으로 표시하면 다음 〈그림 4-4〉와 같다.

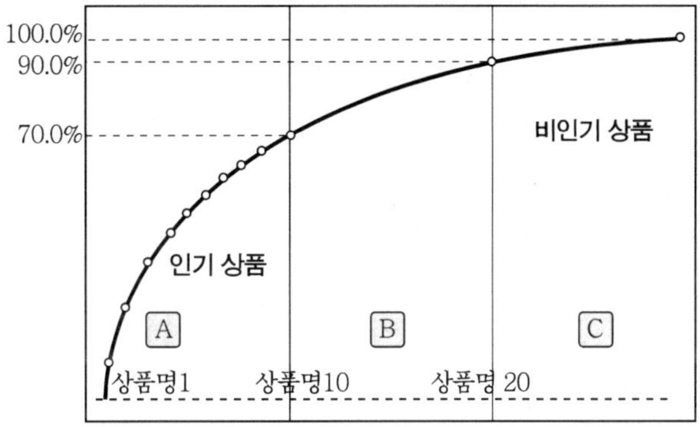


〈그림 4-4〉 ABC 분석법의 파레토 곡선

위의 〈표 4-3〉에서 맨 오른쪽에 있는 PI값은 Purchase Incident의 약자로서 구매지수로 번역된다. PI= 매출 수량 ÷ 고객 수 × 1000의 공식을 가진다. 즉 구매지수 PI는 고객 1,000명당 매출 수량을 가리킨다. PI값은 판매 수량을 절대치로 보는 것이 아니라 고객수와의 상대치로 파악하는 것이라서, 판매 조건이 다른 여러 경우를 비교하는데 유용하다. 다른 경우의 비교에는 점포 비교, 시계열 비교, 가격 비교, 상품 비교 등이 있다. 아래 〈표 4-4〉의 예제를 통해 살펴보기로 한다.

맨 왼쪽이 점포 비교의 예인데, 판매 수량 면에서는 단연 C점포가 우위에 서지만 이는 C점포가 매장 면적이 가장 넓어서 내점객의 수도 가장 많다는 점에 기인하는 바가 크다. 그래서 PI 수치를 보면 오히려 B점포가 가장 높게 나온 점에 주목해야 한다. 그 다음의 오른편이 시계열 비교인데, 이는 월별 또는 주별 판매 수량의 차이를 비교하는 것이다. 그 다음의 가격 비교표를 보면, 판매 가격을 달리하였을 때의 판매 실적의 차이를 보여주고 있다. 맨 오른쪽의 표는 상품 비교이다. 각각의 분석 결과, 점포 비교에서는 PI 수치가 가장 높은 점포의 판매 노하우를 다른 점포들이 벤치마킹해야 한다는 점, 시계열 비교에서는 PI 수치가 가장 높은 시점에 판매 확장을 꾀하는 체제를 충실히 해야 한다는 점, 가격 비교에서는 PI 수치가 가장 높은 가격대를 가격 정책에 반영해야 한다는 점, 상품 비교에서는 PI 수치가 가장 높은 상품을 중점

관리해야 한다는 점을 시사점으로 얻을 수 있다.

〈표 4-4〉 PI 분석의 예제

| 점포 | 수량 | 고객 | PI | 월별 | 수량 | 고객 | PI | 가격 | 수량 | 고객 | PI | 상품 | 수량 | 고객 | PI |
|---|---|---|---|---|---|---|---|---|---|---|---|---|---|---|---|
| A | 100 | 2.0 | *50* | 6 | 360 | 6.6 | *55* | 188 | 28 | 1.15 | *24* | 1 | 66 | 3.2 | *21* |
| B | 80 | 1.2 | *67* | 7 | 620 | 6.8 | *91* | 178 | 29 | 1.21 | *24* | 2 | 52 | 4.1 | *13* |
| C | 150 | 2.3 | *65* | 8 | 580 | 6.3 | *92* | 168 | 32 | 1.16 | *28* | 3 | 43 | 1.8 | *24* |
| 합계 | 330 | 5.5 | *60* | 9 | 480 | 5.9 | *81* | 158 | 36 | 1.23 | *29* | 4 | 55 | 3.5 | *16* |

*고객의 단위: 천명

*상품의 1, 2, 3, 4: 동일 제품(가령, 우유)의 상이한 4개 브랜드

## 4) 온라인 소매업

미국에서는 온라인 소매업이 2004년에 900억 달러의 매출 실적을 가져왔다. 맥킨지컨설팅이 북미지역의 100대 소매업체를 대상으로 2003년에 조사한 결과에 따르면, 카탈로그, 점포, TV, 인터넷을 통해 소비자와 직접 소매거래를 하는 업체(direct retailers) 중에서 오프라인 점포를 겸비한 업체가 인터넷 매출의 52%를 차지하였고, 점포가 없는 업체의 인터넷 매출은 전체의 31%를 점하였다. 유점포 업체와 무점포 업체의 전략 중에서 가장 성공적인 유형은 각각 2가지, 합 4가지로 나와 있다.

무점포 소매업체는 효율 기계(efficiency machines) 또는 틈새 선도자(niche leader)로서의 사업모델을 펼칠 때 뛰어난 성과를 거두고 있다. 효율 기계의 사업모델은 CD, 서적, 컴퓨터 등과 같은 낮은 이윤의 상품을 취급하는 소매업체에 가장 적합한데, 그 이유는 규모경제를 획득하는데 필요한 글로벌 접근을 웹이 제공해주기 때문이다. 아마존, 델 등처럼 효율 기계 모델을 추구하는 기업은 브랜드 마케팅, 혁신적 웹사이트, 고효율의 조달 등에 엄청난 투자를 한다. 수억 달러에 달하는 고정비의 발생으로 효율기계 모델은 수익을 거두려면 최소한 연간 7억 5천만 달러의 매출을 달성해야 한다. 일단 모델이 성공을 거두면 상당한

현금 흐름을 가져오게 되는데, 아마존의 경우 2004년에 마케팅과 기술에 4억 달러 이상을 투자하여 4억 7,700만 달러의 현금흐름을 가져왔다. 효율기계의 사업모델을 채택한 직접소매업체는 전체 조사대상의 7%에 불과하지만, 총 인터넷 판매액의 25%를 차지한다.

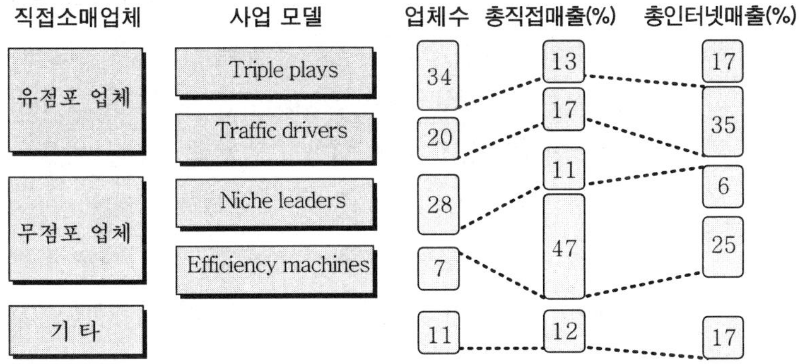


자료: Grosso et al.(2005).
주) 총직접 매출의 규모는 1,273억 달러, 총인터넷 매출의 규모는 354억 달러임. 기타는 복수 소매업체를 통해 상품을 판매하는 업체(소니)와 person-to-person 소매업체(Alticor)의 묶임.

〈그림 4-5〉 북미 소매업체의 사업 모델별 판매 실적

틈새 선도자는 의류, 보석류 등과 같은 고가격, 고이윤의 상품을 카탈로그와 인터넷을 통해 판매하는 사업모델로서, L. L. Bean, Ross-Simons 등이 여기에 속한다. 이들은 질 좋은 상품, 특별한 서비스의 제공 등으로 충성형 고객의 기반을 구축한다. 이들이 충성형 고객 기반의 구축에 주력하지 않을 수 없는 이유는, 기업 규모가 너무 작아서 비용이 많이 드는 브랜드 마케팅을 전개할 여력이 없기 때문에, 그 대신 온라인이나 DM 캠페인에 표적을 둘 수밖에 없기 때문이다. 이들 틈새 선도자 가운데 가장 혁신적인 기업들은 카탈로그에 실린 상품을 온라인으로 주문하기 쉽게 만들거나 또는 인쇄 카탈로그보다 광범한 선택을 할 수 있는 상품들을 웹사이트에 진열하는 방식으로 유통망을 조정한다. 조사대상 기업 중 28개 기업이 틈새 선도자 사업모델을 채택하고 있는데, 이들은 150억 달러의 판매액을 거두었고, 이 중 17%를 인터넷을 통해

거두었다. 총 인터넷 판매액 중 틈새 선도자의 점유율은 6%이다.

한편, 유점포 소매업체는 차량 운전자(traffic drivers) 또는 3중 연기(triple plays)의 사업모델을 통해 성공을 거두고 있다. 차량 운전자 모델은 이윤은 낮지만 판매규모가 큰 소매업체가 성공을 거두기 쉬운 사업 형태이다. 차량 운전자는 인터넷을 활용하여 고객을 점포로 유인할 뿐 아니라 보다 폭넓은 상품 목록과 편의성을 제공하고 있다. Target, Home Depot, Wal-Mart Stores 등은 선물 카드, 미디어 광고, 온라인 회보, 이메일 통지 등의 다양한 마케팅 기법을 이용하고 있다. 이들은 상이한 유통망이 갖는 경제성을 이해하는 것은 물론이거니와 판매의 이행을 위한 비용이 이윤을 갉아먹을 수 있다는 점을 숙지하고 있기 때문에, 저이윤의 상품을 여러 가격대에 판매하는 경향이 있다. 또한 가장 이윤이 많은 침구류, 의류 등의 상품은 온라인으로 판촉을 한다. 이들의 연간 판매액은 평균 350억 달러의 덩치가 큰 기업들로서 총온라인 판매액의 35%를 점한다. 반면에 3중 연기 모델은 소비자 지출에서 점하는 자신들의 점유율을 극대화할 목적으로 점포, 카탈로그, 인터넷을 활용하는데, J. C. Penney, Williams-Sonoma 등의 기업이 이에 속한다. 이들은 가정용품, 의류 등 비교적 고이윤의 상품을 취급하는데, 유통망 간의 상호 보완을 위해 유통망의 조건을 자기입맛에 맞추는데 노력한다. 가령, 카탈로그 유통망은 신규 고객을 유치하고 반복 구매를 유도하며 제품라인을 조정하는 역할을 한다. 웹사이트는 편의성과 제품 정보, 가격과 촉진의 신속한 업데이트 기능을 한다. 점포는 고객이 구매하기 전에 상품을 다루고 테스트할 수 있는 역할을 한다. 이들 3중 연기의 사업모델을 채택하는 기업들의 과제는 고객이 각각의 유통망을 어떻게 이용하는가를 이해하고, 각각의 유통망의 경제에 상품을 조화시키며, 이들 유통망을 통해 일관된 고객 체험을 창출하는 일이다. 이들은 2003년에 60억 달러의 매출을 올렸고, 총 온라인 판매액의 17%를 점하였다.

오늘날 최고의 인터넷 소매업체들은 온라인과 오프라인 전략간의 상호보완성, 마케팅의 조정, 투자의 균형 등이 갖는 필요성을 충분히 이해하고 있다. 이러한 통합된 전략을 구사하지 않고서는 웹이나 카탈로그를 통해 매출을 촉진하려는 유점포 소매업체는 판매 이행 비용과 경상비의 추가 발생으로 인해 수익성을 악화시킬 뿐 단순히 매출 규모를 오프라인에서 직접 유통망으로 전환시키는 꼴이 될 뿐이라는 리스크를 지게 된다.

## 5) 멀티 유통망 관리

이전에는 제조업체가 제품 판매 경로에서 신경 써야 할 일은 단일 유통망(single channel)을 관리하는 일이었다. 그러나 지금은 소비자들이 다양한 유통망의 이용 욕구를 보이면서 이에 반응을 보이기 위해 복수의 유통망과 관계를 맺지 않을 수 없게 되었다. 단일 유통망을 이용하는 고객에 비해 복수의 유통망을 이용하는 고객은 20-30% 정도 더 많은 소비 지출을 하는 것으로 나타났다(Myers et al., 2004). 또한 인터넷, 해외콜센터 등과 같은 유통망은 엄청난 비용 절감을 보장한다. 그러나 멀티 유통망 관리는 겉보기만큼 만만한 일이 아니다. 막연히 자사 제품의 취급 유통망을 늘려놓았다가는 유통비용의 증가 내지 판매 수익의 감소만을 가져오기 십상이다. 가령, 소매은행업(retail banking)에서는 ATM, 인터넷 등과 같은 보다 저렴한 비용의 유통망 덕분에 지난 15년간 평균 거래 비용이 약 15% 절감되었다. 그런데 같은 기간동안 거래량은 2배 이상 증가하였다. 그 이유는, 예전에 은행 창구에 가서 줄서서 기다리며 인출할 때보다 더 자주 잔고 확인(check one's balances)이나 인출(make withdrawals)을 하기 때문이다. 그 결과 고객을 상대하는 전반적인 비용은 증가하게 되었다. 마찬가지로 인터넷을 통한 고객 대응으로 항공사들은 예약 건당 10-15 달러의 비용 절감을 이루었지만, 웹 유통망은 가격의 투명성(price transparency)을 촉진시킴으로써 일부 항공사들의 경우 다른 유통망을 통한 티켓 판매가보다 온라인 판매가가 50-100달러 정도 낮은 것으로 추정되고 있다. 일부 업종에서는 특정 기업이 비싼 비용을 들여서 설치한 새로운 유통망 접근법을 경쟁사들이 너무도 빨리 모방하는 경우를 당하기도 한다.

유통망의 증식으로 많은 업계의 영업 및 마케팅 임원들은 고객에 대한 통제권을 상실하게 되었고 기업들은 재무상의 손실을 보게 되었다. 그렇다고 문제 해결을 위해 유통망의 수를 줄여 '백 투 더 퓨처'를 할 수도 없는 노릇이다. 이미 소비자들은 폭넓은 유통망의 선택에 익숙해 있고 이를 요구하고 있기 때문에 기업이 멀티 유통망의 공급을 중단한다면 이탈할 것이다. 설령 기업이 단일 유통망으로 회귀하면서 유통업자의 교체, 인센티브 쥐어짜기, 영업 인력의 업그레이드 등과 같은 일반적인 도구를 활용하여 유통망의 효율성을 개선한다고 하더라도 고객의 욕구와 유통 경제의 현실 간의 간극을 매우기에는 역부족이다.

멀티 유통망 간의 상호작용에 대해 통제를 하려면, 제품에 대한 인지에서부터 구매지원과 구매 후 지원에 이르기까지의 판매 및 서비스 과정에서 고객을 교묘히 유도함으로써 고객이 이용하는 유통망을 제한해야 한다. 선도 기업들은 판매 과정의 각각의 단계에서 상이한 유통망을 이용하도록 고객을 장려함으로써, 고객의 선호와 기업 유통망의 경제성 간에 균형을 맞추고 있다. 이러한 균형의 유지를 통해 고객 관리비를 10-15% 절감하고, 고객당 수익(revenue)을 15-20% 증대시키고, 이전에 제대로 접근하지 못했던 시장 세그먼트에 침투할 기회를 얻게 되었다. 이처럼 세심히 맞춤된 유통망은 모방하기 힘들기 때문에 지속가능한 차별화의 강력한 원천으로 작용할 수 있다.

그런데 고객을 다른 유통망으로 전환시키는 일은 자칫 위험한 일이 될 수도 있다. 서툰 유통망 전환은 아무리 유통 전략을 잘 짜더라도 결과를 망쳐놓을 수 있기 때문에 이러한 리스크를 완화시키려면 유통 경제를 이해하고, 적시에 적합한 유통망으로 고객을 유도하기 위해 인센티브를 활용해야 하고, 고객과 유통업체의 반발을 제어하기 위한 안전망을 공급해야 하고, 조직 내외의 이해관계자에게 영감을 불어넣어줄 만한 커뮤니케이션 프로그램을 개발해야 한다.

고객은 항상 올바를 수 있겠지만 그렇다고 고객이 선호하는 대로 내버려두면 기업이 부담할 비용이 상승하고, 수익을 증대할 수 있는 기회를 사장할 수도 있다. 기업이 제공하는 제품, 서비스별로 적합한 유통믹스에 고객을 유도해야 하는데, 가령 어떤 상황에서 얼굴을 맞대고 거래를 종결하기 위해 영업인력을 파견해야 하고, 어떤 경우에 거래를 트기 위해 아웃소싱의 텔레마케팅 유통망을 활용해야 하는가, 인터넷을 통해 고객에게 접근하는 것이 의미를 갖는 때는 언제인가, 고부가가치의 고객이 묻는 서비스 문의 중에서 어떤 것을 저비용의 음성 상담 시스템이 아니라 영업부서의 장이 상대하는 것이 가치가 있을까 하는 최적의 믹스의 문제들이 있다.

유통망이 갖는 볼륨과 이윤에 대해서는 어느 정도 이해하고 있는지 모르지만, 각 유통망에서 고객을 상대하는데 드는 비용, 특정 유통망에서 구입되는 제품, 서비스가 기업에게 가져다주는 가치를 제대로 이해하는 기업은 거의 없다고 봐도 무방하다. 더군다나 구체적인 판매 및 서비스 활동의 경제성, 즉 거래를 트기 위해 발생한 비용, 고객이 선호하는 유통망 등을 제대로 파악하고 있는 기업은 더더욱 드물다. 그 결과, 많은 기업들은 고객을 유지할 만한 유통망의 아키텍처를 구축할 수 없다는 사실이 전혀 놀랄 일이 아니다. 따라서 유통 경제에 대한 제대로 된 이해를 하려면 각 유통망별로 유사한 고객을 상대하는 또는 유사한 제품을 공급하는 비용을 계산하는 일부터 시작해야 한다. 이런 비용을 산출할 때는 흔히 간과하기 쉬운 비용 목록인 운임과 매출이익률을 고려하는 것이 대단히 중요하다. 이런 비용의 파악을 통해 유통관리비의 절감도 가능해진다. 유사 고객에 대해 다양한 유통망을 통한 공급비용을 비교하고 나면 그 다음 일은 고객의 질적 차이를 고려하는 것이다. 미국의 무선통신업체들은 한때 신규 고객 유치를 위한 유통망의 효과를 비교하기 위해 CPGA(cost per gross add)라는 방법에 열중하였다. 유통망 간에 CPGA 값이 유사함에도 불구하고 각각이 갖는 고객 프로필의 차이는 폭이 컸다. 상이한 유통망이 갖는 고객 1인당 이윤의 크기와 수고를 계산하고 나서 비로소 무선통신업체들은 직영 소매점과 같은 유통망이 매력도가 높은 고객의 상당 부분을 획득, 유지하는데 기여한다는 사실을 알게 되었다. 그 결과, 통신업체들은 직영 소매점의 개설을 증가시켰음은 말할 나위도 없다. 아울러 유통망의 총이윤을 파악하는 것만으로는 충분치 않다. 구매 단계별로 고객은 이용하는 유통망을 전환하므로 판매/서비스 단계별로 각 유통망의 경제성을 이해해야 한다. 가령 텔레마케팅 요원들이 고객에게 서비스를 제공하는데 소비한 시간이 아니라 거래를 창출하는데 소비한 시간과 그 시간이 갖는 이익률을 알아야 할 것이다. 이를 알아내려면 거래 단위의 비용과 수익의 크기를 갖고 있든가 아니면 그 추정치라도 입수해야 한다.

〈표 4-5〉 기업의 유통망 믹스와 고객의 유통망 선호도 비교

| | 기업의 유통망 믹스 | 고객의 유통망 선호도 |
|---|---|---|
| Resellers | 37 | 23 |
| Retail | 35 | 24 |
| Distributor | 19 | 10 |
| Pure direct | 5 | 35 |
| Other | 4 | 8 |

자료: Myers et al.(2004)

〈표 4-6〉 유통 경제의 이해

| 유통망 | 판매비용 | 딜러 디스카운트 | 고객 디스카운트 | 운송비, 경상비 | ROS (매출이익률) |
|---|---|---|---|---|---|
| Distributor | 70 | 8 | 12 | 8 | 2 |
| Reseller | 70 | 6 | 10 | 9 | 5 |
| Direct | 70 | 0 | 10 | 14 | 6 |
| Retail | 70 | 8 | 10 | 8 | 4 |

자료: 상기와 동일

어떤 도매업자가 구매 빈도가 드문 큰손 고객과 구매 빈도가 잦은

소규모 고객을 상대하는데 들어가는 실제 비용과 편익을 비교해보았다. 분석 과정에서 그 도매업자는 자신이 잦은 구매를 하는 소규모 고객에게 지나치게 전략적 초점을 맞추고 있음을 발견하였고, 각 고객 세그먼트가 갖는 상이한 선호를 알고 나서는 대면적 영업인력과 텔레마케팅 인력 중 누구에게 어느 세그먼트의 고객을 상대하도록 할지를 결정할 수 있게 되었다고 한다. 그 결과 이윤을 15% 증가시킬 수 있게 되었다. 또 다른 첨단기술 기업은 서비스 비용을 20% 절감하고 매출을 10% 증대시키게 되었는데, 이는 고객의 유통망 선호도, 각 유통망의 비용과 수익을 제대로 이해함으로써 가장 가치있는 고객 세그먼트에 유통 자원을 집중할 수 있게 되었기 때문이다.

결국 유통의 경제성과 고객 선호도 간에 정렬(alignment)을 보이는 것이 관건이라는 사실을 깨달아야 한다. 큰손 고객은 어떤 제품을 구매할 것인가를 결정할 때는 대면적 접촉에 큰 가치를 부여하겠지만 판매 후 서비스 중에는 대면적 접촉에 대한 가치 부여가 낮아질 것이다. 따라서 기업이 선택해야 할 대안은, 판매 전 활동에는 대면적 영업인력을 배치하고 판매 후 상호작용은 고객에게 전화상의 지원을 제공하는 사내 팀과 같은 보다 저렴한 비용의 유통망으로 전환하는 것이 당연하다고 본다. 이들 고객이 기업이 부담가능한 선을 넘어서서 개별화된 판매와 사후 서비스를 원한다면 고객을 올바른 유통망으로 유인하는 인센티브를 제공하는 것이다.

이러한 인센티브에는 당근과 채찍(carrot-and-stick)의 병행이 있다. 당근은 고객이 선호하는 유통망을 사용할 때만 제공되는 할인이나 서비스의 개선 등으로서 고객은 이를 높이 평가한다. 채찍은 요금이나 서비스의 축소와 같은 것으로서, 그 내용이 적당히 모호하고 제품, 서비스 등에 전환비용(switching cost)이 내재되어 있을 때 가장 효과를 발휘한다. 항공사들은 셀프 서비스의 체크 인 수속 서비스를 도입하면서, 다수의 키오스크를 설치하여 자동 서비스가 가져오는 엄청난 대기 시간의 축소라고 하는 당근뿐 아니라, 카운터 인력의 축소를 통해 카운터에서 수속을 밟을 경우 대기 시간의 지연이라고 하는 채찍을 동시에 활용하였다.

미국의 증권회사 Charles Schwab은 당근과 채찍의 병행 정책을 한술 더 떠서 상이한 고객 세그먼트를 상이한 유통망으로 유도하였다. 슈왑의 고객(투자자)은 신규 계좌의 70%를 지점에서 개설하는데, 자금이 풍부한 고객이나 투자상담을 원하는 고객에게는 지점 방문 예약을 손쉽게 할 수 있도록 함으로써 계속해서 지점을 이용하도록 장려하고 있다. 그러나 자신의 투자를 직접 관리하는 대부분의 고객의 경우 지점과의 상호작용을 계속하는 것은 기업에게 낮은 가치를 가져다줄 뿐만 아니라 상호작용의 제공 비용 또한 높다. 그리하여 슈왑은 이들 고객이 웹사이트나 콜센터를 통해 거래를 하도록 유도하고 있다. 그런데 인센티브의 제공은 고객에게만 국한된 것이 아니다. 영업 인력들도 자신의 보수가 줄어들지 않는다면 고객에 대한 유통망 변경에 굳이 반대하지 않을 것이다. 오히려 유통망 변경으로 서비스와 거래 창출을 보다 저렴한 비용의 유통망에 맡기면서 자신들은 가장 잠재적 가치가 높은 고객에 집중할 수 있다는 매력을 느끼게 된다.

아무리 기업의 유통망 변경 정책이 훌륭하다고 해도 서비스의 질이 떨어진다고 고객이 느끼거나 또는 유통 파트너와 종업원들에 대한 관계 면에서 문제가 노출된다면 실패하기 십상이다. 이런 유통망 변경이 소기의 성과를 거두려면 세 가지 측면에서 관리를 철저히 해야 하는데, 그것은 시간 포착을 적기에 할 것, 관련 당사자 모두가 변화에 적응하도록 안전망을 제공할 것, 변화에 탄력을 주는 커뮤니케이션 접근법을 개발할 것 등이다.

시간 포착을 적기에 한다는 것(getting the timing right)은, 공급이 빡빡하고 수요는 왕성하고 경쟁은 완화되어 고객이나 유통 파트너가 이탈할 가능성을 줄여주는 상황에서 새로운 유통망을 개설하는 것을 일컫는다. 일례로, 특정 화학제품의 공급이 부족한 상황이 발생하자 시장을 주도하는 대형 제조업체는 거래 금액의 20% 이상과 거래 물량의 10%를 웃도는 고객 계층을 전화영업망으로 전환시켰다. 그 결과, 고객과 대면적 접촉을 해야 하는 영업인력을 새로운 전망을 보여줄 부문에 초점을 맞추도록 할 수가 있었다. 이 새로운 부문은 전망은 밝지만 시장 개발에 상당한 시간을 요하는 것이었다. 그 이유는 제품 시연이 요구되었기 때문이다. 고객의 유통망 전환을 보다 용이하게 촉진할 목적으로 해당 업체는 경험 많은 영업인력을 전화영업망에 배치시켰다. 즉 대면적 접촉의 결여라는 점을 수용하면서도 기존의 관계에서 이탈하지 않도록 고객을 유도하는 것이었는데, 이는 공급이 더 이상 긴축 상황이 아닌 시점에 가서도 여전히 기능을 발휘하게 되었다.

안전망을 제공한다는 것(providing safety nets)은, 일단 유통망 전환이 개시되고 나서 참여자들에게 특별 교육, 새로운 접근법 소개, 수수료 구조의 재정비 등과 같은 상이한 형태의 지원을 제공하는 것을 말한다. 고객들은 신, 구 유통망에 대한 접근뿐 아니라 신 유통망에 대한 생생한 교육을 원한다. 미국의 Grainger사는 부품의 공급, 유지, 보수업에서 대형업체로 알려져 있는데, 이 회사는 인적 영업망에서 인터넷 영업망으로 고객들을 전환시켰을 때 이러한 안전망을 제공하였다. 1,200명의 대면 접촉형 영업인력들은 고객들을 일일이 방문하여 새로운 웹 시스템을 이용하여 부품을 주문하는 법을 시연하였다. 회사는 영업 인력들의 담당 지역에서 이루어진 거래는 그 유통망에 관계없이 모두 영업 인력의 기여로 하는 방식으로 보상 시스템을 적용시킴으로써, 영업 인력들이 고객에 대한 교육에 충분한 열정을 쏟을 것을 확실히 해두었다. 현재 영업 인력들은 신규 잠재 고객의 발굴, 고객 충성심의 구축 등과 같은 보다 높은 부가가치 활동에 상당 시간을 투자하고 있으며, 회사의 전자상거래 규모는 1999년 1억 달러 미만에서 2003년에는 약 5억 달러에 달하게 되었다. Grainger사는 인터넷을 통한 부품 공급, 유지, 보수업체로서 최강의 자리를 차지하였을 뿐 아니라 이런 차별화 정책은 구식 영업 인력과 낮은 활용율의 웹사이트를 안고 있는 많은 경쟁

업체와 대조를 보이고 있다. 유통 파트너들에 대한 지원도 따라야 한다. 기업들은 유통업체에게 지속적 판매 지원을 제공할 것이라는 점을 보증함으로써 이들을 안도하게 만들 수도 있고, 과도기 기간 중에 특별 수수료를 제공(가령, 신규 유통망으로 옮아간 판매 규모에 대해 계속 기존 유통망에서 판매되었더라면 손에 넣었을 수수료의 절반을 6개월 이상 지급)할 수도 있다.

변화에 탄력을 주는 커뮤니케이션 접근법을 개발한다는 것(developing a communication approach that builds momentum for it)은, 기업이 고객과 종업원들로 하여금 보다 신속히 새로운 유통망으로 전환하도록, 새로운 접근법이 갖는 장점에 대한 강력한 이야기를 들려주고 새로운 접근법으로 챔피언 자리에 오를 열렬한 지지자를 발견하는 일을 말한다. 한마디로 왁자지껄한 분위기의 조성(creating a buzz)을 의미하는데, Delta Air Lines는 공항 로비의 셀프 서비스 방식의 수속 시스템을 고객들이 이용토록 유도하는데 톡톡히 효과를 보았다. 델타 항공사는 전국지와 TV, 라디오에 광고를 하고 나서는 공항 로비를 개보수한 대도시 각각에서 지방지의 기사, TV 뉴스의 인터뷰 등으로 고객이 항공사에 감사를 전하는 기습 작전을 전개하였다. 셀프 서비스에 대한 현장 안내는 처음에는 델타 항공사의 직원이 맡았지만, 나중에는 빈번히 이용하는 고객들이 서툰 고객들에게 이용법을 도와주었다. 이런 일이 가능했던 것은 서로 도와주는 것이 수속 절차의 신속한 완료에 기여하여 모든 고객에게 득이 된다는 것을 깨달았기 때문이다. 2003년에 델타는 이런 왁자지껄한 분위기의 조성으로 수천만 달러의 비용을 절감할 수 있었다. 이러한 커뮤니케이션 개발은 사내에서도 필요하다. 고객이 새로운 유통망으로 전환하게 되면 기업은 인력의 재배치, 역할의 재정의, 인센티브의 재정렬 등을 해야 한다. 이런 움직임은 종업원에게는 불편할 수 있기 때문에, 기업은 새로운 접근법의 편익을 강조하는 일관된 이야기를 개발, 반복해야 한다.

# 4. 인터넷 마케팅

## 1) 인터넷 마케팅의 특징

인터넷이 소비자에게 주는 커다란 특징은 생각나면 곧바로 검색할 수 있게 해준다는 점이다. TV, 거리, 입소문 등으로 솔깃한 상품이나 서비스, 정보를 접하게 되면 곧바로 인터넷으로 검색한다는 점이다. 기존의 AIDMA 이론에서는 설령 TV로 상품을 인지(attention)하고 흥미를 지녀도(interest), 눈앞에 상품이나 정보가 있는 건 아니므로 이를 기억해 두었다가(memory) 잡지를 사보든가 아니면 점포를 방문하는(action) 절차를 밟아야 했다. 이러던 것이 인터넷으로 attention - interest에 이어 search (검색) - action (구매) - share (정보공유)라고 하는 AISAS 내지 AISCEAS (attention - interest - search - comparison (비교) - examination(검토) - action - share)의 과정으로 변하게 되었다(是永, 2006: 14).

이런 인터넷 마케팅은 영업력이나 광고력이 열세인 기업에게 커다란 사업 기회를 제공하고 있다. 이전에는 소비자의 마음속에 자리잡는 점유율이라고 해서 mind share가 강한 기업이 유리하였으나, 이제는 검색결과에서 얼마만큼 비중을 차지하느냐는 search result share가 승패를 가르게 되었기 때문이다. 가령 이탈리아 레스토랑 사업을 한다고 하면, 이전에는 잡지나 신문, TV 등의 미디어에 소개되어 이를 본 소비자들이 메모하여 두었다가 회식이나 데이트가 생기면 찾아가는 형세이던 것이 이제는 음식점 소개 사이트(가령 메뉴판 닷컴)에서 검색하여 평가 내용을 검토한 뒤 점포를 방문하므로, 무명의 레스토랑이라고 하더라도 평가 내용이 괜찮으면 단숨에 구매(점포 방문)로 이어질 기회를 누릴 수 있다. 따라서 인터넷 마케팅은 소비자가 클릭이라고 하는 능동적 행동을 취함으로써 진행된다고 볼 수 있다.

그렇기 때문에 검색엔진 마케팅(Search Engine Marketing: SEM)이 주목을 받고 있는데, 여기에는 각 검색 서비스가 인위적으로 판단하여 게재하는 장르별 링크집과 같은 디렉토리 검색, 검색 로봇이 자동 수집한 데이터를 토대로 행하는 검색 결과 표시인 자연 검색 내지 오가닉 검색, 키워드 검색 시에 키워드와 관련성이 높은 정보를 표시하는 리스팅 광고, 사이트 컨텐츠 연동형 광고 등이 있다.

디렉토리 검색은 등록에 적잖은 비용이 들고, 등록하고자 하는 카테고리를 골라서 신청하면 된다. 야후코리아의 경우, 첫 화면의 왼쪽 하단에 '야후! 디렉토리' 코너가 이에 해당한다. 실제로는 검색사이트나 포털 사이트가 독자적으로 디렉토리 검색 광고의 신청을 접수하지 않고 디렉토리 서비스 회사가 대행한다.

자연 검색은 게재와 클릭에 대해 비용을 지불하지 않는 것으로서, 야후 코리아의 경우 맨 위에 있는 검색 난이 이에 해당한다. 검색 결과 중에 자사가 상위에 표시된다면 더할 나위 없을 것이다. 이를 위한 궁리 작업을 가리켜 검색엔진 최적화(search engine optimization: SEO)라고 한다. 페이지의 중요 부분에 검색어가 다수 사용될수록 검색로봇은 해당 페이지가 검색어 요청에 적절한 것으로 판단하게 된다. 또 한 가지 기준은 외부 사이트에서 해당 페이지로 링크되어 있는 빈도가 많을수록 검색로봇은 해당 페이지가 필경 가치있는 내용을 담고 있는 것으로 여기게 된다. 사이트의 순위 설정 방식인 알고리즘을 해독하는 일이 SEO의 기본이다. 그런데 외부의 유력 사이트에 개별적으로 링크를 의뢰하기란 현실적으로 지극히 어려운 이야기라서, 외부 링크 서비스를 제공하는 회사를 이용할 필요가 있다. 지정 검색어로 나오는 정보 중에서 상위 몇 위 이내로 나올 경우 얼마의 금액을 지급하겠다는 식의 성공보수 조건하에 이루어진다. 검색 엔진의 이용자 대부분이 디렉토리 검색보다는 로봇검색을 이용한다고 한다(羽切, 2006: 37).

리스팅 광고는 검색어에 연동하여 전용틀에 표시되는 광고로서, 클릭 시마다 과금되며(pay for performance: P4P), 클릭당 지불 광고액(cost per click: CPC 또는 PPC: pay per click)이 높은 광고주가 보다 상위에 표시된다. 과금의 상한제 설정이 가능하여, 가령 한 달의 중간쯤에 상한액에 달한 경우에는 이후 일자부터는 광고 표시가 없어진다. 단기간에 승부를 보려는 캠페인 사이트에 유저를 유도하거나, 인기 검색어를 통한 유인을 고려하는 경우에는 이런 리스팅 광고가 필수적이다. 리스팅 광고를 하기 위해서는 광고주가 원하는 키워드에 입찰하여 낙찰을 받게 되면, 입찰금이 높은 순서로 검색결과의 화면에 광고가 표시된다.[1)]

컨텐츠 연동형 광고는 사이트의 내용에 어울리는 광고를 자동적으로 게재하는 형식으로서, 개인 블로그의 내용에 맞는 광고를 전달한다. 구글의 아드센스(www.goolge.com/adsense)가 대표적이다.

그렇다고 하면 보다 많은 인터넷 사용자가 들어오는 사이트에 광고를 내는 것이 효과적일 수밖에 없는데, 국내라면 모를까 해외 각국의 사이트[2)] 중에 어느 곳이 가장 인기 있는지를 알아내기란 그렇게 용이한 일이 아니다. 다행히도 www.alexa.com이라는 곳에 들어가면 Traffic Rankings를 클릭하여 각국별 및 전체 사이트의 인기도를 확인할 수 있다. 참고로 한국(south korea)의 경우에는 네이버, 야후!, 다음, 싸이월드의 순으로, 일본은 야후!, FC2, 구글의 순으로, 미국은 구글, 야후, 마이스페이스의 순으로, 글로벌 차원에서는 야후!, 구글, 유투브의 순으로 인기가 있음을 확인할 수 있다. 아직까지 우리나라에서는 다

1) 일본에서는 야후재팬의 '오버츄어'가 PPC 9엔, 구글재팬의 '애드워즈'가 PPC 7엔을 최저 낙찰금액으로 정하고 있다. 인기 키워드의 경우에는 수백엔에 달하며, 고액의 키워드 중에는 수천 엔까지 가는 것도 있다(羽切, 2006: 31-32).

2) 사이트의 주소를 가리키는 용어에 몇 가지가 있다. IP Adress는 컴퓨터라는 기계가 이해하기 쉽도록 숫자로 만든 주소를 말하고, Domain은 인간에게 숫자 배열을 외우기가 벅차기 때문에 쓰는 알파벳 명칭이며, URL(Uniform Resource Locator)은 도메인보다 세분화된 것으로서, 특정 페이지(HTML 파일), 특정 화상을 가리킨다.

국적 포털 사이트가 토종 포털의 자리를 탈취하고 있지 못함을 알 수 있다.

인터넷에 기재한 정보를 어느 정도의 소비자들이 클릭하여 보는지에 대한 측정 도구로서 페이지뷰, 유저 수, 유니크 유저 수, 클릭 수 등이 있다. 익히 알고 있는 개념들이라서 설명은 생략하겠으나, unique user 수는 사이트 방문자 수에서 동일 인물의 중복 방문을 제외한 수치를 가리킨다. CPM(Cost Per Mill)은 광고 표시를 위해 지불한 광고료의 단가를 1천회 기준으로 말하는데, 가령 1천만원의 광고료를 지불하고 1천만번의 임프레션을 받았다면 CPM은 1,000원이고, impression unit cost는 1원이 된다. 반면 CPA(Cost Per Acquisition)는 1건을 성사시키는데 들어간 광고료로서 1천만원의 광고료 투입으로 100건의 주문 계약을 체결하였다면 10만원이 된다. 그런데 오프라인의 점포를 방문하는 고객은 점원이 얼굴을 볼 수 있고 기분 상태도 짐작할 수 있는데 비해, 온라인을 방문하는 고객은 얼굴이 보이지 않기에 사로잡기 힘든 대상이 되고 말았다. 이들이 최종 구매를 오프라인에 와서 한다고 하더라도 이미 검토 과정을 끝마친 상태이기 때문에 이들을 가리켜 '스텔스 소비자'라고 한다(是永, 2006: 38).

또한 인터넷 상에서는 소비자 발신형 미디어(consumer generated media: CGM)가 새로운 구전, 입소문의 형태로서 자리잡아가고 있다(是永, 2006: 143). 개인 홈페이지와 게시판에 추가하여 블로그와 상품 평가 사이트의 정비로 인해 개인이 발신하는 정보가 한층 대중의 주목을 받게 되었다. 이러한 온라인 상의 입소문을 만들어내는 이용자 간의 연결선이 허브(hub)를 중시하는 기업이라면 CGM을 전략적으로 활용할 수 있는 방안을 마련해야 할 것이다.

### 〈사례 4-2〉 인터넷 바케팅의 허브 : 미래 마케팅은 휴대폰 네트워크

● 허브가 걸리면, 모두가 걸린다

-그렇다면, 이러한 속성을 잘 나타낼 수 있는 하나의 예를 든다면 어떤 기업이 있을까요?

"구글이 좋은 예입니다. 인터넷이라는 불평등한 네트워크에선, 기본적으로 경쟁에 있어 선발업체가 유리해요. 특히, 진입장벽이 있는 경우엔 후발업체가 선발업체와 경쟁을 하기가 더욱 어렵죠. 선발 업체가 이미 허브가 돼 막강한 위치를 차지하고 있을 테니까…. 하지만 이런 상황 속에서 구글은 '검색엔진' 이라는 간단한 원리를 통해, 순식간에 네티즌을 자신의 웹 사이트로 끌어들이며 가장 인기 있는 인터넷 사이트로 만들었죠"

-구글이 이렇게 할 수 있었던 비결은?

"사람들이 왜 인터넷에 접속하나요? 가장 큰 이유는 '정보를 얻기 위해서'입니다. 경쟁에서 이기려면 결국 이 부분에서 경쟁우위를 가져야 하죠. 구글은 월드와이드웹(world wide web)을 통해 유용한 정보를 얻으려는 네티즌들의 특성을 가장 효율적으로 파고 들었어요. 몇몇 단어를 치면 10억 개에 가까운 페이지를 볼 수 있도록 '링크해 놓은' 시스템은 '빠르고 쉽게 정보에 접근하고 싶다'는 네티즌들의 가려운 부분을 시원하게 긁어 줬어요. 마치 커피숍에 홀로 앉아 있는데, 생각지도 못했던 사람의 명함을 받을 수 있도록 누군가가 시원하게 다리를 놔준 것과 같은 원리였죠 구글을 통해 네티즌들은 전혀 생각지도 못했던 정보들까지 건져 올릴 수 있었습니다."

-당신의 네트워크 이론으로 질병의 확산도 설명할 수 있나요?

"전염병은 사람과 사람의 접촉을 통해서 확산됩니다. 생각해보세요. 감기, 사스(SARS), 에이즈(AIDS)까지…. 이 질병들의 공통점은 '사람들이 네트워크' 를 타고 전파된다는 점입니다. 즉, '누가 누구와 친하게 지내는가' 혹은 '누구와 자주 접촉하는가'가 전염병의 확산에 매우 중요한 요소로 작용함은 물론 단순히 부딪쳐서 전파되는 감기와 사스와, 에이즈는 훨씬 '친밀한'관계, 즉 성관계 네트워크를 통해서 확산돼요. 에이즈는 수많은 링커(Lingker)들이 없으면 전파되기 힘들죠"

-그렇다면 전염병을 막을 수 있는 가장 효과적인 방법은?

"전염병을 연구하는 학자들은 '개인들의 상호접촉이 별로 없는 경우 전염병은 확산되지 않고 도태된다'고 주장했어요. 따라서 이들은 인위적인 상호접촉을 '차단'하면 전염병을 잡을 수 있다고 믿었죠. 따라서 감기에 걸리면 마스크를 쓰고 다니고 에이즈 예방을 위해 콘돔을 사용하면 상대적으로 감기나 에이즈 바이러스의 확산 가능성이 낮아진다고 했죠 하지만 놀랍게도 허브가 존재하는 네트워크에선, 이런 방법이 안 통한다는 사실이 밝혀졌습니다. 설령 네트워크를 이루는 각 개인 간 접촉을 막는다고 해도 일단 허브가 바이러스를 보유하게 되면 무서운 속도로 네트워크를 타고 확산됐기 때문이죠."

-허브가 누군지 몰라도 허브에게로 통하는 깅이 있다" 이러한 현상이 시사하는 바는 뭔가요?

"일단, 왜 루머가 눈 깜짝할 사이에 퍼지는지를 설명해 줄 수 있습니다. '허브' 역할을 하는 몇몇 사람이 알게 되면 소문은 무서운 속도로 확산되겠죠. 또, 기업의 입장에선 허브를 활용해 자사 제품이나 서비스를 보다 빨리 확산시키는 수단으로 활용할 수 있다는 얘기가 되죠. 선진 기업들의 마케팅 담당자들은 이미 이를 감지하고 있는 상태입니다. 나의 네트워크 이론은 이들이 '감'으로 알았었던 것을 과학적으로 분석하고 좀더 명확하게 한 것이죠. 다시 말해, 고객 중에 많은 사람들에게 제품에 대한 좋은 소문을 무서운 속도로 퍼트릴 수 있는 허브를 찾아내, 집중적인 마케팅 활동을 하면 성공 가능성이 더 높을 것입니다."

-허브를 파악하기가 어려운 경우가 대부분인데, 이 경우엔 어떻게 허브를 공략할 수 있을까요?

"허브의 신원을 모르고도 허브를 효과적으로 공략할 수 있는 방법이 있어요. 아주 흥미롭죠. 에이즈가 심각한 문제인 아프리카의 예를 들면 이해가 쉽게 갈거예요. 에이즈가 무서운 속도로 확산되고 있는 이 대륙 모든 사람에게 일일이 에이즈 치료제를 제공할 수 없는 노릇이죠. 하지만, 에이즈 치료제가 너무 비싸기 때문에 이를 선택적으로 제공해야 합니다."

-그렇다면 결국 허브에게 치료제를 주는 게 가장 효과적인 방법일 텐데요.

"그렇죠, 하지만 이럴 경우엔 선뜻 아무도 '내가 허브야. 내가 여기서 제일 복잡한 성관계를 맺고 있어'라고 나서지 않죠. 따라서 도대체 누가, 성 접촉 네트워크의 허브인지 쉽게 알아낼 수 없습니다. 이럴 때 효과적으로 먹힐 수 있는 방법은 이렇죠. 바로 에이즈에 걸렸다고 병원에 오는 사람들을 무작위로 골라. '자신이 아는 사람 중 에이즈 치료제가 가장 필요하다고 생각되는 사람을 추천하고, 그 사람에게 이 약을 전달해 투약하도록 하라'고 지시하는 겁니다. 이렇게 되면, 무작위적으로 선택한 사람이라도 치료제를 허브에게 전달하게 될 가능성이 매우 높습니다. 허브가 상대적으로 많은 사람들과 접촉하기 때문에 다른 사람에 의해 지목될 가능성이 매우 높기 때문이죠. 실제 연구결과도 이를 뒷받침합니다. 이게 바로 허브의 정체를 파악하지 않고도 허브를 공략하는 방법이에요."

-기업들 입장에서 봤을 때, 허브를 식별할 수 있는 방법이 있을까요?

"제품별로 허브가 각각 다르게 나타나기 때문에, 조금 어려운 질문인데요. 일단, 선진 기업의 마케팅 부서에선 각 제품에 대해 누가 허브인지 대충 감으로 알고 있는 경우가 많습니다. 이들은 '도대체 누가 우리 제품을 샀을 때. 다른 사람들이 관심을 갖는가?' 라는 정보를 수집하고, 소비자들이 누구를 따라서 제품을 사게 되는지 면밀히 관찰해 왔죠. 하지만 이런 방법만해도 이젠 '전통적인 마케팅 방법'에 속합니다. 이젠 이 분야에서도 아주 획기적인 문이 열리고 있죠"

● 고객의 휴대전화 속에 21세기 마케팅 혁명의 비밀이 있다

-획기적인 문이라…. 결국 여기에 뭔가 미래의 마케팅을 이끌어 갈 답이 있을 듯 한데요.

"미래 마케팅의 열쇠는 바로 휴대폰에 있습니다! 휴대폰 고객의 데이터베이스(database)를 구축해 이들의 연결망 자료를 분석하면 아주 손쉽게 허브를 찾아낼 수 있을 겁니다. 이렇게 찾아낸 허브를 마케팅에 활용하는게 스타를 이용하는 것보다 효과적이죠. 보통 사람이 자동차를 구입할 때 톰 크루즈 말을 믿을까요, 아니면 내가 신뢰하는 친구의 말을 믿을까요? 톰 크루즈에게 아무리 빠져 있는 팬이라도 자동차를 구입할 땐, 내 옆의 신뢰가 가는 사람을 믿겠죠."

-결국 스타 마케팅이 '허브' 마케팅으로 변해야 한다는 뜻인가요?

"그렇습니다. 스타가 어떤 제품을 사용하는 모습을 지속적으로 노출시키는 것보다, 주변의 사람들에게 실질적인 영향을 미칠 수 있는 허브로 하여금 이 제품을 수용하도록 하는 게 중요하겠죠. 이게 바로 고객이 구매 결정을 내리는 데 훨씬 더 큰 영향을 미친다는 사실을 기억하세요. 미래에 마케팅 분야엔 휴대폰 네트워크의 데이터 마이닝(data mining)을 통해 고객의 인적 네트워크를 파악하는 게 아주 중요하게 작용할 겁니다."

-흥미로운 지적이신데요. 최근 휴대전화 사용자 네트워크에 심도 있는 연구를 하고 계신다고 들었습니다.

"휴대폰을 통해 파악할 수 있는 네트워크는 전형적으로 허브가 지배하는 네트워크입니다. 따라서 기업 입장에선 이용할 수 있는 방법도 매우 다양해요. 한국의 경우를 한 번 들어보죠. 하루 중 누군가와 의사소통을 할 때 가장 많이 사용하는 방법은? 바로 휴대폰을 꺼내 누군가에게 전화를 거는 거죠! 이 같이 휴대폰이 많이 보급된 선진국에서 누가 누구를 알고, 누구와 친하게 지내는가를 대변할 수 있는 네트워크가 바로 휴대폰 네트워크입니다. 과학자들도 체계적으로 이 네트워크를 분석한다면, 인적 네트워크 구조 역시 파악할 수 있습니다"

-하지만, 이러한 인적 네트워크에서는 허브의 역할이 다른 네트워크에 비해 상대적으로 덜 중요한 것으로 밝혀지지 않았나요?

"사실, 인적 네트워크에선 허브의 역할이 다른 분야보다는 덜 효과적인 것으로 나타났습니다. 이유는 허브가 너무 바쁘기 때문이에요. 사람들은 허브보다는 다른 사람을 통해서 필요한 정보를 얻는 경우가 많아요. 예를 들어 물리학 교수를 한 명 소개 받는다고 할 때, 곧바로 대학 총장이나 물리학과 과장을 찾아가 '물리학 교수 한 명 소개시켜 달라고' 하는 경우는 드물죠. 이들이 명백한 허브임에도 불구하고, '너무 바쁠 거야"란 생각에 대신 다른 사람을 찾습니다. 따라서 허브는 이런 대안이 없을 경우 최후의 대안'으로 쓰는 경우 많아요."

• 취업 정보를 얻으려면? 별로 친하지 않은 사람을 찾아가라

-휴대전화 사용자 네트워크에서 '약한 유대(weak tie)'의 중요성을 발견하셨는데요. 이것은 무엇을 뜻하나요?

"1970년대 하버드대 교수 그레노베터는 사람들이 어떻게 구직을 하게 됐는지 조사를 했어요. 놀랍게도 다수의 응답자가 '평소 친하게 지내는 사람이 아니고 어쩌다 한번 만나는 사람들을 통해 구직과 관련된 정보를 얻었다'고 답했죠. 즉 평소에 자주 만나는 강한 유대(Strong tie)보다 더 도움이 됐다는 거예요. 언뜻 보면 놀랍지만, 이유는 간단해요. 강한 유대의 문제는 평소에 같이 지내는 시간이 많다는 거예요. 친하긴 해도 정보획득에는 도움이 안 되죠 서로 가지고 있는 정보량이 뻔하니까요. 반면 약한 유대 관계에 있는 사람은 내가 듣지 못한 새로운 정보를 갖고 있을 가능성이 높죠."

-이런 점을 기업의 마케팅엔 어떻게 적용할 수 있을까요?

"마케팅 입장에서 보면 약한 유대는 자주 볼 수 없다는 게 단점으로 잡혀요. 하지만 정보를 좀 더 멀리 퍼뜨릴 수 있다는 장점이 있죠. 휴대전화 사용자 네트워크에서 나타난 실제 인적 네트워크엔 서로 친한 사람들, 즉 강한 유대들이 이루는 그룹들이 무수히 많이 나타났어요. 이 수많은 그룹들은 다시 약한 유대를 통해 서로 연결된 형태를 보였습니다. 마케팅을 하려면, 이 약한 유대에 집중하는 게 매우 중요해집니다. 화장품 기업을 예로 들어 볼까요? 똑같은 마케팅 비용을 들인다고 한다면 한 그룹에 여러 개의 샘플을 뿌리는 것보다, 약한 유대로 연결된 각각 다른 그룹의 사람들에게 샘플을 하나씩 뿌리는 게 이득이겠죠. 어차피 한 그룹에서 누군가가 샘플을 쓰게 되면, 거의 매일같이 만나는 해당 그룹의 사람들에게 입소문이 전파되는 건 시간문제니까요."

-이를 효율적으로 이용하고 있는 기업들의 예가 있다면?

"구글은 아까 말했듯이, 몇 개의 키워드를 통해 10억 개에 달하는 웹페이지(web page)들과 연결시켜 주기 때문에 강한 경쟁우위를 가질 수 있었습니다. 또 마이스페이스(My space), 페이스북(face Book)이 인기가 있는 이유는 평소 자주 만날 수 없는 사람들과 교류가 가능하기 때문이 아닐까요. 이런 사이트 들은 개개인이 자신이 속한 그룹을 자유롭게 벗어날 수 있도록 도와주거든요. 그게 마력이고, 성공비결이에요."

〈chosun.com〉

(2007. 11. 17)

첫째, 개인이 인용하고 싶다고 느낄 만한 먹잇감을 제공한다. 가령, 누군가에게 소개하고 싶은 화제, 콘텐츠, 인터넷 한정의 소재(Viral CM 등) 등이 있을 수 있다. 둘째, 인용하기 쉬운 환경을 정비한다. 가령, track-back의 장치를 실시하거나, 용이한 복사를 위해 플래시나 화상이 아닌 텍스트 형태의 문장을 작성한다. 셋째, 유력한 개인 정보와 연휴를 도모한다. 가령, 상품 모니터를 블로그 형식으로 실시한다. 상품 사용에 대한 호의적 감상을 블로그 기사로 작성한 것을 트랙 백으로 받아서 다른 이들의 주목을 끄는 것이다. 넷째, CGM 활용 서비스를 제공하고 있는 회사를 이용한다.

〈사례 4-3〉

◇ 가치지향기업 1 : 라이언에어

아일랜드에 본사를 둔 저가 항공사 라이언에어(RYANAIR) CEO 마이클 오리어리(Micheael O'Leary·45)는 가는 곳마다 화제를 몰고 다닌다. 전형적인 박리다매(pile-it-high, sell-it-cheap) 경영방식이 곧 수명을 다할 것이라는 일각의 예상을 깨고 라이언에어의 실적이 '순항'을 거듭하고 있기 때문만은 아니다. 거침없는 언변과 불같은 성격, 청바지에 운동화 차림으로 거리를 활보하고 다니는 독특한 행동거지도 한몫 했다.

그는 항공업계의 경쟁사들과 관계 당국에 '맹렬한 전사' 이미지로 각인돼 있다. 한치 오차도 없는 철저한 경영 전략과 획기적인 비용 절감 방식, 경쟁자들의 비판에 흔들리지 않는 냉혹한 태도가 그의 트레이드 마크다.

그는 '효율'을 최고의 가치로 따진다. 때론 편법도 불사한다. 2004년, '이동시간 절약'을 위해 벤츠 승용차를 구입해 택시 간판을 걸고 다니며 더블린 시내 버스 차선을 누비고 다니다 발각됐을 정도다. 언변은 종종 위험수위를 넘나든다. 최근에 라이언에어 등 저가 항공사들을 상대로 보다 엄격한 이산화탄소 배출량 규제를 요구하는 영국 환경 단체들을 겨냥. "영국은 자구온난화에 대해 집단 히스테리를 부리고 있다"며 거침없이 쏘아 붙였다. 라이언에어 저가 전략의 미래가 불투명하다는 일부 언론과 학자들의 비판에 대해선 "유럽에 대대적인 핵전쟁이 나지 않는 이상 우리의 성공 신화는 계속 될 것"이라며 목소리를 높인다.

오리어리는 농부의 아들이다. 전형적인 아일랜드 농촌에서 6남매 중 장남으로 태어났다. 킬데어(Kildare) 지방에서 유년기를 보낸 그는 한때 대학 등록금을 벌기 위해 삼촌이 운영하는 선술집 종업원으로 일하기도 했다. 대학 졸업 당시 그의 학점은 2.1로, 일부 언론은 그가 대학에서 낙제점을 받아 졸업에 실패했다고 잘못 보도하기도 했다. 그는 세무 컨설턴트로 사회에 첫발을 내디딘 후 신문판매사업에 뛰어들어 성공했다. 이를 눈 여겨 본 라이언에어 창업자 토니 라이언(Tony Ryan)이 그를 세금·투자 문제를 총괄하는 총재무책임자로 영입했다. 설립 초기 라이언에어는 '반짝' 성공을 거두기는 했지만, 곧 경영 비효율에 직면했다. 그러자 오리어리는 미국으로 건너가 텍사스의 사우스웨스트항공 모델을 면밀히 연구한다. 아일랜드로 돌아온 그는 번뜩이는 아이디어와 다부진 성격으로 2년만에 라이언에어의 경영을 정상화시켰다.

1994년 사장에 취임, 그룹 오너인 라이언가 사람들을 제치고 실질적으로 라이언에어를 대표하는 얼굴 역할을 해왔다. 그는 2억2500만파운드(약4100억원) 상당의 라이언에어 지분 7%를 보유 중이다. 2006년 라이언에어는 고유가와 긴장감 넘치는 경쟁 구도에도 불구, 기록적인 경영성과를 발표했다. 지난 3분기엔 전년 동기 대비 30% 상승한 3170만 파운드의 순수익을 기록했고, 승객 수에서도 21%의 증가를 보였다. 라이언항공의 주 수입원 중 하나인 기내 서비스 매출과 공항 렌터카 서비스 수익 역시 61% 증가세를 보였다.

하지만 승승장구하던 라이언에어에 제동이 걸렸다. 몇 번의 무리한 착륙시도에 대해 아일랜드 당국이 본격 조사에 착수한다고 밝힌 것. 지난 2월 말부터 아일랜드 교통부 장관 마틴 쿨렌(Martion Cullen)의 지휘 아래 관계당국은 2006년 6월 라이언항공 여객기의 무리한 착륙시도 사태에 대해 자료를 수집하고 있다. 당시 아일랜드 코크(Cork) 공항 상공에서 라이언에어 여객기 기장은 1차 착륙시도 실패 후 정상적인 '우회(detour)' 절차 대신 조그만 원을 그리며 몇 십분 동안 낮은 비행을 해 지역 주민들을 공포에 떨게 만들었다. 문제는 이러한 사태가 처음이 아니라는 사실이다. 지난해 3월 아일랜드 코크 공항에선 충돌 사고를 가까스로 피했고, 2005년 로마에서도 무리한 착륙시도를 해 당국자들을 긴장하게 만들었다.

오리어리의 반응은 명확했다. 그는 "기장들에게 우회를 제대로 하지 않을 경우 감봉 조치하거나, 해고도 불사하겠다는 내용의 경고 메시지를 보냈다"며 "이번 사태는 라이언에어의 빠른 여객기 회전율과 저가 전략과는 전혀 관계가 없으며 단순히 조종사들의 실책일 뿐"이라며 또 다시 목소리를 높였다. 이에 대해 영국의 가디언지는 '이번 사태는 여객기가 착륙해서 재이륙할 때까지의 시간을 최소화해 회전율을 높이려는 라이언에어의 전략 탓' 이라고 비판했다.

〈chosun.com〉
(2007. 3. 10)

### ◇ 가치지향기업 2 : 사우스웨스트 항공

▶비결은 직원 우대 경영

미국 항공업계는 지난해 불황과 9·11 테러사태로 최악의 한해를 보냈다. 모두 70억달러의 적자를 봤다. 그러나 6위의 사우스웨스트항공(SWA)은 유일하게 흑자(5억달러 이상)를 냈다. 지난주 발표된 1분기 실적도 유일한 흑자(2천1백만달러)였다.

● 직원이 중요한 고객

그 비결은 무엇일까. 21일 워싱턴 포스트(WP)는 그런 궁금증을 푸는 기사를 실었다. 직원들에게 일하고 싶어 할 환경을 만들어 주는 것이 핵심이라는 것이다. 실제로 이 회사는 포천지 선정 '일하기 좋은 직장'순위에서 매년 수위를 다툰다. 최근 포천이 선정한 '존경받는 기업'순위에서도 제너럴 일렉트릭(GE)에 이어 2위를 차지했다.

▫ 직원이 왕

미국 내 58개 도시를 연결하는 이 항공사의 사무실 벽은 온통 직원 가족들 사진으로 도배 돼 있다. 직원들은 복도에서 만나면 서로 포옹하고 키스하며 인사한다.

직원들이 즐겁게 일하는 것이 이 회사의 최고 가치다. 경영진은 직원들에게 "당신들은 회사의 가장 중요한 고객이다. 승객이라도 항상 옳지는 않다"고 말한다.

자연히 노사관계도 안정돼있다. 지난 20년간 분규가 단 한차례도 없었던 유일한 미국 항공사다. 회사에는 늘 유머가 넘친다. 이 유머 경영의 창시자는 공동창업자이자 전 최고 경영자(CEO)인 허버트 캘러허다.

최근 일선에서 물러난 그는 유머 있는 사람은 맹목적 복종이 아닌 자발적인 책임을 다한다는 신념을 갖고 있다. 그는 신입사원 채용 때도 유머를 중요한 기준으로 삼았다.

이 회사 비행기 안에 붙어 있는 금연문구 또한 독특하다. "흡연은 비행기 날개 위 스카이 라운지를 이용해 주십시오. 거기서는 '바람과 함께 사라지다'가 상영되고 있습니다."

● 높은 사기가 곧 생산성

이 회사는 최근 5년간 승무원 1인당 고객수가 2천4백명을 웃돌아 다른 회사들을 압도했다. 언론들이 매년 선정하는 '가장 안전한 항공사' '가장 시간을 잘 지키는 항공사'에서도 항상 최상위이다.

● 업계 감원에도 무해고

이러니 영업이 잘 될 수밖에 없다. 지난해 항공업계의 감원태풍 속에서 단 한명도 자르지 않았고, 올해는 4천명을 신규 채용하겠다고 발표했다.

이 회사 사례를 분석한 연구소들은 공통적으로 높은 급여가 충실하고 장기적인 근무를 보장하지는 않는다고 지적했다. 급여보다는 경영자나 동료들간의 존경과 지지, 그리고 재미가 생산성에 가장 중요한 요소라는 결론에 이른 것이다. 다른 회사에 비해 급여가 높지 않은 이 회사의 이직률(4.5%)은 다른 업체보다 크게 낮다.

● 독특한 영업전략도 한몫

SWA의 성공엔 기발한 영업전략도 일조한다. 이 회사는 대형 항공사에 맞서 틈새시장을 효과적으로 공략한 대표적인 케이스로 꼽힌다. 기내식 제공 등 각종 서비스를 없애는 대신 운임을 저렴하게 한 것이 먹힌 것이다.

고객 편의를 위해 작은 항공기로 중간 도시들과 대도시의 제2 공항들을 잇는 전략(포인트 투 포인트)도 고객들을 사로잡았다.

여행 대리점을 통하지 않고 공항 내 자동화된 발권시스템을 이용토록 해 대리점 커미션도 없앴다.

결국 이런 독창적인 영업이 불황 속에서 회사를 지켜냈다. 아일랜드의 라이언항공은 이회사의 영업을 모방한 것으로 유명하다.

투자은행인 샐러먼스미스바니의 애널리스트인 브라이언 해라스는 "결국 이런 성공적인 영업도 창의적이고 우호적인 노사관계가 만들어낸 것"이라고 말했다.

〈oongang.co.kr〉

### ◇ 가치지향기업 3 : 델컴퓨터

● 세계 PC 1위 델, 한국선 안통해

미국 PC업체 델이 한국 진출 10년이 넘도록 바닥을 벗어나지 못하고 있다. 한국법인인 델컴퓨터의 시장점유율은 데스크톱이든 노트북이든 2%대에서 맴돈다. 지난 1분기엔 마케팅 공세를 펴 점유율을 끌어올렸다. 그러나 2분기에 다시 제자리걸음을 해 델의 공세가 성공할 수 있을지 관심을 끌고 있다.

델은 지난 90년대 통신판매로 돌풍을 일으켰던 미국 PC업체로 현재

제2의 전성기를 맞았다. 가격경쟁력을 무기로 세계 PC시장을 주도해 점유율 1위를 달리고 있다. 지난 2분기 세계 PC시장 점유율은 18.3%. 1년 전보다 1.1%포인트 올랐다.

이 회사의 올 상반기 성장률은 22.5%나 됐다. 그러나 한국에서는 이렇다할 성과를 올리지 못하고 있다. 지난 2분기 시장점유율은 데스크톱 2.3%,노트북 2.4%. 1년 전(0.8%, 1.2%)보다 높아진 것은 분명하나 대대적인 공세 결과로는 미흡하다는 평을 받는다.

더구나 1분기(2.5%, 1.9%)에 비하면 답보상태다. 일본 도시바의 경우 한국 노트북시장에 진출한 지 3년도 안돼 점유율을 11%대까지 끌어올렸다. 델컴퓨터는 한국시장 실적이 저조한 이유로 경쟁사들에 비해 늦게 진출했기 때문이라고 설명한다.

10년 전에 한국에 들어오긴 했지만 적극적으로 시장을 공략하기 시작한 것은 지난해 중반 김진군 사장이 부임한 이후라는 얘기다.

델의 강점인 통신판매가 한국에선 아직 낯설다는 점도 원인으로 꼽힌다. 통신판매는 소비자가 컴퓨터의 특성 사양 가격 등을 잘 아는 경우에 통할 수 있다.

그러나 한국 소비자들은 이것저것 물어보며 구매하길 좋아한다. 통신판매가 델컴퓨터 매출에서 차지하는 비중은 한자릿수에 머물 정도로 미미하다. 델컴퓨터는 그동안 중소기업 위주로 한국시장을 공략했다. 이에 따라 일반인들에겐 '델'이란 브랜드가 그다지 알려지지 않았다.

델컴퓨터 매출에서 종업원 1천명 미만의 중소기업이 점하는 비중은 78%에 달하는 것으로 알려졌다. 이밖에 애프터서비스 망이 미흡하고 상대적으로 수익성이 낮은 데스크톱 비중이 71%(판매대수 기준)나 되는 점도 약점으로 꼽힌다. 제품 디자인이 투박하다는 점도 한국에선 결코 강점이 될 수 없다고 전문가들은 지적한다.

델컴퓨터는 이런 약점을 보완하기 위해 새로운 전략을 구사하고 있다. 최근 옥션 CJ몰 등 전자거래업체들과 제휴했고, 우발사고로 인한 손상까지 무료로 수리해주는 '컴플리트커버'서비스 대상을 노트북에서 데스크톱으로 확대했다.

김진군 델컴퓨터 사장은"온라인 유통업체들과 공동 마케팅을 실시하지만 고객상담 배송 애프터서비스 등은 계속 델의 전담인력이 담당한다"며 "투자 대비 효과(ROI)를 고려한 델식의 판매방식을 강화하고 제품 디자인도 개신해 나가겠다"고 밀했다.

미국 델 컴퓨터가 창업 이후 23년간 금과옥조로 여겨왔던 '직접 판매' 원칙을 깨고 대리점 유통을 포함한 다양한 판매 방식을 도입하기로 했다. HP에 내준 세계 1위 자리를 되찾기 위해 창립 이념마저 깨겠다는 창업자 마이클 델 회장의 승부수다. 경제 전문 통신사인 블룸버그에 따르면 델 회장은 최근 임직원들에게 보낸 이메일에서 "직접 판매 방식이 우리의 신앙(religion)은 아니다"며 "고객들이 원하는 것을 주기 위해 기존의 비즈니스 모델을 뛰어넘어야 한다."고 밝혔다.

직접 판매는 델의 창립 이념이나 마찬가지다. 델 회장은 1984년 텍사스 의대 1학년 재학 시절 단돈 1000달러로 델의 모체인 'PC 리미티드'라는 회사를 창립할 때부터 이 방식을 고집해 왔다. 그는 '소비자는 중간 유통 마진이 빠지는 만큼 제품을 싸게 살 수 있고, 회사는 유통 재고 비용이 줄어 이득'이라는 점에 착안했다. 이에 따라 델의 PC 제품은 대리점을 통해 유통하던 경쟁 업체에 비해 10~20%의 가격 경쟁력을 확보할 수 있었고, 결국 IBM과 HP 등 '골리앗 기업'들을 밀어내고 세계1위 PC업체가 됐다. 하지만 아무리 혁신적인 유통 방식도 시장의 변화에 적응하지 못하면 도태되기 마련이다.

블룸버그 통신은 "PC 수요가 데스크톱에서 노트북으로 옮겨가고, PC 제품 간 품질 차이가 다양해지면서 델의 직접판매 PC가 매력을 잃고 있다"고 전했다. 값은 싸지만 개성이 없는 데다, 직접 써보고 고를 수 없는 것이 이제 와선 치명적 약점이 되고 있다는 것이다.

델 컴퓨터는 지난해 하반기부터 3분기 연속 '세계 2위'에 머무르고 있다. 지난 2000년 이후 '최악의 성적표'다.

〈chosun.com〉
(2007. 4. 30)

오프라인에서와 마찬가지로 온라인에서도 재차 방문하는 Repeater를 늘리는 일이 관건이다. 메일 매거진을 발행하여 그때 그때 화제가 되는 신착 정보를 배달한다든가, 또는 정기적인 메일 매거진의 형태를 취하지 않더라도 캠페인이나 신 콘텐츠 정보를 메일로 알리는 것이다.[3] 또

3) 기업에서 보내오는 메일에는 그렇지 않지만 학회나 소모임에서 오는 메일을 보면, 수신인(to)과 참조(cc)에 다수의 메일 사용자가 올라와 있는 경우가 대부분이다. 수신인의 메일주소를 공개하는 것이 바람직하지 않다는 관점에서 보면, 다수에게 메일을 보낼 경우에는 bcc를 사용하는 것이 좋다.

한 RSS(Rich Site Summary, Really Simple Syndication, 또는 RDF Site Summary의 약자로서 XML 기술을 이용한 포맷팅4)) 리더를 사용함으로써, 이용자가 회사 사이트에 재차 방문하지 않더라도 사이트의 갱신된 정보를 자동적으로 이용자에게 송신하는 장치를 활용하는 것도 잊지 말아야 한다. RSS를 이용하게 되면 고객 입장에서도 스팸 메일로 처리하지 않아서 폐해를 끼치지 않는다는 장점이 있다. 물론 발신하는 정보 자체의 점착도(stickiness)가 끈끈해야 이용자가 한번 맛보면 손을 뗄 수 없을 것이다. 메일 발송 시에는 횡적 구분법과 종적 구분법을 활용한다. 횡적 구분법은 고객의 취미, 관심사별로 메일을 구분하여 보내는 방법이다. 그러나 같은 자동차 취미를 갖고 있는 고객 중에 스포츠카와 세단형 선호자들에게 매번 메시지를 나누어 써서 전송하는 일은 대규모 EC가 아닌 한 현실적으로 무리이므로, 종적 구분법이 선호된다. 고객에게 주는 메일 내용의 유관성(relevancy)의 정도에 따라 달리 송부하는 방법인데, 1회째 송신은 모든 고객에게 이루어지고, 그 중 특정 항목에 "예"라고 응답한 보다 관심도가 높은 고객, 또는 샘플 증정 행사에 응모하는 고객에게 추가의 별도 메시지를 보내는 것이다. RSS 마케팅의 핵심은 사이트 단위가 아니라 페이지 단위로 정보를 생각한다

---

또한 인터넷 네트워킹으로 자사의 사이트에 들어와 메일을 훔쳐보는 일을 방지하려면 SSL(Secure Socket Layer)이라고 하는 암호화를 하면 홈페이지 주소가 http://가 아니라 https://로 시작하게 된다. 단지 이 경우에는 서버별로 SSL을 취득해야 하므로 개인이나 영세 조직은 금전적 부담으로 어려울 것이다. 파일 공유 소프트웨어를 사용하지 않는 것도 정보 누설을 방지할 수 있는 방법의 하나이다.

4) HTML이 페이지만을 표시하는 기술인데 비해, XML은 페이지를 타이틀, 본문, 일시 등으로 포맷화하여 데이터의 가공, 검색, 편집을 할 수 있는 기술이다. RSS로 포맷을 한 웹 페이지는 페이지 단위로 RSS reader에 읽혀 북마크 표시가 되든가 아니면 특정 사이트에 기사 제목이 표시된다. 우리가 주요 포털 사이트에 검색어를 입력하면 특정신문의 기사난, 특정보고서의 특정 부분이 떠오르는 것이 바로 이런 이치이다. 이를 발견한 인터넷 사용자는 해당 기사나 보고서가 실린 사이트가 아니라 해당 기사, 보고서의 페이지로 곧장 접근할 수 있다. 특정 웹사이트의 톱 페이지로 들어가서 정보를 탐색하던 방식과는 다르다. 이처럼 RSS로 포맷화된 정보는 타인과의 social bookmark 또는 track-back에 의해 페이지 단위로 공유, 보전, 표시됨으로써 무한정 확산될 가능성을 갖고 있다.

는 점이다. 이러한 RSS 방식의 전달 정보 속에 광고를 삽입하는 것이 'RSS 광고'로서 정보의 내용에 걸맞는 매칭 광고인 셈이다.

이러한 기업측의 노력으로 고객이 자사 홈페이지에 접속하였더라도 이러한 접근(access)을 제대로 분석해야 한다. 분석 방법에는 로그형과 태그형이 있는데, 전자는 페이지가 표시될 때마다 서버에 '로그'라는 기호가 남게 된다. 이 로그에 남겨진 데이터를 분석하여 얼마만큼의 접근이 이루어졌는지, 어느 페이지가 가장 많이 읽혀지고 있는지, 한번 접근하면 몇 페이지 정도를 읽는지가 알 수 있다. 서버의 종류에 따라서는 어떤 검색어를 써서 자사 사이트에 오게 되었는지, 어느 사이트의 링크를 클릭하여 자사에 접근하였는지도 분석 가능하다. 그러나 로그형 분석은 동일 인물이 사이트 내에 들어와서 벌이는 행동을 추적하기가 힘들다는 약점이 있다. 이를 해결해주는 것이 태그형 분석법인데, 페이지가 표시될 때마다 페이지 내에 내장되어 있는 태그가 전용 소프트웨어에 신호를 보냄으로써 동일 인물의 사이트 내 행동(click stream)을 파악할 수가 있다. 광고를 보고 사이트에 들어온 이용자가 실제로 구매를 하였는지 여부를 추적할 때[5] 바로 태그형 분석법이 사용된다.

고객 데이터를 분석하는 작업에는 RFM 분석이 포함된다. 이는 Recency, Frequency, Monetary의 머리글자로서, 최신성, 빈도, 금전지출을 측정하는 것이다. 구체적으로는 고객의 최근 구매일자, 총 구매회수, 총 구매금액의 지표를 사용하여 고객을 3개군 내지 5개군으로 분류한다. 가령 3개군으로 나눈다면 333에서 111까지 27개의 군집으로 고객을 분류할 수 있다.

인터넷 마케팅에 Drop-Shopping Service라는 것이 있다. 인터넷 숍을 운영하려면 쇼핑 사이트의 개설, 상품 등록, 주문 접수, 상품 발송, 문의에 대한 회답 처리 등 해야 할 일이 한두 가지가 아니다. 특히 취급할

5) conversion rate는 사이트 내방자 중에 회사가 설정한 목표 페이지(goal page)까지 접근한 이용자의 비율을 가리킨다. 가령 EC사이트에서는 주문완료 페이지의 내방자 수 ÷ 총 내방자 수가 이에 해당된다.

상품을 결정하고 상품 공급업자와 협상을 통해 가격과 수량을 확정한 뒤에 상품을 납품받아 재고관리를 하는 부분은 대단한 수고를 들여야 한다. 이 부분의 작업을 경감하기 위한 서비스가 바로 드롭 쇼핑 서비스이다. 쇼핑한 상품을 고객이 있는 곳에 떨구어 준다는 의미에서 직송 서비스라고도 할 수 있는데, 주문 접수에서 배송, 회수 서비스를 일괄 제공해주는 서비스이다. Affiliate Marketing은 다른 사이트의 상품을 소개하여 매매가 체결되면 수수료를 받는 개념인데 비해 Drop Shopping 서비스는 다른 사이트의 상품을 자신의 사이트에서 위탁판매 해주는 것이므로 매출 수입을 기대하게 된다. 제조업체나 도매업체와의 직거래를 통해 사이트 운영자는 높은 이익률을 기대할 수 있고, 비용과 리스크를 낮출 수 있다. 결국 쇼핑 사이트의 운영자는 상품의 판매에 전념하고 수주-발송-회수라고 하는 작업에는 손을 대지 않기 때문에, 시장 진입 장벽도 낮아서 독립 창업 내지 부업의 수단으로 드롭 쇼핑 서비스를 이용하여 판매 전업의 온라인 사이트를 운영하게 된다. 이와 반대로 이런 판매 전업 사이트와 제휴하여 자사의 상품 판매를 확대하려는 기업 입장에서는 판매 전업 사이트 한 곳 한 곳의 매출액은 미미하더라도 이런 취급 사이트가 대량 존재한다면 마치 롱 테일 법칙이 작용하는 것처럼 대규모 매출로 이어지는 기대를 해 볼 수 있다. 물론 무책임한 사이트들이 드롭 숍 서비스를 이용하면서 고객과 마찰을 일으켜 판매 상품 및 원 제조업체의 이미지를 손상시킬 우려도 있으나 이는 관리하기 나름이다. 그 관리 노하우의 축적이 드롭 쇼핑 서비스를 전개하는 기업의 향후 풀어야 할 과제이다.

### 2) 인터넷 마케팅의 신 법칙

우리가 흔히 알고 있는 파레트의 법칙, 즉 20:80의 법칙은 상품의 20%가 총 매출액의 80%를 점하는 현상을 일컫는 개념이다. 상품의 재고 공간이 한정되어 있다는 점에 비추어 보면, 아무래도 주력 상품에 판매의 노력을 집중할 수밖에 없을 것이다.

그런데 인터넷에서는 재고 공간에 제한이 없기 때문에 비인기 상품의 매출이 한없이 이어지는 그래프가 그려진다. 이를 두고 공룡의 꼬리와 같다고 하여 Long Tail Law라고도 한다. 미국 최대의 서점 '반즈 앤 노블'에는 13만권의 재고가 있다고 하지만, 아마존 닷컴은 230만권의 재고가 있다. 아마존 닷컴 매출액의 57%는 반즈 앤 노블에서는 구할 수 없는 책이다. 1년에 고작 10권밖에 팔리지 않는다고 해도 이런 책이 1만 종류가 있으면 10만권의 매출이 이루어지는 셈이다.

인쇄물의 카탈로그에는 지금까지의 전체 상품을 모두 실을 수가 없지만, 웹에서는 이것이 가능하다. 바로 다른 매체에서는 버릴 수밖에 없는 정보를 활용할 수 있다는 점이 웹 마케팅의 강점인 것이다.

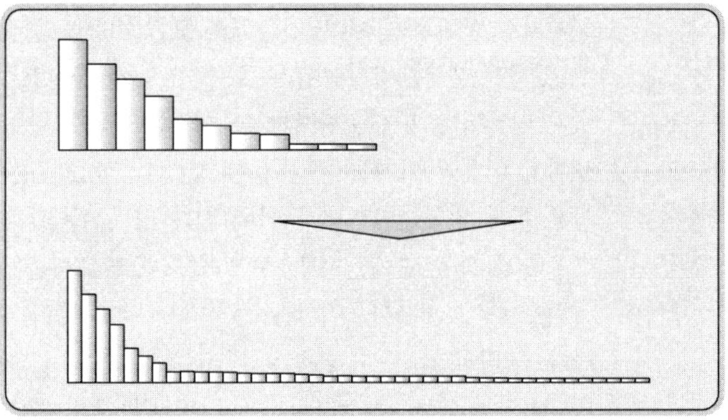

〈그림 4-6〉 롱테일 법칙

〈그림 4-6〉을 보면 상단은 20:80의 파레트 법칙을 보여주는데, 상위 20%가 전체의 80%를 점하는 모습이다. 여기에서는 오른쪽으로 이동할수록 매출이 미미한 상품으로서 이들을 재고로 갖고 있는 것은 수지가 맞지 않기 때문에 저버릴 수밖에 없다. 반면에 하단의 그림은 롱테일 법칙을 보여주는 것으로서 오른편의 점선에 둘러싸인 상품 하나하나는 판매규모가 미미하더라도 이들을 합산하면 전체에서 점하는 비중은 커지게 된다.

### 〈사례 4-4〉 롱테일의 법칙

**◇ 100만부 1種보다 1,000부씩 1,000種이 좋아**

지난주 위즈덤하우스 김태영 대표는 내부회의에서 "5000개의 키워드를 뽑아 책을 출간할 준비를 하라"고 지시했다. 연간 매출 200억원을 올리는 위즈덤하우스는 출판인회의가 집계한 베스트셀러 목록 20위 내에 유일하게 3권의 책을 올려놓고 있는 잘나가는 출판사이다. 하지만 김 대표는 "더 분발하지 않으면 회사가 어렵다"고 직원들을 질책했다. 엄살만은 아니다. 베스트셀러를 낸 출판사라고 성공이 보장되는 것은 아니기 때문이다. 오히려 베스트셀러 때문에 출판사 경영이 어려워질 수도 있다.

● 베스트셀러를 내면 망한다?

올해 상반기 최고의 베스트셀러(교보문고 집계) '바보처럼 공부하고 천재처럼 꿈꿔라'를 낸 명진출판은 요즘 비용을 절감하는 긴축정책을 펴고 있다. 5년 전 밀리언셀러 '화'를 출간하고 부도 직전에 몰린 경험이 있기 때문이다. 명진출판 한상만 대표는 "정신 없이 돈이 들어오는 것만 보이고 비용이 나가는 것은 눈에 보이지 않았다"면서 "나중에 광고비와 인세 등을 지불하려는데 돈이 없었다"고 말했다.

출판계 속설 중에는 '베스트셀러를 낸 출판사는 망한다'는 말이 있다. 실제로 여러 출판사들이 베스트셀러를 내고 얼마 지나지 않아 문을 닫았다. 밀리언 셀러 '세상을 보는 지혜'를 낸 둥지, '배꼽'의 장원, '손자병법'과 '영웅문'을 낸 고려원, '홀로서기'의 청하, '인간극장'의 행림, '연탄길'의 삼진기획 등이다.

대형 베스트셀러가 터지면 직원을 충원하고 마케팅 비용을 늘리게 된다. 그러나 베스트셀러는 1~2년 조정기를 거쳐 판매부수가 거의 사라지는데 일단 늘어난 비용은 갑자기 줄이기 어렵다. 일부 출판사는 사장이 도박에 빠져들거나 교과서 시장 등 다른 사업에 뛰어들다가 도산을 맞기도 했다. 문예출판사 전병석 대표는 "베스트셀러의 '맛'을 보고 나면 언제든 다시 베스트셀러를 낼 수 있을 것 같은 환상에 빠지게 된다"며 "착실하게 생명력 있는 책을 내지 않고 일과성으로 화제의 책을 기획하다 그 책이 뜨지 않으면 망하게 된다"고 말했다.

〈주요 출판사 '백 리스트' 종수〉

| 출판사 | 총 출간도서 수 | 백 리스트 |
|---|---|---|
| 김영사 | 2600종 | 1000종 |
| 랜덤하우스 | 5000종 | 1500종 |
| 문학과지성 | 1800종 | 670종 |
| 민음사 그룹 | 5000종 | 1300종 |
| 시공사 | 1250종 | 770종 |
| 웅진 | 2000종 | 1000종 |
| 위즈덤하우스 | 620종 | 280종 |
| 창비 | 1400종 | 630종 |
| 한길사 | 2200종 | 300종 |
| 현암사 | 400종 | 124종 |
| 북21 | 1500종 | 360종 |

※총 출간도서와 백 리스트와 종수는 출판사측이 밝힌 대로 작성했음. '백 리스트'는 1년에 1,000부 이상 팔리는 책 기준. 단, 현암사의 총 출간도서는 현재 순환되고 있는 책의 총수

• '백 리스트'가 더 중요하다

100만부가 팔리는 1권의 베스트셀러보다 1년에 1,000부씩 팔리는 책 1,000종이 더 큰 힘을 발휘한다. 이른바 '백 리스트(back list)'의 위력이다. 매출액 규모 5위권 내의 국내 주요 출판사들이 대형 베스트셀러를 내지 않고도 안정된 매출을 거두는 이유가 여기에 있다. 40년 전통을 자랑하는 민음사는 1년에 1,000부 이상 팔리는 책 1,300종을 가지고 있다. 정가를 1만원이라고 할 때 연간 최소 130억 원의 고정 매출 위에서 새로운 책을 계속 내고 있다는 계산이다. 민음사 장은수 대표는 "한 권의 베스트셀러보다는 꾸준히 팔릴 책 위주로 출판기획을 한다"며 "베스트셀러에 의존하는 출판은 경영을 어렵게 할 수밖에 없다"고 말했다. 한때 '베스트셀러 제조기'라고 불렸던 박영률 커뮤니케이션북스 대표는 "지금은 베스트셀러를 일부러 내지 않는다"고 말했다. 그는 "수익과 비용을 계산할 수 있어야 기업이라 할 수 있다."며 "손익분기점을 생각하지 않고 '대박'만을 바라는 것은 도박이지 출판이 아니다"고 말했다. '백 리스트'가 튼튼해야 베스트셀러의 효과도 커진다. 꾸준히 팔리는 책들이 뒤를 받쳐주는 상태에서 터진 '대박'은 고스란히 알짜 수익이 되기 때문이다. 바다출판사 김인호 대표는 "백 리스트가 있는 출판사에서 베스트셀

러가 터지면 판이 커지게 되지만, 백 리스트가 없이 베스트셀러가 될 경우 그 출판사는 위기를 겪을 수밖에 없다"고 말했다.

〈chosun.com〉
(2007. 6. 26)

## 5. 모바일 마케팅

일본에서는 인터넷 접속형 휴대전화의 계약자 수가 7,928만 건에 달한다(일본전기통신사업자협회, 2003년 11월 조사). 아사히신문(朝日新聞)의 발행 부수가 같은 해 12월 기준으로 830만 부라는 점에 비추어 보면 거의 10배에 달하는 영향력을 지닌 커뮤니케이션 수단이라고 볼 수 있다. 실제로 PC와 모바일을 합친 인터넷 광고비는 라디오 광고비를 추월하였고, 조만간 잡지 광고비마저 앞지를 것이며, 10년 후에는 신문 광고비를 상회할 것이라고 한다(藤田, 2006: 32). 이러한 막강한 영향력은 모바일이 지닌 특징인 '누구나가 항시 갖고 다니는 고성능 전자기기' 라는 점에 있다. 이런 특징은 다음의 3개 분야에서 유감없이 그 영향을 발휘하고 있다(竹林, 西田, 2004: 22-23). 첫째는 개인과 모바일 단말의 관계이다. 개인이 휴대하고 다니는 전자 기기 중 손목시계, 휴대용 게임기, 전자수첩(PDA) 등은 이미 휴대폰의 보급으로 시장이 잠식되어 업계의 실적이 영향을 받고 있으며, 디지털 카메라, MP3 등도 대체재의 등장으로 적잖은 위협을 느끼고 있다. 둘째는 모바일 단말과 실체와의 관계이다. 점포의 계산대, 자판기, 지하철의 개찰구, 콘서트 입구 등과 같은 실체와의 상호작용이 이루어지고 있다. 코카콜라의 자판기 '시모'에서는 모바일 단말기에 표시된 2차원 바코드(QR 코드)로 쥬스를 사고, 쿠폰을 사용할 수 있다고 한다. IC 카드가 표준으로 탑재되는 제품이라면 무엇이든(은행의 ATM 카드, 신용카드, 고급 승용차의 키, 각종 티켓, 맨션의 오토록 등) 모바일 단말과 연결될 수 있다.

셋째는 모바일 단말과 네트워크의 관계이다. 브라우저 기능과 메일 기능을 사용하여 인터넷에 접속함으로써 새로운 네트워크 사회가 형성될 것이다.

그렇다면 일본에서 모바일 인터넷과 PC 인터넷의 차이는 무엇일까? 첫째는 사용자의 차이를 들 수 있다. 성별, 연령 등과 같은 인구통계학적 기준에서 차이가 있다는 말이 아니라, 모바일로 인터넷을 사용하는 사람의 58.5%(조사 대상자 166명)가 PC 인터넷을 사용하지 않고 전적으로 모바일 인터넷을 사용한다는 점이다. 둘째는 이용 장면의 차이이다. PC나 휴대폰이나 목적을 갖고 이용하는 상황이 가장 많은 점은 공통점이겠지만, 휴대폰은 한가할 때+기다릴 때+밤에 혼자 있을 때+잠자기 전 등과 같은 틈새 시간에 휴대폰 인터넷을 즐긴다는 답변이 62%에 달한 반면에 근무 중에 사용한다는 답변은 1.7%에 불과한 점이 PC 인터넷과의 이용 장면 상의 차이라고 하겠다. 이러한 이용 장면의 차이는 기업의 마케팅 전략에 중요한 참고 사항이 된다. 둘 다 인터넷을 기반으로 하고 있기 때문에 기업 입장에서는 통일된 전략이 효율면에서 바람직하겠지만, 그것은 마치 잡지와 신문이 둘 다 인쇄 매체라는 공통점이 있으니 통일된 방식으로 접근하면 되지 않겠느냐는 착각과 상통하는 바이다. 세 번째는 상식의 차이이다. 휴대폰 메일은 친구 간에도 즉답을 하는 것이 상식이다. 몸에서 떨어지지 않고 갖고 다닌다는 점이 이런 상식을 요구한다. PC 메일은 수신할 때까지 적잖은 시간을 기다려야 한다. 이런 점은 평일 자유시간을 보내는 방법에 대한 응답에서도 드러나고 있다. 일본의 비디오리서치社가 2005년도에 조사한 바에 따르면, 전 연령대에 모두 1위는 TV시청이었지만, 20-34세의 연령대에 속하는 남녀는 모바일을 2위로 올려놓고 있다. 일본에서는 PC 이용료의 정액제 방식이 20%를 넘어선 2002년부터 PC 광고비가 대폭 증가한 것처럼 모바일 정액제의 이용자가 20%를 웃돈 2005년부터 모바일 광고비도 증가폭을 달리하고 있다.

### 1) 모바일 이용자의 프로필

기업의 마케팅 담당자는 자료청구, 모바일에 의한 구매, 점포방문 등을 모바일 이용자에게 기대한다. 이런 기대에 모바일 이용자들이 어떻게 부응하고 있는가 하는 측면에서 이들의 프로필을 살펴보기로 한다(Goopas Research, 2003. 8. 26조사. 대상인원 1576명). 첫째, 모바일에 의한 자료청구를 보면, 자료 청구의 경험이 있는 이용자는 전체의 36%이며 그나마 3회 이상 청구한 이용자는 전체의 12%에 불과하다. 둘째, 모바일에 의한 구매를 보면, 경험자가 19%이고, 월 1회 이상 상시 구매하는 이용자는 4%로 나왔다. 아직까지는 미개척의 상태로 개발의 여지가 많다고 해석할 수 있다. 셋째, 모바일에 의한 내점을 보면, 경험자가 56%로서 상당한 효과를 보고 있음을 알 수 있다. 특히 정보 취득 후 '곧장'이 13%, 취득한 '그날'이 13%로서 행동으로 연결되는 시차가 상당히 짧다는 것을 엿볼 수 있다.

한편, 모바일 매거진을 구독하는 이용자(과거 경험자 포함)는 전체의 54%에 달한다. 구독 매거진의 수는 2-5종류가 71%로 압도적이다. 이는 PC 메거진의 구독자가 98.5%이고, 구독 매거진 수가 10-19종류가 30.1%라는 조사(インターネット白書 2003)와 비교하면 극명한 대조를 보이고 있다. 이러 조사 수치를 보면 향후 모바일 메거진의 구독자는 증가할 것으로 예상되면서도 한편으로는 엄선된 매거진만을 구독할 것이라고도 생각할 수 있다. 이런 이중적 예상은, PC 매거진의 구독 계기가 캠페인 응모가 주류인데 비해, 모바일 매거진은 재미있을 것 같아 자신이 이용 등록을 했다고 하는 이용자가 78%로서 구독의 자발성이 매우 높다는 점에 기초한다. 또한 등록한 매거진의 거의 전부 내지 80% 이상을 읽는다는 답변이 75%이고, 읽는 시기로는 착신 후 곧바로가 29%라는 점은 모바일 매거진의 정독성(精讀性), 직독성(直讀性)을 엿볼 수 있다. 아울러 도착한 매거신을 다른 이에게 선송한 일이 없다

는 답변이 78%로 나온 점은 매거진의 콘텐츠 작성에 심혈을 기울이지 않으면 입소문에 의한 바이러스 마케팅의 효과를 기대하기 어렵다는 사실을 보여준다.

### 2) 모바일 마케팅의 시의성

마케팅에서 말하는 시의성(timing)이란 연월일시라고 하는 시간축과 개별화(personalize)라고 하는 축으로 나누어 생각할 수 있다. 시간축에서는 연월일이라고 하는 대강의 시간과 시분초라고 하는 세밀한 시간으로 양분되고, 개별화 축에서는 대중(mass)과 1 대 1의 양분이 이루어진다. 시간축의 대강의 시간은 가령 계절(새봄 신상품 출하), 월(입학, 졸업 시즌), 일(어린이날, 어버이날) 등으로 마케팅을 전개하며, 세밀한 시간은 TV 광고(프로그램 방영시간대별 광고 삽입) 등에서만 일부 볼 수 있다. 세밀한 시간을 노린 마케팅 활동이 제한적일 수밖에 없는 것은 커뮤니케이션 매체의 제약과 대중의 한계에 기인한다. 가령, 우편 DM을 발송할 경우, 몇 월 며칠까지는 지정이 가능하지만, 몇 시까지는 어렵다. 배송 소요시간을 완전히 통제하기가 힘들 뿐 아니라 설령 정시에 도착한다고 하더라도 수신자가 재택 상황이 아닐 수 있기 때문이다. 또한 영화할인 쿠폰이나 레스토랑 할인 쿠폰이 도착하더라도 이를 활용할 수 있는 짬은 개인별로 시간대가 다르므로 기존의 매스미디어는 세밀 시간에 대응하기가 어렵다. 1 대 1 마케팅을 위해서는 개인 고객들에 대한 데이터 베이스가 구축되어 있어야 함은 물론이거니와 설령 되어 있다고 하더라도 개인별 입맛에 맞는 메시지를 1 대 1로 전달하는데 소요되는 비용 면에서 효율성이 갖추어지지 않으면 실시하기 힘들다. 기존의 매스 마케팅은 바로 이런 점에서 취약하다.

위에서 마케팅의 시의성으로 시간축과 개별화축을 제시하였는데, PC 인터넷에 의해 대강의 시간에 대중을 상대로 한 마케팅뿐 아니라 1 대 1 마케팅이 가능해졌다. 그러나 세밀한 시간에 대중과 1 대 1을 대상으로 한 나머지 절반의 마케팅은 모바일의 등장으로 개척될 수 있었다. 이를 방증하는 것으로서 앞서 언급한 Goopas Research에 의하면, 취침 시에도 휴대전화의 전원을 켜놓고 잔다는 응답자가 64%에 달하였다.

### 3) 구파스 서비스의 등장

주식회사 오므론(www.goopas.jp)이 동일본철도와 협력으로 오다큐(小田急)線에서 개시한 모바일 메일 제공 서비스로서, 구파스 회원이 전철의 개찰구를 통과하고 나서 20초 정도 경과하고 나면 모바일 메일이 도착하는 시스템으로서, 앞서 언급한 세밀한 시간에 1 대 1 마케팅을 가능하게 한 신종 마케팅 전략이다. 즉, 자신의 휴대전화 번호와 전철 정기권의 ID, 개인 속성 등을 입력하여 구파스 회원으로 등록하면 개인별 속성에 맞는 위치 정보를 제공하는 것이다. 실제로 구파스로 메일을 송신하고 나서 클릭하는 회원의 비율은 평균 21.9%(PC 매거진의 광고 클릭률은 0.1% 정도)이고 이들의 50%가 15분 이내에 클릭하는 것으로 나타났다. PC의 경우 50%의 회원이 반응을 보이는 데는 1일이 걸린다. 그만큼 구파스 메일이 적정한 시간대에 온다고 하는 세밀성을 보여주는 것이다. 또 한가지 재미있는 사실은 구파스의 경우 하루 중의 클릭률이 이른 아침, 오전, 점심, 저녁, 밤, 심야를 불문하고 거의 일정하다는 점이다. 일반 메일의 반응률은 이른 아침에 극히 낮고, 아침부터 점심에 걸쳐 상승한 뒤, 14-18시에 다시 가라앉았다가 밤의 휴식 시간에 재차 상승하는 것과는 패턴이 상이하다. 그 이유는, 구파스가 전철의 승차와 하차라고 하는 최적 시간대에 메일을 보내기 때문이다. 승차하기 전 전차를 기다리는 시간, 하차 후 에스컬레이터를 내려가는 시간 등 한가한 시간대에 짬을 내서 읽기가 좋다는 것이다. 구파스는 지금까지 활용되지 않고 사장되어 있던 시의성에 주목하여 이용자에게는 편리성을, 기업에게는 경제적 가치를 제공하고 있다.

그러한 경제적 가치는 다음의 4가지로 요약될 수 있다(竹林, 西田,

2004: 60-63). 첫째는 간결한 문장을 정독함으로써 생기는 이해의 제고이다. NTT도코모의 i모드는 250문자의 제약 속에 간결한 문장의 작성으로 읽는 이에게 필수적인 정보를 전달해야 한다. 둘째는 클릭에 의해 휴대 사이트로 유도하는 것이다. 휴대폰 메일만으로는 다 표현하지 못하는 화상 정보라든가 250문자를 넘는 정보의 제공은 사이트로 유도하여 읽도록 한다. 바쁜 시간대에는 클릭 유도가 힘들지만 구파스는 틈새 시간이라고 하는 최상의 시간대를 공략하여 이를 가능케 한다. 셋째는 이용자의 컨버전(conversion: 데이터 전환)을 기대할 수 있다. 클릭한 휴대 사이트에 들어와 이용자가 자신의 개인 정보 및 설문 회답을 입력하여 등록, 송신의 버튼을 누르는 컨버전이 기대된다. 넷째는 시설, 점포 방문이라고 하는 현장 컨버전(real conversion)도 기대된다는 점이다. 이 점은 앞서 언급한 3가지 가치와는 달리 최상의 틈새 시간을 공략하는 것이 아니라 수신 후 몇십 분에서 며칠까지의 시차를 두고 이루어지는 성과라는 특징을 갖는다.

## 4) 모바일의 지역 마케팅

〈표 4-7〉 모바일 지역 마케팅의 유형

| | | 접근 방법<br>Reactive | Proactive |
|---|---|---|---|
| 지역 유형 | 정적 | 주택가에 패밀리 레스토랑 개점 | 고급 주택가 거주자에게 고급가구의 DM 발송 |
| | 동적 | 청담동에 뉴 스타일의 바 개점 | *모바일 마케팅으로 활용 불가능에서 가능으로* |

지역 마케팅을 설명하는 틀에는 지역 정보에 대한 접근 방법의 축과 지역의 유형이라는 축을 기준으로 4가지 선택지가 있다. 수동적(reactive) 접근 방법은 고객이 자발적으로 방문하기를 기다리는 것이고, 전향적(proactive) 접근 방법은 기업이 정보를 고객에게 제공하여

방문을 재촉하는 것이다. 정적인 지역은 변화가 그다지 없는 곳, 가령 주거지나 오피스街 등이 될 것이고, 동적인 지역은 변화를 보이는 곳, 가령 유동 인구가 많은 유흥가, 쇼핑가, 관광지 등을 꼽을 수 있다. 이 가운데 우측 하단부의 '동적 지역에 전향적 접근'은 지금까지는 활용되지 못하였다. 그 이유는, 동적 위치 정보를 측정할 방법이 없었기 때문이다. 모바일은 항시 휴대하는 고성능의 전자기기라는 점에서 이를 가능케 하였는데, 측정 방법에는 다음의 두 가지가 있다(竹林, 西田, 2004: 73-75). 하나는, 이동전화 서비스업체(carrier)가 보유한 동적 위치 정보를 활용하는 방법이다. 일본의 경우에는 NTT도코모의 i에어리어, 보다폰의 스테이션, 카 내비게이션에 쓰이는 GPS 등이 있다. 가장 큰 특징은 지역별로 정보가 변한다는 점이다. 현재 위치한 지역의 시의성있는 정보를 받을 수가 있고, 이용자가 위치지역을 이동하게 되면 그때마다 수신되는 정보가 바뀌게 된다. 정보를 보내는 기업 입장에서 보면 말 그대로 동적 위치정보에 전향적인 접근방법을 취하는 셈이다.

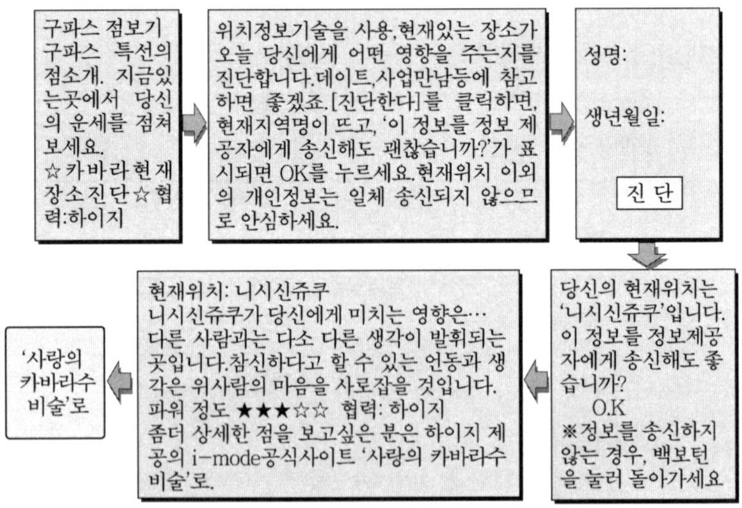


〈그림 4-7〉 모바일 지역 마케팅의 예제

NTT도코모의 'i에어리어' 서비스를 예로 들면, 구파스의 위치정보를 활용한 점보기 서비스가 있다. 점보기 콘텐츠는 주식회사 하이지

(www.hi-z.co.jp)가 제공한다. 먼저 구파스의 메일로 '카바라[6]數 秘術 占'의 홈페이지로 유도한다. 초기 화면에서 진단 화면으로 이동함에 따라, i에어리어에 의한 위치정보를 모바일 사용자로부터 송신받아 점을 치기 위한 정보로 활용한다. 이런 위치정보에 이용자의 성명과 생년월일을 첨가하여 최종 결과가 나오게 된다.

둘은, 이동통신 서비스업자에 의존하지 않는 동적 위치정보를 활용하는 방법이다. 앞서 예를 든 구파스가 대표적인 사례인데, 향후에는 전철의 개찰구뿐 아니라 금융기관의 ATM, 소매점의 POS계산대, 놀이시설의 출입구, 공항 출입구 등과 같이 폭넓은 동적 위치정보를 취득하는 방향으로 사업영역을 확대해나갈 계획인 것으로 알고 있다. 아울러 구파스와 같은 접촉형 출입구가 아니라 비접촉형 IC카드를 활용하는 가능성도 충분하다. 이와는 달리, 이용자가 자신의 위치를 스스로 신고하는 방식도 생각해볼 수 있다. 가령, 포스터나 레스토랑의 셀프서비스 쟁반위에 놓인 시트에 쓰인 메일 주소 앞으로 빈 메일을 보내면 즉시 그 사람의 동적 위치정보에 입각한 쿠폰 따위를 수신할 수 있는 시스템도 가능할 것이다. 가령, 패스트푸드점에 약속 시간에 도착하여 상대를 기다리는 동안, 테이블의 메뉴 시트에 쓰여진 '이제부터 뭘하지? 정보를 꺼내볼까?'라고 하는 문자정보가 있다고 하자. 빈 메일의 수신처에 자신이 현재 있는 점포명과 위치(가령, '롯데리아 종로2가점'=018)를 번호로 선택하고, 원하는 정보 종류(가령 '영화정보'=003)를 다시 번호로 선택하여 송신하면, 몇 초가 경과하여 현재 위치에서 도보로 갈 수 있는 영화관, 상영작, 상영시간, 할인쿠폰 등이 담긴 정보가 수신되는 것이다. 이는 이용자의 상황(situation)을 고려한 모바일 마케팅이다.

이와 같은 인간의 가까운 미래의 위치 정보를 활용한 지역 마케팅의 또 다른 사례로 피아의 '행동연쇄형 전자쿠폰'을 들 수 있다. 인간의 가까운 미래의 행동 중에서 비교적 예측의 정도가 높은 것으로 엔터테인

6) Kabbala: 유대교의 가르침의 비밀을 담고 있는 일련의 책을 일컫는 히브리어.

먼트를 지적할 수 있다. 가령 영화나 콘서트의 예매권을 구입한 사람들은 해당일에 어느 곳의 어느 시설에서 관람할 것이라는 사실은 상당한 확정성을 갖고 있다고 보아도 무방하다. 가령, 동경의 유라쿠쵸(有樂町)에 있는 극장의 영화 티켓을 구입한 사람에게 쿠폰을 송신한다. 쿠폰에는 영화관내에서 사용할 수 있는 팝콘 서비스, 영화관 주변의 먹고, 즐기고, 사는 장소에서 이용가능한 서비스들이 나열되어 있다. 예를 들어 문구점, 백화점, 전자제품 양판점, 패스트푸드점, 커피전문점, 레스토랑, 구두수리점 등의 무료 쿠폰 내지 할인권 등이다. 현재는 PC메일과 모바일 메일의 양쪽을 통해 서비스를 제공하고 있지만, 향후에는 모바일에 주력할 계획으로 있다. 이유는, PC메일은 '프린트아웃'과 '휴대'의 두 가지 일을 처리해야 하지만, 모바일 메일은 '출력 불필요'와 '항시 휴대중'이라는 특성상 보다 점포 방문의 판촉 수단으로 적절하기 때문이다.

### 5) 모바일 광고

모바일 광고가 이처럼 적확한 시간을 표적으로 한 상황에 걸맞는 마케팅 도구로서 유용하다면 이용자를 목적지까지 유도하는 효과적인 방안을 강구하는 일이 모바일 광고 전략의 핵심일 것이다. 사이트에 방문하여 원하는 상품을 발견하고 구입 화면으로 이동하기까지의 전체 단계가 원활하게 이루어지도록 고안하는 일, 경품 응모 등을 통해 사이트에 들어온 사람의 메일 주소를 등록해 받는 일 등이 중요하다. PC에서보다 모바일에서 더욱 중요한 이유는, 모바일이 열람성, 검색성의 측면에서 열위에 있기 때문이다. 휴대폰 사용자가 휴대폰의 검색 사이트에 특정 회사명이나 인터넷 주소를 입력해서 조사하는 일은 PC 사용자만큼 즐겨 하지 않는다. 휴대폰에 설정된 메뉴판이 이용자의 출발점이다. 이 출발점에서 다행히도 자사 사이트로 행선지를 밟아준 낯선 이용자를 대상으로 단발 승부를 해야 하는 것이 모바일 광고의 관건이다. 어지간히 재미있는 콘텐츠를 담고 있지 않는 한, 이용자가 자발적으로 새차 방문해 주기를 기대하기는 힘들다.

모바일 광고의 형태는 PC인터넷 광고와 거의 마찬가지로서, 휴대폰 사이트에 게재하는 광고(화상광고, 문자광고)와 메일 매거진 내에 게재하는 메일광고가 있다. 사이트 게재 광고는 사이트의 콘텐츠 일부를 광고로 하는 형태와 페이지의 콘텐츠 전체를 통째로 광고로 하는 형태가 있으며, 메일 광고는 수신을 원하는 정보 내용을 등록한 이용자의 정보 조건과 일치하는 내용을 광고주가 송신하는 옵트인(Opt-in) 메일광고와 등록자의 속성, 취미, 기호 등을 압축하여 신상품, 캠페인 등의 정보를 보내주는 표적(Targeting) 메일광고가 있다. PC 사이트의 배너 광고 클릭률이 평균 0.2%인데 비해 모바일의 화상 광고 클릭률이 평균 2%라는 점은 효과의 우수성을 말해 준다.

사이트에 게재하는 화상광고(picture ad)는 PC인터넷의 배너광고에 해당되는 표현이다. 화면의 크기 면에서 PC와는 도저히 상대가 되지 않기 때문에 휴대폰의 화상광고가 효과가 있을지 의문시되기도 하지만, PC는 커다란 화면에 배너 광고 이외에도 많은 사진 정보가 담겨 있어서 오히려 배너 광고가 시야에서 소멸되는 문제점도 있는 반면에, 휴대폰 사이트는 문자 중심이고 화면 대비 광고의 면적 점유율을 보면 휴대폰 화상 정보의 주목률이 오히려 높다는 점, 휴대폰은 위에서 아래로 스크롤 다운 방식을 취하여 순서대로 화면을 볼 수밖에 없다는 점 등에 비추어 보면 그 효과는 무시할 수 없다. 사이트에 게재하는 문자광고(text ad)는 화상광고가 지닌 단점에 비추어 그 효과를 가늠할 수 있다. 즉 화상 정보는 표시를 완료하는데 시간이 많이 소요되어 이용자가 끝까지 기다리지 않고 화면을 스크롤 다운해버리면 광고 효과를 상실해버리고, 화면 크기의 한계로 인해 화상 속에 문자를 입력할 경우 문자 수의 제약이 따른다는 점에 비추어 오히려 문자광고의 효과를 더 높이 사기도 한다.

메일 광고는 모바일 메거진의 머리 부분에 몇 줄의 문자와 URL을 삽입하는 광고 형태를 취한다. 메일 광고의 특징은 메일 매거진 발행일에 일제히 광고를 노출시킬 수 있다는 점이다. 발행 부수가 많은 메일 매거진에 광고를 하게 되면 단시간 내에 다수의 등록 회원을 모을 수 있고, 캠페인 첫날에 대대적인 공지를 하고 싶은 경우에 적절하다. 일본의 대표적인 메일 매거진으로 무료 구독의 weekly minimag가 있다. 옵트인 메일 광고는 이미 PC인터넷 광고에서 낯익은 방식인데, 회원 등록시에 생년월일, 주소, 결혼 유무, 주거 상황, 취미, 관심 분야 등을 기입하고 수신하길 원하는 정보 유형에 체크 표시를 하게 되면, 그런 조건에 맞는 기업으로부터 정보의 송신이 있게 된다. 이용자는 1회의 등록으로 여러 기업으로부터 원하는 정보만을 받을 수 있고, 경품 캠페인, 설문 응답에 의한 포인트 적립 등의 혜택을 볼 수 있다. 표적 메일 광고는 옵트인 메일 광고와 유사하지만, 차이점은 옵트인 광고가 수신자가 받고 싶은 정보를 선택하면 그에 맞는 기업의 메일이 도달하는 것인데 비해, 표적 광고는 이용자가 등록한 개인 이력 사항을 토대로 기업이 정보를 보내고 싶은 이용자에게 보낸다는 개념상의 차이가 있다.

모바일 광고의 작성 스타일에는 개조식과 스토리식의 두 가지가 있다. 개조식은 1통의 메일에 광고를 담아내는 것이고, 스토리식은 복수의 메일에 시리즈 형식으로 보내는 것이다. 어느 것이 적합한가는 상품 특성과 미디어 믹스에 따라 달라진다. 이용자가 이미 알고 있는 상품, 단가가 그리 높지 않은 상품이라면 단발의 개조식 광고가 구매 의욕을 자극하는데 충분할 것이다. 반면, 낯선 신상품, 고가의 상품이라면 여러 회에 걸친 메일 송신으로 서서히 주의와 관심을 유발하여 내점토록 하는 스토리 방식이 보다 적절할 것이다. 미디어 믹스의 기준으로는, 기존 미디어를 통해 대규모로 소비자에 대한 소구(訴求: appeal)를 하였다면 모바일 광고는 보조역에 머물게 되므로 개조식의 단발 광고로 충분하다. 반면에 기존 미디어로는 광고가 이루어지지 않고 모바일 광고로만 소구를 하기로 한 경우에는 스토리 방식이 보다 적합하다.

스토리 방식에도 여러 가지 패턴이 있다. 첫째는 마케팅 이론 중의 하나인 AIDMA에 입각하여 주의 - 관심 - 욕구 - 행동을 담은 메일을 연속해서 보내는 것이다. 둘째는 설문 조사 - 결과 보고/상품 소구의 패턴이다. 가령, 첫 번째 메일에서는 '직장인 대상 자격 시험 중 여러분이 취득하고 싶은 것은 무엇입니까?'라는 설문 내용을 보내고 응답 사이트를 클릭하도록 한다. 그 다음 메일에서는 '자격증 설문조사 결과 발표! 가장 인기 높은 자격증은 세무사로 나왔습니다. 관심있는 분은 웨스트 아카데미(west-a.kr/semusa)에'라고 보내는 것이다. 셋째는 퀴즈 - 응답/상품 소구의 유형을 들 수 있다. 넷째는 예고 - 당일 발표의 패턴을 꼽을 수 있다. 가령, '서울은행에서 알려드립니다. 최근의 저금리 시대에 목돈을 마련할 수 있는 신금융상품을 당 은행이 개발중입니다. 1주일 후에 발표합니다'라고 첫 번째 메일을 보내고 1주일이 경과하고 나면 두 번째 메일을 다음과 같이 보내는 것이다. '한국 여자프로골퍼의 미LPGA 우승횟수만큼의 금리를 보장하는 1년 만기 정기예금을 발매합니다. 자세한 문의는 1588-****' 다섯째는 성능, 혜택, 가격, 한정품, 지명도, 인기 등의 다차원 방법을 활용하는 것이다. 이는 같은 내용의 메일을 반복해서 보낼 경우 수신자가 느끼게 될 짜증을 최소화하면서 구매의욕을 단계적으로 고양시키려는 의도를 갖고 있다. 가령, 1통의 메일='국내 제일의 **건설이 뉴타운 지구에 아파트 분양 개시! 자료청구는 **.co.kr로'(지명도 차원). 2통의 메일='**건설의 뉴타운 아파트는 지하철 역에서 도보로 5분 거리의 역세권. 전체 가구 남향 배치. ##호수와 ++산의 쾌적한 자연환경! 자료청구는 **.co.kr로'(혜택 차원). 3통의 메일='남은 분양 단 5가구뿐! 선착순 계약. 자료 청구는 **.co.kr로' (한정품 차원)

## 6. 마케팅 잡언(Job Earn; 雜言)

(글로벌) 마케팅에 관한 지식 가운데 정해진 틀에 묶어두지 않고 자유롭게 제시하고픈 내용들을 잡스럽게 추려본 것이 본 절이다.

Frank et al.(2004)에서는 우리가 이미 알고 있는 마이클 포터의 차별화와 코스트리더십의 이분법적 경쟁우위론에서 대립적인 두 개념을 동시에 충족하고 있는 일본기업의 전략적 강점이 미국이나 유럽의 다른 다국적 기업들에게도 이식된 이야기를 하면서, 특히 코스트 리더십의 기업들이 품질마저 차별화 기업의 수준에 육박하면서 이들을 가치지향형 기업 (value-oriented, value-driven companies)으로 묘사하고 있다. 차별화 전략을 추구하는 기업들은 이들 가치지향형 기업들의 사업모델이 건드리고 있지 않은 기회를 찾아내는 일에 보다 전력을 기울여야 하는 상황에 놓여 있다.

가치지향 기업의 강점은 두 가지이다. 하나는 코스트 우위이고 또 다른 하나는 이들이 제공하는 품질에 대한 소비자의 인식 전환이다.

미국의 Southwest Airlines나 유럽의 Ryanair는 저비용의 공항에서 이륙하고, 1일 운항 시간을 늘리고, 임금을 낮은 수준에 유지하고, 티켓을 온라인으로 전달하고, 기내 서비스를 거의 제공하지 않는 방식을 통해 고객에게 저렴한 항공료를 제시하고 있다. 월마트는 물류와 구매, 공급자(제조업체 또는 도매상) 관계 등의 측면에서 우수성을 발휘하여 높은 생산성을 구가하고 있다. 델이 PC의 가격 경쟁력을 발휘할 수 있는 것은 공급사슬 관리의 효율성과 낮은 제조비용 덕분이다. 이들 기업의 우위는 구축하는데 수년씩 걸릴 뿐 아니라 본뜨기도 어려워서 다른 경쟁사들이 가격으로 맞대응하기가 힘들다.

〈표 4-8〉 가치지향 기업과 타기업의 성과 비교

| 미국의 톱15 식료품 소매업 | | | 미국의 의류 소매시장 | | |
|---|---|---|---|---|---|
| | 1999( $4727억 | 2001( $5175억 | | 1995( $1720억 | 2002( $1750억 |
| Wal-Mart | 8.3% | 14.3% | 가치지향기업[1] | 14.2% | 21.5% |
| Kroger<br>Albertson<br>Safeway<br>Ahold<br>Others | 9.6%<br>8.0%<br>6.1%<br>4.3%<br>63.7% | 9.6%<br>7.3%<br>6.6%<br>4.4%<br>57.8% | 기타 기업 | 85.8% | 78.5% |
| 미국 항공사의 탑승 수입(국내선) | | | PC 제조업체 | | |
| | 1990(m $428.7) | 2002(m $563.8) | | 1994( $1003억 | 2002( $1749억 |
| Southwest Airlines | 3.2% | 12.9% | Dell[2] | 3.3% | 16.5% |
| Delta<br>American<br>United<br>Northwest<br>USAir<br>Continent<br>Others | 14.6%<br>15.5%<br>12.3%<br>8.2%<br>13.9%<br>7.2%<br>25.1% | 14.8%<br>14.0%<br>10.5%<br>8.0%<br>7.8%<br>5.8%<br>26.2% | HP2<br>IBM<br>NEC<br>Others | 16.8%<br>10.3%<br>10.9%<br>58.7% | 18.1%<br>8.6%<br>4.1%<br>52.7% |

주) 1= Kohl's, Target, Wal-Mart
2= Compaq 포함
자료: BACK Aviation Solutions; IDC; Morgan Stanley; NPD Fashionworld; McKinsey.

사우스웨스트 항공사를 이용하면 사전 예약을 통해 좌석을 확보할 수가 없다는 불편은 있지만, 서비스, 편의성, 구매 경험 등의 측면에서 다른 일반 항공사와 차이가 줄어들었다는 것이 이용 고객들의 생각이고 실제 그러하다. 일부 미국 시장에서는 월마트의 신선 식품의 질이 다른 일반 수퍼 수준과 맞먹는다고 생각하며, PC 시장에서도 선두기업 Dell은 자사 매출의 80%를 정부, 교육기관, 대기업 등의 고객층에서 이루고 있다. 이처럼 소비자 인식의 긍정적 전환은 심지어 가격보다 품질을 우선시하는 소비자 계층에서조차 형성되고 있다. 그 결과, 소매업에서는 매장 단위면적 당, 기술업에서는 종업원 일인 당 매출의 증가로 측정되는 생산성이 크게 향상되고 있다. 바로 이러한 가치 명제와 활동 모델에서 뛰어난 점으로 인한 판매 생산성의 증대가 월마트의 비용 우위의 원천 중 2/3를 차지하며, 저임금과 무노조의 노동력은 원천의 1/3을 설명할 뿐이다. 사우스웨스트 항공사와 라이언 항공사는 좌석/비행거리 당 비용 측면에서 다른 일반 항공사보다 30% 정도의 우위를 차지하고 있다. 그 덕분에 최저가의 항공요금을 이용 고객에게 제시할 수 있게 되고, 이는 평균치를 웃도는 고객 충성도와 수익성을 가져다 준다. 이렇게 되면 항공요금의 추가 인하와 노선 추가에 투자를 가능케 하여 이용 고객의 수적 증가가 이루어진다. 델은 초기에 공급 사슬의 생산성 면에서 우위를 확보한 점이 공격적 경쟁 행동을 가능케 하였고, 아울러 매력적인 이윤의 확보, 고객과의 상호작용에 추가 투자 등을 동시에 추구할 수 있게 되었다. 델은 자사의 유능한 판매원들이 고객 욕구를 보다 완벽히 충족시킬 수 있도록 이들 판매직원에 대한 교육, 훈련을 강조한다.

〈표 4-9〉 Dallas 시장에서 고객 계층별 식료품 구매 비율

단위: % (2002년 11월)

| convenience | superior experience | quality | price alone | good selection at lower price | bargain hunting | coupon clipping |
|---|---|---|---|---|---|---|
| 22(15) | 20(18) | 14(17) | 12(21) | 12(25) | 10(19) | 10(14) |

주) 괄호 안의 수치는 해당 계층의 고객 중 가치지향 기업이 차지하는 고객의 비율임.
자료: 상기와 동일

〈표 4-10〉 업종별 생산성 지표의 비교: 가치지향기업 vs 일반기업

| 미국 소매 식료품 부문(평방피트당 매출액) | | | | 미국소매의류부문(총평방피트당 매출액:2001 | | | |
|---|---|---|---|---|---|---|---|
| 가치 기업(2001년) | | 재래 기업(2001년) | | Kohl's | Federate | May | J.C.Penny |
| $ 621 | | $ 425 | | $ 246 | $186 | $184 | $133 |
| 항공여객업 비용(좌석/비행거리당):2002년 | | | | PC/가전 부문(종업원1인당 매출액: 2002) | | | |
| Southwest | 미국평균 | Ryanair | 유럽평균 | Dell | HP | Gateway | IBM |
| 7.4센트 | 10.3센트 | 8.3센트 | 14.0센트 | $ 905.5 | $401.3 | $362.7 | $257.0 |

주) 식료품 부문은 재고 공간 및 후면 사무 공간을 제외한 매장 면적임.
항공여행업은 항공기의 좌석수에 비행거리(마일)를 곱한 값임
항공여행업의 미국평균= American, Continental, Delta, Northwest, United이고, 유럽평균= Air France, British Airways, Lufthansa임.
PC의 HP 매출액은 Compaq의 매출까지 합한 금액임.
자료: Airline Monitor(2003. 11); McKinsey analysis

〈표 4-11〉 주주 수익률의 연간 성장세(1993-2003년)

단위: %

| 소매업 | | 백화점 업태 | |
|---|---|---|---|
| Target<br>Wal-Mart | 22.2<br>17.0 | Kohl's | 24.5 |
| S&P retail index | 13.2 | Federated<br>Nordstrom<br>May<br>J. C. Penny<br>Dillard's | 8.1<br>6.3<br>2.1<br>- 3.9<br>- 8.4 |
| 항공 운수업 | | PC 산업 | |
| Ryanair<br>Southwest | 33.5<br>10.1 | Dell | 62.5 |
| S&P airlines index<br>European airlines index | 3.2<br>- 9.7 | IBM<br>S&P컴퓨터하드웨어지수<br>HP | 24.8<br>18.2<br>12.3 |

주) European airlines index= Air France, British Airways, Lufthansa
자료: Compustat; McKinsey analysis

위에서 살펴본 바와 같이 '이용 고객의 증가 - 생산성 증대 - 경제성 향상'이라고 하는 선순환은 가치지향 기업에게 새로운 제품/서비스 부문으로 이동할 수 있는 기회를 제공한다. 월마트는 중고차 매매 시장에 신규 진출하였고, 금융 서비스업에 진출할 예정이며, 델은 1997년 이후 저가 서버 시장에 진입하여 시장점유율을 3배로 확대하여 30% 이상을 차지하면서 경쟁사들을 제치고 선두주자가 되었다. 최근에는 휴대용 계산기(handheld computing device)를 성공적으로 시장에 도입하고, 프린터 사업의 Lexmark, 스토리지 시스템 사업의 EMC와 co-branding 전략을 전개하고, 평면(flat-screen) TV와 같은 가전제품의 생산량 증대를 개시하였다.

폭넓은 시장과 지역에서 가치지향 기업들이 보편적으로 존재하고 더욱 확대되어 가는 상황은 이런 질문을 기업들에게 던진다. 아직 우리 회사가 속한 사업에서 가치지향이 진행되지 않았다면 가까운 장래에 그리 될 것인지, 이미 우리 회사가 속한 사업에서 가치지향이 진행중이라면 자사의 사업은 얼마만큼의 위험에 노출되는 건지 말이다. 이런 질문에 대한 답은 자원(resources), 정보(information), 규제(regulations), 고객(customers) 등을 고려해야 할 것이다.

첫째, 자원의 한계를 고려해야 한다. 토지, 천연자원, 인적 자원, 기타 자원 등이 망라되는 자원에 대한 고려가 이루어져야 하는데, 가령 대형 소매업체는 입지에 필요한 넉넉한 부동산 자원이 확보되어야 하고, 지역사회가 이를 받아들이려는 마음을 가져야 해당 지역에 점포를 신설할 수 있다. 항공사는 게이트를 확보해야 국제 허브 공항에 취항할 수 있다. 탁월한 가치지향 기업이라면 이런 제약을 어느 정도는 모면할 수 있다. 월마트는 식료품을 취급하는 다소 작은 규모의 'neighborhood market'을 운영하여 혼잡한 지역에 점포 진출을 가능케 하고 있으며, Southwest와 Ryanair는 게이트 확보가 용이한 규모가 작으면서 덜 붐비는 공항에서 이륙한다.

둘째, 정보의 부족을 고려해야 한다. 정보가 부족하면 가치지향 기업들은 자신의 가치 명제를 전달하기가 힘들어진다. 부동산 고객은 먼저 주택이나 토지를 보지 않고는 구매하려 하지 않을 것이므로, 온라인으로 저렴한 수수료를 받아 거래를 중개하는 업자들이 시장에 진입할 수 있는 능력은 제약을 받을 것이다. 이와는 대조적으로 모든 유형의 정보를 온라인으로 활용할 수 있는 주택융자 분야의 Ditech.com이나 자동차 보험의 GEICO는 상당한 시장점유율을 확보할 수 있었다. 정보 장벽이 낮아지는 분야에서는 가치지향의 강세가 더욱 두드러진다.

셋째, 규제 장벽이 가치지향 기업의 활동에 지장을 줄 수 있다. 자동차판매업과 주류유통업은 정부의 규제로 신규업체의 진입이 제약되어 있다. 의약, 바이오, 의약장비업 등은 건강과 안전 관련 압박이 심하여 자원과 시간의 소모가 심한 정부 승인에 막대한 연구개발 예산을 요하는데, 이는 가치지향 기업이 지향하는 규범과는 맞지 않는다. 단지 특허 등의 시효가 만료되면 가치지향 기업에게도 경쟁의 문이 열릴 수 있다.

넷째, 소비자가 가하는 제약이 있다. 월마트로 쇼핑가는 데는 운전시간이 걸리고, 사우스웨스트 항공사는 좌석 예약을 받지 않기 때문에, 많은 소비자들은 100㎞나 떨어진 Frankfurt-Hahn 공항의 Ryanair를 이용하기 보다는 훨씬 접근성이 편리한 Frankfurt-Main 공항을 이용할 것이다. 물론 소비자의 인구동태적 변화가 이런 제약에 미치는 영향을 바꾸어 놓을 수도 있다. 가치지향 기업을 애용하는 젊은 소비자들이 나이를 먹으면서 주류 구매 계층을 형성하게 되면 이들은 가치지향이 주는 불편의 감수에 충분히 적응되었기 때문에 보다 기꺼이 받아들일 수 있다. 달라스 지역의 식료품 점포를 대상으로 한 조사에서는 가치지향 식료품점은 나이든 소비계층보다는 젊은 소비계층에 보다 지배력을 쌓고 있는 것으로 나왔다(35세 미만의 소비자 계층에 대해서는 21%의 시장 점유율을 확보하고 있는데 비해 35세 이상의 소비자 계층에서는 17% 점유에 그침).

결국, 가치지향 기업에 맞서는 방법은 차별화(differentiation)에서 찾아야 한다. Walgreens와 같은 소매업체는 월마트와 같은 가치지향형 기업과 가격으로 정면 승부를 하는 대신 편의성을 차별화 항목으로 내세우고 있다. 점포를 확대하면서 모든 점포의 입지를 모퉁이로 함으로써 손님들이 쉽게 주차할 수 있도록 하고 있다. 또한 손님들의 신속한 출입을 돕기 위해 간편한 음식(convenience foods)과 1시간에 인화되는 사진현상 서비스 코너를 입구 근처에 하는 식으로 매장 배열을 쇄신하였다. 아울러 의약품 판매를 지원하기 위해서, 전화나 인터넷으로 간단히 사전 주문을 하여 지역 간의 처방전 이동을 쉽게 하는 시스템을 구축하였고, 1층에 중간 기둥이 없는 구조를 갖춘 점포(freestanding stores)에서는 운전한 채로 약을 타갈 수 있도록 윈도우를 설치하였다. 그 결과 월그린의 매출은 1998-2002년 중에 150억 달러에서 320억 달러로 두 배를 웃돌았고, 1999년 이후 줄곧 동일 점포의 매출 증가율이 두 자리 수를 기록하였다. 이러한 차별화 전략은 수많은 실험을 통한 시행착오

(trial and error)를 거치면서 이룩된다는 점을 명심해야 한다. 경우에 따라서는 이런 실험은 새로운 사업분야로 가지쳐 나가는 일을 포함하기도 한다. 영국의 유통소매업체인 테스코는 고객 관계의 힘을 지렛대 삼아 보험, 이동통신, 여행, 에너지 등의 분야로 진출하였다. 가치 지향 기업들의 전략에서 눈여겨 볼 점은, 구매 빈도가 높고 비교가 용이한 상품, 서비스에 대해서는 공격적인 가격 책정을 빈번히 하면서, 반면에 고가의 상품, 서비스에 대해서는 보다 높은 가격을 설정하여 앞서 본 손실을 보전하려 한다는 점이다.

Knudsen(2005)도 시장의 양극화(market polarization)를 언급하면서 프리미엄 제품과 추가서비스없는 제품(no-frills)이 중간 제품을 몰아내고 있다고 한다. 이를 보여주는 통계로서 1999-2004년 중의 매출 증가율을 보면, 고가 제품(high end)이 8.7%, 저가 실속 제품(no frills/value)이 4.2%의 증가세를 보인데 반해 중가 제품(middle)은 -5.7%라고 하는 감소세를 보인 점이다(25개의 업종 내지 제품 목록에서 조사-10개는 유럽, 9개는 북미, 6개는 글로벌 성격임).

노키아는 중간대 제품 시장에서 전통적으로 강세를 보여왔지만, 지금은 MP3나 카메라가 부착된 고가 휴대폰 및 다른 부가 기능이 배제된 단순 휴대폰을 공급하고 있다. 콤팩트 카 부문도 이제는 아우디, BMW, 메르세데스 등이 고급 사양을 도입하여 시장을 바꾸어 놓고 있다. 이처럼 고가 제품 군으로 이동한 제품으로는 MP3플레이어(글로벌), 면도기(북미), 디지털카메라(글로벌), 커피기기(독일), 와인(북미), PB화장지(독일), 냉장고(유럽), 기저귀(북미), 콤팩트 카(유럽), 치약(북미) 등이다.

한편, 저가 제품 군에서는 생산비를 낮출 수 없는 기업들은 시장 퇴출 이외에는 달리 선택할 방도가 없다. 소매 식료품(북미, 독일), 항공 여객(북미), 서버(글로벌), 노트북PC(글로벌) 등이 여기에 속한다. 아직까지는 고가 제품이나 저가 제품의 어느 한쪽이 세력을 구가하는 양극화에 있지 않은 중간 시내의 제품으로는 의류(독일), 은행(독일), 빌트인 냉장고(유럽), 냉장고(미국), 맥주(유럽, 독일), 휴대폰(글로벌) 등이다.

기업 성장에 관한 이야기를 두 번째 잡언(雜言)으로 언급하고자 한다.

기업 경영자들의 관심이 활동 성과를 개선시키는 일에서 회사를 재성장시키는 일로 이동하고 있다. 그런데 기업의 성장, 특히 대기업의 성장은 최고 관행(best practice)을 추구하는 것만으로는 달성하기 어렵다. 미국 포춘지의 100대 기업의 연평균 매출액이 약 300억 달러임을 감안하면 연 6%의 높은 성장률을 달성하기 위해서는 20억 달러 정도의 매출을 매년 지속적으로 창출해야 한다는 것이다.

비용 개선과 같은 노력이 단기적으로 이익과 주주가치에 기여할 수 있겠지만, 높은 매출성장을 달성하지 못한 채 주주가치를 개선시키는 기업들은 장기적 생존의 가능성이 가장 저조하다는 점을 잊지 말아야 한다. 또한 경쟁의 방법 못지않게 경쟁의 영역을 결정하는 일이 중요하므로, 사업의 포트폴리오 믹스에 대한 선택이 향후 5-10년간 기업 성장의 궤도를 설정할 것이다.

Smit(2005) 등은 102개의 미국의 상장기업을 조사 대상으로 한 연구 결과를 내놓았다. 1994년의 수익 상위 75사와 주주가치 상위 75사(두 기준을 모두 충족하는 기업 포함)에 대해 1994-2003년의 경영 성과를 추적하였다. 수익(revenue)에는 매출액 뿐 아니라 인수 및 매각을 통해 얻은 수익까지 포함되며, 주주가치(TRS: Total Returns to Shareholders)에는 주가 상승분과 배당이 반영되어 있다. 조사 대상 기업은 4가지 유형으로 구분되는데, GDP 성장률을 웃도는 성장세를 보이고 동시에 미국의 주가지수인 S&P 500의 주주가치를 웃도는 가치를 달성한 기업군을 성장 거인(growth giants)이라고 명하고, 주주가치는 웃돌았으나 성장세가 미흡한 기업군을 주주가치 이행자(TRS performers)라고 명하고, 반대로 성장세는 웃돌았지만 주주가치 달성이 저조한 기업군은 미보상 기업(unrewarded companies)이라 하며, 성장세와 주주가치 모두 미흡한 기업군은 도전받는 기업(challenged companies)라고 명명한다.

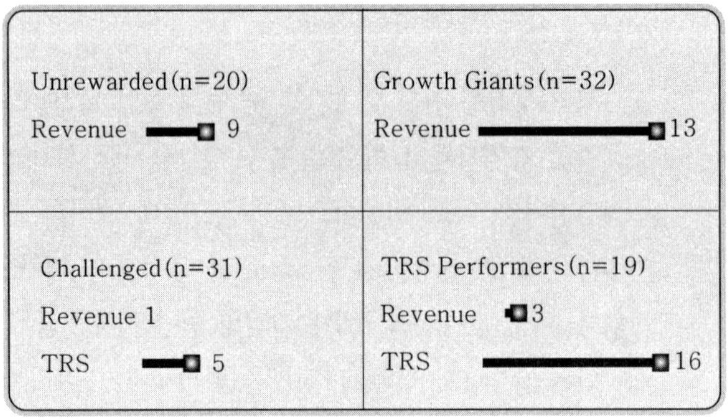


주) 102개 미국기업을 대상으로 1994-2003년의 성과를 기준으로 한 분석임.
자료: Smit et al.(2005)

〈그림 4-8〉 기업 유형별 성과비교 1

성장 거인은 4개 유형의 30%에 해당하는 32개 기업으로서 이들 기업의 절반 이상은 성장세를 올리기 위해 인수를 광범하게 활용하였다. 10년간의 자료 분석에 따르면 성장세와 주주가치 간에는 정(+)의 상관성이 있는 걸로 나왔다. 물론 주주가치 이행자처럼 성장세는 평균치에 밑돌면서도 높은 주주가치를 시현한 경우도 4개 유형의 약 20%에 달하는 만큼 정(+)의 상관성에서 벗어나는 예외는 얼마든지 볼 수 있다. 이들 주주가치 이행자 기업의 대부분은 소비재, 엔지니어링, 건설, 유틸리티 등과 같은 저성장 산업에 속한다. 저성장 산업에서 주주가치 창출의 핵심은 훌륭한 실행(good execution), 원가 통제(cost controls), 세련된 사업포트폴리오 관리(savvy portfolio management)이다. 이들 주주가치 이행자 기업의 상당수는 저이윤의 사업을 매각하거나 퇴출시키고 그 대신 고이윤의 사업을 매수하거나 진입하였다. 이들 기업의 37%는 대규모 시장퇴출을 단행하였다.

이러한 성과의 차이가 이후의 경기 순환에서는 어떻게 나타났는가를 알아보기 위해 소사 대상 기업과 기간을 약간 날리하였다. 1984년 기순 미국 100대 기업을 선정한 후 이들의 경영 성과를 1984-93년의 기간과 1994-2003년의 기간에 걸쳐 추적하였다.

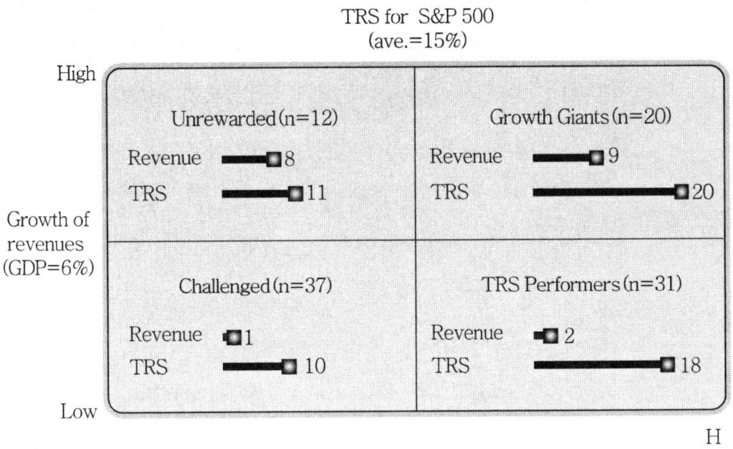


주) 100개 미국기업을 대상으로 1984-1993년의 성과를 기준으로 한 분석임.
이들 중 1994-2003의 경기순환 기간이 종료된 2003년 시점에서 사라진 업체는 성장거인 5%, 미보상 기업 8%에 비해, 도전받은 기업 32%, 주주가치 이행자 32%임,
반면, 2003년 시점에도 잔존하고 주주가치를 높인 업체는 성장거인 65%, 미보상 기업 58%에 비해, 도전받은 기업 35%, 주주가치 이행자 10%임.

〈그림 4-9〉 기업 유형별 성과비교 2

기업의 장래 생존과 과거의 성장률 간의 상관관계를 보면, 과거에 GDP보다 낮은 성장세를 보인 기업(도전받은 기업+주주가치 이행자= 64%)은 높은 성장세를 보인 기업(성장거인 + 미보상 기업= 13%)에 비해 장래에 소멸될 가능성이 5배나 많은 것으로 나와 충격을 주고 있다. 소멸은 주로 매수당하는 방법에 의해 이루어졌다. 반면에 과거의 주주가치는 장래 생존과 별다른 연관성을 보여주지 못하였다. 또한 과거의 성장률은 장래의 주주가치를 보다 잘 보여주는 척도임이 밝혀졌다. 성장 거인의 2/3(65%)가 주주가치를 높였고 미보상 기업조차 절반이 넘는 업체가 장래 주주가치 면에서 높은 성장을 보인데 비해 가장 저조한 주주가치 실현을 보인 기업은 주주가치 이행자 유형에 속하는

기업으로서 불과 10%에 그친 점이다.

이유는 간단하다. 1984-93년 기간 중 대부분의 주주가치 이행자 기업들은 유틸리티, 통신 등과 같은 저성장 산업에서 경쟁을 하였는데, 이후 이들 산업에서는 인수, 합병이 이루어졌다. 따라서 인수되지 못하거나 사업 믹스를 변경하지 못한 기업들은 비용 절감이나 구조정만으로는 성장성과 수익성의 양면에서 고군분투할 수밖에 없었다.

그렇다면 대기업이 강력한 성장세를 지속하기 위해서 해야 할 일은 무엇일까? 제대로 실행하는 것(good execution)도 중요하지만 그에 못지않게 올바른 시기에 올바른 사업에서 활동하는 것 또한 선결 요건이다. 1994-2003년의 102개 기업을 대상으로 한 위의 조사 결과에서 보면, 도소매 유통산업, 금융 서비스산업, 의료건강산업, 첨단산업 등 4개 산업에 속하는 기업들이 전체의 52%(각 17%, 13%, 11%, 11%)를 차지하지만, 32개의 성장 거인 유형 중에서 88%(각 25%, 25%, 25%, 13%)를 차지하고 있다(참고로 소비재 산업은 대상의 13%를 차지하면서도 성장 거인에 한 기업도 없음). 동 기간 중에 미국 경제는 5%의 성장을 보인데 비해, 금융서비스 산업은 규제 완화와 예금 증가, 자본 시장에 광범한 참여 등을 통해 7%의 성장을 보였으며, 첨단기술 산업은 1990년대의 정보 혁신에 힘입어 9%의 성장률을 달성했다. 의료건강 산업은 혁신과 고령화에 힘입어 평균 7%의 성장을 보인 가운데 Johnson & Johnson, Eli Lilly, Pfizer 등과 같은 의약 분야의 거대 기업들은 12.5%의 보다 높은 성장률을 구가하였다. 소매 유통업은 4.5%의 성장에 그쳤지만 성장 거인들이 경쟁을 겨루는 부문에서는 보다 높은 성장률을 보였는데, 할인점 업태는 월마트의 포맷 혁신에 힘입어 업태 전반이 높은 성장을 보였다.

성장 거인들은 유리한 성장 환경에 속해 있는 덕분에 32개 기업 중 70%(23개 기업)가 기존 사업에서 기회를 활용하여 눈부신 성과를 거두었다. 이들 기업의 대부분은 점진적 제품 혁신이나 합병, 사업모델이나 일련의 제품을 미국내에서 지리적으로 확장하는 일 등에 초점을 맞추었다. 신제품 개발, 포맷 혁신, 공급망 모델 등처럼 경쟁 게임을 바꿀 수 있거나 독특한 경쟁우위를 창출할 수 있는 돌파적 혁신(breakthrough innovation)은 조사 대상 대기업에게는 드문 일이었다. 1994-2003년의 기간 중에 그런 돌파적 혁신을 보여준 기업은 연구집약적 산업에 속해 있으면서 환경의 순풍(tailwind)을 달았던 첨단기술산업과 의료건강산업의 4개 성장거인 기업뿐이었다.

세 번째 잡언은 소비재 상품의 영업력 강화 문제를 다루겠다. 맥킨지 컨설팅은 1978년부터 29개 북미 소비재 상품 제조업체(소비재 상품 시장의 약 30% 점유)를 대상으로 AC Nielsen, Grocery Manufacturers Association과 공동으로 McKiney Customer and Channel Management Survey를 실시해오고 있는데 일곱 번째를 맞은 2005년 조사에서는 매출액 기준의 시장 점유율 증가율 면에서 상위 25%에 드는 기업들을 영업력의 승자로 꼽고 있다. 이들 승자 기업은 2003-2004년 중에 시장 점유율을 4% 이상 늘린 반면, 승자 집단에 끼지 못한 다른 기업들은 2%의 점유율 감소를 맛보고 말았다. 승자 기업은 매출 관련 비용(판매비, 소매업체 지원비,[7] 마케팅 비용 등)이 하수 기업에 비해 20% 낮았다. 이들 승자 기업이 성과 달성을 위해 실행한 관행 중 두드러진 3가지는 다음과 같다(Allen, Ebrahim, & Kelly, 2006).

첫째, 최고의 영업력을 갖춘 승자 기업들은 보다 철저히 선별된 소수의 소매업체 군단에 자원을 집중하였다. 이들은 핵심 계정 팀(account teams)을 통해 담당 고객 기업수를 하위 기업에 비해 절반으로 줄이면서도(15계정 대비 32 계정), 각 팀에 배정한 인력은 하위 경쟁사보다 1/3이나 많았다(33명 대비 25명). 이러한 초점 전략이 유효한 것은 월마트와 같은 최고의 전국 소매업체나 지역 소매업체의 성장률이 다른 경쟁 소매업체를 앞지르기 때문이다. 이런 현상은 제조업체에게는 매출이 보다 소수의 유통업체에 의해 집중을 보이고 있다는 점을 말해준다

7) trade spending이란, 제조업체가 매장 내 제품 마케팅을 지원하기 위해 소매업체에게 지불하는 비용으로서, 품목에 따라 매출액의 10-20%를 차지한다.

(미국의 상위 10개 소매업체의 식료품 시장 지배율은 매출액 기준으로 1995년 29%에서 2003년 55%로 폭증). 자원을 집중하는 또 다른 방법은 제3자 판매 및 머천다이징 중개인을 보다 적극적으로 활용하는 것이다. 매장 뒤쪽에서 이루어지는 낮은 부가가치의 활동, 가령 주문처리 작업에 43% 활용(하위 경쟁사는 12% 활용에 그침)을 보이고 있고, 매장 내 머천다이징에는 71%(대비 18%)를 이용하고 있다.

둘째, 소매업체에 대한 대응을 보다 잘 하기 위해서 기능횡단적 팀(cross functional team)으로 핵심 계정 팀을 조직화하고 있다. 소매업체들은 제조업체에게 맞춤형 포장, 쇼핑객 마케팅,[8] 심지어 제품개발에 이르기까지 요구 사항을 확대하고 있다. 따라서 영업 인력뿐 아니라 카테고리 관리, 고객 마케팅, 재무, 공급망 활동 등의 분야의 전문가들까지 팀에 포함시키고 있다.

셋째, 개별 소매업체의 니즈 충족을 위해 맞춤형 서비스를 활발하게 제공하고 있다. 주요 거래처에 대한 방문 횟수를 늘릴 뿐 아니라, 최정예의 영업 인력과 고객 서비스 인력을 파견하여 유통업체 직원들과 공동 작업을 한다. 이런 협력 작업은 고위층 수준에서도 이루어지고 있는데, 양측 최고 경영진 간의 기획 회의를 주재한다. 하위 경쟁사 중에서는 70%가 이런 고위층 협력 회의를 주재한다.[9] 제조업체와 유통업체 간 관계가 진화를 보이면서 제조업체에 대한 유통업체 측의 요구는 늘어날 것이고, 결국 세계 수준의 인재 관리만이 승자 기업을 열세 기업에 비해 차별화시키는 유일한 방책이 된다.

---

8) shopper marketing이란, 점포 안팎에서 쇼핑객의 구매 활동에 영향을 미치는 활동을 말한다.

9) 핵심 소매업체와 협력 활동을 하고 있는 비율을 승자 기업과 열세 기업 간에 비교하면, 최고경영진 간의 회의 주재(100% vs, 70%), 맞춤형 소비자 조사(100% vs 60%), 매장 방문/전화 걸기 빈도 증대(80% vs 60%), 보다 유능한 영업인력 개발(80% vs 60%), 소매업체 시간대를 고려한 보다 세밀한 계정 계획(account plan)의 수립(80% vs 50%), 고객 서비스 수준의 제고(80% vs 30%), 신제품개발 협력(60% vs 50%), 맞춤형 포장, 진열, 팔레트(60% vs 40%) 등이다.

# 참고문헌


1. 小尾秀男(2004). 最新マーケティングとケース分析. 東京: 秀和システム
MBA강의 교재를 캐치프레이즈로 내세워 편집된 교재인데, 유사 개조식의 서술형태를 취하여 읽기 쉽고 정리하기 용이한 편집의 특색을 보여주고 있다.
2. 是永 聰(2006). やさしくわかるネットマーケティング. 東京: 일본능률협회
인터넷 이야기를 글과 그림을 섞어가며 풀어나간 점에서 아주 평이하게 읽을 수 있다. 그러나 인터넷 마케팅을 알려고 했다면 다소 빗나간 서적이니 유념할 필요가 있다.
3. 嶋口充輝외(2004). マーケティング戰略. 東京: 有斐閣
마케팅의 입문서로서 무난하다고 본다. 기본적으로 다루어야 할 내용들에 대해 기본적인 수준에서 언급하고 있다.
4. 鈴木健一외2인編著(2004). マーケティングマネジメントの理論と實踐. 東京: 同文舘
4장까지의 이론편에서는 SCM과 대비되는 DCM의 개념, 실천편에서는 유통업 서비스에서 몇 가지 새로운 기법의 소개가 주목을 끌지만, 나머지 부분은 다른 책자들에 비해 부실한 내용으로 되어 있다.
5. 竹林一, 西田徹(2004). ここまできた!モバイルマーケティング進化論. 東京: 日経出版センター. 모바일 인터넷이 PC 인터넷보다 보급된(지금은 PC인터넷 사용료가 우리나라 수준으로까지 낮아져서 다르지만) 일본의 모바일 마케팅 이야기를 담고 있다. 굳이 우리에게 낯선 커뮤니케이션 노구가 아니기에 일본 시장에 접근할 때 우리 기업이 충분히 대응할 수 있는 마케팅 전략에 기초 자료로 보기에 무난할 듯싶다.
6. 羽切 德行(2006). 世界一わかりやすいWebマーケティングの本. 東京: イーストプレス
세계에서 제일 알기 쉬운 웹 마케팅 책을 쓰려고 했으니 그 내용이 어떤 것인지 대략 짐작이 갈 것이다. 일반인이 읽으면 좋았을 책 정도로 평가하고 싶다.
7. 樺山忠雄(2004). ストラテジック・マーケティング. 東京: 創成社
편집이 오밀조밀 못해서인지 읽는 것이 산만하다. 별로 전략적인 마케팅 이야기도 아니고, 월마트와 케이마트 비교 이야기한 것과, 마케팅 조사 분석에 쓰이는 통계기법을 실례를 삼아 다룬 것 정도이다.
8. 藤田 明久(2006). ケータイ大國のモバイルビジネス入門. 東京: 주식회사宣傳會議
컬러 색상만 요란한 일본의 모바일 광고 이야기라서, 글쎄 현업에 종사하는 사람들에게 그저 일본 동향을 훑어보는 정도로나 권할 자료이다.
9. 諸上茂登, 藤澤武史(2004). グローバル・マーケティング(第2版). 東京: 中央經濟社
마케팅에 글로벌 차원의 내용을 담으려고 나름대로 신경을 쓴 것 같기도 하고, 영문 자료에 비해 크게 처지는 것 같지 않은 책이라고 하면 좀 모호한 소개일지.
10. Allen, J., Ebrahim, S., & Kelly, G. (2006). Building a top consumer goods sales force. *The McKinsey Quarterly*, Feb. Web exclusive.
맥킨지 컨설팅의 온라인 저널의 기사이다. 전에도 맥킨지의 여러 온라인 저널 기사를 교

재에 삽입하였지만, 일반 오프라인 자료에서 보기 힘든 유용한 내용들이 듬뿍 실려 있다. 이하 맥킨지의 자료들은 제목만을 나열하는 것으로 그치겠다.

11. Allas, T., Georgiades, N.(2001). New tools for negotiators. *The McKinsey Quarterly*, No. 2.
12. Deresky, H.(2002). *Global Management: Strategic and Interpersonal*. Prentice
여성 학자가 쓴 글이라서 그런지 딱딱하고 빼곡찬 느낌을 주지 않아 괜찮다. 내용 면에서도 다른 책들과 마찬가지의 천편일률적인 목차가 아니라, 문화와 협상에 많은 할애를 한 점도 좋았다. 매 장마다 짧은 기사를 소개하고, 자신의 홈페이지에 객관식 퀴즈들도 수록하여 재미있다는 인상을 받았다. 분량 면에서는 개론 수준의 책으로 보면 된다.
13. Frank, R. et al.(2004). When your competitor delivers more for less. *The McKinsey Quarterly*, No. 1.
14. Grosso, C. et al.(2005). Retailing: What's working online. *The McKinsey Quarterly*. July 29.
15. Horn, J. et al.(2005). Beating the odds in market entry. *The McKinsey Quarterly*, No. 4
16. Keegan, W., Green, M.(2003). Global Marketing(4th ed.). Pearson Prentice Hall.
대학원 석사 과정의 교재로 사용해본 자료이다. 전반부는 환경 이야기라서 그냥 넘어가도 관계없고 후반부에서 본격적인 글로벌 마케팅의 내용을 다루고 있다. 본인에게 한국의 온라인 마케팅과 관련한 몇 가지 코멘트를 부탁하여 새로 나올 제5판 특정 부분에 본인에 대한 감사를 각주로 담았다는 연락을 이메일로 받았다. 표지에 궁색한 제복을 입은 어린 중국 소년(흑백)이 코카콜라 캔(컬러)을 빨대로 마시는 장면을 싣고 있는데, 석사과정의 중국 유학생이 이런 모습은 20년 전의 상황이라고 하면서 상당히 불쾌해하고, 저자들에게 수정 요청의 이메일을 보내야겠다는 말을 들었다.
17. Knudsen, T. et al.(2005). The vanishing middle market. *The McKinsey Quarterly*, No. 4
18. Myers, J. et al.(2004). Steering customers to the right channels. *The McKinsey Quarterly*, no. 4.
19. Smit, S., et al.(2005). The do-or-die struggle for growth. *The McKinsey Quarterly*, no. 3.
20. Trompenaars, F., Hampden-Turner, C.(2004). *Managing People Across Cultures*. Capstone.
하여튼 트롬페나르의 글은 과학적, 가설입증적 성격의 경영의 본류에서 벗어난(허기야 유럽 학자이니 그럴 수밖에) 참 재미있는 이야기를, 아주 수긍하는 시각에서 접근한다는 인상을 이 책을 포함한 그의 여러 저서에서 공감하지 않을 수 없다. 인사 관리에 관한 천편일률적인 다른 책들은 딱 한권만 읽고 이 책 꼭 읽어보길 주위의 모든 이에게 권한다.

# 찾아보기

[ㄱ]

가상 희소성 70
감각적 관여 133
거물(barons) 전략 245
거시경제적 요인 96
경쟁 전략 81
경험성 254
고객 가치 29
고객 관리 40
고객 세련도 15
고객 충성도 38
고맥락 문화 134
고접촉 문회 133
공식 협상 단계 124
관계 분석 143
광고 227
구전 효과 63
권위 가격 209
균형 가격 211
근접공간학 133
글로벌 가격 책정 전략 205
글로벌 경영 13
글로벌 광고 220
글로벌 마케팅 16
글로벌 브랜드 15
글로벌 시장 25
글로벌 유통 236
글로벌화 15
기술 라이센싱 90

[ㄷ]

대량 주문 방식 15
대량 주문 생산 40
대량 판매 방식 15
도구 지향적 139
도입기 172
디지털 비즈니스 15

[ㅁ]

마케팅 믹스 18
마케팅 잡언 322
마케팅전략 22
매수 248
모바일 마케팅 310
무형성 254
문화적 감수성 135
물류 전략 236

[ㅂ]

바이러스(Viral) 마케팅 49
밴드왜건효과 12
버전가격 방식 211
변동형 92
복제 증식(cloners) 전략 245
북미자유무역협정 35
브랜드 속성 68
브랜드 연상 55
브랜드 인지 53

브랜드 확장 53
비언어적 커뮤니케이션 133
비용 우위 12
비자본제휴 97
비즈니스 마케팅 268

[ㅅ]

상품 구색 273
서비스 마케팅 253
서비스 마케팅 전략 256
서비스 산업 253
선별적 전달 136
성숙기 172
성장기 172
소구(訴求) 320
소비자 군집화 20
쇠퇴기 172
수요사슬관리 48
수직적 통합 100
숙고형 고객 45
시간 효용 236
시장 경계선 14
시장 분할 15
시장 포트폴리오 관리 16
신뢰성 254
신뢰재 95
신제품 개발 151
실제 희소성 70
심리 특성 27

[ㅇ]

암호화 226
연속선 분석 146
외연(outreachers) 전략 245
유기적 성장 247
유연생산체제 12
유통업 마케팅 271
이탈형 고객 44
이해관계자 분류 143
인구 특성 25
인수 92
인수 전략 93
인적 판매 223
인지적 가치 233
인터넷 마케팅 289

[ㅈ]

자리매김 30
자본 제휴 97
장소 효용 236
저맥락 문화 134
적기 생산 시스템 12
적응적 주문 생산 41
전략적 제휴 97
정보 효용 236
정착(settlers) 전략 244
제품 다양성 15
제품 마케팅 259
제품 수명주기 15
제품 전략 151
제품 정책 173
제품설정 65
제품수명주기 172
조기 채택자 206
주문형 47
준언어 133
지적재산권 90

[ㅊ]

차별성 67

차별적 마케팅전략 23
차별화 12
천정가격 208
초점 마케팅전략 23
촉진 전략 220
충동 구매 178
충성형 고객 43
침입(invaders) 전략 244
침투 가격책정 전략 206
침투가격 208

[ㅋ], [ㅌ], [ㅍ]

컴퓨터 통합 제조 12
크리에이티브 전략 227
탐색성 254
특수 마케팅 253
판촉 221, 233
편익에 의한 세분화 174
표적 비용 전략 206
표준화 175
표현 지향적 139
푸시전략 227
프랜차이징 97, 247

[ㅎ]

한계비용 전략 207
합병 92
합작투자 97, 248
해독 226
행동적 프로필 20
혁신자 206
현지화 175
협동적 방식 40
협상 전 단계 124
협상 풍경 143
협상 후 단계 124
형태 효용 236
확정금액형 92

**[저자 소개]**

방용태(方容泰)

1973년 2월 서울 명수대 초등학교(흑석동 소재) 2회 졸업
1979년 3월 서강대학교 경상대학 입학 (1983년 2월 경영학과로 졸업)
1997년 3월 일본 아오야마가쿠인(청산학원) 대학 국제정치경제학연구과
(국제경영학 전공, 박사학위 취득 / 일본문부과학성 국비유학생)
1986년 4월 18일 6개월 석사장교(예비역사관 제6기) 예편 후 같은 해
7월 1일자로 산업연구원(KIET)에서 근무
현재 배재대학교 무역학과 교수

가장 최근의 연구 활동은 2006년 7월 싱가포르에서 개최된 국제학술대회와 2007년 12월 호주 시드니에서 개최된 국제컨퍼런스에서 논문을 각각 발표하였음.


## 글로벌마케팅

2008년 3월 5일 초판인쇄
2008년 3월 10일 초판발행

저 자 방 용 태
발행인 유 성 렬
발행처 청목출판사
서울특별시 영등포구 신길동 233-96
전화 (02) 849-6157(代)・2820
FAX (02) 849-0817
등록 제318-1994-000090호

파본은 바꾸어 드립니다. 값 18,000원

http://www.chongmok.co.kr





ISBN 978-89-5565-241-3